Beck-Rechtsberater

Erbrecht von A – Z

<u>dtv</u>

Beck-Rechtsberater

Erbrecht

von A – Z

Über 240 Stichwörter zum aktuellen
Recht

Von Prof. Dr. Karl Winkler
Notar a.D. in München

14. Auflage

dtv

www.dtv.de
www.beck.de

Originalausgabe

dtv Verlagsgesellschaft mbH & Co. KG,
Tumblingerstraße 21, 80337 München
© 2015. Redaktionelle Verantwortung: Verlag C.H. Beck oHG
Druck und Bindung: Druckerei C. H. Beck, Nördlingen
(Adresse der Druckerei: Wilhelmstraße 9, 80801 München)
Satz: ottomedien, Darmstadt
Umschlaggestaltung: Design Concept Krön, Puchheim,
unter Verwendung eines Fotos von panther media, München
ISBN 978-3-423-50783-7 (dtv)
ISBN 978-3-406-68040-3 (C. H. Beck)

9 783406 680403

Vorwort

Nicht zu Unrecht gilt das Erbrecht als ein besonders schwieriger Teil des Bürgerlichen Gesetzbuches. In ihm sind personen-, schuld- und sachenrechtliche Grundsätze miteinander verknüpft. Diese Vielschichtigkeit macht es dem Laien oft schwer, eine Regelung nachzuvollziehen. Nirgends klaffen laienhafte Vorstellung und rechtliche Ausgestaltung so weit auseinander.

Das vorliegende Büchlein soll dabei helfen, diesen Zwiespalt zu überwinden und Verständnis für die komplizierte Materie „Erbrecht" zu wecken. Hinzukommt die weitverbreitete Scheu, sich mit Testament und Erbrecht zu befassen. Ein weiteres Anliegen ist es daher, zu zeigen, mit welchen Vorteilen es verbunden ist, wenn der Einzelne seine Vermögensverhältnisse bereits zu Lebzeiten und vor allem rechtzeitig in Ordnung bringt bzw. über seinen Tod hinaus regelt. Es soll sowohl derjenige beraten werden, der das Schicksal seines Vermögens über seinen Tod hinaus regeln will, als auch derjenige, der nach dem Tod einer Person etwas erhalten hat oder sich übergangen oder sonstwie benachteiligt fühlt.

Die Interessenlage des Erblassers bei der Verfügung von Todes wegen wird in erster Linie von seinen Familienverhältnissen, seinen Vermögensverhältnissen, den Verhältnissen der zu bedenkenden Personen und seinem Alter beeinflusst. Verfügungen von Todes wegen haben daher einen völlig unterschiedlichen Inhalt je nachdem, ob der Erblasser verheiratet oder geschieden ist, in einer nichtehelichen Lebensgemeinschaft oder einer eingetragenen Lebenspartnerschaft lebt, kinderlos ist, Kinder aus der Ehe mit seinem Ehegatten, aus erster Ehe, behinderte Kinder hat usw. Es spielt eine erhebliche Rolle, ob jemand ein „normales" Vermögen (z. B. belastete Eigentumswohnung, Wohnungseinrichtung, Kfz, Ersparnisse geringen Umfangs), ein größeres Vermögen oder ein Unternehmen besitzt. Auch die Vermögensverhältnisse der zu bedenkenden Personen können den Inhalt der Verfügung beeinflussen: Von mehreren Kindern bedenken die Eltern bevorzugt die weniger wohlhabenden; ist ein Kind überschuldet, soll vermieden werden, dass der Nachlass nur seinen Gläubigern zugute kommt; ist ein Kind behindert, soll vermieden werden, dass der Nachlass auf den Sozialhilfeträger übergeleitet wird. Für Ehegatten im jungen oder mittleren Alter steht häufig der Gedanke im Vordergrund, dem Überlebenden das gemeinsame Vermögen zur Verfügung zu stellen, während bei Ehegatten im höheren Alter Überlegungen für die Nachfolge nach dem Tod beider Ehegatten Vorrang haben.

Diese Beispiele mögen zeigen, wie wichtig es ist, sich rechtzeitig Gedanken zu machen, welchen Weg das erarbeitete Vermögen nach dem Ableben einmal gehen soll. Das Allensbach-Institut erwartet, dass die im Jahr 2011 vererbte Summe von insgesamt ca. 230 Milliarden Euro auf ca. 330 Milliarden Euro im Jahr 2020 ansteigen wird. Nach einem Bericht der Süddeutschen Zeitung vom 4.2.2015 nahmen die Bundesländer 2014 insgesamt 5,5 Milliarden Euro an Erbschaftsteuer ein, mehr als je zuvor. Auffällig ist dabei, dass die wenigsten Abgaben aus den ostdeutschen Bundesländern kommen. Nur 93 Millionen Euro wurden dort 2014 an Erbschaftsteuer gezahlt. Bayern nahm mit 1,36 Milliarden Euro den höchsten Betrag ein. Die größten Vermögen wurden in Hamburg vererbt und besteuert.

Das vorliegende Büchlein kann keine erschöpfende Darstellung geben und auch nicht auf Einzelheiten eingehen. Dem Leser soll jedoch die Möglichkeit gegeben werden, sich rasch über einzelne Stichpunkte zu informieren, wobei die Querverweisungen zu den anderen Stichpunkten der besseren Orientierung dienen. Es kann und soll auch nicht den rechtskundigen Rat durch einen Rechtsanwalt oder Notar ersetzen. Auf Zitierung der Rechtsprechung und Literatur wurde daher weitgehend verzichtet. Der Leser soll sich vielmehr eine erste Information verschaffen, auf Grund deren er sich über seine Wünsche und Absichten klar wird und sodann entscheiden, ob er sein Testament selbst formulieren oder ob er sich um fachkundigen Rat bemühen will.

München, im August 2015   *Karl Winkler*

Stichwortverzeichnis

Abkürzungsverzeichnis

a. A. .... anderer Ansicht
Abs. .... Absatz
abzgl. .... abzüglich
a. F. .... alte Fassung
AG .... Aktiengesellschaft
AktG .... Aktiengesetz
Anm. .... Anmerkung
Art. .... Artikel

BayObLG .... Bayerisches Oberstes Landesgericht
Betr. .... Der Betrieb (Zeitschrift)
BeurkG .... Beurkundungsgesetz
BewG .... Bewertungsgesetz
bez. .... bezüglich
BFH .... Bundesfinanzhof
BGB .... Bürgerliches Gesetzbuch
BGBl. .... Bundesgesetzblatt
BGH .... Bundesgerichtshof
BGHZ .... Bundesgerichtshof in Zivilsachen
BNotO .... Bundesnotarordnung
BSHG .... Bundessozialhilfegesetz
BStBl. .... Bundessteuerblatt
BVerfG .... Bundesverfassungsgericht

DDR .... Deutsche Demokratische Republik
d. h. .... das heißt
DNotZ .... Deutsche Notarzeitschrift

EGBGB .... Einführungsgesetz zum Bürgerlichen Gesetzbuch
entspr. .... entsprechend
ErbStDV .... Erbschaftsteuer-Durchführungsverordnung
ErbStG .... Erbschaftsteuergesetz

etc. .... et cetera
EuErbVO .... Europäische Erbrechtsverordnung
evtl. .... eventuell

f., ff. .... folgende, fortfolgende
FamFG .... Gesetz über das Verfahren in Familiensachen
und in den Angelegenheiten der freiwilligen
Gerichtsbarkeit
FamRZ .... Zeitschrift für Familienrecht
FGG .... Gesetz über die Angelegenheiten der freiwilli-
gen Gerichtsbarkeit

GBO .... Grundbuchordnung
gem. .... gemäß
GG .... Grundgesetz
ggf. .... gegebenenfalls
GmbH .... Gesellschaft mit beschränkter Haftung
GmbHG .... GmbH-Gesetz
grds. .... grundsätzlich
GrdstVG .... Grundstücksverkehrsgesetz

HeimG .... Heimgesetz
HGB .... Handelsgesetzbuch
h. L. .... herrschende Lehre

i. d. F. .... in der Fassung
i. d. R. .... in der Regel
InsO .... Insolvenzordnung
IntErbRVG .... Gesetz zum Internationalen Erbrecht und zur
Änderung von Vorschriften zum Erbschein
sowie zur Änderung sonstiger Vorschriften
v. 29.6.2015
i. S. .... im Sinne
i. S. v. .... im Sinne von
i. Ü. .... im Übrigen
i. V. m. .... in Verbindung mit

KG .... Kammergericht Berlin, Kommanditgesellschaft
KStG .... Körperschaftsteuergesetz

LG .... Landgericht
LPartG .... Lebenspartnerschaftsgesetz

MDR .... Monatsschrift für Deutsches Recht
MittBayNot .... Mitteilungen Bayer. Notariat

n. F. .... neue Fassung
NJW .... Neue Juristische Wochenschrift
Nr. .... Nummer

o. Ä. .... oder Ähnliches
OHG .... Offene Handelsgesellschaft
OLG .... Oberlandesgericht

RGZ .... Entscheidungen des Reichsgerichts in Zivil-
                       sachen
Rn. .... Randnummer
RPfl .... Der Deutsche Rechtspfleger (Zeitschrift)
RuStG .... Reichs- und Staatsangehörigkeitsgesetz
RVG .... Rechtsanwaltsvergütungsgesetz

S. .... Satz
s. dort .... siehe dort
SGB .... Sozialgesetzbuch
s. o. .... siehe oben
sog. .... so genannt
StGB .... Strafgesetzbuch
s. u. .... siehe unten

u. a. .... unter anderem/und andere
UrhG .... Urheberrechtsgesetz
u. U. .... unter Umständen
usw. .... und so weiter

vgl.	vergleiche
VVG	Versicherungsvertragsgesetz
WEG	Wohnungseigentumsgesetz
z. B.	zum Beispiel
ZEV	Zeitschrift für Erbrecht und Vermögensnachfolge
ZGB	Zivilgesetzbuch der DDR
Ziff.	Ziffer
ZPO	Zivilprozessordnung
ZVG	Zwangsversteigerungsgesetz
z. Z.	zur Zeit

A

▶ Abkömmlinge

Abkömmlinge sind alle direkten Nachkommen einer Person, also Kinder, Enkel, Urenkel usw. Gleichgültig ist, ob es sich um eheliche oder → *nichteheliche Kinder* oder um Adoptivkinder (→ *Annahme als Kind*) handelt. Der Begriff Abkömmling ist u. a. von Bedeutung bei der Eheschließung, bei den → *Unterhaltspflichten des Erblassers*, bei der → *Erbfolge*, bei der → *Auslegung der Verfügung von Todes wegen*, beim → *Pflichtteilsanspruch*, im → *Erbschaftsteuerrecht*. Zur Besonderheit bei behinderten Abkömmlingen → *Behinderter Erbe*.

▶ Ablieferung der Verfügung von Todes wegen

Jeder, der ein → *Testament* in Besitz hat, ist verpflichtet, es unverzüglich an das → *Nachlassgericht* abzuliefern, sobald er vom Tod des → *Erblassers* Kenntnis erlangt hat (§ 2259 BGB). Gleichgültig ist, ob das Testament widerrufen wurde, ob es gültig ist oder nicht. Die Gültigkeit zu beurteilen, ist allein Aufgabe des Gerichts, nicht des Besitzers. Die Ablieferung kann durch ein Zwangsgeld zwischen 5 Euro und 25 000 Euro erzwungen werden (§§ 35, 89, 90, 358 FamFG). Wer eine letztwillige Verfügung beschädigt, vernichtet oder unterdrückt, ist wegen eines Vergehens der Urkundenunterdrückung (§ 274 Abs. 1 Nr. 1 StGB) strafbar und den wirklichen → *Erben* gegenüber schadensersatzpflichtig (§ 823 Abs. 2 BGB).

► Abschichtung

Die → *Auseinandersetzung* kann auch teilweise dadurch erfolgen, dass ein Miterbe vertraglich seine Mitgliedschaftsrechte an der Erbengemeinschaft gegen Abfindung aufgibt und dadurch einvernehmlich aus der Erbengemeinschaft ausscheidet (BGH NJW 1998, 1557). Der vom Ausscheidenden aufgegebene Erbteil wächst den verbleibenden Miterben kraft Gesetzes an; bleibt nur einer übrig, führt die Anwachsung zur Beendigung der Erbengemeinschaft. Da die dingliche Rechtsänderung kraft Gesetzes eintritt, ist diese formfreie Art der vertraglichen Auseinandersetzung auch dann möglich, wenn ein Grundstück zum Nachlass gehört. Detailfragen sind allerdings noch weitgehend ungeklärt; der Formfreiheit wird vielfach widersprochen und notarielle Beurkundung des Vertrags gefordert (vgl. Palandt/Weidlich, § 2042 BGB Rn. 10). Sie lässt sich jedoch vertraglich sauber kaum ohne anwaltliche Hilfe durchführen. Lässt sich die → *Erbengemeinschaft* anwaltlich beraten oder beauftragt sie einen Rechtsanwalt mit dem Entwurf eines nicht notariellen Abschichtungsvertrags, entstehen weitaus höhere Gebühren als durch einen notariellen Auseinandersetzungsvertrag (→ *Auseinandersetzung*).

► Adoption

→ *Annahme als Kind*

► Alleinerbe

Alleinerbe ist der einzige → *Erbe* des → *Erblassers*.

Formulierungsbeispiel:

„Ich setze meine Ehefrau Anna zu meiner alleinigen Erbin ein."

► Anerkennung

Die Anerkennung eines → *nichtehelichen Kindes* durch einen Mann gem. §§ 1592 Nr. 2, 1594 BGB ist neben der → *Vaterschaftsfeststellung* durch Urteil (§ 1600 d BGB) eine der beiden Möglichkeiten, die Abstammung eines außerhalb einer Ehe geborenen Kindes väterlicherseits zu klären. Die Anerkennung ist die einseitige Erklärung eines Mannes des Inhalts, dass er ein bestimmtes Kind als von ihm selbst gezeugt anerkennt. Die Anerkennung ist schon vor der Geburt des Kindes zulässig und darf nicht bedingt oder befristet sein (§ 1594 Abs. 3, 4 BGB). Ist die Vaterschaft bereits anerkannt oder rechtskräftig festgestellt, so ist eine weitere Anerkennung unwirksam (§ 1594 Abs. 2 BGB). Zur Anerkennung ist die Zustimmung der Mutter (§ 1595 Abs. 1 BGB) und auch des Kindes erforderlich, wenn der Mutter insoweit die elterliche Sorge nicht zusteht (§ 1595 Abs. 2 BGB). Ist der Vater in der Geschäftsfähigkeit beschränkt, so kann er nur selbst mit Zustimmung seines gesetzlichen Vertreters anerkennen; ist er geschäftsunfähig, so kann nur der gesetzliche Vertreter mit Genehmigung des Vormundschaftsgerichts anerkennen (§ 1596 Abs. 1 BGB). Ist das Kind geschäftsunfähig oder noch nicht 14 Jahre alt, so kann nur sein gesetzlicher Vertreter der Anerkennung zustimmen; im Übrigen kann ein Kind, das in der Geschäftsfähigkeit beschränkt ist, nur selbst mit Zustimmung seines gesetzlichen Vertreters zustimmen (§ 1596 Abs. 2 BGB). Anerkennungserklärung und Zustimmungserklärung müssen öffentlich beurkundet werden (§ 1597 BGB).

▶ Anfall der Erbschaft

Der Anfall der Erbschaft bedeutet den Übergang der → *Erbschaft* auf den berufenen → *Erben*. Die Erbschaft geht auf den Erben über, unbeschadet des Rechts der → *Ausschlagung der Erbschaft* (§ 1942 Abs. 1 BGB). Dieser vorläufige Erwerb des Erben, der nur noch durch Ausschlagung rückwirkend beseitigt werden kann, tritt kraft Gesetzes ein und setzt keinen Erwerbswillen, Kenntnis des Erben von seiner Berufung oder vom → *Erbfall* voraus, noch eine Antrittshandlung oder Besitzergreifung.

Der Anfall geschieht regelmäßig mit dem Tod des Erblassers oder dem in der Todeserklärung oder nach dem Verschollenheitsgesetz festgestellten Todeszeitpunkt. Anders als in manchen anderen Rechtsordnungen gibt es keine Lücke in der Erbfolge und keinen erblosen Nachlass. Eine Ausnahme besteht dann, wenn der Erbe

z. Zt. des Erbfalls noch nicht lebte, aber bereits erzeugt war, da eine Leibesfrucht noch keine Rechtsperson ist. Das beim Erbfall bereits erzeugte Kind erwirbt seine Rechts- und Erbfähigkeit mit der Geburt; hier behilft sich das Gesetz mit der Fiktion der Rückwirkung der Geburt (§ 1923 Abs. 2 BGB). In diesem Fall erhält die Leibesfrucht zur Wahrung ihrer künftigen Rechte einen Pfleger, soweit nicht die Eltern diese Rechte wahrnehmen können (§ 1912 BGB). Der Anfall an den → *Nacherben* geschieht zu dem vom Erblasser bestimmten Zeitpunkt, mangels einer solchen Bestimmung mit dem Tod des → *Vorerben* (§§ 2106, 2139 BGB). Beim → *Schlusserben* eines → *gemeinschaftlichen Testaments* geschieht der Anfall mit dem Tod des länger lebenden Ehegatten. Ein → *Vermächtnis* fällt dem Vermächtnisnehmer in der Regel mit dem Erbfall an.

Zwischen Anfall und → *Annahme* oder → *Ausschlagung der Erbschaft* (§ 1942 BGB) ist die zum Erben berufene Person nur vorläufiger Erbe. Der Nachlass ist ein Sondervermögen, das vom Eigenvermögen des Erben getrennt ist. Nachlassgläubiger können daher nicht in sein Eigenvermögen, Eigengläubiger des Erben nicht in den Nachlass vollstrecken. Nimmt der vorläufige Erbe die Erbschaft an oder erlischt die Ausschlagungsfrist, so verwandelt sich seine vorläufige Erbenstellung in eine endgültige und verliert der Nachlass rückwirkend seine Eigenschaft als Sondervermögen. Dies gilt jedoch dann nicht, wenn die Trennung infolge eines anderen Grundes aufrechterhalten wird, etwa wegen einer → *Testamentsvollstreckung*.

▶ **Anfechtung**

Die Anfechtung der → *Verfügung von Todes wegen* bedeutet, dass diese mit Rückwirkung beseitigt wird, so wie wenn sie nie existiert hätte. Für die Anfechtung gelten grds. die allgemeinen Regeln der Anfechtung einer Willenserklärung (§§ 119, 123 BGB), die durch erbrechtliche Sondervorschriften ergänzt werden. Im Gegensatz zu den allgemeinen Regeln ist jedoch nicht der Erblasser anfechtungsberechtigt, obwohl er Erklärender ist: er kann sein Testament jederzeit ohne Angabe von Gründen durch → *Widerruf der letztwilligen Verfügung* aufheben oder ändern. Einen → *Erbvertrag* oder ein → *gemeinschaftliches Testament* kann der Erblasser anfechten, soweit er seine Verfügung nicht mehr einseitig widerrufen kann (siehe dazu die Ausführungen zum → *Erbvertrag* bzw. → *gemeinschaftlichen Testament*).

1. Anfechtungsgründe

a) Drohung

Eine letztwillige Verfügung kann angefochten werden, wenn der Erblasser zu der Verfügung widerrechtlich durch Drohung bestimmt worden ist (§ 2078 Abs. 2 BGB). Es gelten gegenüber den allgemeinen Bestimmungen keine Besonderheiten. Wenn die Drohung vom Begünstigten ausgeht, ist er erbunwürdig (→ *Erbunwürdigkeit*) (§ 2339 Abs. 1 Nr. 3 BGB).

b) Irrtum über die Erklärungshandlung

Wollte der Erblasser eine Erklärung in dieser Form überhaupt nicht abgeben, verschreibt er sich etwa (z. B. eine Null zu viel), so kann die letztwillige Verfügung gem. § 2078 Abs. 1 2. Fall BGB angefochten werden. War der Erblasser etwa der Meinung, dass ein → *Testament* nur vor einem → *Notar* errichtet werden könne, und wusste er nicht, dass er durch einen Brief ein eigenhändiges gültiges Testament errichtet hatte, so kann es angefochten werden. Falsche Bezeichnung eines richtig gemeinten Gegenstandes oder einer Person schadet dagegen nicht, sondern kann durch → *Auslegung der Verfügung von Todes wegen* ermittelt werden (falsa demonstratio non nocet).

c) Irrtum über die Bedeutung der Erklärung

War der Erblasser über den Inhalt seiner Erklärung im Unklaren und ist anzunehmen, dass er die Erklärung bei Kenntnis der Sachlage nicht abgegeben haben würde, so kann die letztwillige Verfügung gem. § 2078 Abs. 1 1. Fall BGB angefochten werden. Hierzu zählt etwa der Irrtum über die Identität einer Person, die Verwechslung etwa von → *Vorerbschaft* und Nießbrauchsvermächtnis. Dies ist auch etwa dann der Fall, wenn der Erblasser → *gesetzliche Erbfolge* anordnet, weil er im Irrtum darüber ist, welche Personen dann erben.

d) Motivirrtum

Anfechtbar ist eine Verfügung von Todes wegen nicht nur dann, wenn der Erblasser sich über verkehrswesentliche Eigenschaften einer Person oder Sache geirrt hat, wie dies nach allgemeinen Regeln der Fall ist (§ 119 Abs. 2 BGB), sondern auch, soweit der Erblasser zur Verfügung durch die irrige Annahme oder Erwartung des Eintritts oder Nichteintritts eines Umstandes bestimmt worden ist (§ 2078 Abs. 2 BGB). Es werden also alle irrigen Vorstellungen dieser Art berücksichtigt, ganz gleich ob sie sich auf Umstände der Vergangenheit, Gegenwart oder Zukunft beziehen. Als Beispiel sei angeführt, dass der Erblasser fälschlich davon ausgegangen ist, er werde nicht mehr heiraten. Hat der Erblasser jemand, mit dem er sich nicht vertrug, mit einem Vermächtnis bedacht in der Hoffnung, das Verhältnis werde sich bessern, so sind die Erben anfechtungsberechtigt, wenn die Erwartungen des Erblassers nicht eingetreten sind.

Als weiterer Fall des Motivirrtums erwähnt das Gesetz das Übergehen eines → *Pflichtteilsberechtigten* (§ 2079 BGB). Hat der Erblasser einen zurzeit des Erbfalls vorhandenen Pflichtteilsberechtigten übergangen, dessen Vorhandensein ihm bei der Errichtung der Verfügung nicht bekannt war oder der erst nach der Errichtung geboren oder pflichtteilsberechtigt geworden ist, so kann die letztwillige Verfügung angefochten werden. Hierher zählt z. B. die Geburt weiterer gemeinschaftlicher Kinder, die → *Annahme von Kindern*, die → *Wiederverheiratung* des überlebenden Ehegatten, Geburt oder Annahme von Kindern in der zweiten Ehe. Übergangen ist jedoch nicht, wer ausdrücklich enterbt wurde oder wer mehr als den Pflichtteil, z. B. durch → *Vermächtnis*, erhalten hat. Die Anfechtung ist ausgeschlossen, soweit anzunehmen ist, dass der Erblasser auch bei Kenntnis der Sachlage die Verfügung getroffen haben würde (§ 2079 BGB). Bis zum Beweis des Gegenteils wird der Zusammenhang zwischen dem Irrtum des Erblassers und seiner Verfügung also vermutet – im Gegensatz zu den anderen Anfechtungsgründen.

Das Anfechtungsrecht kann ausgeschlossen werden.

Formulierungsbeispiel:

> „Die vorstehenden Verfügungen sind ohne Rücksicht darauf getroffen, ob, welche und wie viele Pflichtteilsberechtigte im Zeitpunkt des Erbfalls vorhanden sind."

2. Anfechtungsberechtigt

ist der, dem die Anfechtung unmittelbar zustatten kommt. Eine Anfechtung des Testaments durch den Erblasser ist ausgeschlossen, da er sein Testament jederzeit grundlos → *widerrufen* kann. Lediglich beim → *Erbvertrag* und → *gemeinschaftlichen Testament* kann er selbst anfechten, soweit er seine Verfügung nicht mehr einseitig widerrufen darf.

Anfechtungsberechtigt ist, wem die Aufhebung der letztwilligen Verfügung unmittelbar zustatten kommen würde (§ 2080 BGB); so können z. B. → *Ersatzerben* bzw. → *gesetzliche Erben* eine Erbeinsetzung, der → *Vorerbe* die Einsetzung eines → *Nacherben*, der Beschwerte die Anordnung eines → *Vermächtnisses* oder einer → *Auflage* anfechten. Hat der Erblasser seine Kinder eingesetzt, so wächst beim Wegfall eines von ihnen der Erbteil in der Regel den anderen zu, die somit in diesem Fall anfechtungsberechtigt wären. Hinsichtlich einer → *Testamentsvollstreckung* sind die Erben anfechtungsberechtigt. Hat sich der Irrtum des Erblassers nur auf eine bestimmte Person bezogen oder wurde sie als pflichtteilsberechtigt übergangen, so ist nur sie anfechtungsberechtigt (§ 2080 Abs. 2, 3 BGB). Das Anfechtungsrecht ist ein höchstpersönliches Recht, kann also nicht übertragen, wohl aber vererbt werden.

3. Anfechtungserklärung

Die Anfechtung einer Verfügung von Todes wegen, durch die ein Erbe eingesetzt, ein gesetzlicher Erbe von der Erbfolge ausgeschlossen, ein → *Testamentsvollstrecker* ernannt oder eine Verfügung solcher Art aufgehoben wird, geschieht durch Erklärung gegenüber dem → *Nachlassgericht*. Das Nachlassgericht soll die Anfechtungserklärung dem mitteilen, dem die angefochtene Verfügung unmittelbar zustatten kommt (§ 2081 BGB). Eine Form oder Begründung ist nicht vorgeschrieben. Andere Bestimmungen des Erblassers, wie → *Vermächtnis*, → *Auflage*, → *Pflichtteilsentziehung* oder → *Teilungs-*

anordnung müssen durch Erklärung gegenüber dem Bedachten angefochten werden.

4. Frist

Sie beträgt ein Jahr und beginnt mit dem Zeitpunkt, in dem der Anfechtungsberechtigte nach dem Tod des Erblassers vom Anfechtungsgrund Kenntnis erlangt. 30 Jahre nach dem Erbfall ist jede Anfechtung ausgeschlossen (§ 2082 BGB).

5. Wirkung der Anfechtung

Die Anfechtung bewirkt, dass die angefochtene Verfügung als von Anfang an nichtig anzusehen ist (§ 142 Abs. 1 BGB). Wird ein Testament durch Anfechtung unwirksam, so tritt → *gesetzliche Erbfolge* ein. Die Nichtigkeit erfasst jedoch nur die Verfügung, zu der der Erblasser durch den Willensmangel bestimmt wurde, im Zweifel aber nicht das ganze Testament (§ 2085 BGB). Bei der Anfechtung wegen Übergehung eines Pflichtteilsberechtigten (§ 2079 BGB) erhält der Pflichtteilsberechtigte seinen gesetzlichen Erbteil; ein etwaiger Rest verteilt sich nach dem aus dem Testament ersichtlichen Willen des Erblassers. Die Entscheidung über die Anfechtung erfolgt durch das → *Nachlassgericht*.

▶ Annahme als Kind

Die Annahme als Kind ist die Begründung eines künstlichen, also nicht auf leiblicher Abstammung beruhenden Eltern-Kind-Verhältnisses.

1. Voraussetzung

Voraussetzung der Annahme ist, dass sie dem Wohl des Kindes dient und zu erwarten ist, dass zwischen dem Annehmenden und dem Kind ein Eltern-Kind-Verhältnis entsteht (§ 1741 BGB). Die Annahme darf nicht ausgesprochen werden, wenn ihr überwiegende Interessen der Kinder des Annehmenden oder des Anzunehmenden entgegenstehen oder wenn zu befürchten ist, dass Interessen des Anzunehmenden durch Kinder des Annehmenden gefährdet werden. Vermögensrechtliche Interessen sollen nicht ausschlaggebend sein (§ 1745 BGB).

Wer nicht verheiratet ist, kann ein Kind nur allein annehmen; er muss das 25. Lebensjahr vollendet haben. Ein Ehepaar kann ein Kind nur gemeinschaftlich annehmen, wobei ein Ehegatte das 25. und der andere das 21. Lebensjahr vollendet haben müssen. Ein Ehegatte, der das 21. Lebensjahr vollendet hat, kann ein Kind seines Ehegatten allein annehmen. Er kann ein Kind auch dann allein annehmen, wenn der andere Ehegatte das Kind nicht annehmen kann, weil er geschäftsunfähig ist oder das 21. Lebensjahr noch nicht vollendet hat (§§ 1741 Abs. 2, 1743 BGB).

2. Annahmeverfahren

Die Annahme als Kind wird auf Antrag des Annehmenden vom Familiengericht ausgesprochen (§ 1752 BGB); zuständig ist das Gericht am Wohnsitz oder Aufenthaltsort des Annehmenden (§§ 101, 187 FamFG). Erforderlich sind die Einwilligung des Kindes und die Zustimmung seines gesetzlichen Vertreters bzw. wenn es geschäftsunfähig oder noch nicht 14 Jahre alt ist, die Einwilligung des gesetzlichen Vertreters (§ 1746 BGB). Auch die Einwilligung der Eltern des Kindes und des Ehegatten des Annehmenden müssen vorliegen; die Einwilligung der Eltern kann erst erteilt werden, wenn das Kind acht Wochen alt ist (§ 1747 Abs. 2 BGB). Sämtliche Anträge und Einwilligungen sind nur gültig, wenn sie von einem → *Notar* beurkundet sind (§ 1750 Abs. 1 BGB).

3. Wirkungen, insbesondere Erbrecht

Nimmt ein Ehepaar ein Kind an oder nimmt ein Ehegatte ein Kind des anderen Ehegatten an, so erlangt das Kind die rechtliche Stellung eines gemeinschaftlichen Kindes der Ehegatten. In den anderen Fällen erlangt das Kind die rechtliche Stellung eines Kindes des Annehmenden (§ 1754 BGB). Das Kind wird also mit allen Rechten und Pflichten voll in die neue Familie integriert. Das Adoptivkind erwirbt insbesondere den Familiennamen des Annehmenden als Geburtsnamen; nimmt ein Ehepaar ein Kind an oder nimmt ein Ehegatte ein Kind des anderen Ehegatten an und führen die Ehegatten keinen Ehenamen, so bestimmen sie den Geburtsnamen des Kindes durch Erklärung gegenüber dem Familiengericht (§ 1757 BGB). Ferner erwirbt das Kind die → *Staatsangehörigkeit* und den

Wohnsitz des Annehmenden. Es ist voll unterhalts- und erbberechtigt.

Zu unterscheiden ist zwischen der Annahme Minderjähriger und Volljähriger.

a) Annahme Minderjähriger

Nimmt ein Ehepaar ein Kind an oder nimmt ein Ehegatte ein Kind des anderen Ehegatten an, so erlangt das Kind die rechtliche Stellung eines gemeinschaftlichen Kindes der Ehegatten und wird damit voll erbberechtigt. In den anderen Fällen erlangt das Kind die rechtliche Stellung eines Kindes des Annehmenden, d. h. es beerbt nur ihn (§ 1754 BGB). Auf Grund dieser Volladoption erstrecken sich die Wirkungen auch auf die anderen Verwandten des Adoptierenden wie auch auf die Abkömmlinge des Adoptierten, gleich ob sie zum Zeitpunkt der Annahme vorhanden waren oder nicht. Umgekehrt begründet die Adoption auch ein Erbrecht des Annehmenden. Mit der Annahme erlöschen das Verwandtschaftsverhältnis des Kindes und seiner Abkömmlinge zu den bisherigen Verwandten und die sich aus ihm ergebenden Rechte und Pflichten, also insbesondere auch gegenseitige Erbrechte (§ 1755 BGB).

b) Annahme Volljähriger

Ein Volljähriger kann als Kind angenommen werden, wenn die Annahme sittlich gerechtfertigt ist; dies ist insbesondere anzunehmen, wenn zwischen dem Annehmenden und dem Anzunehmenden ein Eltern-Kind-Verhältnis bereits entstanden ist (§ 1767 BGB). Anders als bei der Annahme Minderjähriger erstrecken sich hier die Wirkungen der Annahme nicht auf die Verwandten des Annehmenden. Die Rechte und Pflichten aus dem Verwandtschaftsverhältnis des Angenommenen und seiner Abkömmlinge zu ihren Verwandten werden durch die Annahme nicht berührt (§ 1770 BGB); d. h. die rechtlichen Beziehungen des Adoptierten zu seinen leiblichen Eltern, Geschwistern etc. bleiben bestehen. Es wird nur ein Erbrecht zwischen Annehmendem und Angenommenem begründet. Unter besonderen Voraussetzungen kann das Familiengericht auf Antrag bestimmen, dass sich die Wirkungen der Annahme nach den Vorschriften der Annahme Minderjähriger richten (§ 1772 BGB).

▶ Annahme der Erbschaft

Die Annahme der → *Erbschaft* geschieht durch ausdrückliche oder stillschweigende Erklärung oder durch Ablauf der Frist zur → *Ausschlagung*.

1. Die Erbschaft geht auf den Erben über

Unbeschadet des Rechts, sie auszuschlagen, geht die Erbschaft auf den → *Erben* über (→ *Anfall der Erbschaft*, § 1942 BGB). Der Erbe kann die Erbschaft nicht mehr ausschlagen, wenn er sie angenommen hat oder wenn die für die → *Ausschlagung* vorgeschriebene Frist verstrichen ist. Mit dem Ablauf der Frist gilt die Erbschaft als angenommen (§ 1943 BGB).

Der Erbe kann die Erbschaft frühestens annehmen, sobald der Erbfall eingetreten ist (§ 1946 BGB). Die Annahme kann nicht unter einer Bedingung oder einer Zeitbestimmung erfolgen (§ 1947 BGB) und nicht auf einen Teil der Erbschaft beschränkt werden (§ 1950 BGB). Die Erklärung ist an keine Form gebunden und wird regelmäßig gegenüber einem Beteiligten, etwa einem Nachlassgläubiger, einem Nachlassschuldner, einem Miterben oder Vermächtnisnehmer oder dem Nachlassgericht gegenüber erfolgen. Nimmt der vorläufige Erbe eine unaufschiebbare Handlung vor, so ist daraus nicht der Schluss der Annahme zu ziehen.

Die Annahme setzt volle Geschäftsfähigkeit voraus. Für Geschäftsunfähige oder beschränkt Geschäftsfähige kann der gesetzliche Vertreter (z. B. beide Elternteile) annehmen, ohne dass es der Genehmigung des Familiengerichts bedarf. Nicht zur Annahme berechtigt sind → *Testamentsvollstrecker* oder → *Nachlasspfleger*.

2. Irrtum über den Berufungsgrund

Hat sich der Erbe über den Berufungsgrund geirrt, so gilt die Annahme als nicht erfolgt (§ 1949 BGB). Maßgebend ist die richtige Kenntnis des Berufungsgrundes; nimmt der eingesetzte Erbe z. B. infolge Unkenntnis der maßgeblichen Verwandtschaftsbeziehung die Erbschaft an, ohne zu wissen, dass er (z. B. durch Wegfall der gesetzlich Vorberufenen) der nächste gesetzliche Erbe war, so irrt er über den Berufungsgrund, und gilt die Annahme als nicht erfolgt, ohne dass es einer Anfechtung bedürfte. Dies gilt dann nicht, wenn es, wie meist der Fall, dem Erben ganz gleichgültig war, aus welchem Grund die Berufung erfolgte.

3. Anfechtung der Annahme (§ 1954 BGB)

Ist der Erbe bei der Annahme einem Irrtum unterlegen, so kann er u. U. die Annahme nach den allgemeinen Vorschriften der §§ 119 ff. BGB anfechten. Dabei ist sowohl ein Irrtum über die Erklärungshandlung als auch über die Tragweite der Erklärung möglich. Ersteres ist etwa der Fall, wenn der Erbe nicht wusste, dass sein Handeln als Erbschaftsannahme gewertet werden würde, z. B. wenn er mit einer Handlung irrig die Vorstellung verbindet, seine Handlung sei allein zur Fürsorge für den Nachlass notwendig. Besondere Bedeutung hat der Irrtum über wesentliche Eigenschaften des Nachlasses, etwa wenn der Erbe glaubt, sein Anteil betrage ein Drittel, während er in Wirklichkeit nur ein Viertel erbt, oder wenn er der Annahme ist, dass die Nachlassschulden durch vorhandene Nachlasswerte gedeckt sind, tatsächlich aber der Nachlass überschuldet ist. Dagegen ist ein Bewertungsirrtum bei einzelnen Nachlassgegenständen und Nachlassschulden ein Werturteil, das keine Sacheigenschaft begründet und nicht zur Anfechtung berechtigt. In Ausnahmefällen ist auch eine Anfechtung wegen arglistiger Täuschung oder widerrechtlicher Drohung denkbar (§ 123 BGB). Irrt der Erbe über den Berufungsgrund, so ist, wie im vorigen Absatz ausgeführt, eine Anfechtung nicht notwendig, sondern nach der Spezialvorschrift des § 1949 Abs. 1 BGB die Annahme von vornherein unwirksam.

Anfechtungsberechtigt ist der Erbe, wiederum sein Erbe, nicht dagegen der → *Testamentsvollstrecker,* → *Nachlasspfleger* oder → *Nachlassverwalter.* Die Anfechtung ist gegenüber dem → *Nachlassgericht* zu erklären (§ 1955 BGB), und zwar zur Niederschrift des Nachlassgerichts oder in vom → *Notar* beglaubigter Form (§ 1945 Abs. 1 BGB). Die Anfechtungsfrist beträgt sechs Wochen (§ 1954 Abs. 1 BGB); hatte der Erblasser seinen letzten Wohnsitz nur im Ausland oder hält sich der Erbe bei Beginn der Frist im Ausland auf, so verlängert sich die Frist auf sechs Monate (§ 1954 Abs. 3 BGB). Die Frist beginnt im Fall der Anfechtbarkeit wegen Drohung mit dem Zeitpunkt, in dem die Zwangslage aufhört, in den übrigen Fällen mit dem Zeitpunkt, in dem der Anfechtungsberechtigte von dem Anfechtungsgrund Kenntnis erlangt (§ 1954 Abs. 2 BGB). Sind seit der Annahme 30 Jahre vergangen, so ist jede Anfechtung ausgeschlossen (§ 1954 Abs. 4 BGB).

Die erfolgreiche Anfechtung der Annahme gilt als → *Ausschlagung* (§ 1957 Abs. 1 BGB). Der Anfechtende hat dem Dritten den Schaden zu ersetzen, den dieser dadurch erleidet, dass er auf die Gültigkeit der Annahme vertraut (§ 122 BGB), so etwa dem Nachlassgläubiger die Kosten eines Prozesses, den dieser nach der Annahme angestrengt hat.

▶ Anrechnung

Anrechnung bedeutet, dass sich der Pflichtteilsberechtigte eine Zuwendung des Erblassers zu dessen Lebzeiten auf seinen Pflichtteil anrechnen lassen muss. Hat der Erblasser dem Pflichtteilsberechtigten durch Rechtsgeschäft unter Lebenden eine Zuwendung gemacht und dabei bestimmt, dass sie auf den Pflichtteil anzurechnen ist, so hat sich der Pflichtteilsberechtigte die Zuwendung auf den Pflichtteil anrechnen zu lassen (§ 2315 BGB). Hierunter fallen alle Schenkungen, auch → *Ausstattungen* (§ 1624 BGB).

Der Erblasser muss die Anrechnung vor oder bei der Zuwendung bestimmen, damit der künftige Pflichtteilsberechtigte sie wegen dieser Bestimmung ablehnen kann. Es genügt nicht, dass die Bestimmungserklärung dem Pflichtteilsberechtigten zugeht, vielmehr muss er sich mit ihr einverstanden erklären, was auch durch Annahme der Zuwendung geschehen kann. Die Anrechnungsbestimmung vor oder bei der Zuwendung ist formfrei; sie muss nicht schriftlich erfolgen, sondern kann auch mündlich als einseitige empfangsbedürftige Willenserklärung abgegeben werden. Die durch die Pflichtteilsreform geplante nachträgliche Anrechnungsbestimmung dagegen ist nicht Gesetz geworden. Erblasser und Pflichtteilsberechtigter können einverständlich auch einen anderen anzurechnenden Wert vereinbaren. In jedem Fall empfiehlt es sich, den Wert beim Empfang festzulegen, um späteren Streitigkeiten aus dem Weg zu gehen.

Der Nachlasswert erhöht sich rechnerisch, soweit das Gesetz die Anrechnung vorschreibt. Die Zuwendung wird mit dem Wert, den sie beim Empfang hatte bzw. mit dem sie anzurechnen ist, dem Nachlass hinzugerechnet. Nach diesem fiktiven Nachlasswert wird der Wert des gesetzlichen Erbteils und damit des Pflichtteils bestimmt und die Höhe des Pflichtteilsanspruchs durch Abzug der anzurechnenden Zuwendung ermittelt.

BEISPIELE: Hinterlässt der Erblasser z. B. drei Söhne A, B und C und einen Nachlass in Höhe von 6000 Euro und werden Erben A und B, so ist der Pflichtteil des C, wenn er einen anrechnungspflichtigen Vorempfang in Höhe von 600 Euro erhalten hat: (6000 + 600): 6 – 600 = 500 Euro. Hinterlässt der Erblasser seine Witwe W mit 400 Euro Vorempfang und einen einzigen Sohn C mit 1200 Euro Vorempfang und sind Erben nicht verwandte Personen, so erhalten als Pflichtteil
Witwe W: (6000 Euro + 400 Euro): 4 – 400 Euro = 1200 Euro;
Sohn C: (6000 Euro + 1200 Euro): 4 – 1200 Euro = 600 Euro.

► **Anwachsung**

Anwachsung ist die Erhöhung eines feststehenden → *Erbteils* durch Wegfall eines → *Miterben*. Fällt einer von mehreren Miterben vor oder nach dem → *Erbfall* weg, z. B. durch Tod, → *Ausschlagung*, → *Erbverzicht*, so wächst sein → *Erbteil* den übrigen Erben nach dem Verhältnis ihrer Erbteile an. Sind einige der Erben auf einen gemeinschaftlichen Erbteil eingesetzt, so tritt die Anwachsung zunächst unter ihnen ein (§ 2094 BGB). Der durch Anwachsung einem Erben anfallende Erbteil gilt in Ansehung der → *Vermächtnisse* und → *Auflagen*, mit denen dieser Erbe oder der wegfallende Erbe beschwert ist, sowie in Ansehung der → *Ausgleichungspflicht* als besonderer Erbteil (§§ 1935, 2095 BGB).

BEISPIEL: Erben die vier Kinder des Erblassers den Nachlass in Höhe von 4000 Euro zu je $1/4$, und ist ein Kind mit einem Vermächtnis in Höhe von 1500 Euro beschwert, so wächst bei Ausschlagung dieses Kindes dessen $1/4$ den andern drei Kindern zu; das $1/4$ teilt sich auf die anderen drei zu je $1/3$ auf, so dass auf jeden $1/12$ entfällt. Die 1500 Euro sind nur aus dem $1/4$ zu erfüllen, also nur in Höhe von 1000 Euro.

Der Erblasser kann die Anwachsung generell oder einigen Erben gegenüber ausschließen, indem er einen → *Ersatz-* oder → *Nacherben* einsetzt. Ersatzerben sind dabei im Zweifel auch die → *Abkömmlinge* eines weggefallenen Erben (→ *Auslegung*).

> **BEISPIEL:** Haben etwa Eltern ein Kind eingesetzt und fällt das Kind nach Testamentserrichtung, etwa durch → *Ausschlagung*, als Erbe aus, so ist im Zweifel anzunehmen, dass seine Abkömmlinge bedacht sind, also die Enkel des Erblassers.

▶ Aufgebotsverfahren

Aufgebotsverfahren heißt das Verfahren, durch das die Nachlassgläubiger aufgefordert werden, ihre Forderungen anzumelden.

1. Zweck

Um dem Erben eine zuverlässige Übersicht über den Umfang der Nachlassverbindlichkeiten zu ermöglichen, können die Nachlassgläubiger im Weg des sog. Aufgebotsverfahrens zur Anmeldung ihrer Forderungen aufgefordert werden (§§ 1970 ff. BGB). Der Erbe kann auf dieser Grundlage entscheiden, ob er eine amtliche Nachlassliquidation durch → *Nachlassverwaltung* oder → *Nachlassinsolvenzverfahren* beantragen oder den Nachlass in Selbstverwaltung behalten und ein → *Inventar* errichten will. Das Ausschlussurteil gegenüber den säumigen Gläubigern hat die Ausschlusseinrede zur Folge, die es dem Erben ermöglicht, einen objektiv ausreichenden Nachlass ohne Nachlasssonderung gefahrlos selbst abzuwickeln.

2. Antragsberechtigung

Antragsberechtigt sind nach der → *Annahme der Erbschaft* der → *Erbe*, jeder → *Miterbe*, der → *Nachlasspfleger*, der → *Testamentsvollstrecker*, der → *Erbschaftskäufer*. Vor der → *Annahme der Erbschaft* sind antragsberechtigt nur der Nachlasspfleger oder der Nachlassverwalter.

Das Antragsrecht ist nicht befristet. Wird der Antrag aber später als ein Jahr nach der Erbschaftsannahme gestellt, so ist der Erbe nicht mehr berechtigt, die Berichtigung einer Nachlassverbindlichkeit zu verweigern (§ 2015 BGB).

Das Aufgebotsverfahren kann der Erbe nicht mehr beantragen, wenn er allgemein unbeschränkbar haftet (§ 455 Abs. 1 FamFG); haftet er nur einzelnen Nachlassgläubigern unbeschränkt, so behält er das Antragsrecht, erwirbt aber aus dem Ausschlussurteil diesen Gläubigern gegenüber keine Ausschlusseinrede, sondern nur den anderen gegenüber.

3. Verfahren

Wie sich das Verfahren im Einzelnen abwickelt, ist in den §§ 433–484 FamFG geregelt. Zuständig ist das → *Nachlassgericht* (§ 454 FamFG). Es erlässt die öffentliche Aufforderung an die Nachlassgläubiger, ihre Forderungen in bestimmter Frist – mindestens sechs Wochen, nicht mehr als sechs Monate – beim Nachlassgericht anzumelden (§§ 437, 458 FamFG). Nachlassgläubiger, die dieser Aufforderung bis zum Erlass des Ausschlussurteils nicht nachkommen, werden ausgeschlossen (§ 438 FamFG).

Von der Anmeldepflicht sind folgende Gläubiger befreit: Pfandgläubiger und Gläubiger, die in der Insolvenz den Pfandgläubigern gleich stehen; Gläubiger, die aus- und absonderungsberechtigt sind (§ 1971 BGB). → *Pflichtteils-* , → *Vermächtnis-* und → *Auflagegläubiger* werden durch das Aufgebot ebenfalls nicht betroffen (§ 1972 BGB); das Aufgebot wirkt sich jedoch für sie insoweit aus, als Miterben nach der Teilung nur für den ihrem Erbteil entsprechenden Teil der Schuld haften (§ 2060 Nr. 1 BGB). Sie werden auch ohne Anmeldung berücksichtigt.

4. Wirkungen des Ausschlussurteils

Durch das Ausschlussurteil geht die Forderung des ausgeschlossenen Gläubigers nicht unter, das Aufgebotsverfahren als solches führt auch für sich allein zu keiner Haftungsbeschränkung. Aber der Erbe ist berechtigt, die Befriedigung eines Nachlassgläubigers, der sich im Aufgebot nicht gemeldet hat und durch Urteil ausgeschlossen wurde, insoweit zu **verweigern,** als der Nachlass durch die Befriedigung nicht ausgeschlossener Nachlassgläubiger bereits erschöpft ist oder auch erst erschöpft würde (§ 1973 Abs. 1 S. 1 BGB). Der Erbe kann diese Einrede sowohl außergerichtlich als auch gerichtlich im Erkenntnis- oder erst im Zwangsvollstreckungsverfahren geltend machen. Der

Erbe muss sich also jedem einzelnen dieser Gläubiger gegenüber auf seine beschränkte Haftung **berufen**. Ein Zugriff auf das **Eigenvermögen** des Erben ist den ausgeschlossenen Gläubigern verwehrt.

Der Erbe muss die nicht ausgeschlossenen Nachlassgläubiger vor den ausgeschlossenen befriedigen. Er hat die ausgeschlossenen Gläubiger **vor** den Ansprüchen aus → *Pflichtteilsrechten,* → *Vermächtnissen* und → *Auflagen* zu berücksichtigen, wenn sie ihre Forderungen vor der Berichtigung dieser Ansprüche geltend gemacht haben (§ 1973 Abs. 1 S. 2 BGB). Reicht der Nachlassrest nicht mehr zur vollen Befriedigung eines Gläubigers aus, so braucht der Erbe nur die Zwangsvollstreckung in diesen Rest zu dulden. Er kann sie durch die Herausgabe des Rests an die Gläubiger abwenden. Er kann die Herausgabe der noch vorhandenen Nachlassgegenstände auch durch Zahlung des Wertes abwenden (§ 1973 Abs. 2 BGB).

BEISPIEL: G 1 hat seine Forderung von 4000 Euro im Aufgebotsverfahren geltend gemacht, G 2 seine Forderung von 3000 Euro nicht; ein Vermächtnis von 2000 Euro hat der Erbe bereits unmittelbar nach Erbschaftsannahme beglichen. Beträgt der Nachlass 7000 Euro, so bleiben für G 2 lediglich 1000 Euro, da zunächst G 1, dann das Vermächtnis und erst danach G 2 zu berücksichtigen ist.

▶ Aufhebung der Ehe

→ *Scheidung*

▶ Aufhebung der Lebenspartnerschaft

Nach § 15 LPartG kann eine → *Lebenspartnerschaft* auf Antrag eines oder beider Lebenspartner durch gerichtliches Urteil aufgehoben werden. Das Gericht hebt die Lebenspartnerschaft auf, wenn

- beide Lebenspartner erklärt haben, die Lebenspartnerschaft nicht fortsetzen zu wollen, und seit der Erklärung zwölf Monate vergangen sind;

- ein Lebenspartner erklärt hat, die Lebenspartnerschaft nicht fortsetzen zu wollen, und seit der Zustellung dieser Erklärung an den anderen Lebenspartner 36 Monate vergangen sind;

- die Fortsetzung der Lebenspartnerschaft für den Antragsteller aus Gründen, die in der Person des anderen Lebenspartners liegen, eine unzumutbare Härte wäre.

Die Lebenspartner können ihre Erklärungen nach Nr. 1 oder 2 widerrufen, solange die Lebenspartnerschaft noch nicht aufgehoben ist. Widerruft im Falle der Nr. 1 einer der Lebenspartner seine Erklärung, hebt das Gericht die Lebenspartnerschaft auf, wenn seit der Abgabe der übereinstimmenden Erklärung 36 Monate vergangen sind. Die Erklärungen nach Nr. 1 und 2 und die Widerrufserklärungen müssen persönlich abgegeben werden und bedürfen der öffentlichen Beurkundung. Sie können nicht unter einer Bedingung oder einer Zeitbestimmung abgegeben werden.

Nach Aufhebung der Lebenspartnerschaft bestehen Unterhaltsansprüche, wenn ein Lebenspartner nicht selbst für seinen Unterhalt sorgen kann (§ 16 LPartG), soweit nicht im → *Lebenspartnerschaftsvertrag* etwas anderes vereinbart ist. Können sich die Lebenspartner anlässlich der Aufhebung der Lebenspartnerschaft nicht über die gemeinsame Wohnung und den Hausrat einigen, so entscheidet hierüber das Familiengericht (§ 17 LPartG, § 270 FamFG).

Das Erbrecht des überlebenden Lebenspartners ist nach § 10 Abs. 3 LPartG ausgeschlossen, wenn zurzeit des Todes des Erblassers

- die Voraussetzungen für die Aufhebung nach obigen Ziff. 1 oder 2 gegeben waren und der Erblasser die Aufhebung beantragt oder ihr zugestimmt hatte oder

- der Erblasser einen Antrag nach obiger Ziff. 3 gestellt hatte und dieser Antrag begründet war.

▶ Auflage

Die Auflage ist eine dem → *Erben* oder → *Vermächtnisnehmer* auferlegte Verpflichtung, etwas Bestimmtes zu tun oder nicht zu tun. Durch die Auflage kann der Erblasser in seiner → *Verfügung von Todes wegen* den Erben oder einen Vermächtnisnehmer zu einer Leistung verpflichten, ohne einem anderen ein Recht auf die Leistung zuzuwenden (§ 1940 BGB). Die Leistung besteht in der Verpflichtung, etwas Bestimmtes zu tun (z. B. Pflege der Grabstätte des Erblassers) oder zu unterlassen (z. B. Widerruf einer Vollmacht).

Die Form der Auflage wird der Erblasser wählen, wenn er eine dritte Person weder zum → *Erben* noch zum → *Vermächtnisnehmer* einsetzen will, den Erben oder Vermächtnisnehmer aber zu einer Leistung an den Dritten verpflichten will. Als Inhalt von Auflagen kommen typischerweise in Betracht: Art der Bestattung, Grabpflege, Versorgung von Tieren, Verteilung einer bestimmten Geldsumme an einen Wohlfahrtsverband.

Die Auflage kann durch → *Testament* (§ 1940 BGB), durch → *Erbvertrag* (§ 1941 Abs. 1 BGB), vertragsmäßig bindend oder durch wechselbezügliche Verfügung eines → *gemeinschaftlichen Testaments* (§ 2270 Abs. 3 BGB) angeordnet werden. Die Geltung und den Zweck der Auflage kann der Erblasser nicht durch einen anderen bestimmen lassen (§§ 2192, 2065 BGB); er kann aber die Bestimmung des Leistungsgegenstandes dem billigen Ermessen und die Bestimmung der Person des Auflagebegünstigten schlechthin dem Beschwerten oder einem Dritten, vor allem einem → *Testamentsvollstrecker*, überlassen (§ 2193 BGB).

Der Auflagebegünstigte kann selbst die Vollziehung der Auflage nicht verlangen, wohl aber der → *Erbe*, der → *Miterbe* und derjenige, dem der Wegfall des mit der Auflage zunächst Beschwerten unmittelbar zustattenkommen würde, z. B. der → *Ersatzerbe*. Liegt die Vollziehung im öffentlichen Interesse, etwa der Bau einer Schule, so kann auch die zuständige Behörde die Vollziehung verlangen (§ 2194 BGB).

Formulierungsbeispiele:

„Meinem Erben mache ich zur Auflage, auf die Dauer von 20 Jahren mein Grab in ortsüblicher und standesgemäßer Weise zu pflegen und zu schmücken und jährlich an meinem Todestag eine heilige Messe lesen zu lassen."

„Meiner Haushälterin mache ich zur Auflage, sich wie bisher um meinen Dackel Waldi zu kümmern und ihn bis zu seinem Tod zu pflegen und zu versorgen."

„Die Erben haben dem Testamentsvollstrecker alle Vollmachten zu erteilen, die erforderlich sind, damit er die Verwaltung des Nachlasses in der gebotenen Effektivität wahrnehmen kann. Die Verpflichtung erfolgt durch Auflage."

▶ Ausbildung

Anordnungen zugunsten von Abkömmlingen, die sich noch in der Ausbildung befinden, werden die Ehegatten regelmäßig erst nach dem Tod des Überlebenden für notwendig halten. Zu denken ist an besondere Zuwendungen zugunsten des Kindes, das noch in Ausbildung ist, als → *Vorausvermächtnis.* Die Verwaltung der Vermögensgegenstände, mit denen die Ausbildungskosten bestritten werden, oder die Verwaltung des gesamten Nachlasses kann bis zur Beendigung der Ausbildung durch das Kind der Verwaltung durch einen → *Testamentsvollstrecker* unterstellt werden, dem in der → *Verfügung von Todes wegen* die entsprechenden Anweisungen erteilt werden.

Ein Ausbildungsanspruch steht den einseitigen Abkömmlingen des zuerst Verstorbenen gegen den überlebenden Ehegatten gem. § 1371 Abs. 4 BGB zu. Anders als gemeinsame Kinder beerben einseitige Abkömmlinge des zuerst Verstorbenen den überlebenden Ehegatten nicht, so dass dessen erhöhtes Erbrecht (→ *Ehegatten-Erbrecht*) ihren Anteil am Nachlass beträchtlich mindert. Aus diesem zusätzlichen als Zugewinnausgleich gezahlten Viertel muss der überlebende Ehegatte den Abkömmlingen eine angemessene Ausbildung bezahlen, „wenn und soweit sie dessen bedürfen" (§ 1371 Abs. 4 BGB). Der Ausbildungsanspruch besteht aber nur, wenn der überlebende Ehegatte gesetzlicher Erbe wird. Ist er Erbe aufgrund einer → *Verfügung von Todes wegen*, so besteht ein Ausbildungsanspruch auch dann nicht, wenn die testamentarische Zuwendung höher ist als der gesetzliche Erbteil. Kann der Abkömmling seine Ausbildung aus dem eigenen (reduzierten) → *Erbteil* oder → *Pflichtteil* oder aus seinem sonstigen Vermögen bezahlen, so muss der überlebende Ehegatte nicht einspringen. Der Ausbildungsanspruch ist begrenzt auf das zusätzliche erbrechtliche Zugewinnausgleichsviertel des überlebenden Ehegatten; mehr als dieses Viertel braucht der Ehegatte keinesfalls aufzuwenden. Bei der Überlegung des überlebenden Ehegatten, welche Form des Zugewinnausgleichs günstiger für ihn ist, ist also auch der Ausbildungsanspruch einseitiger Abkömmlinge des zuerst Verstorbenen mitzuberücksichtigen. Wählt der überlebende Ehegatte den konkret berechneten güterrechtlichen Zugewinnausgleich und den kleinen Pflichtteil, so muss er keine Ausbildungskosten bezahlen. Zum Ausbildungsanspruch einseitiger Abkömmlinge bei Lebenspartnern → *Lebenspartner-Erbrecht* Ziff. 3a.

▶ **Auseinandersetzung**

Auseinandersetzung ist die Abwicklung des Nachlasses; dazu gehören vor allem die Befriedigung der Nachlassgläubiger und die Verteilung der Nachlassgegenstände. Jeder Miterbe kann jederzeit die Auseinandersetzung verlangen, soweit nichts anderes bestimmt ist (§ 2042 BGB); dies ist insbesondere der Fall, wenn sie aufgeschoben (§ 2043 BGB) oder ausgeschlossen (§ 2044 BGB) ist oder wenn → *Testamentsvollstreckung* angeordnet ist. Eine teilweise Auseinandersetzung unter Fortbestand der Erbengemeinschaft kann nicht verlangt werden.

1. Ausnahmen vom Anspruch auf sofortige Auseinandersetzung

Der im Regelfall bestehende Anspruch auf Auseinandersetzung kann ausnahmsweise ausgeschlossen sein.

a) Aufschub der Auseinandersetzung

Sind die Erbteile der Miterben noch unbestimmt, etwa weil die Geburt eines Miterben zu erwarten ist oder die Entscheidung über eine → *Ehelicherklärung* aussteht, so ist die Auseinandersetzung bis zur Behebung der Unbestimmtheit ausgeschlossen (§ 2043 BGB). Ferner kann jeder Miterbe verlangen, dass die Auseinandersetzung bis zur Beendigung eines eingeleiteten oder unverzüglich beantragten öffentlichen oder privaten → *Aufgebots* der Gläubiger aufgeschoben wird (§§ 2045, 1970, 2061 BGB).

b) Ausschluss der Auseinandersetzung

Der Erblasser kann durch letztwillige Verfügung die Auseinandersetzung in Ansehung des Nachlasses oder einzelner Nachlassgegenstände ausschließen oder von der Einhaltung einer Kündigungsfrist abhängig machen (§ 2044 BGB). Eine solche Klausel verpflichtet die Miterben, sie einzuhalten; sie wirkt aber nur obligatorisch, ohne ihre unmittelbare Rechtsmacht zur Auseinandersetzung auszuschließen (§ 137 BGB). Die Miterben können sich also einstimmig (ggf. mit Zustimmung der → *Nacherben*) über das Auseinandersetzungsverbot des Erblassers hinwegsetzen. Eine Absicherung seines Verbots kann der Erblasser nur dadurch erreichen, dass er entweder → *Testamentsvollstreckung* anordnet oder die Erben unter der auflösenden Bedingung der Auseinandersetzung einsetzt. Der Testamentsvollstrecker ist an das Auseinandersetzungsverbot gebunden (§ 2208 BGB) und darf hiervon nur abweichen, wenn alle Erben zustimmen oder ein wichtiger Grund vorliegt (§ 2216 Abs. 2 BGB). Eine entsprechende Verfügung des Erblassers wird unwirksam, wenn 30 Jahre seit dem Eintritt des Erbfalls verstrichen sind. Der Erblasser kann auch anordnen, dass die Verfügung auf eine bestimmte Zeit oder bis zum Eintritt eines bestimmten Ereignisses in der Person eines Miterben, etwa bis zur Erreichung seiner Volljährigkeit, oder, falls er eine → *Nacherbfolge* oder ein → *Vermächtnis* anordnet, bis zum Eintritt der Nacherbfolge oder bis zum Anfall des Vermächtnisses gelten soll (§ 2044 Abs. 2 BGB).

Formulierungsbeispiel:

> „Ich schließe die Auseinandersetzung meiner Erben hinsichtlich meines Grundbesitzes bis zum Erreichen des 25. Lebensjahres meines jüngsten Kindes aus."

Auch die Erben können selbst die Auseinandersetzung durch vertragliche Vereinbarung für immer oder zeitweilig, ganz oder teilweise ausschließen oder von einer Kündigung abhängig machen. Dies kann nur einstimmig geschehen.

2. Arten der Auseinandersetzung

a) Freie Vereinbarung der Miterben

Die Miterben können durch freie Vereinbarung untereinander den Nachlass auseinandersetzen. Dies ist auch dann möglich, wie ausgeführt, wenn der Erblasser den Ausschluss der Auseinandersetzung angeordnet hat. Es bedarf der Zustimmung aller Miterben. Aus einem Auseinandersetzungsvertrag, der die Miterben nur verpflichtet, kann auf Leistungsvollzug geklagt werden. Grundsätzlich kann der Auseinandersetzungsvertrag formlos abgeschlossen werden; aus Beweisgründen empfiehlt sich jedoch in jedem Fall Schriftform. Besondere Formen, z. B. Beurkundung durch einen → *Notar*, können erforderlich werden, wenn es sich um die Auseinandersetzung etwa von Grundstücken (§ 311 b Abs. 1 BGB) oder Geschäftsanteilen an einer GmbH (§ 15 GmbHG) handelt. Steht ein Miterbe unter Vormundschaft oder Betreuung, so ist zum wirksamen Vertragsschluss die Genehmigung des Vormunds/Betreuers und des Familien-/Betreuungsgerichts erforderlich. Bei Minderjährigen, die unter elterlicher Gewalt stehen, bedarf der Auseinandersetzungsvertrag nur dann der Genehmigung des Familiengerichts, wenn er Verpflichtungen zu Verfügungen enthält, die stets der Genehmigung des Familiengerichts bedürfen, z. B. über Grundstücke (§§ 1821, 1822 BGB). Sind an der Erbengemeinschaft Minderjährige neben ihrem gesetzlichen Vertreter beteiligt, z. B. Eltern und Kinder gleichzeitig Erben, so ist, wenn nicht einer der beiden Ausnahmefälle des § 181 BGB vorliegt, für jeden Minderjährigen ein besonderer Pfleger (§ 1909 BGB) zu bestellen.

Die unmittelbare (dingliche) Teilung folgt den jeweiligen Übertragungsvorschriften. So ist etwa bei der Übertragung von → *Grundstücken* Auflassung und Eintragung im Grundbuch erforderlich (§§ 873, 925 BGB). Bewegliche Gegenstände werden durch dingliche Einigung und Übergabe oder einen Übergabeersatz übereignet (§§ 929 ff. BGB), Forderungen durch Einigung übertragen (§§ 398 ff. BGB).

Es kann auch vereinbart werden, dass der gesamte Nachlass gegen Zahlung einer Abfindung von einem Miterben übernommen wird. Möglich ist auch, den Nachlass zunächst nur teilweise auseinanderzusetzen, z. B. wenn es sich um mehrere Grundstücke handelt oder wenn es aus einem Grundstück und Geld besteht und zunächst nur das Geld verteilt wird. Die Auflösung der Erbengemeinschaft kann auch durch Übertragung aller Erbteile auf einen Miterben oder einen Dritten geschehen; sind die Erbteile mit einem Pfandrecht oder Nießbrauch belastet, so bedarf es zur Auseinandersetzung der Mitwirkung der Gläubiger. Die Übertragung von Erbteilen bedarf der Beurkundung durch einen → *Notar* gem. § 2033 BGB.

Zum Sonderfall der → *Abschichtung* s. dort.

b) Notarielle Vermittlung

Die Auseinandersetzung kann auf Antrag eines Miterben oder eines Pfandgläubigers im Vermittlungsverfahren der freiwilligen Gerichtsbarkeit erfolgen (§§ 363 ff. FamFG). Sachlich zuständig für das Auseinandersetzungsverfahren ist seit 1.9.2013 nicht mehr das Nachlassgericht, sondern der Notar (§ 23a GVG). Dieser kann aber nur vermitteln, nicht gestaltend vollziehen. Das Verfahren ist ausgeschlossen, wenn ein zur Auseinandersetzung befugter → *Testamentsvollstrecker* vorhanden oder → *Nachlassinsolvenz* oder → *Nachlassverwaltung* eingeleitet ist.

c) Testamentsvollstreckung

Der → *Testamentsvollstrecker* hat, wenn mehrere Erben vorhanden sind, die Auseinandersetzung unter ihnen zu bewirken (§ 2204 BGB). Der Testamentsvollstrecker hat die Auseinandersetzung nach den gesetzlichen Auseinandersetzungsvorschriften durchzuführen, wenn der Erblasser sie nicht ausdrücklich oder schlüssig durch letztwillige Verfügung seinem billigen Ermessen anheim gestellt hat. Wegen der Einzelheiten wird auf die Ausführungen zur → *Testamentsvollstreckung* verwiesen.

d) Auseinandersetzungsklage

Scheitert eine gütliche Teilung, so kann jeder Miterbe gegen die übrigen die so genannte Erbteilungsklage erheben. Sie ist auf Zustimmung zu dem vom klagenden Miterben in der Klage enthaltenen Teilungsplan, nämlich Abschluss eines Auseinandersetzungsvertrags zu richten. Dieser Auseinandersetzungsvertrag hat sich zu orientieren an etwaigen Anordnungen des Erblassers (§ 2048 S. 1 BGB), an evtl.en bindenden Vereinbarungen der Erben, an der eventuellen Bestimmung eines Dritten, die dieser aufgrund einer Anordnung des Erblassers nach billigem Ermessen getroffen hat (§ 2048 S. 2 und 3 BGB), schließlich an den gesetzlichen Auseinandersetzungs- und Teilungsregeln.

Bei der Auseinandersetzungsklage handelt es sich um eine Leistungsklage. Das rechtskräftige Urteil ersetzt die Zustimmung der beklagten Miterben zur Nachlassauseinandersetzung (§ 894 ZPO). Voraussetzung ist, dass der Nachlass teilungsreif ist, was z. B. noch nicht der Fall ist, wenn sich die Beteiligten über den Umfang des Nachlasses streiten. Vorher kann aber unter Umständen eine Feststellungsklage erhoben werden.

3. Durchführung der Auseinandersetzung

a) Berichtigung der Nachlassverbindlichkeiten

Aus dem Nachlass sind zunächst die Nachlassverbindlichkeiten zu berichtigen. Ist eine Nachlassverbindlichkeit noch nicht fällig oder ist sie streitig, so ist das zur Berichtigung Erforderliche zurückzubehalten (§ 2046 BGB). Fällt eine Nachlassverbindlichkeit nur einigen Miterben zur Last, so können sie Berichtigung nur aus ihrem Auseinandersetzungsguthaben verlangen. Reicht der Barbestand zur Gläubigerbefriedigung nicht aus, so ist der übrige Nachlass, soweit erforderlich, in Geld umzusetzen, also zu versilbern (§ 2046 Abs. 3 BGB). Grundstücke sind im Weg der Zwangsversteigerung (§ 180 ZVG) zu veräußern, fällige Forderungen sind einzuziehen, noch nicht fällige Forderungen zu verkaufen.

b) Verteilung des Überschusses

Der Überschuss, der nach Tilgung der Nachlassschulden im Gesamthandsvermögen verbleibt, ist unter Berücksichtigung der → *Ausgleichspflichten* unter Miterben in Alleineigentum der Miterben im Verhältnis ihrer Erbteile zu überführen. Teilbare Sachen sind real, teilbare Rechte nach Bruchteilen zu teilen; die Verteilung gleicher Teile unter die Miterben geschieht durch Los (§ 752 BGB). Unteilbare bewegliche Sachen sind durch Pfandverkauf, Grundstücke durch Zwangsversteigerung zu versilbern. Forderungen sind einzuziehen bzw. zu verkaufen (§ 754 BGB). Der Erlös ist anschließend zu teilen (§ 753 BGB).

c) Landwirtschaftliches Anwesen

Gehört zum Nachlass ein landwirtschaftlicher Betrieb, der eine bäuerliche Familie zu ernähren vermag (§ 14 GrdstVG), so kann das Landwirtschaftsgericht ihn einem Miterben rechtsgestaltend zuteilen (§ 13 Abs. 1 GrdstVG). Eine solche Zuweisung ist nur dann möglich, wenn die Erbengemeinschaft durch gesetzliche und nicht durch gewillkürte Erbfolge entstanden ist. Die anderen Miterben erhalten anstelle ihres Erbteils einen Geldanspruch, den das Gericht nach dem Ertragswert des Betriebs (§ 2049 BGB) festzusetzen hat (§ 16 Abs. 1 S. 2 GrdstVG). Gehört zum Nachlass ein Hof im Sinn der Höfeordnung (ehemals britische Zone), so kommt das Zuweisungsverfahren nur in Betracht, wenn der Hof verwaist im Sinn der Höfeordnung ist und daher nach BGB vererbt wird. Im Übrigen gelten die Sondervorschriften der Höfeordnung.

▶ **Auseinandersetzungsanordnung**

→ *Teilungsanordnung*

▶ **Ausgleichsgemeinschaft der Lebenspartner**

Lebenspartner, die **ab 1.1.2005** eine eingetragene Lebenspartnerschaft begründet haben, leben im Güterstand der Zugewinngemeinschaft (→ *Lebenspartner-Erbrecht*, → *Lebenspartnerschaftsvertrag*), wenn sie nicht durch → *Lebenspartnerschaftsvertrag* etwas anderes vereinbaren. Die §§ 1363–1390 BGB gelten entsprechend.

Haben die Lebenspartner einer **vor dem 1.1.2005** abgeschlossenen Lebenspartnerschaft am 1.1.2005 im Vermögensstand der Ausgleichsgemeinschaft gelebt, so gelten, soweit die Lebenspartner nichts anderes vereinbart haben, von diesem Tage an die Vorschriften über den Güterstand der Zugewinngemeinschaft (§ 21 LPartG).

Für bis zum 31.12.2004 abgeschlossene Lebenspartnerschaften gilt Folgendes: Vor Begründung der → *Lebenspartnerschaft* hatten sich die Lebenspartner nach § 6 LPartG über den Vermögensstand zu erklären. Dabei mussten sie entweder erklären, dass sie den Vermögensstand der Ausgleichsgemeinschaft vereinbart haben oder sie mussten einen → *Lebenspartnerschaftsvertrag* nach § 7 LPartG abgeschlossen haben. Die Erklärung über die Wahl der Ausgleichsgemeinschaft war formlos wirksam (§ 7 Abs. 2 LPartG). War die Vereinbarung der Ausgleichsgemeinschaft unwirksam, so bestand → *Vermögenstrennung*.

Beim Vermögensstand der Ausgleichsgemeinschaft wird Vermögen, das die Lebenspartner zu Beginn der Lebenspartnerschaft haben oder während der Lebenspartnerschaft erwerben, nicht gemeinschaftliches Vermögen. Jeder Lebenspartner verwaltet sein Ver+-mögen selbst. Bei Beendigung des Vermögensstandes wird der Überschuss, den die Lebenspartner während der Dauer des Vermögensstandes erzielt haben, ausgeglichen. Dieser Vermögensstand entspricht dem Güterstand der → *Zugewinngemeinschaft* zwischen Ehegatten. Wegen der erbrechtlichen Folgen der Ausgleichsgemeinschaft → *Lebenspartner-Erbrecht.*

► **Ausgleichung**

Abkömmlinge, die als → *gesetzliche Erben* zur Erbfolge gelangen, sind verpflichtet, bei der → *Auseinandersetzung* untereinander zur Ausgleichung zu bringen, was sie vom Erblasser zu dessen Lebzeiten als → *Ausstattung* erhalten haben, soweit nicht der Erblasser bei der Zuwendung etwas anderes angeordnet hat (§ 2050 BGB). Unter Ausstattung ist nicht nur die Aussteuer an eine Tochter zu verstehen, sondern alles, was einem Kind mit Rücksicht auf seine Verheiratung oder auf die Erlangung einer selbstständigen Lebensstellung von den Eltern zugewendet wird. Alle anderen Zuwendungen zu Lebzeiten des Erblassers sind ausgleichspflichtig dann, wenn der Erblasser dies angeordnet hat. Der Ausstattung stehen die Aufwendungen für die Berufsausbildung gleich, also die Kosten für den Besuch einer Fach- oder Hochschule, auch einer notwendigen beruflichen Umschulung. Nicht auszugleichen dagegen sind die Kosten der allgemeinen Schulbildung.

Die Ausgleichung betrifft nur die → *Abkömmlinge* des Erblassers, das sind eheliche und → *nichteheliche Abkömmlinge*, auch Enkel, die an die Stelle des Kindes treten. Voraussetzung ist, dass sie gesetzliche Erben (§ 2050 BGB) oder vom Erblasser auf ihren gesetzlichen Erbteil oder im Verhältnis ihrer gesetzlichen Erbteile (§ 2052 BGB) zu Miterben eingesetzt sind.

Bei der Auseinandersetzung wird jedem Miterben der Wert der Zuwendung, die er zur Ausgleichung zu bringen hat, auf seinen Erbteil angerechnet. Der Wert sämtlicher Zuwendungen, die zur Ausgleichung zu bringen sind, wird dem Nachlass hinzugerechnet, soweit dieser den Miterben zukommt, unter denen die Ausgleichung stattfindet (§ 2055 BGB). Zunächst werden also die Erbteile des Ehegatten und der an der Ausgleichung nicht beteiligten Miterben vorweg nach der wirklich vorhandenen Erbmasse berechnet und abgesondert. Zum Rest werden die ausgleichspflichtigen Zuwendungen hinzugerechnet. Von der so gewonnenen Masse werden die Erbteile der ausgleichspflichtigen Abkömmlinge berechnet und davon die ausgleichspflichtigen Zuwendungen abgezogen.

> **BEISPIEL:** Hinterlässt der Erblasser die Witwe W und die Kinder A, B und C und ist der Nachlass 6000 Euro, so gilt folgendes: Witwe W erhält bei Zugewinngemeinschaft $\frac{1}{2}$ = 3000 Euro. Haben A 1000 Euro und C 800 Euro auszugleichen, so ist dem Nachlass, der für die Abkömmlinge bleibt, also 3000 Euro, der Betrag von 1800 Euro hinzuzurechnen, so dass erhalten
> A: 4800 Euro: 3 – 1000 = 600 Euro,
> B: 4800 Euro: 3 = 1600 Euro,
> C: 4800 Euro: 3 – 800 = 800 Euro.

Hat ein Miterbe durch die Zuwendung mehr erhalten, als ihm bei der Auseinandersetzung zukommen würde, so ist er zur Herauszahlung des Mehrbetrags nicht verpflichtet. Der Nachlass wird in diesem Fall unter den übrigen Erben in der Weise geteilt, dass der Wert der Zuwendung und der Erbteil des Miterben außer Ansatz bleiben (§ 2056 BGB).

Da der → *Pflichtteil* die Hälfte des Erbteils ausmacht, wird seine Höhe auch durch die Ausgleichungspflicht beeinflusst. Was Abkömmlinge bei ihrem gesetzlichen Erbteil zur Ausgleichung zu bringen haben, wirkt sich demgemäß zur Hälfte auch auf den Pflichtteil aus (§ 2316 BGB). Der Erblasser kann eine ausgleichspflichtige Zuwendung nicht zum Nachteil eines Pflichtteilsberechtigten von der Berücksichtigung ausschließen (§ 2316 Abs. 3 BGB).

Im Verhältnis mehrerer Abkömmlinge zueinander kann der Erblasser ausgleichspflichtige Zuwendungen gleichzeitig zur → *Anrechnung* auf den Pflichtteil bestimmen; in diesem Fall kommt die Zuwendung auf den Pflichtteil nur mit der Hälfte des Wertes zur Anrechnung (§ 2316 Abs. 4 BGB). Zwischen Ausgleichung (auf den Erbteil) und → *Anrechnung* (auf den Pflichtteil) bestehen im Wesentlichen folgende Unterschiede: die Anrechnung kann jeden Pflichtteilsberechtigten, die Ausgleichung nur Abkömmlinge betreffen. Die Ausgleichung setzt voraus, dass neben dem Pflichtteilsberechtigten mindestens noch ein Abkömmling zur gesetzlichen Erbfolge berufen wäre, was bei der Anrechnung nicht erforderlich ist.

Um später Streitigkeiten zu vermeiden, empfiehlt es sich stets, bei Zuwendungen zu bestimmen, ob sie auszugleichen oder anzurechnen sind oder nicht. Gegebenenfalls sollte die Höhe der Ausgleichungs- oder Anrechnungspflicht bestimmt werden, da sich nach Jahren der Wert oft nicht mehr genau feststellen lässt.

Eine besondere Ausgleichspflicht bestimmt § 2057 a BGB zugunsten von → *Abkömmlingen*, die durch Mitarbeit im Haushalt, Beruf oder Geschäft des Erblassers während längerer Zeit durch erhebliche Geldleistungen oder in anderer Weise in besonderem Maß dazu beigetragen haben, dass das Vermögen des Erblassers erhalten oder vermehrt wurde.

Damit sollen Leistungen ausgeglichen werden, die dem → *Nachlass* zugute gekommen sind. Die Ausgleichung entfällt, wenn für die Leistungen ein angemessenes Entgelt gewährt wird oder rechtswirksam vereinbart ist oder dem Abkömmling aus einem anderen Rechtsgrund geschuldet wird, sei es aus Dienst-, Arbeits-, Gesellschaftsverhältnissen, aus Geschäftsführung ohne Auftrag oder ungerechtfertigter Bereicherung. Die Ausgleichspflicht wird nicht dadurch ausgeschlossen, dass ein ausgleichsberechtigtes Kind nach § 1619 BGB verpflichtet war, seinen Eltern Dienste zu leisten, oder dass ihm die Absicht fehlte, von seinen Eltern für Haushaltsaufwendungen Ersatz zu verlangen (§ 1620 BGB). Der Erblasser kann die Ausgleichung durch Zuwendung eines → *Vermächtnisses* ausschließen.

▶ **Auskunftsanspruch**

→ *Nacherbe*, → *Pflichtteil*, → *Testamentsvollstreckung*

▶ Auslandsbezug des Erblassers

Ausländer wurden nach dem früheren Art. 25 EGBGB grundsätzlich nach dem Recht des Staates beerbt, dem sie zum Zeitpunkt ihres Todes angehörten (Staatsangehörigenprinzip). Mit der Aufhebung dieser Vorschrift durch die → *Europäische Erbrechtsverordnung* gilt für alle Todesfälle, die ab 17. 8. 2015 eintreten, das Recht des Staates, in dem der Erblasser zum Zeitpunkt seines Todes seinen gewöhnlichen Aufenthalt hatte.

1. Früheres Recht für Todesfälle bis zum 16.8.2015

Die Rechtsnachfolge von Todes wegen richtet sich grds. nach dem Heimatrecht (Personalstatut) des Erblassers zum Zeitpunkt seines Todes; dieses Erbstatut gilt grds. für den gesamten Nachlass unabhängig von Art und Lage der einzelnen Nachlassgegenstände (Grundsatz der **Nachlasseinheit**). Wohnsitz und gewöhnlicher Aufenthalt des Erblassers sind für die Anknüpfung des Erbstatuts regelmäßig belanglos. Einige ausländische Rechtsordnungen stellen jedoch auf den Wohnsitz des Erblassers im Zeitpunkt seines Todes ab: z. B. Brasilien, Chile, Dänemark, Island, Israel, Norwegen, Peru. Hier kommt es also zu einer Zurückverweisung auf das deutsche Recht, wenn der letzte Wohnsitz des ausländischen Erblassers in Deutschland war. Eine Rechtswahl ist bei der Bestimmung des Erbstatuts regelmäßig unbeachtlich. Auch aus dem Grundsatz der → *Testierfreiheit* ergibt sich keine Befugnis zur testamentarischen Bestimmung des Erbstatuts.

Ausnahmsweise kann ein ausländischer Erblasser jedoch für im Inland belegenes **unbewegliches Vermögen** deutsches Recht wählen (Art. 25 Abs. 2 EGBGB). Dabei ist der Begriff des unbeweglichen Vermögens im Sinn des deutschen Rechts zu verstehen; er umfasst → *Grundstücke*, Wohnungs- bzw. Stockwerkseigentum, Erbbaurechte sowie sonstige beschränkte dingliche Rechte an Grundstücken. Die **Rechtswahl** ist nur für das in der Bundesrepublik belegene unbewegliche Vermögen und nur zugunsten des deutschen Rechts zugelassen. Sofern der ausländische Erblasser nicht ohnehin nach Art. 25 Abs. 1 EGBGB evtl. in Verbindung mit einer Rückverweisung nach deutschem Recht beerbt wird, hat die Wahl des deutschen Rechts eine **Nachlassspaltung** zur Folge. Der im Inland belegene Grundbesitz wird nach einem anderen Recht vererbt als der übrige Nachlass. Die Rechtswahl kann auch auf ein einzelnes hier belegenes Grundstück beschränkt werden, während für das übrige im Inland belegene unbewegliche Vermögen das Heimatrecht des Erblassers Geltung behält (streitig).

Die **Rechtswahl** muss in der Form einer → *Verfügung von Todes wegen* geschehen und es genügt, dass der Erblasser die Formerfordernisse des Rechts seiner Staatsangehörigkeit einhält oder des Ortes, an dem er letztwillig verfügt, oder an dem er im Zeitpunkt, in dem er letztwillig verfügt, oder im Zeitpunkt seines Todes seinen Wohnsitz oder gewöhnlichen Aufenthalt hat, oder an dem sich das betroffene unbewegliche Vermögen befindet (Art. 26 EGBGB).

2. Europäische ErbrechtsVO

Nach der allg. Kollisionsnorm des Art. 21 Abs. 1 EuErbVO unterliegt bei allen seit 17. 8. 2015 eintretenden Erbfällen die gesamte Rechtsnachfolge von Todes wegen dem Recht des Staates, in dem der Erblasser im Zeitpunkt seines Todes seinen gewöhnlichen Aufenthalt hatte. Dies gilt unabhängig davon, ob er dort auch verstorben ist, welche Staatsangehörigkeit er hatte und wo sein Nachlass belegen ist. Wurde bisher ein deutscher Staatsangehöriger nach deutschem Recht beerbt, auch wenn er im Ausland lebte und verstarb, so ist dies nunmehr anders: Die EuErbVO knüpft die Rechtsfolge des Erbfalls an das Recht des Staates an, in dem der Erblasser seinen gewöhnlichen Aufenthalt hatte. Das kann, muss aber nicht der gemeldete Wohnsitz sein. Ein deutscher Pensionist, der seinen Lebensabend in Mallorca verbracht hat, wird daher nunmehr nach dem spanischen Recht beerbt. Dass er in Deutschland ein Millionenvermögen hinterlässt, ist ebenso unerheblich wie die Tatsache, dass er deutscher Staatsangehöriger und in München gemeldet war. Besonders aktuell ist dies für Menschen, deren Beruf von häufigen Ortswechseln geprägt ist. Wer von seinem Konzern in andere Länder abgeordnet wird, wer im diplomatischen Dienst oder der Hotelbranche arbeitet, muss damit rechnen, dass sich mit jeder Versetzung in ein anderes Land, also u. U. alle paar Jahre, die erbrechtlichen Regeln ändern, denen er und seine Familie unterliegen.

Dies ist angesichts der ganz unterschiedlichen Ausgestaltung des Erbrechts in den einzelnen Ländern von größter Bedeutung, etwa im → *Ehegatten-Erbrecht* oder im → *Pflichtteilsrecht.* Gerade das in Deutschland so beliebte Berliner Testament (→ *Gemeinschaftliches Testament*), in dem sich Ehegatten gegenseitig zu Alleinerben einsetzen, wird in vielen Ländern nicht anerkannt, z. B. in Frankreich, Italien, Spanien, wo der überlebende Ehegatte oft keineswegs ausreichend abgesichert ist. Selbst wenn der Erblasser noch so klare Anordnungen zur Verteilung des Nachlasses getroffen hat, gibt es in solchen Fällen keine Garantie, dass sein letzter Wille auch umgesetzt wird. Für jeden, der verhindern will, dass sein Vermögen nach seinem Tod nach einem ihm womöglich völlig unbekannten Recht verteilt wird, empfiehlt es sich daher, im Testament die Anwendung des deutschen Rechts anzuordnen. Der Erblasser kann die unerwünschten Folgen der EuErbVO dadurch vermeiden, dass er durch eine Rechtswahlklausel im Testament verfügt, dass seine Staatsangehörigkeit – wie bisher – bestimmt, welches Erbrecht zur Anwendung kommt, bzw. dass er bereits bestehende Testamente entsprechend ergänzt.

3. Rechtswahl

Art. 22 Abs. 1 S. 1 EuErbVO sieht vor, dass der Erblasser für die Rechtsnachfolge von Todes wegen das Recht des Staates wählen kann, dem er im Zeitpunkt der Rechtswahl oder im Zeitpunkt seines Todes angehört. Die Wählbarkeit des Heimatrechts ist das nötige Korrektiv zur Anknüpfung an den gewöhnlichen Aufenthalt und dient der Nachlassplanung. Es ist unerheblich, ob es sich um das Recht eines Mitgliedsstaates oder eines Drittstaates handelt. Die Rechtswahl muss umfassend sein, eine beschränkte Rechtswahl etwa allein für unbewegliches Vermögen, wie sie Art. 25 Abs. 2 EGBGB vorsah, ist nicht zulässig, sodass eine Nachlassspaltung ausscheidet. Die gewählte Rechtsordnung muss bestimmt und konkret angegeben werden; die Wahl des Rechts der Staatsangehörigkeit im Todeszeitpunkt, welche dies auch immer sein mag, ist nicht möglich, ebenso wenig das Recht des gegenwärtigen gewöhnlichen Aufenthalts, der somit nicht perpetuiert werden kann.

Die Rechtswahl muss nach Art. 22 Abs. 2 EuErbVO ausdrücklich in einer Erklärung in Form einer → *Verfügung von Todes wegen* erfolgen oder sich konkludent aus den Bestimmungen einer solchen Verfügung ergeben. Ein Testierunfähiger (→ *Testierfähigkeit*) kann daher keine Rechtswahl treffen.

Formulierungsbeispiel für deutsche Staatsangehörige mit gewöhnlichem Aufenthalt im Ausland:

> „Ich bin deutscher Staatsangehöriger und habe meinen gewöhnlichen Aufenthalt in ... Ich wähle jedoch hiermit für die Rechtsnachfolge von Todes wegen in mein gesamtes Vermögen sowie für Fragen der Rechtswirksamkeit dieses Testaments das deutsche Recht."

Formulierungsbeispiel für ausländische Staatsangehörige mit gewöhnlichem Aufenthalt im Ausland:

> „Ich bin ausschließlich ... Staatsangehöriger und habe meinen gewöhnlichen Aufenthalt in Deutschland, den ich auch bis zu meinem Tod beibehalten will. Eine Wahl meines derzeitigen Staatsangehörigkeitrechts wünsche ich ausdrücklich nicht, sodass für das heutige Testament deutsches Recht gilt."

Ein ausländischer Staatsangehöriger mit gewöhnlichem Aufenthalt im Ausland, aber Vermögen in Deutschland hat seit dem 17.8.2015 keine Möglichkeit, die Erbfolge nach deutschem Recht zu gestalten. Die beschränkte Rechtswahlmöglichkeit des Art. 25 Abs. 2 EGBGB für inländischen Grundbesitz entfällt für Erbfälle ab 17.8.2015. Soll dennoch in Deutschland ein Testament errichtet werden, muss sich dessen Inhalt nach dem anwendbaren ausländischen Erbrecht richten.

4. Formgültigkeit

Die Formgültigkeit einer Verfügung von Todes wegen ist im Interesse ihrer Gültigkeit alternativ nach einer Reihe von Rechtsordnungen zu beurteilen, wobei es ausreicht, dass die Formgültigkeit nach einem der anwendbaren Rechte gegeben ist (Art. 26 EGBGB, Haager TestFormÜbk, Art. 27 EuErbVO, dazu Palandt/*Thorn*, Art. 27 EuErbVO Anm. 2). Es genügt, dass die letztwillige Verfügung den Formerfordernissen entspricht

- des Heimatrechts des Erblassers im Zeitpunkt der Verfügung oder im Zeitpunkt seines Todes, oder

- des Rechts am Ort der Errichtung der Verfügung oder

- des Rechts am Wohnsitz oder gewöhnlichen Aufenthalt des Erblassers im Zeitpunkt der Verfügung oder im Zeitpunkt seines Todes, wobei sich der Begriff des Wohnsitzes nach den an diesem Ort geltenden Vorschriften bestimmt, oder

- des Rechts des Lageortes hinsichtlich des unbeweglichen Vermögens, soweit es sich um dieses handelt, oder

- des Rechts, das auf die Rechtsnachfolge von Todes wegen anzuwenden ist oder im Zeitpunkt der Verfügung anzuwenden wäre, also des tatsächlichen Erbstatuts.

Diese Regeln gelten auch für den → *Widerruf von letztwilligen Verfügungen*; es reicht aus, dass der Widerruf einer der Rechtsordnungen entspricht, nach denen die widerrufene letztwillige Verfügung gültig war. Vorschriften, die die für letztwillige Verfügungen zugelassenen Formen mit Beziehung auf das Alter, die Staatsangehörigkeit oder andere persönliche Eigenschaften des Erblassers beschränken, werden als zur Form gehörend angesehen. Das Gleiche gilt für Eigenschaften, welche die für die Gültigkeit einer letztwilligen Verfügung erforderlichen Zeugen besitzen müssen. Unabhängig hiervon ist das materielle Recht zu beurteilen (Ziff. 1, 2, 3).

▶ **Auslandsimmobilie**

Eine Immobilie im Ausland stellt besondere Anforderungen an die erbrechtliche Regelung. Ein einheitliches Erbrecht in der Europäischen Union ist nicht in Sicht. Zwar ist durch die → *Europäische ErbrechtsVO* für alle Todesfälle, die ab 17. 8. 2015 eintreten, maßgeblich das Recht des Staates, in dem der Erblasser zum Zeitpunkt seines Todes seinen gewöhnlichen Aufenthalt hatte. Damit ist sichergestellt, dass der Erblasser für sein gesamtes Vermögen einheitlich gemäß **einer** Rechtsordnung beerbt wird. Eine Nachlassspaltung, wie sie bisher z. B. Art. 25 Abs. 2 EGBGB für Grundbesitz vorsah, ist daher nunmehr ausgeschlossen.

Die Regelung gilt unabhängig davon, wo der Erblasser verstorben ist, welche Staatsangehörigkeit er hatte und wo sein Nachlass belegen ist. Angesichts der unterschiedlichen Ausgestaltung des Erbrechts in den einzelnen Ländern kann dies leicht zu Ungereimtheiten führen. Die EuErbVO sieht daher als nötiges Korrektiv die Möglichkeit vor, dass der Erblasser das Recht des Staates wählen kann, dem er im Zeitpunkt der Rechtswahl oder im Zeitpunkt seines Todes angehört. Aber auch diese Rechtswahl muss umfassend sein; eine beschränkte Rechtswahl etwa allein auf unbewegliches Vermögen, wie sie Art. 25 Abs. 2 EGBGB vorsah, ist nicht zulässig, sodass eine Nachlassspaltung ausscheidet (Einzelheiten: → *Auslandsbezug des Erblassers*).

▶ **Auslegung der Verfügung von Todes wegen**

1. Allgemeines

Da die Verfügung von Todes wegen eine Willenserklärung ist, gilt auch für sie die allgemeine Auslegungsregel des § 133 BGB: „Bei der Auslegung einer Willenserklärung ist der wirkliche Wille zu erforschen und nicht am buchstäblichen Sinn des Ausdrucks zu haften." Für letztwillige Verfügungen wird diese allgemeine Auslegungsregel durch die Sondervorschrift des § 2084 BGB ergänzt, der den Grundsatz der **wohlwollenden Auslegung** enthält. Sie verändert nicht das Ziel der Auslegung, nämlich den wirklichen Willen des Erblassers zu erforschen, sondern will dem ermittelten wirklichen Willen zum Erfolg verhelfen, indem ein rechtlich zulässiger Weg zur Verwirklichung dieses Erblasserwillens einem rechtlich unzulässigen vorzuziehen ist. Der Wille des Erblassers muss aber im Testament einen, wenn auch noch so geringen, Niederschlag gefunden haben. Haben z. B. sowohl die Ehefrau als auch die Geliebte des Erblassers (→ *Geliebten-Testament*) den gleichen Vornamen, und setzt der Erblasser eine Erbin lediglich mit diesem Vornamen ein, so ist die Frau Alleinerbin, da sonst das Testament sittenwidrig und nichtig wäre. Bestellt der Erblasser, was rechtlich unzulässig ist, einen Pfleger, so kann dies als Ernennung eines → *Testamentsvollstreckers* ausgelegt werden.

Unabhängig hiervon ist die Vorfrage zu entscheiden, ob eine Erklärung des Erblassers schon eine rechtsverbindliche Verfügung oder aber nur ein unverbindlicher Wunsch ist. Es muss also feststehen, dass der Erblasser überhaupt testieren wollte, dass er also den für eine Willenserklärung unerlässlichen Rechtsbindungswillen hatte und nicht bloß einen unverbindlichen Wunsch äußern wollte.

Eine weitere allgemeine Sonderregel für letztwillige Verfügungen enthält § 2085 BGB. Während nach der allgemeinen Regel des § 139 BGB die Nichtigkeit von Teilen eines Rechtsgeschäfts im Zweifel zur Nichtigkeit des ganzen Rechtsgeschäfts führt, wenn nicht anzunehmen ist, dass es auch ohne den nichtigen Teil vorgenommen sein würde, bestimmt § 2085 BGB gerade umgekehrt, dass grds. die Unwirksamkeit einer von mehreren Verfügungen die Wirksamkeit der übrigen nicht berührt, die einzelnen Verfügungen also selbstständig sind. Ähnlich wie § 2084 BGB geht diese Auslegungsregel davon aus, dass ein Testament wenigstens teilweise zur Geltung kommen soll.

2. Sonderregelungen

Neben diesen allgemeinen Regeln enthält das Gesetz Sondervorschriften für die Auslegung letztwilliger Verfügungen.

a) Gesetzliche Erben, Verwandte

Hat der Erblasser seine „gesetzlichen Erben", „seine Verwandten" oder „seine nächsten Verwandten" ohne nähere Bestimmung bedacht, so sind die Personen bedacht, die beim Erbfall, im Fall bedingter oder befristeter Zuwendungen beim Eintritt der Bedingung oder des Termins, gesetzliche Erben des Erblassers sind (§§ 2066, 2067 BGB). Zum Begriff der → *Verwandten* wird auf dieses Stichwort verwiesen. Zu beachten ist besonders, dass hierzu auch Adoptivkinder (→ *Annahme als Kind*) und seit 1.7.1970 auch → *nichteheliche Kinder* des Vaters zählen, nicht aber der Ehegatte (→ *Ehegatten-Erbrecht*) oder → *Lebenspartner*; häufig spricht aber die Auslegung dafür, auch den Ehegatten oder Lebenspartner miteinzubeziehen.

b) Kinder, Abkömmlinge

Hat der Erblasser ohne nähere Bestimmung „seine Kinder" bedacht und ist ein Kind **vor** der Errichtung des Testaments unter Hinterlassung von → *Abkömmlingen* gestorben, so ist im Zweifel anzunehmen, dass auch dessen Abkömmlinge insoweit bedacht sind, als sie bei gesetzlicher Erbfolge (§ 1924 Abs. 3, 4 BGB) kraft ihres Eintrittsrechts an die Stelle des Kindes treten würden (§ 2068 BGB). Unter „Kindern" oder → „Abkömmlingen" sind in der Regel auch Adoptivkinder (→ Annahme als Kind) und → nichteheliche Kinder zu verstehen.

Hat der Erblasser einen bestimmten Abkömmling bedacht, so erben dessen Abkömmlinge nur dann, wenn dieser Abkömmling **nach** Errichtung des Testaments fortgefallen ist (§ 2069 BGB). Diese Auslegungsregel ist nicht nur bei Vorversterben des Bedachten, sondern auch bei → Ausschlagung anwendbar und, über ihren Wortlaut hinaus, auch dann, wenn der Erblasser einen bestimmten anderen Verwandten, der nicht zu den Abkömmlingen gehört, oder eine ihm nahe stehende nichtverwandte Person bedacht hat. § 2069 BGB erklärt die Abkömmlinge zu → Ersatzerben.

Hat der Erblasser die Abkömmlinge eines Dritten ohne nähere Bestimmung bedacht, so sind im Zweifel die **zurzeit des Erbfalls** oder bei Bedingungseintritt oder dem bestimmten Anfangstermin erzeugten Abkömmlinge gemeint (§ 2070 BGB).

c) Personengruppen

Hat der Erblasser ohne nähere Bestimmung eine Klasse von Personen bedacht oder Personen, die zu ihm in einem Dienst- oder Geschäftsverhältnis stehen, so sind im Zweifel die bedacht, die **zur Zeit des Erbfalls** zum erwähnten Kreis gehören (§ 2071 BGB). Zuwendungen an „die Armen" bekommt im Zweifel die öffentliche Armenkasse des letzten Wohnsitzes des Erblassers (§ 2072 BGB). Passt die Bezeichnung der Bedachten auf mehrere Personen und lässt sich nicht ermitteln, wer von ihnen bedacht werden sollte, so gelten sie als zu gleichen Teilen bedacht (§ 2073 BGB).

d) Bedingungen

Aufschiebend bedingte Zuwendungen sollen im Zweifel nur gelten, wenn der Bedachte den Bedingungseintritt erlebt (§ 2074 BGB). Hat der Erblasser ein fortgesetztes Tun oder Unterlassen des Bedachten als aufschiebende Bedingung einer Zuwendung bestimmt, so soll sein entgegengesetztes Verhalten im Zweifel als auflösende Bedingung der Zuwendung ausgelegt werden (§ 2075 BGB). Bezweckt die

Bedingung, unter der eine letztwillige Zuwendung gemacht ist, den Vorteil eines Dritten, so gilt sie im Zweifel als eingetreten, wenn der Dritte die zum Eintritt der Bedingung erforderliche Mitwirkung verweigert (§ 2076 BGB).

e) Ehegatten

Hat der Erblasser in einer letztwilligen Verfügung seinen Ehegatten bedacht, so ist sie nur wirksam, wenn die Ehe noch besteht. Zuwendungen unter Ehegatten sind deshalb im Zweifel unwirksam, wenn die Ehe nichtig oder vor dem Erbfall aufgelöst worden ist. Der Auflösung der Ehe steht es gleich, wenn zurzeit des Todes des Erblassers die Voraussetzungen für die → *Scheidung* der Ehe gegeben waren und der Erblasser die Scheidung beantragt oder der Scheidung zugestimmt hatte (§ 2077 BGB).

Das Gleiche gilt für Verlobte (§ 2077 BGB). Zuwendungen unter Verlobten sind deshalb im Zweifel unwirksam, wenn das → *Verlöbnis* nichtig oder vor dem Erbfall wirksam aufgelöst wurde (§ 2077 Abs. 2 BGB).

Ist anzunehmen, dass der Erblasser die letztwillige Verfügung auch für den Fall der Auflösung der Ehe oder des Verlöbnisses getroffen haben würde, so bleibt die Verfügung wirksam (§ 2077 Abs. 3 BGB). Der frühere Ehegatte oder Verlobte kann also den Gegenbeweis führen, der Erblasser habe im Zeitpunkt der Testamentserrichtung zu erkennen gegeben, er wolle entgegen der allgemeinen Lebenserfahrung die letztwillige Verfügung trotz Auflösung aufrechterhalten.

Dagegen bleiben Zuwendungen innerhalb einer → *nichtehelichen Lebensgemeinschaft* auch nach der Trennung wirksam; § 2077 BGB ist nicht entspr. anwendbar (BayObLG, MDR 1984, 146).

f) Lebenspartner

Für sie gelten gem. § 10 LPartG die Regeln für Ehegatten entsprechend.

g) Ersatzerbeinsetzung

Der Erblasser kann für den Fall, dass ein Erbe vor oder nach dem Eintritt des Erbfalls wegfällt, einen anderen als Erben einsetzen (→ *Ersatzerbe*, § 2096 BGB). Eine solche Ersatzerbeinsetzung liegt

im Zweifel auch dann vor, wenn ein Nacherbe eingesetzt ist
(→ *Nacherbfolge*); ist zweifelhaft, ob jemand als Ersatzerbe oder als
Nacherbe eingesetzt ist, so gilt er als Ersatzerbe (§ 2102 BGB).

Sind Erben gegenseitig oder sind für einen von ihnen die übrigen als
Ersatzerben eingesetzt, so ist im Zweifel anzunehmen, dass sie nach
dem Verhältnis ihrer Erbteile als Ersatzerben eingesetzt sind (§ 2098
BGB).

h) Verwirkungsklauseln

Verfügt der Erblasser, dass der Bedachte eine Zuwendung nicht erhalten oder sie wieder verlieren soll, wenn er seinen letzten Willen
angreife, so setzt der Erblasser den Bedachten unter der auflösenden
Bedingung ein, dass dieser das Testament angreift. Häufig ist dies
der Fall, wenn Ehegatten sich gegenseitig zu Alleinerben einsetzen
und nach dem Tod des letztversterbenden die Kinder und dabei bestimmen, dass die Geltendmachung des → *Pflichtteils* eines Kindes
beim Tod des Erstversterbenden zur Folge hat, dass es auch beim
Tod des Letztversterbenden nur den Pflichtteil erhält (ausführlich
dazu → *Pflichtteilsklauseln*). Bestimmt der Erblasser, dass dies eintreten soll, wenn sich der Bedachte dem letzten Willen widersetze, so
ist es Auslegungsfrage, ob schon ein Angriff außerhalb eines gerichtlichen Verfahrens ausreicht oder ob eine Klage erforderlich ist, um
die Sanktion auszulösen. Unterschiedlich wird man auch den Grund
des Angriffs beurteilen müssen: Bei einer Geltendmachung der
Nichtigkeit wegen Formmangels oder wegen fehlender Geschäftsfähigkeit des Erblassers ist dies zu bejahen, zweifelhaft wird es sein,
wenn der Bedachte die letztwillige Verfügung anficht oder über die
Auslegung streitet, weil damit unter Umständen gerade der wahre
Erblasserwille verwirklicht werden soll. Eine Verwirkung scheidet
dann aus, wenn über den Bestand des Nachlasses oder die Echtheit
der Verfügung gestritten wird. Eine weitere Auslegungsfrage ist es,
ob der Erblasser den angreifenden Erben allein oder seinen ganzen
Stamm treffen will.

▶ Ausschlagung der Erbschaft (§ 1944 BGB)

Der → *Anfall der Erbschaft* auf den Erben geschieht unbeschadet des Rechts, sie auszuschlagen (§ 1942 BGB). Der Erbe hat dadurch Gelegenheit, sich über die Nachlassverhältnisse zu informieren, insbesondere über den Schuldenstand.

1. Erklärung der Ausschlagung

Die Ausschlagung geschieht durch **Erklärung gegenüber dem** → *Nachlassgericht*, die zur Niederschrift des → *Nachlassgerichts* oder in von einem → *Notar* beglaubigter Form abzugeben ist (§ 1945 BGB). Ein Bevollmächtigter muss eine öffentlich beglaubigte Vollmacht der Erklärung beifügen oder innerhalb der Ausschlagungsfrist nachreichen (§ 1945 Abs. 3 BGB). Ist der Erbe nicht voll geschäftsfähig, so schlägt der gesetzliche Vertreter für ihn aus, der im gesetzlichen Regelfall hierzu der Genehmigung des Familiengerichts bedarf (§§ 1643 Abs. 2, 1822 Nr. 2, 1897, 1915 BGB). In der Praxis häufig ist dagegen der gesetzliche Ausnahmefall, dass ein Elternteil die ihm angefallene Erbschaft ausgeschlagen hat und erst dadurch an seiner Stelle das Kind Erbe geworden ist; in diesem Fall ist die familiengerichtliche Genehmigung nicht erforderlich (§ 1643 Abs. 2 S. 2 BGB), da das Gesetz annimmt, dass der Vertretungsberechtigte die ihm angefallene Erbschaft nur nach sorgfältiger wirtschaftlicher Prüfung ausgeschlagen hat. Sind dagegen vertretungsberechtigter Elternteil und Kind nebeneinander Miterben, so bedarf die Ausschlagung der familiengerichtlichen Genehmigung. Wichtig ist dabei zu beachten, dass die familiengerichtliche Genehmigung und ihre Bekanntmachung an den gesetzlichen Vertreter (§§ 1828, 1643 Abs. 2 BGB) innerhalb der Ausschlagungsfrist dem Nachlassgericht nachgewiesen werden müssen.

Für einen in der ehemaligen DDR (→ *DDR, ehemalige*) belegenen Immobiliennachlass konnte bis einschließlich 2.10.1990 die Ausschlagung wirksam nur gegenüber einem Staatlichen Notariat der ehemaligen DDR erklärt werden; aufgrund der eingetretenen Nachlassspaltung konnte eine Ausschlagung, die gegenüber einem Nachlassgericht in der Bundesrepublik Deutschland erklärt worden war, keine Auswirkungen auf die Erbfolge in den Immobiliarnachlass haben, die dem Recht der ehemaligen DDR unterlag (Prinzip der Nachlassspaltung) (BayObLG NJW 1991, 1237).

2. Zuständiges Nachlassgericht

Zuständig ist das nach § 343 FamFG für die Nachlasssache zuständige Nachlassgericht (gewöhnlicher Aufenthalt des Erblassers); die Ausschlagung kann auch bei demjenigen Nachlassgericht wirksam und fristgerecht erklärt oder als notariell beglaubigte Erklärung eingereicht werden, in dessen Bezirk der Ausschlagende seinen gewöhnlichen Aufenthalt hat (§ 344 Abs. 7 S. 1 FamFG).

Formulierungsbeispiel:

An das Amtsgericht
– Nachlassgericht –
80333 München
Erbschaftsausschlagung
Betreff: Nachlass des am 26.11.2001 in München verstorbenen Hans Huber, geb. 9.5.1931, zuletzt wohnhaft Ludwigstr. 5, München 40
Ich, Erna Müller, geborene Huber, geb. ... wohnhaft ...
schlage
hiermit die Erbschaft in Ansehung des oben genannten Nachlasses aus jedem Berufungsgrund aus. Auch eine mir durch Erbschaftsausschlagung anderer Personen zugefallene oder zufallende Erbschaft schlage ich hiermit aus. Vom Anfall der Erbschaft habe ich am 26.12.2001 Kenntnis erhalten.
In derselben Weise
schlagen
wir, Ludwig und Erna Müller, geb. Huber, kraft elterlicher Gewalt und Vertretung die Erbschaft in Ansehung des oben genannten Nachlasses für das aufgrund vorstehender Erbschaftsausschlagung eintretende Kind
Max Müller, geb. am 26.10.1979, wohnhaft ...
aus jedem Berufungsgrund aus.
Auch eine dem Kind durch Erbschaftsausschlagung anderer Personen zugefallene oder zufallende Erbschaft schlagen wir hiermit für das Kind aus.
Der Nachlass von Herrn Hans Huber ist überschuldet.
München, den ... Unterschriften
Beglaubigungsvermerk durch den → *Notar*

3. Bedingungsfeindlichkeit der Erklärung

Die Ausschlagung kann nicht unter einer Bedingung oder einer Zeitbestimmung erfolgen (§ 1947 BGB) und nicht auf einen Teil der Erbschaft beschränkt werden (§ 1950 BGB). Es ist also z. B. unzulässig, nur einzelne Nachlassgegenstände, etwa ein Grundstück oder ein Handelsgeschäft, auszuschlagen.

Ist der Erbe durch → *Verfügung von Todes wegen* berufen, so kann er, wenn er ohne die Verfügung → *gesetzlicher Erbe* wäre, die Erbschaft als eingesetzter Erbe ausschlagen und als gesetzlicher Erbe annehmen (§ 1948 BGB). Ist er zu mehreren Erbteilen berufen, etwa weil er mit dem Erblasser doppelt verwandt ist (§ 1927 BGB) oder mit ihm verwandt und verheiratet ist (§ 1934 BGB), so kann er den einen Erbteil annehmen und den anderen ausschlagen (Einzelheiten in § 1951 BGB).

4. Frist der Ausschlagung

Die Ausschlagung kann nur binnen **sechs Wochen** erfolgen. Die Frist beträgt sechs Monate, wenn der Erblasser seinen letzten Wohnsitz nur im Ausland gehabt hat oder wenn sich der Erbe bei dem Beginn der Frist im Ausland aufhält (§ 1944 BGB). Die Frist beginnt mit dem Zeitpunkt, in dem der Erbe von dem Anfall und dem Grund der Berufung Kenntnis erlangt. Dies bedeutet, dass er die den → *Anfall* auslösenden Tatsachen, z. B. den Tod des Erblassers, kennen muss und weiß, ob er aufgrund einer → *letztwilligen Verfügung* oder aufgrund Gesetzes Erbe geworden ist; in letzterem Fall hat er positive Kenntnis erst dann, wenn er das Familienverhältnis zwischen sich und dem Erblasser kennt. Ist der Erbe durch Verfügung von Todes wegen berufen, so beginnt die Frist nicht vor der → *Eröffnung* und Verkündung der letztwilligen Verfügung durch das → *Nachlassgericht* (§§ 1944 Abs. 2 S. 2, 2260 BGB). Das Ausschlagungsrecht ist zwar nicht übertragbar, aber vererblich und geht auf die Erben des vorläufigen Erben über (§§ 1922 Abs. 1, 1952 Abs. 1 BGB). Stirbt der Erbe vor dem Ablauf der Ausschlagungsfrist, so endet die Frist nicht vor dem Ablauf der für die Erbschaft des Erben vorgeschriebenen Ausschlagungsfrist (§ 1952 Abs. 2 BGB).

5. Rechtsfolgen der Ausschlagung

Wird die Erbschaft rechtswirksam ausgeschlagen, so gilt der → *Anfall* an den Ausschlagenden als nicht erfolgt. Die Erbschaft fällt demjenigen an, der berufen sein würde, wenn der Ausschlagende z. Z. des Erbfalls nicht gelebt hätte; der Anfall gilt als mit dem Erbfall erfolgt (§ 1953 BGB). Der vorläufige Erbe wird also so behandelt, als wäre er nie Erbe gewesen. Er muss alles, was er aus dem Nachlass erlangt hat, an die endgültigen Erben herausgeben. Dies ist im Fall einer → *Verfügung von Todes wegen* der → *Ersatzerbe* (§§ 2096, 2069 BGB), ersatzweise der gesetzliche Erbe; im Fall der → *gesetzlichen Erbfolge* treten die nächstberufenen Erben späterer Ordnungen an die Stelle des Ausschlagenden (§§ 1924 ff. BGB). Schlägt einer von mehreren Miterben aus, so erhöhen sich die Anteile der übrigen Miterben (§§ 1935, 2094 BGB), soweit die → *Anwachsung* nicht ausgeschlossen ist. Schlägt der → *Nacherbe* vor dem Nacherbfall aus, so wird der → *Vorerbe* Vollerbe (§ 2142 Abs. 2 BGB). Soweit durch die Ausschlagung ein Bedürfnis entsteht, den Nachlass zu sichern und einen → *Nachlasspfleger* zu bestellen (§ 1960 BGB), ist dies Aufgabe des → *Nachlassgerichts*.

6. Anfechtung der Ausschlagung

Ebenso wie die → *Annahme der Erbschaft* können die Ausschlagung (§ 1954 BGB) und die Versäumung der Ausschlagungsfrist (§ 1956 BGB) angefochten werden. Die Anfechtung geschieht durch Erklärung gegenüber dem → *Nachlassgericht* zu dessen Niederschrift oder in von einem → *Notar* beglaubigter Form (§§ 1945, 1955 BGB). Sie kann damit begründet werden, dass sich der Erbe in einem Irrtum über seine Erklärung oder über die Bedeutung der Erklärung befunden habe (§ 119 BGB) oder dass die Ausschlagung bzw. die Versäumung der Ausschlagungsfrist durch arglistige Täuschung oder widerrechtliche Drohung verursacht worden ist (§ 123 BGB). Die **Frist** beträgt sechs Wochen (§ 1954 Abs. 1 BGB) bzw. sechs Monate, wenn der Erblasser seinen letzten Wohnsitz nur im Ausland gehabt hat oder wenn sich der Erbe bei dem Beginn der Frist im Ausland aufhält (§ 1954 Abs. 3 BGB). Sie beginnt mit Kenntnis des Anfechtungsgrundes, für die Anfechtung wegen Drohung mit dem Wegfall der Zwangslage (§ 1954 Abs. 2 BGB). Jede Anfechtung ist ausgeschlossen, wenn seit der Ausschlagung 30 Jahre verstrichen sind (§ 1954 Abs. 4 BGB).

Im Fall der Anfechtung aufgrund Irrtums hat der Anfechtende einem Dritten den Schaden zu ersetzen, den dieser dadurch erleidet, dass er auf die Gültigkeit der Ausschlagung vertraut hat, etwa einem Nachlassgläubiger die Kosten eines Prozesses, den dieser danach gegen den vermeintlichen Erben angestrengt hat.

Kein Grund zur Anfechtung ist, wenn der Erbe bei der Ausschlagung über die Entwicklung in der ehemaligen → *DDR* im Irrtum war und etwa fälschlich angenommen hat, dass ein zum Nachlass gehörendes, in der ehemaligen DDR einschließlich Berlin-Ost belegenes und dort aufgrund staatlicher Zwangsmaßnahmen unter Verwaltung stehendes Grundstück – entgegen der infolge der deutschen Einigung eingetretenen Lage – nicht alsbald zur Verfügung des Erben stehen und nicht eine erhebliche Wertsteigerung erleben werde (LG Berlin NJW 1991, 1238).

▶ **Ausstattung**

Ausstattung ist nach § 1624 BGB, was einem Kind mit Rücksicht auf seine Verheiratung oder auf die Erlangung einer selbstständigen Lebensstellung zur Begründung oder zur Erhaltung der Wirtschaft oder Lebensstellung vom Vater oder der Mutter zugewendet wird. Ein Rechtsanspruch des Kindes auf Ausstattung besteht nicht. Beispiele sind etwa Zuwendungen der Eltern bei Verheiratung von Kindern (Aussteuer, Mitgift), Einrichtung einer Praxis nach dem Examen für ein Kind. Die Ausstattung gilt, auch wenn eine Verpflichtung nicht besteht, nur insoweit als Schenkung, als sie das den Umständen, insbesondere den Vermögensverhältnissen der Eltern entsprechende Maß übersteigt. Abkömmlinge, die als gesetzliche Erben zur Erbfolge gelangen, sind verpflichtet, bei der → *Auseinandersetzung* untereinander zur → *Ausgleichung* zu bringen, was sie vom Erblasser zu dessen Lebzeiten als Ausstattung erhalten haben, soweit nicht bei der Zuwendung etwas anderes angeordnet ist (§ 2050 BGB).

Soweit die Ausstattung nicht Schenkung ist, bedarf das Ausstattungsversprechen keiner Form; insoweit unterliegt sie auch nicht dem → *Pflichtteilergänzungsanspruch* und nicht einer Rückforderung wegen Verarmung des Schenkers, jedoch als Zuwendung ggf. der → *Anrechnung* auf den Pflichtteil.

▶ **Aussteuer**

→ *Ausstattung*

B

► **Bankkonto**

Besonders wichtig ist, dass der Erblasser schon zu Lebzeiten vorsorgt, dass ein Bankkonto oder Depot bei seinem Tod bestimmten Personen zufällt. Es gibt verschiedene Möglichkeiten, dass der Erblasser sicherstellt, dass ein bestimmtes Konto einer bestimmten Person zugute kommt. Der Erblasser kann etwa zu seinen Lebzeiten ein Konto schon auf den Namen des Begünstigten einrichten (§ 328 BGB). Will der Erblasser verhindern, dass der Begünstigte schon vor seinem Ableben darüber verfügen kann, ist ein entsprechender Sperrvermerk anzuordnen. Nach der Rechtsprechung des BGH ist dies auch dann anzunehmen, wenn ein naher Angehöriger ein Sparbuch auf den Namen des Kindes anlegt, ohne das Sparbuch aus der Hand zu geben: Hieraus ist in der Regel zu schließen, dass der Zuwendende sich die Verfügung über das Sparguthaben bis zu seinem Tod vorbehalten will. Ein Gemeinschaftskonto zwischen dem Erblasser und dem Begünstigten ist in der Form des Und-Kontos und in der Form des Oder-Kontos möglich.

Von einem Oder-Konto spricht man, wenn jeder der Inhaber allein und unbeschränkt verfügungsberechtigt ist. Diese Kontenform entsteht mangels besonderer Abmachung mit der Bank durch bloße Einrichtung des Kontos von Anfang an für mehrere Personen. Beim Und-Konto sind sämtliche Kontoinhaber nur gemeinsam verfügungsbefugt. Die Bank kann dementsprechend mit befreiender Wirkung nur an sie gemeinsam leisten. Das **Und-Konto** bietet keine sinnvolle Möglichkeit zur Vermögenszuweisung außerhalb des Nachlasses. Stirbt nämlich der Erblasser, so fällt sein Konto in den Nachlass, so dass der begünstigte Kontoinhaber nur mit Zustimmung der Erben verfügungsbefugt wird.

Das **Oder-Konto** eignet sich grds. für eine Begünstigung außerhalb des Nachlasses. Beim Tod des Erblassers kann der verbleibende (begünstigte) Kontoinhaber von der Bank die volle Leistung verlangen, also die Auszahlung des Kontoguthabens auf seinen Namen. Da jedoch eine Ausgleichungspflicht des verbleibenden Kontoinhabers gegenüber den Erben bestehen bleibt, bedarf es einer zusätzlichen erbrechtlichen Absicherung, etwa durch ein → *Vermächtnis*. Den Begünstigten trifft auch dann keine Herausgabepflicht an die Erben, wenn er beweisen kann, dass er nach dem Willen des Erblassers mit dem am Todestag vorhandenen gesamten Bestand des Kontos bedacht werden sollte, dieser Bestand also problemlos auf ihn übergehen sollte.

Der **Vertrag zugunsten Dritter** auf den Todesfall eignet sich in der Praxis besonders, um Sonderzuwendungen im Bezug auf Bankguthaben als einfach abgrenzbare Vermögensteile durchzuführen (§ 331 BGB). Anders als in den genannten Fällen wird der Begünstigte nicht zu Lebzeiten des Erblassers Kontoinhaber, sondern erst mit seinem Ableben. Entsprechendes gilt für Depots, jedoch ist hier, da ein dingliches Recht nicht durch Vertrag zugunsten Dritter übertragen werden kann, die Abtretung der schuldrechtlichen Ansprüche des Erblassers gegenüber der Bank auf den Begünstigten erforderlich. Auch hier darf der Begünstigte die Zuwendung nur behalten, wenn ein rechtswirksames Grundgeschäft, etwa eine Schenkung, vorliegt.

Je nachdem wieweit sich der Erblasser der Verfügungsbefugnis bereits zu seinen Lebzeiten begeben hat, ist die Frage zu beurteilen, wann die 10-Jahres-Frist des § 2325 Abs. 3 BGB hinsichtlich des → *Pflichtteilsergänzungsanspruchs* zu laufen beginnt. Während eine Verfügung zugunsten Dritter auf den Todesfall die 10-Jahres-Frist nicht in Gang setzen kann, ist dies bei der Einrichtung eigener Konten für den Begünstigten zu bejahen, es sei denn, dass besondere Verfügungsbeschränkungen vereinbart sind.

▶ Bankvollmacht

→ *Vollmacht*

▶ Bausparvertrag

Die Regelung bei Bausparverträgen ist mit der bei → *Lebensversicherungen* vergleichbar. Auch beim Abschluss von Bausparverträgen werden regelmäßig Begünstigungen für den Fall des Ablebens ausgesprochen; das Bausparguthaben fällt dann nicht in den Nachlass. Von Verfügungen zugunsten Dritter kann bei Bausparverträgen nur das Guthaben betroffen sein. Ist das Bauspardarlehen bereits in Anspruch genommen, so fällt es als Passivposten in den Nachlass, wenn keine sonstigen Regelungen getroffen sind. Es kann daher zu einem unerwünschten Auseinanderfallen in der Rechtsnachfolge hinsichtlich Guthaben bzw. Darlehen kommen.

Man sollte darauf achten, dass im Bausparvertrag die Benennung eines Bezugsberechtigten durch → *Verfügung von Todes wegen* ausgeschlossen sein kann, oder aber der Widerruf einer solchen Verfügung nur zu Lebzeiten des Erblassers, also nicht durch Verfügung von Todes wegen, geschehen kann. Eine derartige Regelung enthalten etwa die allgemeinen Versicherungsbedingungen der Bayerischen Landesbausparkasse, die ein → *Vermächtnis* des Bausparguthabens an eine bestimmte Person ausschließen, sofern es im Widerspruch zu der bei Vertragsabschluss erfolgten Benennung steht.

▶ Bedingung

→ *Auslegung der Verfügung von Todes wegen*

▶ Beerdigung

→ *Bestattung*

▶ **Befreite Vorerbschaft**

→ *Vorerbe*

▶ **Behinderter Erbe**

Ist eine behinderte Person Erbe, so sind auch die Vorschriften des SGB XII (bis 31.12.2004 BSHG) zu beachten, wenn der Behinderte Leistungen nach diesem Gesetz in Anspruch nimmt, etwa nach dem Ableben der Eltern oder wenn eine Betreuung durch Familienangehörige nicht mehr möglich ist. Er muss für die Kosten der Betreuung, einer etwaigen Heimunterbringung und seines Lebensunterhalts grds. sein eigenes Vermögen einsetzen. § 90 Abs. 2 SGB XII nimmt davon nur wenige Vermögensgegenstände aus, wie einen angemessenen Hausrat, Familien- und Erbstücke, deren Veräußerung eine besondere Härte bedeuten würde, Gegenstände zur Befriedigung geistiger und künstlerischer Bedürfnisse, ausgenommen Luxusgegenstände, sowie ein kleines Hausgrundstück, auf dem der Behinderte selbst oder mit Angehörigen tatsächlich wohnt. Gegenwärtig dürfen einem Behinderten je nach Voraussetzungen Barbeträge bis zu 1600 bzw. 2600 Euro insgesamt zur Verfügung stehen (Einzelheiten § 1 DV 1988).

Nach § 93 SGB XII kann der Sozialhilfeträger Ansprüche, die dem Hilfeempfänger gegen Dritte zustehen, auf sich überleiten; darunter fallen alle geldwerten Ansprüche des Hilfeempfängers, insbesondere auf den → *Pflichtteil* und aus einem → *Vermächtnis*. War der Erblasser Hilfeempfänger, so kann nach § 102 SGB XII der Erbe zum Kostenersatz innerhalb eines Zeitraumes von zehn Jahren für vor dem Erbfall aufgewendete Kosten der Sozialhilfe herangezogen werden.

Das bedeutet, dass die Erbschaft, die der Behinderte macht, überwiegend vom Staat in Anspruch genommen werden kann.

Hier kann unter Umständen **Abhilfe durch Rechtsgeschäft unter Lebenden** geschaffen werden. Übergeben die Eltern ihr Vermögen bereits zu Lebzeiten an andere Erben, so entfällt der → *Pflichtteilsanspruch* des übergangenen behinderten Kindes nach Ablauf von zehn Jahren (§ 2325 BGB, → *Pflichtteilsergänzungsanspruch*). Tritt der Tod eines Elternteiles oder beider Eltern jedoch innerhalb der 10-Jahresfrist ein, wird der Pflichtteilsergänzungsanspruch des Behinderten nach § 93 SGB XII auf den Sozialhilfeträger übergeleitet. Bei Übertragung von Vermögensgegenständen ist darauf zu achten, dass wirtschaftlich nicht „alles beim alten gelassen wird". Die 10-Jahresfrist beginnt erst zu laufen, wenn der Schenkungsgegenstand wirtschaftlich aus dem Vermögen des Schenkers ausgegliedert wird. Bei einem Nießbrauchsvorbehalt wird dies noch anzunehmen sein, nicht jedoch dann, wenn der Nießbrauch mit einer Verfügungsbefugnis verbunden ist, erst recht nicht, wenn sich der Schenker ein Rücknahmerecht vorbehalten hat. Der Unterhaltsanspruch erlischt nach § 1915 Abs. 1 BGB mit dem Tode des Berechtigten oder des Verpflichteten, soweit er nicht auf Erfüllung oder Schadensersatz wegen Nichterfüllung für die Vergangenheit oder auf solche im Voraus zu bewirkende Leistungen gerichtet ist, die zurzeit des Todes des Berechtigten oder des Verpflichteten fällig sind.

Wollen die Eltern dem behinderten Kind zu Lebzeiten Vorteile zuwenden, so sollten dies möglichst laufende Leistungen mit höchstpersönlichem Charakter sein, z. B.

■ Überlassung von Geldbeträgen in Höhe des Rahmens, der nach den jeweils einschlägigen Vorschriften dem Behinderten maximal zur Verfügung stehen darf,

■ Zuwendungen zur Befriedigung geistiger oder künstlerischer Bedürfnisse im Hinblick auf Freizeitgestaltung, Hobby des Behinderten etc.,

■ Geschenke zu Feiertagen, Geburtstagen etc.,

■ ideelle Leistungen, wie Besuche, persönliche Betreuung im Urlaub, Aufnahme für eine bestimmte Zeit in eine Familie etc.

Eine → *Anrechnung* auf den Pflichtteil des behinderten Kindes ist zwar zweckmäßig, aber regelmäßig schwer durchzuführen. Die Anrechnungsbestimmung ist eine zwar nicht formbedürftige, aber empfangsbedürftige Erklärung; sie wird also erst mit Zugang beim gesetzlichen Vertreter wirksam, so dass ein → *Ergänzungspfleger* notwendig ist, wenn die Eltern die gesetzlichen Vertreter sind.

Bei der **Abfassung der Verfügung von Todes wegen** durch die Eltern ist auf folgendes zu achten: Wird der Behinderte vollkommen übergangen, was grds. nicht sittenwidrig ist, so steht ihm der → *Pflichtteil* zu, der gem. § 93 SGB XII übergeleitet werden kann. Wird der Behinderte mit einem Vermächtnis bedacht, so kann er den → *Pflichtteil* verlangen, wenn er das Vermächtnis ausschlägt, bzw. kann er den Zusatzpflichtteil nach § 2307 Abs. 1 BGB verlangen. Auch Vermächtnisansprüche können, wie ausgeführt, übergeleitet werden.

Die Eltern können dem behinderten Kind unter Umständen Vermögen zuwenden und dieses doch der Familie erhalten, indem sie → *Vor- und Nacherbschaft* anordnen und sie ggf. mit einer → *Testamentsvollstreckung* koppeln. Das behinderte Kind kann entspr. seinem gesetzlichen Erbteil oder mit einem Erbteil, der höher als sein Pflichtteil ist, zum Erben eingesetzt werden, jedoch nur als nichtbefreiter → *Vorerbe* mit der Maßgabe, dass Nacherben der überlebende Elternteil oder die Geschwister sein sollen. Der Nacherbfall tritt mit dem Ableben des Vorerben ein. Die Anordnung von Dauertestamentsvollstreckung bis zum Ableben des behinderten Kindes vermeidet den Zugriff auf die Vermögenssubstanz. Nach § 2214 BGB können sich Eigengläubiger des Erben nicht an die der Verwaltung des Testamentsvollstreckers unterliegenden Nachlassgegenstände halten; die einzelnen Nachlassgegenstände stellen daher kein verwertbares Vermögen i. S. des § 90 SGB XII dar. Da der Erbe über die der Testamentsvollstreckung unterliegenden Nachlassgegenstände nicht verfügen kann (§ 2211 BGB), unterliegen sie auch nicht der Sozialhilfe. Sind mehrere Erben vorhanden, so bleibt jedoch der Erbteil – auch der Vorerbteil – als solcher pfändbar, da der Testamentsvollstrecker dadurch nicht gehindert ist, weiter über die einzelnen Nachlassgegenstände zu verfügen. Da der Testamentsvollstrecker für den angemessenen Unterhalt des Erben zu sorgen hat, soweit dieser aus regelmäßigen Einkünften des Nachlasses getragen werden kann, und diese Einkünfte pfändbar sind, kann der Sozialhilfeträger gem. § 93 SGB XII diesen Anspruch gegen den Testamentsvollstrecker überleiten. Es empfiehlt sich daher, dass der Erblasser den Testamentsvollstrecker anweist, Erträgnisse aus dem der Verwaltung unterliegenden Erbteil nur für solche Leistungen an den Behinderten zu verwenden, auf die der Sozialhilfeträger nach

§§ 82 ff. SGB XII nicht zugreifen kann, also z. B. in Gestalt von Naturalverpflichtungen; ein völliger Ausschluss des Anspruchs des Erben auf Auskehrung des Nachlasses einschließlich dessen Erträgnisse dürfte hingegen nicht wirksam sein (Einzelheiten BGH NJW 1990, 2055; van de Loo NJW 1990, 2852). Ist der als Erbe eingesetzte Pflichtteilsberechtigte durch die Einsetzung eines → *Nacherben* oder die Ernennung eines → *Testamentvollstreckers* beschränkt, so hat er das Recht, die Erbschaft gem. § 2306 Abs. 1 BGB auszuschlagen (→ *Ausschlagung der Erbschaft*) und den → *Pflichtteil* zu verlangen. Dieses Gestaltungsrecht ist jedoch nicht nach § 93 SGB XII überleitbar (streitig). Ein Kostenersatz durch den → *Nacherben* gem. § 102 SGB XII scheidet aus, weil der Nacherbe nicht Erbe des Vorerben ist.

▶ Berliner Testament

→ *Gemeinschaftliches Testament*

▶ Berufsausbildung

→ *Ausgleichung*

▶ Bestattung

Bestattungsart (Beerdigung, Einäscherung) und Bestattungsort richten sich nach dem Willen des Verstorbenen. Dieser Wille kann im → *Testament* oder in einem anderen Schriftstück formlos zum Ausdruck gebracht werden. Letzteres ist jedenfalls zusätzlich zum Testament zu empfehlen, da die → *Eröffnung des Testaments* oft Wochen oder Monate nach der Bestattung erfolgt, so dass eine Bestimmung des Erblassers im Testament über seine Bestattung nicht mehr berücksichtigt werden könnte. Fehlt eine Willensäußerung, so entscheiden nicht die Erben, sondern die nächsten Angehörigen des Verstorbenen, wobei der Wille des überlebenden Ehegatten denen der Verwandten vorgeht. Um Streitigkeiten zu vermeiden, empfiehlt es sich, dass der Erblasser eine ausdrückliche Bestimmung trifft, etwa:

Formulierungsbeispiel:

„Ich bestimme hiermit, dass ich nach meinem Tod feuerbestattet werde.

München, den ....
Unterschrift."

Die Kosten der Beerdigung treffen den Erben (§ 1968 BGB), im Fall einer Mehrheit von Erben die → *Erbengemeinschaft*. Sie sind → *Nachlassverbindlichkeiten*. Soweit die Kosten vom Erben nicht zu erlangen sind, haften die Unterhaltspflichtigen. Zu den Kosten gehören auch die Ausgaben für die üblichen kirchlichen und bürgerlichen Feierlichkeiten, die Aufwendungen für das Grabmal sowie die Erstanlage der Grabstätte. Dagegen ist die → *Grabpflege* nur eine sittliche Pflicht des Erben und keine Rechtspflicht.

▶ **Betreuer**

Das am 1.1.1992 in Kraft getretene Betreuungsgesetz (v. 12.9.1990, BGBl. I, S. 2002) ersetzt das frühere zweistufige System von → *Vormundschaft* und → *Gebrechlichkeitspflegschaft* für Volljährige durch das einheitliche Institut der Betreuung. Auf Antrag des Betroffenen oder von Amts wegen hat das Vormundschaftsgericht für den Volljährigen einen Betreuer zu bestellen, wenn dieser aufgrund einer psychischen Krankheit oder einer körperlichen, geistigen oder seelischen Behinderung seine Angelegenheiten ganz oder teilweise nicht zu besorgen vermag (§ 1896 Abs. 1 S. 1 BGB).

▶ **Betreuungsverfügung**

Mit der Betreuungsverfügung kann Einfluss auf die durch ein Gericht anzuordnende Betreuung genommen werden. So können die Person und/oder auch Wünsche hinsichtlich der Lebensgestaltung bei Betreuung festgelegt werden. Das Gericht bzw. der Betreuer sind im Grundsatz an diese Wünsche gebunden. Eine andere Person darf nur dann durch das Gericht bestellt werden, wenn sich die in der Betreuungsverfügung genannte Person als ungeeignet erweist. Den Umfang der Befugnisse des Betreuers bestimmt das Gericht. Der Betreuer unterliegt der gerichtlichen Überwachung.

Es liegt auf der Hand, dass nur Personen eingesetzt werden sollten, zu denen ein besonderes Vertrauensverhältnis besteht. Dies gilt insbesondere für die → *Vorsorgevollmacht*, weil der Bevollmächtigte eigenverantwortlich tätig und grds. nicht durch das Gericht überwacht wird. Auch sind die übertragenen Aufgaben für den Bevollmächtigten oft nicht leicht zu erledigen. Die Person des Vertrauens sollte daher gefragt werden, ob sie diese Aufgabe übernehmen möchte.

► **Betreuungsvollmacht**

→ *Patientenverfügung,* → *Vollmacht,* → *Vorsorgevollmacht*

► **Blinder Erblasser**

Ein Erblasser, der nicht hinreichend zu sehen vermag, kann nicht eigenhändig testieren, da er Geschriebenes nicht lesen kann (§ 2247 Abs. 4 BGB); dies gilt auch dann, wenn er die Blindenschrift beherrscht, da auch die mit Hand gefertigte Punktschrift keinen sicheren Schluss auf die Person des Schreibers zulässt (streitig). Er kann also nur vor dem → *Notar* testieren. Dabei soll ein Zeuge beigezogen werden, es sei denn, dass der Erblasser darauf verzichtet (§ 22 BeurkG). Beherrscht der blinde Erblasser die Blindenschrift nicht, so kann er nur durch eine Erklärung gegenüber dem Notar testieren, nicht aber durch Übergabe einer Schrift (§ 2233 Abs. 2 BGB).

► **Böswillige Schenkung**

Durch ein → *gemeinschaftliches Testament* oder einen → *Erbvertrag* wird das Recht des Erblassers, über sein Vermögen durch Rechtsgeschäft unter Lebenden zu verfügen, nicht beschränkt (§ 2286 BGB). Eine Ausnahme besteht jedoch für sog. böswillige Schenkungen. Hat der Erblasser in der Absicht, den Vertragserben zu beeinträchtigen, eine Schenkung gemacht, so kann der Vertragserbe nach → *Anfall der Erbschaft* vom Beschenkten die Herausgabe des Geschenks verlangen (§ 2287 BGB). Damit soll der Vertragserbe vor missbräuchlicher Ausübung des dem Erblasser an sich verbliebenen Rechts geschützt werden, über sein Vermögen auch weiterhin durch Rechtsgeschäft unter Lebenden zu verfügen.

Dieser Schutz greift nach der Rechtsprechung des BGH nicht ein, wenn der Erblasser ein lebzeitiges **Eigeninteresse** an der von ihm vorgenommenen Schenkung hat. Ein solches ist anzunehmen, wenn nach dem Urteil eines objektiven Beobachters die Verfügung in Anbetracht der gegebenen Umstände auch unter Berücksichtigung der erbvertraglichen Bindung als billigenswert und gerechtfertigt erscheint. Ein lebzeitiges Eigeninteresse wurde z. B. in folgenden Fällen bejaht (Palandt/Weidlich, § 2287 BGB Rn. 7):

- Der Erblasser nimmt die Schenkung vor, um seine Altersversorgung zu verbessern (BGH NJW 1992, 2630).

- Der Erblasser möchte den Beschenkten zwecks Betreuung und Pflege im Alter an sich binden (BGH NJW 1992, 2630).

- Der Vertrags- bzw. Schlusserbe hat sich schwerer Verfehlungen gegen den Erblasser schuldig gemacht (LG Gießen MDR 1981, 582).

Die Beweislast für ein fehlendes lebzeitiges Eigeninteresse hat der Vertragserbe. Die Einsicht des Erblassers, seine Ehefrau in seinen Verfügungen von Todes wegen unzureichend bedacht zu haben und sein daraus folgendes Streben, einen Erbvertrag mit seinen Söhnen zugunsten des Ehegatten zu korrigieren, begründen für sich allein kein billigenswertes lebzeitiges Eigeninteresse, wohl aber etwa eine Übertragung als Dank für langjährige Pflege. Schenkungen, durch die der Erblasser einer sittlichen Pflicht, z. B. Zuwendung an bedürftige Verwandte, oder einer auf den Anstand zu nehmenden Rücksicht, z. B. Hochzeitsgeschenk, genügt, kann der Vertragserbe nicht zurückfordern. Der geschützte Erbe kann vom Erblasser noch zu dessen Lebzeiten **Auskunft** verlangen, wenn er die Voraussetzungen für eine benachteiligende Schenkung darlegt.

Der Anspruch des Vertragserben richtet sich nach den Vorschriften über die Herausgabe einer **ungerechtfertigten Bereicherung.** Es besteht also insbesondere die Einschränkung, dass die Verpflichtung des Beschenkten ausgeschlossen ist, soweit er nicht mehr bereichert ist (§ 818 Abs. 3 BGB); dies gilt jedoch nicht, wenn der Beschenkte bösgläubig war. Der gutgläubige Beschenkte ist einer Herausgabepflicht also nur dann ausgesetzt, wenn er noch bereichert ist; handelt es sich bei dem Geschenk z. B. um einen PKW, der inzwischen schrottreif gefahren ist, so muss der Beschenkte bei Bösgläubigkeit den Wert ersetzen, während der gutgläubige Beschenkte Ersatz nur leisten muss, wenn er sich auch ohne das Geschenk selbst ein Auto geleistet hätte und somit durch das Geschenk etwas erspart hat; anderenfalls ist er nicht bereichert. Hat der Beschenkte selbst einen → *Pflichtteilsanspruch*, so ist der Bereicherungsanspruch auf den Teil beschränkt, der nach Begleichung des Pflichtteils des Beschenkten übrig bleibt. Der Anspruch verjährt in drei Jahren; die Verjährung des Anspruchs beginnt mit dem → *Anfall der Erbschaft* (§ 2287 Abs. 2 BGB).

D

▶ DDR, ehemalige

Für das Gebiet der ehemaligen DDR ist zu unterscheiden zwischen
Erbfällen, die vor dem 1.1.1976 und solchen, die nach diesem Zeitpunkt eingetreten sind. Vor dem 1.1.1976 eingetretene Erbfälle wurden im wesentlichen nach den erbrechtlichen Bestimmungen des
BGB beurteilt; abweichende Regelungen galten allerdings hinsichtlich des gesetzlichen Ehegattenerbrechts und des Erbrechts des
nichtehelichen Kindes. Für Erbfälle zwischen dem 1.1.1976 und
dem Wirksamwerden des → *Einigungsvertrags* am 3.10.1990 gilt das
Erbrecht des Zivilgesetzbuchs der DDR (ZGB) vom 19.6.1975 (GBl.
I, 465). Ist der Erblasser danach gestorben, gilt – mit gewissen Einschränkungen – das Erbrecht des BGB auch in den → *neuen Bundesländern*. Zu Besonderheiten bei der → *Ausschlagung* s. dort.

1. Gesetzliche Erbfolge

Hinterlässt der Erblasser kein wirksames Testament, so sind gesetzliche Erben sein Ehegatte, seine Nachkommen, seine Eltern und deren Nachkommen sowie seine Großeltern und deren Nachkommen.
Fernere Verwandte sind von der gesetzlichen Erbfolge ausgeschlossen.

Gesetzliche Erben der 1. Ordnung sind der Ehegatte und die Kinder
des Erblassers, die zu gleichen Teilen erben. Der Ehegatte erbt jedoch mindestens $\frac{1}{4}$ des Nachlasses. Sind Nachkommen des Erblas-

sers nicht vorhanden, so erbt der Ehegatte allein. Dem Ehegatten stehen neben seinem Erbteil noch die zum ehelichen Haushalt gehörenden Gegenstände zu. Das nichteheliche Kind ist als Erbe 1. Ordnung neben dem Ehegatten und den übrigen Kindern des Erblassers berechtigt.

Gesetzliche Erben der 2. Ordnung sind die Eltern des Erblassers und deren Nachkommen. Leben allein die Eltern zurzeit des Erbfalles, so erben sie allein und zu gleichen Teilen. Lebt ein Elternteil nicht mehr, erbt der überlebende Elternteil allein.

Gesetzliche Erben der 3. Ordnung sind die Großeltern des Erblassers und deren Nachkommen. Sind Erben bis zur 3. Ordnung nicht vorhanden, so ist der Staat alleiniger gesetzlicher Erbe. Mit dem Erbfall geht der Nachlass in Volkseigentum über.

2. Testamentarische Erbfolge

Ein Testament konnte handschriftlich oder in notarieller Form erstellt werden. Der Erblasser konnte in diesem Testament einen oder mehrere Erben benennen, Vermächtnisse anordnen, Auflagen erteilen, Teilungsanordnungen treffen und gesetzliche Erben von der Erbfolge ausschließen. Ferner konnte er einen Miterben oder auch eine andere Person zum Testamentsvollstrecker bestimmen. Dieser hat nach dem Eintritt des Erbfalls die im Testament enthaltenen Bestimmungen auszuführen und den Nachlass insoweit zu verwalten und über ihn zu verfügen. Darüber hinausgehende Verwaltungsrechte des Testamentsvollstreckers gibt es nicht. Die Möglichkeit, neben einem Vorerben einen Nacherben zu berufen, ist entfallen.

Starb einer der durch Testament eingesetzten Erben vor dem Erbfall, schlug er die Erbschaft aus oder wurde er für erbunwürdig erklärt, so erhöhen sich die Erbteile der übrigen Erben verhältnismäßig. Ist der ausgeschiedene Erbe jedoch ein Nachkomme des Erblassers, so treten an seine Stelle dessen Nachkommen nach den Vorschriften über die gesetzliche Erbfolge, es sei denn, der Erblasser hat in seinem Testament einen Ersatzerben bestimmt.

Ein gemeinschaftliches Testament konnte nur von Ehegatten errichtet werden. In ihm konnten sie sich gegenseitig zu Erben und andere Personen als Erben des zuletzt verstorbenen Ehegatten einsetzen.

Die Ehegatten sind an das gemeinschaftliche Testament gebunden, solange es nicht widerrufen oder aufgehoben wird. Sie konnten sich jedoch gegenseitig ermächtigen, vom gemeinschaftlichen Testament abweichende Verfügungen zu treffen. Ein gemeinschaftliches Testament wurde unwirksam, wenn es zu Lebzeiten des Ehegatten widerrufen oder wenn die Ehe geschieden oder für nichtig erklärt worden ist. Nach dem Tod eines Ehegatten kann der Überlebende seine im gemeinschaftlichen Testament getroffenen Verfügungen durch Erklärung gegenüber dem Staatlichen Notariat widerrufen, wenn er gleichzeitig die Erbschaft ausschlägt.

Die Möglichkeit zum Abschluss eines Erbvertrags gab es nicht.

3. Pflichtteilsrecht

Auch im ZGB der DDR ist der Pflichtteilsanspruch ein reiner Geldanspruch. Er wurde in seinem Umfang erhöht und beträgt nunmehr $^2/_3$ des Wertes des gesetzlichen Erbteils, doch ist unbeschränkt pflichtteilsberechtigt nur noch der Ehegatte beim Ausschluss von der Erbfolge durch Testament. Kinder haben nur dann einen Pflichtteilsanspruch, wenn sie im Zeitpunkt des Erbfalles gegenüber dem Erblasser unterhaltsberechtigt waren. Der Pflichtteilsanspruch ist eine Nachlassverbindlichkeit, er ist vererblich und verjährt in zwei Jahren nach Kenntnis vom Erbfall und vom Inhalt des Testaments, spätestens jedoch zehn Jahre nach dem Erbfall.

4. Rechtsstellung der Erben

Der Erbe erwirbt die Erbschaft mit dem Erbfall. Die Vererbung von in der DDR und Berlin (Ost) befindlichen Vermögensgegenständen ist auch an Personen möglich, die außerhalb dieses Gebiets wohnhaft sind. Der Erbschaftserwerb vollzieht sich grds. ohne staatliche Genehmigung, also auch ohne devisenrechtliche Genehmigung oder Grundstücksverkehrsgenehmigung. Dies gilt jedoch nicht für den Eigentumserwerb aufgrund eines Vermächtnisses. Der zur Erfüllung eines Vermächtnisses erforderliche Vertrag bedarf ebenso der devisenrechtlichen und ggf. der Grundstücksverkehrsgenehmigung wie ein Erbauseinandersetzungsvertrag über in der DDR und Berlin (Ost) befindliches Vermögen unter mehreren Miterben, wenn nur einer der Beteiligten außerhalb dieses Gebietes wohnhaft ist. Betriebe und Organisationen, also auch kirchliche Einrichtungen, benötigen dagegen immer eine staatliche Genehmigung zum Erwerb einer Erbschaft oder eines Vermächtnisses.

Die Frist zur Erbschaftsausschlagung betrug sechs Monate, sofern der Erbe seinen Wohnsitz außerhalb der DDR bzw. von Berlin (Ost) hat. Eine einmal angenommene Erbschaft konnte nicht mehr ausgeschlagen werden. Jedoch konnten die Annahme oder Ausschlagung einer Erbschaft sowie das Versäumnis der Ausschlagungsfrist gegenüber jedem Staatlichen Notariat innerhalb einer Frist von zwei Monaten bei Vorliegen bestimmter Voraussetzungen angefochten werden. Die Erbschaft galt als angenommen, wenn die Frist zur Ausschlagung ohne entsprechende notariell beglaubigte Erklärung verstrichen ist und keine Anfechtung erfolgte. Sie galt ferner dann als angenommen, wenn über Nachlassgegenstände oder den Erbteil verfügt oder wenn ein Antrag auf Erteilung eines Erbscheins gestellt wurde. Die Ausschlagungsfrist begann mit Kenntnis des Erbfalls bzw. mit Eröffnung des Testaments.

Mehreren Erben steht die Erbschaft gemeinschaftlich zu. Bis zur Aufhebung der Erbengemeinschaft können sie über die Erbschaft im Ganzen oder über einzelne Nachlassgegenstände nur gemeinschaftlich verfügen.

Auch Verpflichtungen aus der Verwaltung des Nachlasses können sie nur gemeinsam eingehen; allerdings kann jeder Miterbe selbstständig notwendige Maßnahmen zur Erhaltung der Erbschaft oder einzelner Nachlassgegenstände treffen. Er ist insbesondere berechtigt, zur Erhaltung von Grundstücken und Gebäuden Kredite aufzunehmen und Hypotheken zu bestellen.

Steht der Nachlass mehreren Erben gemeinschaftlich zu und stehen die Erbteile fest, so kann jeder Miterbe die Aufhebung der Erbengemeinschaft verlangen. Der nach Abzug der Verbindlichkeiten verbleibende Nachlass ist alsdann nach dem Verhältnis der Erbteile im gegenseitigen Einverständnis der Erben zu verteilen. Kommt eine Einigung hierüber nicht zustande, können jeder Miterbe sowie der Nachlassverwalter die Vermittlung durch das Staatliche Notariat verlangen. Kommt auch hier eine gütliche Einigung nicht zustande, so kann dieses über die Teilung des Nachlasses entscheiden. Hiergegen kann innerhalb von zwei Wochen nach Zustellung beim Staatlichen Notariat Beschwerde eingelegt werden; wird dieser nicht abgeholfen, entscheidet das Kreisgericht in letzter Instanz.

Nachlassverbindlichkeiten hat der Erbe nur noch mit dem Nachlass zu erfüllen, nicht mit seinem eigenen Vermögen. Er haftet jedoch auch mit seinem sonstigen Vermögen für die Bestattungskosten, die Kosten des Nachlassverfahrens und für Zinsen staatlicher Kredite. Er haftet auch unbeschränkt für Nachlassverbindlichkeiten, wenn er die Pflicht zur Errichtung eines ordnungsgemäßen Nachlassverzeichnisses schuldhaft verletzt hat; eine solche Pflicht zur Errichtung eines Nachlassverzeichnisses besteht, wenn das Staatliche Notariat Erben oder Besitzer von Nachlassgegenständen verpflichtet, ein solches Verzeichnis innerhalb einer bestimmten Frist aufzustellen, weil berechtigte Interessen des Staates, der Nachlassgläubiger oder der Erben dies erfordern.

Die Nachlassverbindlichkeiten sind in folgender Rangfolge zu begleichen:

Bestattungskosten, Nachlassverfahrenskosten, Zahlungsverpflichtungen des Erblassers einschließlich der Erstattung von Aufwendungen für die Betreuung des Erblassers, familienrechtliche Ausgleichsansprüche, Pflichtteilsansprüche, Vermächtnisse und Auflagen.

5. Erbschaftsteuer

Das Erbschaftsteuerrecht der DDR unterschied die Steuerklassen I und II. Zur Steuerklasse I zählten der Ehegatte und die Kinder des Erblassers, während alle übrigen Personen in die Steuerklasse II fielen. Die Erbschaftsteuer betrug bei Erwerben

bis einschl. Mark	in der Steuerklasse I %	in der Steuerklasse II %
über 10.000	4	11
über 20.000	5	14
über 30.000	7	17
über 40.000	9	21
über 50.000	13	28

bis einschl. Mark	in der Steuerklasse I %	in der Steuerklasse II %
über 100.000	17	36
über 150.000	23	44
über 200.000	26	52
über 300.000	30	63
über 400.000	32	70
über 500.000	34	74
über 600.000	36	77
über 700.000	38	79
über 800.000	40	80
über 900.000	42	80
1.000.000 über	45	80
1.000.000 über	50	80

Steuerfrei blieben für den überlebenden Ehegatten ein Betrag von 20.000 Mark, für die Kinder, unabhängig von ihrer Zahl, ein Betrag von 10.000 Mark. Für Personen der Steuerklasse II blieb ein Betrag von 1.000 Mark steuerfrei.

▶ **Depot**

→ *Bankkonto*

▶ **Digitaler Nachlass**

→ *Erben* bzw. → *Testamentsvollstrecker* stehen im digitalen Bereich vor dem Problem, wie sie ohne Mitwirkung des Inhabers Zugang zu den Benutzer-Accounts erhalten können, etwa um laufende Geschäfte abzuwickeln oder sie zu schließen.

Da es wegen des Fernmeldegeheimnisses umstritten ist, ob E-Mail-Diensteanbieter Zugangsdaten (Benutzername und Passwort) an Erben des Inhabers oder an den Testamentsvollstrecker herausgeben dürfen, empfiehlt es sich, diese Zugangsdaten bei einer Vertrauensperson, etwa beim → *Notar* zu hinterlegen, der wegen der dauerhaften Aufbewahrung und wegen seiner Schweigepflicht dazu am geeignetsten erscheint – jedenfalls geeigneter als kommerzielle Internetdienste, die insolvent werden können und keiner Kontrolle unterliegen. Da Datenträger aufgrund ihrer Empfindlichkeit leicht Schaden nehmen können, sollte man nicht sie hinterlegen, sondern die Zugangsdaten in einer notariellen Niederschrift aufnehmen, die in der Urkundensammlung des Notars verwahrt wird.

Soweit empfohlen wird, eine Liste mit sämtlichen Zugangsdaten oder sog. Masterpasswörter dem eigenen → *Testament* oder → *Erbvertrag* beizufügen, ist dies wegen der Ablieferungspflicht gem. § 2259 Abs. 1 BGB an das → *Nachlassgericht* nachteilig: → *Verfügungen von Todes wegen* werden dort gem. §§ 348 ff. FamFG eröffnet und den Beteiligten schriftlich, in der Regel durch Übersendung einer vollständigen Abschrift zur Kenntnis gebracht. Von der Nennung von Zugangsdaten in Verfügungen von Todes wegen sollte daher abgesehen werden. Vielmehr sollte dies in einer gesonderten Erklärung beim Notar erfolgen, die eine Herausgabeanweisung gem. § 51 BeurkG enthält. Der Notar wird angewiesen, vollständige, das niedergeschriebene Passwort enthaltende Abschriften nur an bestimmte Personen, z. B. den Testamentsvollstrecker herauszugeben. Um den Beteiligten die ansonsten wohl mehrmals jährlich aufgrund Passwortänderungen oder dem Hinzukommen neuer Internet-Zugänge erforderliche Aktualisierung der Urkunde zu ersparen, werden zweckmäßig nicht alle Zugangsdaten zu allen Internet-Zugängen in die Niederschrift aufgenommen. Der Erblasser sollte vielmehr eigenverantwortlich auf seinem Computer eine verschlüsselte Passwort-Datenbank mit einem Programm seiner Wahl anlegen, die er regelmäßig selbst aktualisiert, z. B. wenn er ein Passwort geändert hat oder neue Internet-Zugänge hinzugekommen sind. Nur das General-Zugangspasswort zu dieser Datenbank wird dann in die notarielle Niederschrift aufgenommen. Wer dann beispielsweise im Vorsorgefall das Passwort vom Notar unter Vorlage einer (allgemeinen) → *Vorsorgevollmacht* ausgehändigt bekommt, kann zunächst die verschlüsselte Datenbank öffnen und sich mit den darin gefundenen Zugangsdaten z. B. in das E-Mail-Konto des Inhabers einloggen und den Mailverkehr abwickeln, ohne dass der Mailanbieter beteiligt werden müsste.

Bei → *Testamentsvollstreckung* kann dem Testamentsvollstrecker **zusätzlich** zu den Erben ein Anspruch auf Erteilung einer Abschrift zugesprochen werden. Um eine schnelle und sichere Prüfung des Abschriftenanspruchs durch den Notar zu ermöglichen, ist streng formal auf die Vorlage eines Testamentsvollstreckerzeugnisses abzustellen. Ist die Testamentsvollstreckung beendet wird das Testamentsvollstreckerzeugnis (anders als der → Erbschein, vgl. § 2361 Abs. 1 BGB) von selbst kraftlos (§ 2368 Satz 2 Hs. 2 BGB), was jedoch einer Herausgabe des Passworts an den (nicht mehr amtierenden) Testamentsvollstrecker nicht entgegensteht, solange sich die Beendigung des Amtes nicht aus dem Testamentsvollstreckerzeugnis oder eines darauf angebrachten Vermerks ergibt.

Soll bei Testamentsvollstreckung **anstelle** der Erben nur dem Testamentsvollstrecker eine vollständige Abschrift der Urkunde mit dem Passwort erteilt werden dürfen, so benötigt der Testamentsvollstrecker einen Anspruch auf Abschrift und muss der Anspruch der Erben hierauf ausgeschlossen werden. Ein noch vom Erben Bevollmächtigter kann auch nach dem Tod des Erblassers noch an das Passwort gelangen. Zum anderen ist dann nur ein Testamentsvollstrecker abschriftenberechtigt; gibt es keinen (mehr), so kann (außer Bevollmächtigten) niemand mehr Abschriften der Niederschrift mit dem Passwort verlangen.

▶ Dolmetscher

→ *Sprachunkundiger Erblasser*

▶ Dreimonatseinrede

Auch nach der → *Annahme der Erbschaft* kann sich der Erbe mit der Dreimonatseinrede vor einer Inanspruchnahme durch Nachlassgläubiger zeitweilig schützen (§ 2014 BGB). Er ist berechtigt, die Berichtigung einer → *Nachlassverbindlichkeit* bis zum Ablauf der ersten drei Monate nach der Annahme der Erbschaft zu verweigern, nicht jedoch über die Errichtung des Inventars hinaus. Voraussetzung ist allerdings, dass er nicht schon gegenüber allen Nachlassgläubigern oder gegenüber dem Nachlassgläubiger, der ihn in Anspruch nimmt, das Recht zur Haftungsbeschränkung verloren hat. Hierdurch soll der Erbe in die Lage versetzt werden, sich durch → *Inventarerrichtung* und → *Aufgebot* einen Überblick über den Stand des Nachlasses zu verschaffen. Forderungen gegen den Nachlass können in dieser Zeit zwar gerichtlich geltend gemacht, aber nicht vollstreckt werden.

▶ **Dreißigster**

Der Dreißigste regelt den Unterhalt gegenüber Familienangehörigen des Erblassers, die zurzeit seines Todes zu seinem Hausstand gehört und von ihm Unterhalt bezogen haben (§ 1969 BGB). Diesen Personen hat der Erbe in den ersten 30 Tagen nach dem Eintritt des Erbfalls in demselben Umfang, wie der Erblasser es getan hat, Unterhalt zu gewähren und die Benützung der Wohnung und der Haushaltsgegenstände zu gestatten. Zum Hausstand gehören auch Pflegekinder, Personen, mit denen der Erblasser eheähnlich zusammengelebt hat (→ *eheähnliche Lebensgemeinschaft*), nicht Hausangestellte mangels Unterhalts. Der Anspruch ist nicht übertragbar und unpfändbar. Der Erblasser kann durch → *Verfügung von Todes wegen* eine abweichende Anordnung treffen.

▶ **Dürftigkeitseinrede**

Ist die Anordnung der → *Nachlassverwaltung* oder die Eröffnung des → *Nachlassinsolvenzverfahrens* wegen Mangels einer den Kosten entsprechenden Masse nicht tunlich oder wird aus diesem Grund die Nachlassverwaltung aufgehoben oder das Insolvenzverfahren eingestellt, so kann der Erbe die Befriedigung eines Nachlassgläubigers insoweit verweigern, als der Nachlass nicht ausreicht (§ 1990 BGB). Diese Einrede setzt nur die Dürftigkeit des Aktivbestands des Nachlasses, nicht aber seine Überschuldung voraus. Den Rest des Nachlasses hat der Erbe den Gläubigern zur Verfügung zu stellen. Ist überhaupt kein Nachlass mehr vorhanden, so hat der Erbe die → *Erschöpfungseinrede*.

Die Haftungsbeschränkung greift nur ein, wenn sich der Erbe jedem einzelnen Gläubiger gegenüber auf die Dürftigkeit des Nachlasses beruft. Die Verbindlichkeiten aus → *Pflichtteilsrechten*, → *Vermächtnissen* und → *Auflagen* hat der Erbe so zu berichtigen wie im Insolvenzverfahren, d. h. an letzter Stelle. Die Dürftigkeitseinrede verwehrt den Nachlassgläubigern nur den Zugriff auf das **Eigenvermögen** des Erben, nicht aber den ungeschmälerten Zugriff auf den Nachlass.

E

▶ Ehe

Eine Ehe ist das dauernde Zusammenleben eines Mannes und einer Frau, wenn es in einer besonderen vom Staat vorgeschriebenen Form begründet wird. Die Eheschließung vor dem Standesbeamten ist unerlässliche Voraussetzung für die Anerkennung einer Lebensgemeinschaft als Ehe. Für → *eheähnliche Lebensgemeinschaften*, die nicht in dieser Form geschlossen sind, gilt das Ehe-, Familien- und Erbrecht des BGB auch dann nicht, wenn sie im Übrigen alle Voraussetzungen einer ehelichen Lebensgemeinschaft erfüllen. Für eingetragene → *Lebenspartnerschaften* gilt das LPartG.

▶ Eheähnliche Lebensgemeinschaft

Eheähnliche Lebensgemeinschaft nennt man das auf Dauer angelegte Zusammenleben eines Mannes mit einer Frau, ohne dass zuvor eine formelle Eheschließung stattgefunden hat – Ehe ohne Trauschein und Standesamt. Die rechtlichen Konsequenzen einer eheähnlichen Lebensgemeinschaft sind angesichts der steigenden Zahl der frei zusammenlebenden Partner ein stark diskutiertes Problem. Gesetzlich erbberechtigt sind sie nach dem BGB nicht. Lediglich das Institut des → *Dreißigsten* regelt den Unterhalt auch von Personen, mit denen der Erblasser eheähnlich zusammengelebt hat, für die ersten dreißig Tage nach dem Eintritt des Erbfalls.

Leben Partner in einer engen Lebensgemeinschaft, so entspricht ihre Interessenlage bei der Errichtung einer → *Verfügung von Todes wegen* grds. der Interessenlage bei Ehegatten. Es ist also unbedingt erforderlich, dass sich die Partner in einer → *Verfügung von Todes wegen* bedenken. Wollen die Partner dies nicht nur einseitig und jederzeit frei widerruflich durch ein → *Testament* tun, so haben sie nur die Möglichkeit der Errichtung eines → *Erbvertrags*, nicht aber eines → *gemeinschaftlichen Testaments*, das Ehegatten und eingetragenen → *Lebenspartnern* vorbehalten ist (§ 2265 BGB, § 10 Abs. 4 LPartG). Bei einem Erbvertrag sollte stets ein Rücktrittsvorbehalt vereinbart werden, weil die Trennung nicht, wie die → *Scheidung* der Ehe nach §§ 2279 Abs. 2, 2077 BGB, zur Unwirksamkeit der Verfügung von Todes wegen führt. Der Erbvertrag kann nur vor einem → *Notar* errichtet werden. Hat ein Lebenspartner dem anderen in den letzten Lebensjahren unentgeltlich oder gegen unzureichendes Entgelt Pflege oder Unterhalt gewährt, so ist ein Erwerb unter besonderen Umständen bis 5200 Euro steuerfrei (§ 13 Abs. 1 Nr. 9 ErbStG).

Formulierungsbeispiel:

„V. Rücktritt
Wir nehmen unsere Erklärungen über die gegenseitige Erbeinsetzung mit erbvertraglicher Bindung gegenseitig an. Jeder von uns ist zum Rücktritt von diesem Erbvertrag berechtigt. Der Rücktritt erfolgt durch Erklärung gegenüber dem andern Vertragsteil und bedarf der notariellen Beurkundung."

Bei der Errichtung eines Testaments oder Erbvertrags müssen, wenn einer der Partner verheiratet ist, der → *Pflichtteil* des Ehegatten und die Grundsätze über die evt. → *Sittenwidrigkeit* von Zuwendungen an den nichtehelichen Lebenspartner berücksichtigt werden (→ *Geliebten-Testament*). Auch die → *Pflichtteile* von Eltern oder → *Abkömmlingen* haben wesentlich größere Bedeutung, wenn kein „pflichtteilsmindernder" Ehegatte vorhanden ist. Auch die → *Erbschaftsteuer* spielt bereits bei geringeren Vermögen eine Rolle, weil die Steuerklasse III maßgebend ist.

▶ Ehegatten-Erbrecht

1. Voraussetzungen

Der überlebende Ehegatte wird nach der gesetzlichen Erbfolge nur dann Alleinerbe seines verstorbenen Ehepartners, wenn weder → *Abkömmlinge*, noch Eltern und deren Abkömmlinge, noch Großeltern des Erblassers vorhanden sind (§ 1931 Abs. 2 BGB). In allen anderen Fällen beschränkt sich das gesetzliche Erbrecht des überlebenden Ehegatten auf eine bestimmte Quote des → *Nachlasses*. Die Höhe der Erbquote ist davon abhängig, welche → *Verwandten* neben dem Ehegatten zur → *Erbfolge* berufen sind und in welchem Güterstand der überlebende Ehegatte mit dem Erblasser im Zeitpunkt des Erbfalls gelebt hat.

Das gesetzliche Erbrecht des überlebenden Ehegatten ist **ausgeschlossen** bei → *Erbverzicht* (§ 2346 BGB), bei → *Erbunwürdigkeit* (§ 2339 BGB), bei → *Ausschlagung der Erbschaft* und dann, wenn z. Zt. des Todes des Erblassers die Voraussetzungen für die → *Scheidung* der Ehe gegeben waren und der Erblasser die Scheidung beantragt oder ihr zugestimmt hatte (§ 1933 BGB).

Nach § 1565 BGB kann eine Ehe **geschieden** werden, wenn sie gescheitert ist; die Ehe ist gescheitert, wenn die Lebensgemeinschaft der Ehegatten nicht mehr besteht und nicht erwartet werden kann, dass die Ehegatten sie wieder herstellen. Dass die Ehe gescheitert ist, wird unwiderlegbar vermutet, wenn die Ehegatten seit drei Jahren getrennt leben oder, wenn die Ehegatten seit einem Jahr getrennt leben und beide Ehegatten die Scheidung beantragen oder der Antragsgegner der Scheidung zustimmt (§ 1566 BGB). Leben die Ehegatten noch nicht ein Jahr getrennt, so kann die Ehe nur dann geschieden werden, wenn die Fortsetzung der Ehe für den Antragsteller aus Gründen, die in der Person des anderen Ehegatten liegen, eine unzumutbare Härte darstellen würde (§ 1565 Abs. 2 BGB). Das Erbrecht des überlebenden Ehegatten ist ebenfalls ausgeschlossen, wenn der Erblasser auf **Aufhebung der Ehe** zu klagen berechtigt war und die Klage erhoben hatte (§ 1933 BGB); die Klage gilt erst mit Zustellung an den Ehegatten als erhoben. Unter diesen Voraussetzungen entfällt auch das → *Pflichtteilsrecht* des überlebenden Ehegatten. Zu den Besonderheiten dieser Situation vgl. das Stichwort → *geschiedener Ehegatte.*

2. Erbrechtliche Quote

Der überlebende Ehegatte ist nach der gesetzlichen Grundregel neben → *Verwandten* der 1. Ordnung, also neben → *Abkömmlingen* zu
$1/_4$ des Nachlasses berufen (§ 1931 Abs. 1 BGB). Die Abkömmlinge
des Erblassers teilen sich den Rest, also $3/_4$, so dass ein Kind $3/_4$, zwei
Kinder je $3/_8$ oder drei Kinder je $1/_4$ erhalten. Das Erbrecht der Abkömmlinge leitet sich aus der Verwandtschaft mit dem Erblasser ab,
nicht mit dem überlebenden Ehegatten, so dass z. B. auch Kinder
aus früheren Ehen des Erblassers neben dem überlebenden Ehegatten erben.

Neben Verwandten der 2. Ordnung oder neben Großeltern des Erblassers ist der überlebende Ehegatte zur Hälfte der Erbschaft als gesetzlicher Erbe berufen (§ 1931 Abs. 1 BGB). Sind neben dem Ehegatten mindestens ein Großelternteil und mindestens ein Abkömmling eines anderen nicht erbenden Großelternteils zum Miterben
berufen, so erhält der Ehegatte zusätzlich den Anteil dieses Abkömmlings (§ 1931 Abs. 1 S. 2 BGB).

> **BEISPIEL:** Der Großvater erbt $1/_4$, anstelle des Onkels des Erblassers erbt
> der überlebende Ehegatte ein weiteres $1/_4$, also insgesamt $3/_4$.

Sind weder Verwandte der 1. oder 2. Ordnung vorhanden, so erhält
der überlebende Ehegatte die ganze Erbschaft.

3. Güterstand

Die Höhe des Erbrechts des überlebenden Ehegatten ist ferner abhängig vom Güterstand, der z. Zt. des Erbfalls bestand.

a) Gesetzlicher Güterstand der Zugewinngemeinschaft (§ 1371 BGB)

Wird der gesetzliche Güterstand der Zugewinngemeinschaft durch
den Tod eines Ehegatten beendet, so wird der Ausgleich des Zugewinns, der im Fall der sonstigen Beendigung der Ehe stattfinden
würde, dadurch verwirklicht, dass sich der gesetzliche Erbteil des
überlebenden Ehegatten um $1/_4$ der Erbschaft erhöht; hierbei ist es
unerheblich, ob die Ehegatten im einzelnen Fall einen Zugewinn erzielt haben (§ 1371 Abs. 1 BGB). Auch wenn das bei Tod eines Ehe-

gatten zu vererbende Vermögen schon vor der Ehe vorhanden war, oder wenn es durch Erbschaft oder Schenkung, nicht durch gemeinsame Arbeitsleistung erworben wurde, bleibt dieser pauschale erbrechtliche Zugewinnausgleich bestehen. Der Ehegatte erhält also neben Abkömmlingen zusätzlich zu seinem gesetzlichen Erbteil von $^1/_4$ (§ 1931 BGB) ein weiteres Viertel nach § 1371 Abs. 1 BGB. Der Gesetzgeber berechnet den Zugewinnausgleich pauschal in Höhe von $^1/_4$, so dass im Normalfall des gesetzlichen Güterstandes der überlebende Ehegatte neben Kindern oder Enkeln $^1/_2$ des Nachlasses erhält. Sein (großer) → *Pflichtteil* beträgt in diesem Fall also $^1/_4$. Sind keine Kinder vorhanden, leben aber die Eltern oder Großeltern des Erblassers noch, so erhöht sich der $^1/_2$-Erbanteil des überlebenden Ehegatten nach § 1931 Abs. 1 BGB auf $^3/_4$ des Nachlasses ($^1/_2$ nach § 1931 BGB und $^1/_4$ nach § 1371 BGB).

Der überlebende Ehegatte braucht es jedoch nicht bei der pauschalen Abgeltung des Zugewinns durch Erhöhung seines gesetzlichen Erbteils um $^1/_4$ bewenden zu lassen, sondern kann auch die so genannte güterrechtliche Lösung wählen, bei der der Zugewinnausgleich konkret berechnet wird. Dies wird dann zu erwägen sein, wenn der Erblasser während der Ehezeit einen erheblichen Vermögenszuwachs erzielt hat; hier ist die erbrechtliche Lösung für den überlebenden Ehegatten ungünstig, weil seine zusätzliche Erbquote u. U. geringer ist als sein Anspruch auf Zugewinn. In einem solchen Fall ist es für ihn günstiger, wenn er nach § 1371 Abs. 3 BGB die Erbschaft ausschlägt (→ *Ausschlagung*) und den Zugewinnausgleich nach der güterrechtlichen Lösung (§§ 1372–1390 BGB) verlangt. Neben der Ausgleichsforderung auf den Zugewinn nach § 1378 BGB steht ihm in diesem Fall außerdem ein → *Pflichtteilsanspruch* gem. § 2303 Abs. 1 BGB zu, der sich nach dem nicht erhöhten gesetzlichen Erbteil bemisst (sog. kleiner Pflichtteil).

Dieses Wahlrecht zwingt den überlebenden Ehegatten, innerhalb der kurzen → *Ausschlagungsfrist* von sechs Wochen zu berechnen, ob es für ihn günstiger ist, die erbrechtliche oder die güterrechtliche Lösung zu wählen, was vor allem davon abhängt, ob das Vermögen des Erblassers im Wesentlichen während des Güterstandes erworben wurde.

> **BEISPIEL:** Hinterlässt der Erblasser seine Ehefrau und ein Kind und besteht sein Nachlass im Wesentlichen aus einem lastenfreien Haus im Wert von 400.000 Euro, das er während der Ehe erworben hat, während sie keinen Zugewinn erzielt hat, so wird die Ehefrau folgende Berechnung anstellen:
>
> Nach der erbrechtlichen Lösung erhält sie gem. § 1931 Abs. 1 BGB $\frac{1}{4}$ und nach § 1371 Abs. 1 ein weiteres Viertel, also insgesamt $\frac{1}{2}$ des Nachlasses, somit 200.000 Euro. Nach der güterrechtlichen Lösung muss sie die Erbschaft ausschlagen, so dass sie gem. § 1371 Abs. 3 BGB den Zugewinnausgleich in Höhe von 200.000 Euro verlangen kann. Der Nachlass beträgt dann 200.000 Euro, so dass der Erbteil der Ehefrau gem. § 1931 Abs. 1 BGB 50.000 Euro, der Pflichtteil somit 25.000 Euro beträgt. Nach der güterrechtlichen Lösung stehen der Ehefrau also zusätzlich 25.000 Euro als Pflichtteil zu, so dass sie insgesamt 225.000 Euro verlangen kann, während der Erbteil nur 200.000 Euro beträgt.

Der Erblasser kann einseitig die güterrechtliche Lösung erzwingen, indem er seinen überlebenden Ehepartner durch letztwillige Verfügung enterbt.

Ist der überlebende Ehegatte mit einem → *Erbteil* oder → *Vermächtnis* bedacht, das wertmäßig geringer ist als sein Pflichtteil, so kann er sich mit dem Vermächtnis zufriedengeben oder er kann das ihm testamentarisch Zugewandte ausschlagen und stattdessen den konkret berechneten „güterrechtlichen" Zugewinnausgleich zusammen mit dem „kleinen" Pflichtteil verlangen. Er hat noch eine dritte Möglichkeit: Ist das testamentarisch Zugewandte weniger als der so genannte „große Pflichtteil", der sich nach dem durch den Zugewinnausgleich erhöhten gesetzlichen Erbteil berechnet, so kann der überlebende Ehegatte die Ergänzung des ihm Zugewandten bis zur Höhe dieses Pflichtteils verlangen. Dieser große Pflichtteil beträgt neben Kindern $\frac{1}{4}$, neben Eltern und Großeltern $\frac{3}{8}$ des Wertes der Erbschaft. Diese Ergänzung des großen Pflichtteils kann aber nur nach einer testamentarischen Verfügung verlangt werden. Der vollständig enterbte überlebende Ehegatte kann nur den „kleinen" Pflichtteil, berechnet von dem nicht nach § 1371 BGB erhöhten Erbteil, und zusätzlich Zugewinnausgleich verlangen (§ 1371 Abs. 2 BGB; ständige Rechtsprechung, h. L.).

Sind erbberechtigte Abkömmlinge des verstorbenen Ehegatten aus einer anderen Ehe vorhanden, so ist der überlebende Ehegatte verpflichtet, diesen Abkömmlingen die Mittel zu einer angemessenen → *Ausbildung* aus dem zusätzlichen Viertel zu gewähren (§ 1371 Abs. 4 BGB). Anders als gemeinsame Kinder beerben einseitige Abkömmlinge des zuerst Verstorbenen den überlebenden Ehegatten nicht, so dass dessen erhöhtes Erbrecht ihren Anteil am Nachlass mindert. Der **Ausbildungsanspruch** dieser Abkömmlinge besteht aber nur dann, „wenn und soweit sie dessen bedürfen", setzt also Bedürftigkeit voraus: kann der Abkömmling seine Ausbildung aus dem eigenen (reduzierten) → *Erbteil* oder → *Pflichtteil* oder aus seinem sonstigen Vermögen bezahlen, so muss der überlebende Ehegatte nicht einspringen. Der Ausbildungsanspruch ist begrenzt auf das zusätzliche erbrechtliche Zugewinnausgleichsviertel des überlebenden Ehegatten; sobald es aufgebraucht ist, erlischt die Unterhaltspflicht für die Stiefkinder. Der Ausbildungsanspruch besteht nur, wenn der überlebende Ehegatte gesetzlicher Erbe wird. Hat der Verstorbene seinen Ehegatten durch → *Verfügung von Todes wegen* bedacht, so besteht ein Ausbildungsanspruch auch dann nicht, wenn die testamentarische Zuwendung höher ist als der gesetzliche Erbteil. Bei der Überlegung, welche Form des Zugewinnausgleichs günstiger für den überlebenden Ehegatten ist, ist der Ausbildungsanspruch einseitiger Abkömmlinge des zuerst Versterbenden also mitzuberücksichtigen. Das zusätzliche erbrechtliche Viertel kann durch Ausbildungsansprüche von Stiefkindern praktisch aufgezehrt werden. Wählt der überlebende Ehegatte dagegen den konkret berechneten güterrechtlichen Zugewinnausgleich und den kleinen Pflichtteil, so kommen solche Ausbildungskosten nicht auf ihn zu.

b) Vertraglicher Güterstand der Gütertrennung

Haben die Ehegatten durch einen vor dem → *Notar* abzuschließenden → *Ehevertrag* Gütertrennung vereinbart (§ 1414 BGB), so gilt Folgendes:

Eine Veränderung des gesetzlichen Erbteils des überlebenden Ehegatten gegenüber dem $^1/_4$ des § 1931 Abs. 1 BGB ergibt sich nur dann, wenn als gesetzliche Erben neben dem überlebenden Ehegatten ein oder zwei Kinder des Erblassers berufen sind, die in diesem Fall zusammen mit dem Ehegatten nach gleichen Teilen erben (§ 1931 Abs. 4 BGB). Bei einem Kind betragen die Erbteile also je $^1/_2$, bei zwei Kindern je $^1/_3$, bei drei Kindern je $^1/_4$. Sind mehr als zwei erbberechtigte Kinder vorhanden, so bleibt es bei der Grundregel des § 1931 Abs. 1 BGB, nach der der Ehegatte mindestens $^1/_4$ erhält. Dies wirkt sich auch auf die Höhe des → *Pflichtteils* aus, wobei besonders zu beachten ist, dass die Pflichtteilsansprüche der Kinder beim Vorhandensein von zwei oder mehr Kindern höher sind als bei der Zugewinngemeinschaft (§ 1931 Abs. 4 BGB). Hinzuweisen ist auch darauf, dass der Zugewinnausgleichsfreibetrag nach § 5 Abs. 1 ErbStG nicht in Anspruch genommen werden kann, was bei großen Vermögen nachteilig sein kann (→ *Erbschaftsteuer*).

c) Vertraglicher Güterstand der Gütergemeinschaft

Haben die Ehegatten durch notariellen → *Ehevertrag* Gütergemeinschaft vereinbart, so bestehen keine erbrechtlichen Besonderheiten. Der Erbteil des überlebenden Ehegatten richtet sich ausschließlich nach § 1931 BGB, beträgt also neben Abkömmlingen $^1/_4$ des Nachlasses. Die Abkömmlinge teilen sich die restlichen $^3/_4$. Zum Nachlass gehören der Hälfteteil des Erblassers am Gesamtgut (§ 1482 S. 1 BGB), sein Sondergut (§ 1417 BGB) und sein Vorbehaltsgut (§ 1418 BGB). Unabhängig hiervon steht dem überlebenden Ehegatten bereits während der Dauer der Ehe nach den güterrechtlichen Regeln der andere Hälfteanteil am Gesamtgut zu (§§ 1416, 1419 BGB).

In der Praxis kommt die → *gesetzliche Erbfolge* jedoch deshalb selten zum Tragen, weil regelmäßig mit dem Ehevertrag über die Gütergemeinschaft auch ein → *Erbvertrag* verbunden wird, in dem sich die Ehegatten gegenseitig zu → *Alleinerben* einsetzen. Die gesetzliche Erbfolge ist dann durch die Verfügung von Tode wegen abbedungen. Die Feststellung des gesetzlichen Erbrechts wird dann nur benötigt zur Berechnung evtl. von den → *Abkömmlingen* geltend gemachter → *Pflichtteilsansprüche*.

Ehegatten, die in Gütergemeinschaft leben, können vereinbaren, dass die Gütergemeinschaft nach dem Tod eines Ehegatten zwischen dem länger lebenden und den gemeinschaftlichen Kindern **fortgesetzt** wird. Hierdurch wird die Gütergemeinschaft zwischen dem länger lebenden Ehegatten und den Abkömmlingen fortgesetzt, die bei gesetzlicher Erbfolge als gesetzliche Erben berufen wären. Die dem verstorbenen Ehegatten am Gesamtgut zustehende Hälfte gehört nicht zu seinem Nachlass, wird also nicht vererbt; nur sein Vorbehalts- und Sondergut bilden seinen Nachlass, der nach erbrechtlichen Grundsätzen aufgeteilt wird. Alles andere Gut beider Ehegatten wird gemeinschaftliches Eigentum des Überlebenden und der Kinder. Es bestehen also zwei Gesamthandsgemeinschaften: die fortgesetzte Gütergemeinschaft zwischen überlebendem Ehegatten und Abkömmlingen und die Erbengemeinschaft zwischen überlebendem Ehegatten, Abkömmlingen und evtl. weiteren Erben.

Die fortgesetzte Gütergemeinschaft erspart dem Überlebenden, den Kindern oder Enkeln ihren Erbteil am Gesamtgut herauszugeben. Mit dem Tod des überlebenden Ehegatten endet die fortgesetzte Gütergemeinschaft, wenn er sie nicht schon vorher aufhebt, womit → *Gütertrennung* eintritt (§ 1414 BGB). Die fortgesetzte Gütergemeinschaft hat den Vorteil, dass sie dem überlebenden Ehegatten als Gesamtgutsverwalter eine starke Stellung verschafft, die seiner alleinigen Voll- (oder Vor-)Erbeinsetzung (→ *Vollerbe*, → *Vorerbe*) u. U. vorzuziehen sein kann, weil eine Beeinträchtigung durch → *Pflichtteilsansprüche* der Kinder nicht möglich ist und die → *erbschaftsteuerlichen Nachteile* der Kumulierung des Vermögens beider Ehegatten beim Überlebenden vermieden werden. In der Praxis kommt die fortgesetzte Gütergemeinschaft heute kaum noch vor.

4. Erbschaftsteuerliche Freibeträge des Ehegatten

Dem überlebenden Ehegatten steht ein Freibetrag in Höhe von 500 000 Euro zu (§ 16 Abs. 1 Nr. 1 ErbStG), neben dem ein besonderer Versorgungsfreibetrag von 256 000 Euro gewährt wird (§ 17 Abs. 1 S. 1 ErbStG). Der Versorgungsfreibetrag wird allerdings um den Kapitalwert der Versorgungsbezüge gekürzt, die dem überlebenden Ehegatten anlässlich des Todes zufallen und nicht der → *Erbschaftsteuer* unterliegen (§ 17 Abs. 1 S. 2 ErbStG).

Bei der güterrechtlichen Lösung fällt dem überlebenden Ehegatten der Ausgleichsanspruch steuerfrei an, da er weder zum Erwerb von Todes wegen noch zu den Schenkungen unter Lebenden zählt (§ 5 Abs. 2 ErbStG). Macht der überlebende Ehegatte in diesem Fall den kleinen → *Pflichtteilsanspruch* geltend, so ist dieser nach § 3 Abs. 1

Nr. 1 ErbStG zu versteuern. Bei der erbrechtlichen Lösung, also der Erhöhung des gesetzlichen Erbteils um $^1/_4$, bleibt beim überlebenden Ehegatten der Betrag steuerfrei, den er bei güterrechtlicher Abwicklung nach § 1371 Abs. 2 BGB als Zugewinnausgleichsforderung hätte geltend machen können. Güterrechtliche und erbrechtliche Lösung werden also steuerlich gleich behandelt. Auch bei der erbrechtlichen Lösung muss also, soweit die Steuerpflicht nicht schon wegen der Freibeträge entfällt, die fiktive Zugewinnausgleichsforderung in jedem Fall ermittelt werden. Zum steuerfreien Erwerb des selbst genutzten Familienheims s. u. → *Erbschaftsteuer* Ziff. 6.

▶ **Ehegattentestament**

→ *Gemeinschaftliches Testament*

▶ **Ehegüterrecht**

→ *Ehevertrag*

▶ **Ehelicherklärung**

Bis zum Inkrafttreten des Kindschaftsreformgesetzes vom 16. 12. 1997 (BGBl. I, 2942) am 1. 7. 1998 wurde ein → *nichteheliches Kind* ehelich, wenn sich der Vater mit der Mutter verheiratete (§ 1719 BGB a. F.), ferner wenn es auf Antrag des Vaters (§§ 1723 ff. BGB a. F.) oder auf eigenen Antrag (§§ 1740 a ff. BGB a. F.) für ehelich erklärt wurde. Die Ehelicherklärung wurde durch das Vormundschaftsgericht ausgesprochen. Durch das Kindschaftsreformgesetz wurde der Unterschied zwischen ehelichen und nichtehelichen Kindern und damit das Institut der Ehelicherklärung beseitigt.

▶ **Eheliches Kind**

Als eheliches Kind bezeichnete das BGB ein Kind, das **nach** der Eheschließung geboren wurde, wenn die Frau es vor oder während der Ehe empfangen hatte und der Mann der Frau innerhalb der Empfängniszeit (§ 1592 BGB a. F.) beigewohnt hatte (§ 1591 BGB a. F.). Ein Kind war also ehelich, wenn es aus einer rechtsgültig geschlossenen Ehe stammte; dies galt auch dann, wenn die Ehe später geschieden, aufgehoben oder für nichtig erklärt wurde. **Vor** der Eheschließung geborene Kinder galten als → *nichteheliche Kinder*, konnten aber durch die spätere Heirat der Eltern oder → *Ehelicherklärung* legitimiert werden (→ *Legitimation*) und erhielten dann die Rechtsstellung eines ehelichen Kindes. War es den Umständen nach offenbar unmöglich, dass die Frau das Kind von dem Mann empfangen hatte, so war das Kind nichtehelich (§ 1591 a. F. BGB). Die für die Ehelichkeit des Kindes sprechende Vermutung war dann widerlegt. Durch das Kindschaftsreformgesetz vom 16.12.1997 (BGBl. I, 2942) wurden mit Wirkung zum 1.7.1998 die Unterschiede zwischen ehelichen und → *nichtehelichen Kindern* beseitigt.

▶ **Ehescheidung**

→ *Scheidung*

▶ **Eheversprechen**

→ *Verlöbnis*

▶ **Ehevertrag**

Durch einen Ehevertrag können Verlobte oder Ehegatten ihre güterrechtlichen Verhältnisse anders regeln, als es der gesetzliche Güterstand der Zugewinngemeinschaft vorsieht. Ehegatten können auch nach der Eingehung der Ehe den Güterstand aufheben oder ändern (§ 1408 BGB). → *Ausländische Staatsangehörige* können durch ausdrückliche vom → *Notar* zu beurkundende Rechtswahl einen der drei möglichen deutschen Güterstände für ihre Ehe bestimmen, wenn einer der Ehegatten die deutsche Staatsangehörigkeit besitzt oder seinen gewöhnlichen Aufenthalt in Deutschland hat (Art. 14 EGBGB). Ein Ehevertrag muss bei gleichzeitiger Anwesenheit beider Teile zur Niederschrift eines Notars geschlossen werden (§ 1410 BGB).

1. Zugewinngemeinschaft

Treffen die Ehegatten, wie dies die Regel ist, keinerlei Regelung, so leben sie im gesetzlichen Güterstand der Zugewinngemeinschaft (§§ 1363 ff. BGB). Sie bedeutet vor allem, dass im Fall der Scheidung der während der Dauer der Ehe entstandene Zugewinn zwischen den Ehegatten auszugleichen ist (§ 1372 BGB). Zugewinn ist dabei der Betrag, um den das Endvermögen eines Ehegatten das Anfangsvermögen übersteigt (§ 1373 BGB). Vermögen, das ein Ehegatte nach Eintritt des Güterstandes von Todes wegen oder durch Schenkung erwirbt, wird dem Anfangsvermögen hinzugerechnet, so dass es auf den Zugewinn keine Auswirkungen hat (§ 1374 BGB). Werden die zum Anfangsvermögen eines Ehegatten zu rechnenden Gegenstände während des Güterstandes wertvoller, wie dies häufig etwa bei Grundstücken geschieht, so ist dies ein Zugewinn, der ggf. zum Ausgleich führt. Dagegen ist die allein durch die Geldentwertung eingetretene nominale Wertsteigerung des Anfangsvermögens ein unechter Zugewinn, der nicht auszugleichen ist. Ist also z. B. ein Grundstück zunächst Ackerland, wird es aber später als Bauplatz ausgewiesen, so ist die dadurch entstandene Wertsteigerung echter Zugewinn; ändert sich an der Einstufung des Grundstücks jedoch nichts und ist es nur aufgrund der allgemeinen Geldentwertung mehr wert, so ist diese Wertsteigerung nicht zu berücksichtigen. Bedeutsam beim gesetzlichen Güterstand ist die Vorschrift des § 1365 BGB, wonach sich ein Ehegatte nur mit Einwilligung des anderen Ehegatten verpflichten kann, über sein Vermögen im ganzen zu verfügen. Beim Todesfall kann beim gesetzlichen Güterstand der überlebende Ehegatte gem. § 1371 BGB die sog. güterrechtliche oder die erbrechtliche Lösung wählen; insoweit wird auf die Ausführungen zum → *Ehegattenerbrecht* verwiesen.

2. Gütertrennung

Schließen die Ehegatten den gesetzlichen Güterstand aus oder heben sie ihn auf, so tritt → *Gütertrennung* ein, falls sich nicht aus dem Ehevertrag etwas anderes ergibt. Das Gleiche gilt, wenn der Ausgleich des Zugewinns oder der Versorgungsausgleich ausgeschlossen oder die Gütergemeinschaft aufgehoben wird (§ 1414 BGB). Hier findet insbesondere im Fall der Scheidung kein Zugewinnausgleich statt. Weit verbreitet, aber unzutreffend ist die Meinung, dass nur bei Gütertrennung ein Ehegatte nicht für die Schulden des anderen haftet; dies ist auch beim gesetzlichen Güterstand der Zugewinngemeinschaft der Fall. Wegen der erbrechtlichen Folgen siehe → *Ehe-*

gattenerbrecht. Hinzuweisen ist dabei insbesondere darauf, dass die → *Pflichtteilsansprüche* der Kinder beim Vorhandensein von zwei oder mehr Kindern höher sind als bei der Zugewinngemeinschaft (§ 1931 Abs. 4 BGB) und dass der Zugewinnausgleichsfreibetrag nach § 5 Abs. 1 ErbStG nicht in Anspruch genommen werden kann (→ *Erbschaftsteuer*), so dass bei großen Vermögen Gütertrennung nachteilig sein kann. Es kann sich daher empfehlen, eine modifizierte Zugewinngemeinschaft in der Form zu vereinbaren, dass bei Auflösung der Ehe unter Lebenden Gütertrennung gilt, bei Auflösung durch Tod dagegen Zugewinngemeinschaft. S. auch → *Erbschaftsteuer* Ziff. 12 a.

3. Gütergemeinschaft

Vereinbaren die Ehegatten → *Gütergemeinschaft*, so werden das Vermögen des Mannes und das Vermögen der Frau durch die Gütergemeinschaft gemeinschaftliches Vermögen beider Ehegatten (Gesamtgut). Zum Gesamtgut gehört auch das Vermögen, dass der Mann oder die Frau während der Gütergemeinschaft erwirbt (§ 1416 BGB). Vom Gesamtgut sind die Gegenstände ausgeschlossen, die nicht durch Rechtsgeschäft übertragen werden können (Sondergut, § 1417 BGB), z. B. unpfändbare Gehalts- und Unterhaltsansprüche, Anteile an Personengesellschaften, Schmerzensgeldanspruch etc. Ausgeschlossen ist ferner das Vorbehaltsgut, das sind insbesondere die Gegenstände, die durch Ehevertrag zum Vorbehaltsgut eines Ehegatten erklärt sind oder die ein Ehegatte von Todes wegen erwirbt oder die ihm von einem Dritten unentgeltlich zugewendet werden, wenn der Erblasser durch → *letztwillige Verfügung*, der Dritte bei der Zuwendung bestimmt hat, dass der Erwerb Vorbehaltsgut sein soll (§ 1418 BGB). Im Ehevertrag sollen die Ehegatten bestimmen, ob das Gesamtgut vom Mann oder der Frau oder von ihnen gemeinschaftlich verwaltet wird. Enthält der Ehevertrag keine Bestimmung hierüber, so verwalten die Ehegatten das Gesamtgut gemeinschaftlich (§ 1421 BGB). Zum Erbrecht in der Gütergemeinschaft siehe → *Ehegattenerbrecht.*

Häufig wird mit der Gütergemeinschaft gleichzeitig auch ein → *Erbvertrag* verbunden, d. h. dass die Ehegatten nicht nur die güterrechtlichen Folgen während der Ehe, sondern auch die erbrechtlichen Folgen im Fall des Todes regeln.

▶ Eigenhändiges Testament (§ 2247 BGB)

Der Erblasser kann ein Testament durch eine eigenhändig geschriebene und unterschriebene Erklärung errichten. Zu den Vorteilen des → *notariellen Testaments* s. dort.

■ Das privatschriftliche Testament muss eigenhändig geschrieben sein. Es ist gleichgültig, in welcher Sprache oder Schrift es abgefasst ist. Schreibmaschine, Diktat auf Band oder Platte wäre nichtig. Das Testament muss in sich verständlich sein. Insbesondere muss es ernstlich gemeint und kein bloßer Entwurf sein. Gleichgültig ist, auf welchem Material es errichtet ist; selbst auf einem Bierdeckel wäre ein Testament wirksam.

■ Die Eigenhändigkeit schließt eine Schreibhilfe nicht vollständig aus, setzt aber voraus, dass der Erblasser damit einverstanden ist und selbst mitwirkt. Kein gültiges eigenhändiges Testament liegt dagegen vor, wenn der Erblasser nicht mehr selbst schreibfähig ist und seine Hand völlig unter der Herrschaft und Leitung des Schreibhelfers steht.

■ Die Unterschrift soll den Vornamen und den Familiennamen des Erblassers enthalten. Unterschreibt der Erblasser in anderer Weise, etwa „Euer Vater" und reicht diese Unterzeichnung zur Feststellung der Urheberschaft des Erblassers aus, so steht eine solche Unterzeichnung der Gültigkeit des Testaments nicht entgegen (§ 2247 Abs. 3 BGB). Bei einem mehrseitigen Testament genügt es, wenn die Unterschrift auf der letzten Seite steht. Spätere Zusätze sind gesondert zu unterschreiben, um jeden Zweifel auszuschließen.

■ Der Erblasser soll in der Erklärung angeben, zu welcher Zeit (Tag, Monat und Jahr) und an welchem Ort er sie niedergeschrieben hat (§ 2247 Abs. 2 BGB). Die Zeitangabe ist wichtig bei Vorliegen verschiedener Testamente und erleichtert auch den Beweis der Gültigkeit im Fall etwa einer Entmündigung.

■ Der Erblasser kann sein Testament sowie jede einzelne in seinem Testament enthaltene Verfügung jederzeit widerrufen. Der Widerruf kann durch eigenhändiges oder → *notarielles Testament* erfolgen, wobei es gleichgültig ist, ob die Aufhebung ausdrücklich oder durch widersprechende Verfügungen erfolgt. Es kann auch durch einen späteren → *Erbvertrag* oder ein späteres → *gemeinschaftliches Testament* aufgehoben werden. Widersprechen sich Testament und Erbvertrag hinsichtlich Erbeinsetzung, → *Vermächtnissen*, → *Auflagen* oder → *Wahl des anzuwendenden Erbrechts*, gilt nur der Erbvertrag. Der Erblasser kann die Testamentsurkunde auch vernichten in der Absicht, sein Testament aufzuheben. Hat der Erblasser sein Testament in die amtliche Verwahrung gegeben, so ist die → *Rücknahme aus der amtlichen Verwahrung* – anders als beim → *notariellen Testament* – ohne Bedeutung für die Wirksamkeit, das Testament bleibt also wirksam.

Voraussetzung auch für den → *Widerruf* ist die → *Testierfähigkeit* des Erblassers. Wurde der Erblasser zwischenzeitlich unter Betreuung gestellt (§§ 1896 ff. BGB), kann er ein vorher wirksam errichtetes Testament widerrufen, wenn er die Bedeutung seines Handelns erfasst.

► **Einbenennung**

Der Elternteil, dem die elterliche Sorge für ein unverheiratetes Kind allein zusteht, und sein Ehegatte, der nicht Elternteil des Kindes ist, können dem Kind durch Erklärung gegenüber dem Standesbeamten ihren Ehenamen erteilen. Sie können diesen Namen auch dem von dem Kind zurzeit der Erklärung geführten Namen voranstellen oder anfügen. Die Erteilung, Voranstellung oder Anfügung des Namens bedarf, wenn das Kind den Namen des anderen Elternteils führt, der Einwilligung des anderen Elternteils und, wenn das Kind das fünfte Lebensjahr vollendet hat, auch der Einwilligung des Kindes. Das Familiengericht kann die Einwilligung des anderen Elternteils ersetzen, wenn die Erteilung, Voranstellung oder Anfügung des Namens zum Wohl des Kindes erforderlich ist. Die Erklärungen müssen öffentlich beglaubigt werden (§ 1618 BGB). Ist das Kind mindestens 14 Jahre alt, kann es nur selbst einwilligen, bedarf aber der Zustimmung seines gesetzlichen Vertreters (§ 1617 c BGB). Die für die Einbenennung erforderlichen Erklärungen sind in öffentlich beglaubigter Form gegenüber dem Standesbeamten abzugeben. Die Einbenennung hat nur namensrechtliche Wirkungen. Eine Unterhaltspflicht oder ein Erbrecht wird gegenüber dem einbenennenden Ehemann durch sie nicht begründet.

▶ **Eingetragene Lebenspartnerschaft**

→ *Lebenspartnerschaft*

▶ **Einigungsvertrag**

Durch den Einigungsvertrag (BGBl. II 1990, 1990, S. 885 ff.) ist – wenn auch mit gewissen Einschränkungen – das gesamte Erbrecht der Bundesrepublik in den → *neuen Bundesländern* mit Wirkung vom 3.10.1990 in Kraft getreten. Zugleich sind u. a. das Zivilgesetzbuch (DDR-ZGB), das Familiengesetzbuch (DDR-FGB) und das Rechtsanwendungsgesetz (DDR-RAG) der DDR außer Kraft getreten. Die Vorschriften zur Überleitung des Rechts der ehemaligen DDR in das Recht der Bundesrepublik Deutschland sind in das EGBGB eingefügt worden. Für das Erbrecht sind insbesondere die Art. 235 und 236 EGBGB von Bedeutung. In Art. 235 § 1 Abs. 1 EGBGB wird bestimmt, dass für die erbrechtlichen Verhältnisse das bisherige Recht maßgebend bleibt, wenn der Erblasser vor dem Wirksamwerden des Beitritts gestorben ist; diese Vorschrift bezieht sich also auf **abgeschlossene Vorgänge.** In Art. 235 § 1 Abs. 2 und § 2 EGBGB sind dagegen Bestimmungen enthalten, die Bedeutung für die Zukunft haben und zu unterschiedlichen Ergebnissen im Osten und im Westen des vereinigten Deutschlands führen können. Art. 235 § 1 Abs. 2 EGBGB enthält eine Sonderregelung für **nichteheliche Kinder,** die vor dem 3.10.1990 geboren sind. Art. 235 § 2 EGBGB behandelt die Errichtung und Aufhebung von Verfügungen von Todes wegen sowie die Bindung des Erblassers beim gemeinschaftlichen Testament, sofern die Verfügung von Todes wegen vor dem Wirksamwerden des Beitritts errichtet worden ist und der Erblasser nach dem Wirksamwerden des Beitritts stirbt. In Art. 236 § 1 EGBGB wird schließlich bestimmt, dass auf vor dem Wirksamwerden des Beitritts abgeschlossene Vorgänge das bisherige Internationale Privatrecht anwendbar bleibt.

▶ **Einsichtsrecht**

Das eröffnete Testament kann jeder einsehen, der ein „rechtliches Interesse" an der Einsicht glaubhaft macht (§ 2264 BGB). Die Einsicht ist gebührenfrei. Sie umfasst auch das Recht auf die Erteilung einer (kostenpflichtigen) Abschrift. Ein „rechtliches Interesse" ist gegeben, wenn von dem Inhalt des Testaments die Geltendmachung eigener Rechte des Antragstellers abhängt. Die Aushändigung der Urschrift des Testaments ist nicht zulässig.

▶ **Einzelhandelsgeschäft**

Es ist grds. vererblich (§ 22 HGB). Die Miterben können es gemeinschaftlich unter derselben Firma oder mit einem des Nachfolgeverhältnis andeutenden Zusatz fortführen. Gleiches gilt für sonstige gewerbliche Unternehmen, die kein Handelsgeschäft sind, z. B. Handwerksbetriebe und freiberufliche Praxen. Die Geschäftsschulden des Erblassers gehören zu den Nachlassschulden, so dass die Erben grds. unbeschränkt haften. Wird ein solches Geschäft vom Erben fortgeführt, so haftet der Erbe für alle im Betrieb des Geschäfts begründeten Verbindlichkeiten unbeschränkt. Er kann die Haftung jedoch auch für diese Schulden auf den Nachlass beschränken, wenn die Tatsache der Haftungsbeschränkung in das Handelsregister eingetragen und bekanntgemacht oder den Gläubigern mitgeteilt wird (§ 25 Abs. 2 HGB). Die unbeschränkte Haftung tritt auch dann nicht ein, wenn die Fortführung des Handelsgeschäfts vor dem Ablauf von drei Monaten nach dem Zeitpunkt, in dem der Erbe vom → *Anfall der Erbschaft* Kenntnis erlangt hat, eingestellt wird (§ 27 Abs. 2 HGB). In diesem Fall haftet er nicht nach den handels-, sondern nur nach den erbrechtlichen Bestimmungen, es ist also maßgeblich, ob er eine Beschränkung seiner Haftung herbeiführt oder nicht.

Wird ein Handelsgeschäft in der Rechtsform einer Gesellschaft betrieben, liegen die Verhältnisse regelmäßig komplizierter → *Gesellschaft*.

▶ **Einziehung des Erbscheins**

Ergibt sich, dass der erteilte → *Erbschein* unrichtig ist, so hat ihn das → *Nachlassgericht* einzuziehen; mit der Einziehung wird der Erbschein kraftlos (§ 2361 BGB). Kann der unrichtige Erbschein nicht sofort erlangt werden, so erklärt ihn das Nachlassgericht durch Beschluss für kraftlos. Das Nachlassgericht, das den Erbschein erteilt hat, muss ihn von Amtswegen überwachen, Ermittlungen hierzu anstellen und ihn bei Unrichtigkeit einziehen. Dabei genügt es, dass die Überzeugung des Gerichts so erschüttert ist, dass es jetzt den Erbschein nicht mehr erteilen würde. Der Erbschein ist auch dann einzuziehen, wenn der → *Nacherbfall* eingetreten ist. Sobald das Nachlassgericht den Erbschein eingezogen, für kraftlos erklärt oder sobald ihn sein Besitzer auf Verlangen des wahren Erben dem Nachlassgericht herausgegeben hat (§§ 2361, 2362 BGB), entfällt der Schutz des öffentlichen Glaubens.

Ist ein Erbschein einmal erteilt, so kann er nicht mehr abgeändert werden. Jeder Antrag auf Änderung ist ein Antrag auf Einziehung und Neuerteilung. Wegen der geschilderten Wirkungen des einmal erteilten Erbscheins gibt es keine Beschwerde gegen seine Erteilung, vielmehr muss der Antrag lauten auf Anordnung der Einziehung und Neuerteilung des Erbscheins.

▶ **Eltern**

Eltern des Erblassers und deren Abkömmlinge sind gesetzliche Erben der zweiten Ordnung (§ 1925 BGB). Sie kommen zum Zug, wenn keine Verwandten der 1. Ordnung, also Kinder, Enkel etc., vorhanden sind (§ 1930 BGB). Sind beim Tod des Erblassers also weder Kinder noch Enkelkinder vorhanden, so sind die Erben der 2. Ordnung berufen, nämlich die Eltern des Erblassers und deren Abkömmlinge, also die → *Geschwister* des Erblassers und deren Kinder (§ 1925 BGB). Leben zurzeit des Erbfalls die Eltern, so erben sie allein und zu gleichen Teilen. Leben der Vater oder die Mutter nicht mehr, so treten an die Stelle des Verstorbenen dessen Abkömmlinge nach den für die Beerbung in der ersten Ordnung geltenden Vorschriften. Sind Abkömmlinge nicht vorhanden, so erbt der überlebende Elternteil allein (§ 1925 Abs. 3 BGB).

BEISPIEL: Ist der Vater des Erblassers verstorben, leben aber seine Mutter und zwei Geschwister, so erbt die Mutter $\frac{1}{2}$ und die beiden Geschwister je $\frac{1}{4}$ des Nachlasses. Ist ein Geschwister verstorben unter Hinterlassung eines Sohnes und einer Tochter, so beträgt das Erbrecht der Mutter $\frac{1}{2}$, des lebenden Geschwisters $\frac{1}{4}$ und das von Neffe und Nichte je $\frac{1}{8}$.

▶ Enterbung

Der Erblasser kann in einer → *Verfügung von Todes wegen* einen Verwandten oder den Ehegatten von der → *gesetzlichen Erbfolge* ausschließen, ohne weitere Bestimmungen über die Erbfolge zu treffen (§ 1938 BGB). Die Enterbung einer bestimmten Person erstreckt sich in der Regel nicht auf deren Abkömmlinge; diese treten vielmehr an die Stelle des Ausgeschlossenen, wenn nicht dem → *Testament* im Weg der → *Auslegung* ein anderer Wille des Erblassers zu entnehmen ist. Die Enterbung führt bei Ehegatten, Abkömmlingen, unter bestimmten Voraussetzungen auch bei Enkeln und Eltern dazu, dass sie einen → *Pflichtteilsanspruch* geltend machen können.

▶ Erbauseinandersetzung

→ *Auseinandersetzung*

▶ Erbausgleich, vorzeitiger

→ *vorzeitiger Erbausgleich des nichtehelichen Kindes*

▶ Erbe

Erbe ist, wer das Vermögen eines anderen nach dessen Tod ganz oder teilweise erhält. Nach dem deutschen Erbrecht ist es nicht möglich, einen Erben für einen einzelnen Nachlassgegenstand, etwa ein Sparbuch oder ein → *Grundstück*, einzusetzen. Sind dem Bedachten nur einzelne Gegenstände zugewendet, so ist nicht anzunehmen, dass er Erbe sein soll, auch wenn er als solcher bezeichnet ist (§ 2087 Abs. 2 BGB). Die Zuwendung von einzelnen Vermögensgegenständen kann nur durch ein → *Vermächtnis* geschehen, das erst noch von dem oder den Erben durch eine besondere Übertragung zu erfüllen ist. Etwas anderes gilt dann, wenn der → *Verfügung von Todes wegen* zweifelsfrei der Wille des Erblassers entnommen werden kann, mit diesen einzelnen Gegenständen dem Bedachten sein ganzes Vermögen zuzuwenden und in ihm seine wirtschaftliche Stellung fortgesetzt zu wissen.

Erbe kann nur werden, wer zum Zeitpunkt des → *Erbfalls* lebt. Für noch nicht geborene Personen behilft sich das Gesetz mit einer Fiktion: Wer zurzeit des Erbfalls noch nicht lebte, aber bereits erzeugt war, gilt als vor dem Erbfall geboren (§ 1923 BGB). Wer zurzeit des Erbfalls bereits verstorben ist, für den treten entweder → *Ersatzerben* ein oder es kommt → *Anwachsung* in Frage. Zu Besonderheiten bei → *behinderten Erben* s. dort. → *Gesetzliche Erben* sind die Personen, die das Gesetz aus dem Kreis der Angehörigen in einer genauen Reihenfolge bestimmt (§§ 1924 ff. BGB, gesetzliche Erben), wenn der → *Erblasser* keinen eigenen Willen in der gesetzlich vorgeschriebenen Form durch → *Verfügung von Todes wegen* geäußert hat. Hat der Erblasser jedoch durch Verfügung von Todes wegen ausdrücklich bestimmt, wer nach seinem Tod sein Vermögen erhalten soll, so handelt es sich um gewillkürte oder testamentarische Erben.

Der Erblasser kann in einer → *Verfügung von Todes wegen* einen Verwandten oder den Ehegatten von der → *gesetzlichen Erbfolge* ausschließen, ohne weitere Bestimmungen über die Erbfolge zu treffen (§ 1938 BGB). Die → *Enterbung* führt bei Ehegatten, Abkömmlingen, unter bestimmten Voraussetzungen auch bei Enkeln und Eltern dazu, dass sie einen → *Pflichtteilsanspruch* geltend machen können.

▶ Erbengemeinschaft

Hinterlässt der Erblasser mehrere Erben, so wird der Nachlass gemeinschaftliches Vermögen der Erben (§ 2032 BGB). Der Nachlass fällt den Erben als Ganzes **ungeteilt** zu. Alle Erben bilden zusammen eine Gesamthandsgemeinschaft, d. h. jeder Einzelne ist Eigentümer, aber nur mit den anderen zusammen. Über einzelne Nachlassgegenstände kann ein Miterbe daher nicht allein verfügen (§ 2040 BGB), ebenso wenig über seinen Anteil daran (§ 2033 Abs. 2 BGB).

Gehören zum Nachlass → *Grundstücke*, so sind diese ebenfalls Gesamthandseigentum der Erbengemeinschaft. Da im Grundbuch zunächst noch der Erblasser eingetragen ist, ist es unrichtig und muss dadurch berichtigt werden, dass die Erbengemeinschaft als Eigentümer eingetragen wird. Auch → *Teilungsanordnungen* des Erblassers oder → *Vermächtnisse* zugunsten einzelner Erben vermögen daran nichts zu ändern: Hinterlässt der Erblasser zwei Grundstücke und zwei Kinder, und soll nach dem Testament jedes Kind ein bestimmtes Grundstück erhalten, werden beide Kinder zunächst erbengemeinschaftliche Gesamthandseigentümer beider Grundstücke und müssen sich in einem durch den → *Notar* zu beurkundenden → *Auseinandersetzungsvertrag* dergestalt auseinandersetzen, dass jedes Kind das ihm zugedachte Grundstück zu Alleineigentum übertragen erhält.

Sonderregeln gelten, wenn zum Nachlass ein → *Einzelhandelsgeschäft* oder Anteile an Personengesellschaften (OHG, KG) gehören. Ist der Erblasser → *Gesellschafter* an einer OHG oder KG, so wird die Beteiligung im Erbfall nicht gemeinschaftliches Vermögen der Erbengemeinschaft, sondern geht im Weg der Sondererbfolge unmittelbar und geteilt auf jeden Erben über, der damit selbstständiger Gesellschafter wird. Auf die schwierige und umstrittene Problematik ist hier nicht näher einzugehen.

Gehört zum Nachlass ein → *Einzelhandelsgeschäft* , so geht dieses zwar auf die Erbengemeinschaft über; die Miterben können es gemeinschaftlich unter derselben Firma oder mit einem das Nachfolgeverhältnis andeutenden Zusatz fortführen. Ihre gegenseitigen Beziehungen bestimmen sich aber nach den Regeln, die für eine OHG gelten. Gesellschaftsrechtlich wird aus der Erbengemeinschaft erst dann eine OHG, wenn zwischen den Erben ausdrücklich oder stillschweigend ein Gesellschaftsvertrag abgeschlossen wird.

Während ein → *Miterbe* über einzelne Nachlassgegenstände (§ 2040 BGB) oder seinen Anteil daran (§ 2033 Abs. 2 BGB) nicht verfügen kann, kann er über seinen → *Erbanteil* am gesamten Nachlass durch Vertrag verfügen, der der Beurkundung durch den → *Notar* bedarf (§ 2033 Abs. 1 BGB, → *Erbteilsübertragung*). Über einzelne Nachlassgegenstände können die Miterben nur gemeinschaftlich, also zusammen verfügen. Eine Ausnahme besteht dann, wenn die Verwaltungsbefugnis anderen Personen übertragen ist, etwa einem → *Testamentsvollstrecker*, → *Insolvenzverwalter* oder → *Nachlassverwalter*. In diesen Fällen sind nur diese Personen verfügungsbefugt.

Die **Verwaltung** des Nachlasses steht allen Erben gemeinschaftlich zu. Jeder Miterbe ist den anderen gegenüber verpflichtet, bei Maßregeln mitzuwirken, die zur ordnungsgemäßen Verwaltung erforderlich sind (§ 2038 BGB). Eine Ausnahme besteht dann, wenn die Verwaltung des Nachlasses durch einen → *Testamentsvollstrecker*, → *Insolvenzverwalter*, → *Nachlassverwalter* oder einen Bevollmächtigten der Erbengemeinschaft erfolgt. Jeder Miterbe hat gegen den anderen einen klagbaren Anspruch auf Mitwirkung bei Maßnahmen, die der ordnungsmäßigen Verwaltung des Nachlasses dienen. Können sich die Erben nicht einigen, welche Verwaltungsmaßnahmen ergriffen werden sollen, so können diese Maßnahmen durch Stimmenmehrheit nach Anteilsgröße beschlossen werden (§§ 2038 Abs. 2, 745 BGB). Allerdings kann kein Miterbe eine wesentliche Veränderung des ganzen Nachlasses oder eines einzelnen Nachlassgegenstandes verlangen (§§ 2038 Abs. 2, 745 Abs. 3 BGB).

Gehört ein **Anspruch** zum Nachlass, so kann der Verpflichtete nur an alle Erben gemeinschaftlich leisten und jeder Miterbe nur die Leistung an alle Erben fordern. Jeder Miterbe kann verlangen, dass der Verpflichtete die zu leistende Sache für alle Erben hinterlegt oder, wenn sie sich nicht zur Hinterlegung eignet, an einen gerichtlich zu bestellenden Verwahrer abliefert (§ 2039 BGB). Auch die zur Erhaltung des Nachlasses notwendigen Maßregeln kann jeder Miterbe, wenn die anderen nicht zur Mitwirkung bereit sind, ohne Mitwirkung der anderen treffen, wenn es sich um eine dringliche Angelegenheit handelt, etwa bei leicht verderblichen Nachlassgegenständen.

An Nachlasssachen erwerben die Miterben denselben **Besitz** gemeinschaftlich, den der Erblasser hatte (§ 857 BGB). Jeder Miterbe ist auch zum Gebrauch der Nachlassgegenstände befugt insoweit, als der Mitgebrauch der anderen nicht beeinträchtigt wird. Der Gebrauch von Nachlassgegenständen ist in der Regel Teil der ordnungsmäßigen Verwaltung und kann daher durch Mehrheitsbeschluss geregelt werden (§§ 2038 Abs. 2, 745 Abs. 1 BGB). Auch die Früchte der Nachlassgegenstände, etwa die Mieten eines Hauses, gehören der Erbengemeinschaft und sind unter den Miterben im Verhältnis der Erbteile und unter Berücksichtigung von → *Ausgleichungspflichten* bei der → *Auseinandersetzung* zu verteilen. Ist die Auseinandersetzung auf längere Zeit als ein Jahr ausgeschlossen, so kann jeder Miterbe am Schluss jedes Jahres die Teilung des Reinertrags verlangen (§ 2038 Abs. 2 S. 3 BGB). Auch die Lasten sind von den Miterben im Innenverhältnis nach der Größe ihrer Erbteile zu tragen (§§ 2038 Abs. 2, 748 BGB).

Jeder Miterbe kann jederzeit die → **Auseinandersetzung** verlangen, soweit sie nicht aufgeschoben oder ausgeschlossen ist. Um Streitigkeiten und Zersplitterung des Nachlassvermögens durch Teilung, Verkauf, Zwangsversteigerung zu vermeiden, sollte der Erblasser möglichst die Bildung einer Erbengemeinschaft vermeiden bzw. die Nachlassabwicklung durch → *Teilungsanordnungen* oder durch Anordnung einer → *Testamentsvollstreckung* erleichtern. Durch eine Erbengemeinschaft ist auch die Unabhängigkeit des überlebenden Ehegatten nicht gewährleistet, der sich mit den Kindern über jede Maßnahme einigen muss, die – häufig unter dem Einfluss der Schwiegerkinder – eigene und oft gegensätzliche Interessen haben. Sind Kinder minderjährig, so muss für die → *Auseinandersetzung* ein → *Ergänzungspfleger* aufgestellt werden, dessen Maßnahmen vom Familiengericht genehmigt werden müssen. Pfleger und Gericht dürfen dabei allein und nur die Interessen des Kindes wahren, nicht aber auf die Belange des Elternteils Rücksicht nehmen, so dass dieser oft in Schwierigkeiten gerät. Dies kann der Erblasser oft durch ein → *Berliner Testament* vermeiden.

▶ **Erbersatzanspruch**

→ *nichteheliches Kind* (aufgehoben durch Erbrechtsgleichstellungsgesetz vom 16. 12. 1997, BGBl. I 1997, S. 2968).

▶ **Erbfall**

Der Erbfall ist der Tod eines Menschen als der Zeitpunkt, zu dem sein Vermögen als ganzes auf eine oder mehrere andere Personen

(→ *Erben*, → *Erbengemeinschaft*) übergeht (§ 1922 BGB). Der Übergang tritt kraft Gesetzes ein. Eine rechtsgeschäftliche Übertragung der Rechte und Pflichten auf den Erben findet nicht statt, der Rechtsübergang vollzieht sich ohne Handeln der Beteiligten. Dem Tod steht in der praktischen Wirkung die Todesvermutung gleich, die sich an die Todeserklärung des Verschollenen knüpft. Juristische Personen können nicht sterben, also auch nicht beerbt, sondern nur durch Liquidation abgewickelt werden.

▶ **Erbfolge, gesetzliche**

→ *Gesetzliche Erben*

▶ **Erblasser**

Erblasser ist die Person, deren Vermögen nach ihrem Tod durch die Erbfolge auf andere Personen, nämlich die → *Erben* übergeht. Schon vor seinem Tod nennt das Gesetz ihn so (§§ 1937 ff., 2346 BGB). Gleichgültig ist, ob der Erblasser Vermögen hat, da auch die Haftung (→ *Haftung der Erben*) für seine Schulden zur Regelung der Erbfolge gehört (§§ 1967 ff. BGB). Erblasser kann jede natürliche, nie eine juristische Person sein.

▶ **Erbrecht des Fiskus**

→ *Fiskus*

▶ **Erbrechtsverordnung, europäische**

→ *Europäische Erbrechtsverordnung*

▶ **Erbschaft**

Eine Erbschaft ist das Vermögen des → *Erblassers* (§ 1922 BGB), das als ganzes auf eine oder mehrere andere Personen (→ *Erben*) übergeht. Es handelt sich um die Gesamtheit aller Rechte und Pflichten des Erblassers, die auch als → *Nachlass* bezeichnet wird. Sind mehrere Erben (→ *Erbengemeinschaft*) vorhanden, erhält jeder nur seinen → *Erbteil*.

▶ **Erbschaftsanspruch**

Erbschaftsanspruch nennt man den Anspruch des → *Erben* gegen den, der aus der → *Erbschaft* etwas erlangt hat, ohne dass ihm in Wirklichkeit ein Erbrecht zusteht (→ *Erbschaftsbesitzer*).

1. Berechtigung

Berechtigt ist gem. § 2018 BGB der Erbe, der von jedem, der aufgrund eines ihm in Wirklichkeit nicht zustehenden Erbrechts etwas aus der Erbschaft erlangt hat (→ *Erbschaftsbesitzer*), die Herausgabe verlangen kann. Der Anspruch kann dem → *Erben*, jedem → *Miterben*, dem → *Nacherben* nach dem Nacherbfall (§ 2139 BGB), dem Erwerber eines → *Erbanteils* oder dem → *Erbschaftskäufer* zustehen. Den Anspruch können ferner → *Testamentsvollstrecker* und → *Nachlassinsolvenzverwalter* erheben.

Schuldner des Erbschaftsanspruchs ist der → *Erbschaftsbesitzer*, d. h. jeder, der gut- oder bösgläubig irgendetwas aus dem Nachlass zu Unrecht besitzt, obwohl er weder Erbe ist noch das Erlangte auf ein Erbrecht zurückführen kann, obwohl er es behauptet. Wer überhaupt kein Besitzrecht geltend macht, wie der Dieb, ist dagegen nicht zur Herausgabe nach diesen Vorschriften, sondern nach den allgemeinen Regeln verpflichtet, z. B. aus Eigentum (§ 985 BGB), aus Besitz (§ 861 BGB), aus ungerechtfertigter Bereicherung (§ 812 BGB). Ebenso wenig richtet sich der Anspruch gegen → *Testamentsvollstrecker*, → *Nachlasspfleger*, → *Nachlassverwalter* oder → *Nachlassinsolvenzverwalter*, weil diese Personen das Erbrecht nicht für sich selbst in Anspruch nehmen.

2. Gegenstand des Herausgabeanspruchs

Herauszugeben ist jeder Vermögensvorteil, der aus dem Nachlass oder aus Mitteln des Nachlasses stammt (§ 2019 BGB). Der Erbschaftsanspruch ist nicht auf Sachen und Rechte beschränkt, sondern betrifft die unrichtige Grundbucheintragung ebenso wie den unmittelbaren oder mittelbaren Besitz, den Eigen- oder Fremdbesitz, den schon der Erblasser hatte. Die Herausgabepflicht bezieht sich auch auf Ersatzstücke, die mit Mitteln des Nachlasses erworben sind, sog. Surrogate (§ 2019 Abs. 1 BGB). Der Erbschaftsbesitzer hat auch alle gezogenen Nutzungen und Früchte herauszugeben, an denen er das Eigentum erworben hat (§ 2020 BGB).

3. Auskunftsanspruch

Der Erbschaftsbesitzer ist verpflichtet, dem Erben über den Bestand der Erbschaft und über den Verbleib der Erbschaftsgegenstände Auskunft zu geben (§ 2027 BGB). Er muss also Rechenschaft über die Verwaltung des Nachlasses geben, insbesondere soweit es sich um seine Nutzung oder den Fortfall der Bereicherung handelt. Auf Verlangen ist ein Bestandsverzeichnis vorzulegen und zu beeiden, wenn der Verdacht der Unvollständigkeit besteht. Wer sich zurzeit des Erbfalls mit dem Erblasser in häuslicher Gemeinschaft befunden hat, ist verpflichtet, dem Erben auf Verlangen Auskunft darüber zu erteilen, welche erbrechtlichen Geschäfte er geführt hat und was ihm über den Verbleib der Erbschaftsgegenstände bekannt ist (§ 2028 BGB).

4. Verjährung

Der Erbschaftsanspruch verjährt in 30 Jahren (§ 197 Abs. 1 Nr. 1 BGB). Die Frist beginnt, sobald der Erbschaftsbesitzer einen Gegenstand aus dem Nachlass unberechtigt erhalten hat, auch wenn er später noch weitere Gegenstände erhält. Danach kann der Erbschaftsbesitzer die Herausgabe verweigern. Der Erbschaftsbesitzer kann sich dem Erben gegenüber, solange der Erbschaftsanspruch nicht verjährt ist, nicht auf die Ersitzung einer Sache berufen, die er als zur Erbschaft gehörend in Besitz hat (§ 2026 BGB).

▶ Erbschaftsbesitzer

Erbschaftsbesitzer ist jeder, der aufgrund eines ihm in Wirklichkeit nicht zustehende Erbrechts etwas aus der → *Erbschaft* erlangt hat (§ 2018 BGB). Der → *Erbe* besitzt ihm gegenüber einen → *Erbschaftsanspruch* und kann von ihm die Herausgabe des Erlangten verlangen. Dies ist etwa der Fall, wenn später ein Testament gefunden wird, oder sich ein Testament später als ungültig, etwa als Fälschung erweist und dies zu einer anderen Erbfolge führt.

1. Haftung

a) Gutgläubiger Erbschaftsbesitzer

Der gutgläubige Erbschaftsbesitzer haftet dem Erben nur nach den Grundsätzen der ungerechtfertigten Bereicherung (§§ 2021, 812 ff. BGB). Ist die Sache also nicht mehr vorhanden oder die Herausgabe des erlangten Vorteils nicht mehr möglich, so muss er den Wert ersetzen; dies ist etwa der Fall, wenn er in der vermeintlich geerbten Wohnung mietfrei gewohnt hat oder ein vermeintlich geerbtes Kraftfahrzeug unentgeltlich benützt hat. Ist er selbst nicht mehr bereichert, so besteht auch keine Ersatzpflicht; dies ist aber nur dann der Fall, wenn er nichts erspart hat. Besaß z. B. der Erbschaftsbesitzer selbst ein Haus, so hat er durch die unentgeltliche Benützung der Wohnung nichts erspart, ist also nicht bereichert und braucht keinen Ersatz zu leisten. Kann der Erbschaftsbesitzer den erlangten Gegenstand nicht mehr herausgeben, weil er ihn an einen Dritten verschenkt hat, so ist dieser herausgabepflichtig (§ 822 BGB).

Der Erbschaftsbesitzer ist zur Herausgabe der zur Erbschaft gehörenden Sachen nur gegen Ersatz aller Verwendungen verpflichtet, soweit nicht die Verwendungen durch Anrechnung auf die herauszugebende Bereicherung gedeckt werden (§ 2022 BGB).

b) Nach Klageerhebung (Rechtshängigkeit)

Von der Klageerhebung durch den Erben (= Rechtshängigkeit, §§ 253, 261 ZPO) haftet der Erbschaftsbesitzer verschärft, da er nunmehr mit der Herausgabe rechnen muss. Von der Klageerhebung an bestimmt sich der Anspruch des Erben auf Schadensersatz wegen Verschlechterung, Untergangs oder einer aus einem anderen Grund eintretenden Unmöglichkeit der Herausgabe nach den allgemeinen Vorschriften, und zwar auch für die Herausgabe oder Vergütung von Nutzungen (§ 2023 BGB). D. h. der Erbschaftsbesitzer hat alle Schäden zu ersetzen, die dadurch entstehen, dass Erbschaftssachen infolge seines Verschuldens schlechter werden, untergehen oder aus anderen Gründen nicht herausgegeben werden können; das ist etwa dann der Fall, wenn der Erbschaftsbesitzer einen Nachlassgegenstand belastet, verschenkt oder verkauft.

c) Bösgläubiger Erbschaftsbesitzer

Ist der Erbschaftsbesitzer bei Beginn des Erbschaftsbesitzes nicht in gutem Glauben, so haftet er wie der Erbschaftsbesitzer ab Klageerhebung (s. o. Buchstabe b) (§ 2024 BGB). Dies ist nicht nur der Fall, wenn der Erbschaftsbesitzer bei Beginn seines Erbschaftsbesitzes weiß, dass er nicht Erbe ist, sondern auch dann, wenn er es infolge grober Fahrlässigkeit nicht weiß, und auch dann, wenn er es später erfährt. Die Haftung beginnt mit der positiven Kenntnis bzw. mit der möglichen Kenntnis von seiner fehlenden Berechtigung.

d) Unerlaubte Handlung

Hat sich der Erbschaftsbesitzer den Erbschaftsbesitz schuldhaft durch verbotene Eigenmacht oder durch strafbare Handlung, etwa Diebstahl, Unterschlagung, Testamentsfälschung, verschafft, so haftet er nach den allgemeinen Regeln der unerlaubten Handlung und muss dem Erben jeglichen Schaden ersetzen. Ein gutgläubiger Erbschaftsbesitzer (s. o. Buchstabe a) haftet jedoch wegen verbotener Eigenmacht nach diesen Vorschriften nur, wenn der Erbe den Besitz der Sache bereits tatsächlich ergriffen hatte (§ 2025 BGB).

2. Einwendungen des Erbschaftsbesitzers

a) Verwendungen

Der gutgläubige Besitzer kann Ersatz aller Verwendungen verlangen, die er vor Klageerhebung gemacht hat (§ 2022 BGB). Es ist gleichgültig, ob sie notwendig, nützlich oder werterhöhend sind. Hierzu gehören etwa auch die Zahlungen, die er aus seinem eigenen Vermögen zur Bestreitung der Lasten der Erbschaft oder zur Berichtigung von Nachlassverbindlichkeiten, etwa durch Erfüllung von Pflichtteilsansprüchen, gemacht hat. Er hat ein Zurückbehaltungsrecht gegenüber dem Herausgabeanspruch des Erben, bis dieser sämtliche Verwendungen erstattet hat. Gibt der Besitzer dem Erben die Sache heraus, so erlischt sein Anspruch auf Ersatz der Verwendungen mit dem Ablauf eines Monats, bei einem Grundstück mit dem Ablauf von sechs Monaten nach der Herausgabe, wenn nicht vorher die gerichtliche Geltendmachung erfolgt oder der Eigentümer die Verwendungen genehmigt (§§ 2022, 1002 BGB).

b) Verjährung, Ersitzung

Der Erbschaftsanspruch verjährt in 30 Jahren. Die Frist beginnt, sobald der Erbschaftsbesitzer einen Gegenstand aus dem Nachlass unberechtigt erhalten hat, auch wenn er später noch weitere Gegenstände erhält. Danach kann der Erbschaftsbesitzer die Herausgabe verweigern. Der Erbschaftsbesitzer kann sich dem Erben gegenüber, solange der Erbschaftsanspruch nicht verjährt ist, nicht auf die Ersitzung einer Sache berufen, die er als zur Erbschaft gehörend in Besitz hat (§ 2026 BGB).

▶ **Erbschaftskauf**

1. Begriff

Der Erbschaftskauf ist ein Vertrag, durch den der Erbe die ihm angefallene Erbschaft verkauft (§ 2371 BGB); maßgeblich ist, dass die Erbschaft in Bausch und Boden, also als ganzes verkauft wird und nicht nur einzelne Erbschaftsgegenstände. Motiv des Verkäufers beim Erbschaftskauf ist regelmäßig, sich selbst die Abwicklung des Nachlasses zu ersparen.

Der Erbschaftskauf ist zu trennen vom Verkauf und der Übertragung eines → *Erbteils*, wird also vor allem dann gewählt, wenn nur eine Erbe vorhanden ist. Im Gegensatz zur → *Erbteilsübertragung*, die eine Gesamtrechtsnachfolge ohne gesonderte Übertragung der einzelnen zum Erbteil gehörigen Gegenstände enthält, müssen beim Erbschaftskauf die einzelnen Erbschaftsgegenstände und Rechte je gesondert auf den Erwerber übertragen werden, um ihn zum Berechtigten zu machen. Der Erbe kann auch nur einen Bruchteil der Erbschaft verkaufen oder einen einzelnen Gegenstand; bei letzterem handelt es sich nur um einen Erbschaftskauf, wenn der Nachlass im Wesentlichen aus diesem einen Gegenstand besteht, etwa aus einem → *Grundstück*.

2. Form

Der Erbschaftskauf bedarf der Beurkundung durch den → *Notar* (§ 2371 BGB). Die Form erstreckt sich auf alle Abreden und Nebenabreden, ohne die die Vertragsteile den Vertrag nicht geschlossen hätten (§ 139 BGB). Wird die Form nicht eingehalten, so gibt es –

anders als im Grundstücksrecht – keine Heilung des Formmangels. Für die Übertragung der einzelnen Gegenstände, also das Vollzugsgeschäft, gelten die allgemeinen Regeln: → *Grundstücke* werden etwa durch Auflassung und Eintragung im Grundbuch (§§ 873, 925 BGB), bewegliche Sachen durch Einigung und Übergabe (§§ 929 ff. BGB), Forderungen durch Übertragungsvertrag (§ 398 BGB) übertragen.

3. Wirkungen des Erbschaftskaufs

Die Gefahr des zufälligen Untergangs und einer zufälligen Verschlechterung von Nachlasssachen geht, anders als nach § 446 BGB (Zeitpunkt der Übergabe), nicht erst mit der Übergabe der einzelnen Nachlasssachen, sondern schon mit Vertragsschluss auf den Käufer über (§ 2380 BGB). Von diesem Zeitpunkt an gebühren dem Käufer auch die Nutzungen und trägt er die Lasten.

4. Haftung des Verkäufers

Der Verkäufer ist verpflichtet, dem Käufer die zurzeit des Verkaufs vorhandenen Erbschaftsgegenstände mit Einschluss dessen herauszugeben, was er vor dem Verkauf aufgrund eines zur Erbschaft gehörenden Rechtes oder als Ersatz für die Zerstörung, Beschädigung oder Entziehung eines Erbschaftsgegenstandes oder durch ein Rechtsgeschäft erlangt hat, das sich auf die Erbschaft bezog (§ 2374 BGB). Hat der Verkäufer vor Vertragsabschluss einen Erbschaftsgegenstand verbraucht, unentgeltlich veräußert oder unentgeltlich belastet, so ist er verpflichtet, dem Käufer den Wert des verbrauchten oder veräußerten Gegenstandes, im Fall der Belastung die Wertminderung zu ersetzen. Dies gilt jedoch nicht, wenn der Käufer den Verbrauch oder die unentgeltliche Verfügung bei Vertragsabschluss gekannt hat. Im Übrigen kann der Käufer wegen Verschlechterung, Untergangs oder einer aus einem anderen Grund eingetretenen Unmöglichkeit der Herausgabe eines Erbschaftsgegenstandes keinen Ersatz verlangen (§ 2375 BGB).

Da die Erbschaft in Bausch und Bogen verkauft ist, also wie sie steht und liegt, besteht grds. keine Haftung für Sachmängel. Die Verpflichtung des Verkäufers beschränkt sich auf die Haftung dafür, dass ihm das Erbrecht zusteht, dass es nicht durch das Recht eines

→ *Nacherben* oder durch die Ernennung eines → *Testamentsvollstreckers* beschränkt ist, dass nicht → *Vermächtnisse*, → *Auflagen*, → *Pflichtteilsrechte*, → *Ausgleichspflichten* oder → *Teilungsanordnungen* bestehen und dass nicht unbeschränkte Haftung (→ *Haftung des Erben*) gegenüber den Nachlassgläubigern oder einzelnen von ihnen eingetreten ist. Für Sachmängel einer zur Erbschaft gehörenden Sache haftet der Verkäufer nicht, es sei denn, dass er einen Mangel arglistig verschwiegen oder eine Garantie für die Beschaffenheit einer Sache übernommen hat (§ 2376 BGB). Für Mängel, die erst nach Vertragsschluss eingetreten sind, haftet er nur bei Verschulden.

5. Haftung des Käufers

Mit dem Abschluss des Kaufvertrages wird der Käufer neben dem Verkäufer kraft Gesetzes Schuldner für alle Nachlassschulden (§§ 1967, 2382 BGB). Der Käufer haftet auch für Schulden aus → *Vermächtnissen*, → *Auflagen*, → *Pflichtteilsrechten*. Damit die Nachlassgläubiger auch in die Lage versetzt werden, ggf. gegen den Erbschaftskäufer vorzugehen, ist der Verkäufer verpflichtet, den Verkauf der Erbschaft und den Namen des Käufers unverzüglich dem Nachlassgericht anzuzeigen (§ 2384 BGB). Diese Haftung des Käufers gegenüber den Gläubigern kann nicht durch Vereinbarung zwischen dem Käufer und dem Verkäufer ausgeschlossen oder beschränkt werden (§ 2382 Abs. 2 BGB).

Der Käufer kann jedoch seine Haftung auf den Nachlass beschränken, soweit auch der Verkäufer dazu noch in der Lage ist. Gemäß § 2383 BGB gelten für die Haftung des Käufers die Vorschriften über die Beschränkung der Haftung des Erben. Er haftet unbeschränkt, soweit der Verkäufer zurzeit des Verkaufs unbeschränkt haftet. Beschränkt sich die Haftung des Verkäufers auf die Erbschaft, so gelten seine Ansprüche aus dem Kauf als zur Erbschaft gehörend. Die Errichtung des → *Inventars* durch den Verkäufer oder den Käufer kommt auch dem anderen Teil zustatten, es sei denn, dass dieser bereits endgültig unbeschränkt haftet. Die zur Haftung des Erben für → *Nachlassverbindlichkeit* gemachten Ausführungen gelten also entspr. auch für den Erbschaftskäufer, insbesondere für den Antrag auf Aufgebot der Nachlassgläubiger

(→ *Aufgebotsverfahren*), → *Nachlassinsolvenz*, → *Nachlassverwaltung*, Einreden der beschränkten Erbenhaftung und aufschiebende Einreden.

► Erbschaftsteuer

1. Mitteilungspflichten

Innerhalb eines Monats ab Kenntnis vom Todesfall haben Kreditinstitute, Postgiroämter und Bausparkassen dem Erbschaftsteuer-Finanzamt die Guthabenkonten und Wertpapierdepots des Erblasser im Wert von insgesamt mehr als 2500 Euro anzuzeigen (§ 33 ErbStG, § 1 Abs. 4 ErbStDV). Dies ist auch dann der Fall, wenn der Erblasser an einem Gemeinschaftskonto beteiligt war; damit werden zugleich die Guthaben aller Kontomitinhaber bekannt gegeben. Die Finanzämter unterrichten sich gegenseitig: Das Einkommensteuer-Finanzamt des Erblassers erhält eine Kontrollmitteilung, wenn das Reinvermögen mehr als 128 000 Euro oder das Kapitalvermögen mehr als 25 600 Euro betrug. Das Finanzamt des Erben erfährt den Erwerb von Werten von mehr als 25 600 Euro (Ländererlass vom 17.2.1986, BStBl. I, S. 82).

2. Gegenstand

Der Erbschaftsteuer unterliegt nicht nur jeder Erwerb von Todes wegen, sondern auch jede Schenkung unter Lebenden, ferner Zweckzuwendungen und das Vermögen einer Stiftung. Zum Erwerb von Todes wegen gehören der Erwerb durch → *Erbanfall*, durch → *Vermächtnis*, aufgrund eines geltend gemachten → *Pflichtteilsanspruchs* (§ 3 Abs. 1 ErbStG) und auch aufgrund einer → *Schenkung auf den Todesfall*. Steuerpflichtig ist aber auch die Abfindung für einen Verzicht auf den entstandenen Pflichtteilsanspruch oder für die → *Ausschlagung einer Erbschaft*, eines Erbersatzanspruchs oder eines Vermächtnisses (§ 3 Abs. 2 ErbStG).

Für die Bewertung der Erbschaft bzw. des betroffenen Gegenstandes ist maßgeblich das Bewertungsgesetz i. d. F. vom 1.2.1991 (BGBl. I, S. 230), zuletzt geändert durch Art. 21 des Gesetzes vom 20.12. 2007. Für Grundbesitz war bis zum 31.12.1995 nicht der Verkehrswert, sondern der Einheitswert zu nehmen, wobei ab 1976 40 %

hinzuzurechnen waren. Diese Regelung wurde durch die Entscheidung des Bundesverfassungsgerichts vom 22. 6. 1995 als unvereinbar mit dem Gleichheitsgrundsatz des Art. 3 Abs. 1 GG erklärt (dazu ausführlich 5. Aufl., Erbschaftsteuer Nr. 8). Der Gesetzgeber hat daraufhin die Erbschaft- und Schenkungsteuer rückwirkend zum 1. 1. 1996 neu gestaltet und bestimmt, dass Grundbesitz (§ 19 BewG) mit dem Grundbesitzwert anzurechnen ist (weitere spätere Änderungen s. u. Ziff. 3).

Wiederkehrende Leistungen, wie Renten oder Nutzungen werden kapitalisiert; nach Wahl des Erwerbers kann die Steuer stattdessen jährlich im Voraus vom Jahreswert entrichtet werden. Im Übrigen gilt der Verkehrswert, wobei bei einer Unternehmensbeteiligung, die keinen Marktwert hat, der good will miteinzurechnen ist.

Erwerbe, die innerhalb von zehn Jahren liegen, sind bei der Berechnung der Erbschaftsteuer zusammenzurechnen, und zwar gleich ob sie von Todes wegen oder noch zu Lebzeiten erfolgt sind (Einzelheiten § 14 ErbStG).

3. Bewertung von Grundbesitz

a) Vom 1.1.1996 bis 31.12.2008 geltende Regelung

Die neue Bewertungsmethode hatte zur Folge, dass die neuen Werte für Immobilien im Vergleich zur früheren Einheitsbewertung höher ausfallen. In aller Regel blieben sie aber deutlich unter dem Verkehrswert. Nach Berechnungen der Finanzverwaltung sollte der neue Wert bebauter Grundstücke im Durchschnitt unter 60 % des Verkehrswertes liegen. Es war damit zu rechnen, dass das Bundesverfassungsgericht diese Begünstigung für Immobilien als verfassungswidrig ansehen wird.

(1) **Unbebaute Grundstücke:** Die Bemessungsgrundlage bildete der Bodenrichtwert, der von Gutachterausschüssen aufgrund tatsächlich gezahlter Kaufpreise ermittelt wurde. Dieser wurde ermäßigt um einen pauschalen Abschlag von 20 % und multipliziert mit der Anzahl der qm des Grundstücks. Dieser Wert durfte den Verkehrswert nicht übersteigen.

(2) **Bebaute Grundstücke:** Grund, Boden und Gebäude wurden grds. nach dem Ertragswertverfahren bewertet. Grundlage war die

Jahresnettokaltmiete (Durchschnitt der in den letzten drei Jahren erzielten Jahresmiete bzw. bei Selbstnutzung die „übliche" Miete, die von fremden Mietern gezahlt würde).

> Wertberechnung des bebauten Grundstückes:
> Jahresnettokaltmiete × 12,5
> abzüglich Alterswertminderung (0,5 % jährlich, maximal 25 %)
> × 1,2 (bei Ein- und Zweifamilienhäusern).
> Der Mindestwert betrug 80 % des Bodenrichtwertes × qm, der Höchstwert war der Verkehrswert.

b) Neuregelung ab 1.1.2009

Mit Beschluss vom 7.11.2006 (NJW 2007, 573) hat das **Bundesverfassungsgericht** entschieden, dass die durch § 19 Abs. 1 ErbStG angeordnete Erhebung der Erbschaftsteuer mit einheitlichen Steuersätzen auf den Wert des Erwerbs mit dem Grundgesetz **unvereinbar** ist, weil sie an Steuerwerte anknüpft, deren Ermittlung bei wesentlichen Gruppen von Vermögensgegenständen (Betriebsvermögen, Grundvermögen, Anteilen an Kapitalgesellschaften und land- und forstwirtschaftlichen Betrieben) den Anforderungen des Gleichheitssatzes aus Art. 3 Abs. 1 GG nicht genügt. Der Gesetzgeber wurde daher verpflichtet, bis spätestens zum 31.12.2008 eine **Neuregelung** zu treffen.

Die nach langem Streit zum 1.1.2009 beschlossene Reform des Erbschaftsteuergesetzes stellt bei der Wertermittlung stets auf den Verkehrswert ab, sei es, dass der Erwerber Aktien oder Bargeld, eine Immobilie oder ein Unternehmen erhält. Die bisherige Begünstigung von Immobilien entfällt.

Der gefundene Kompromiss sieht eine erbschaftsteuerliche Begünstigung der Kernfamilie vor. Danach sollen Witwen, Witwer und Kinder des Erblassers keine Steuer auf eine vererbte oder überlassene Immobilie zahlen müssen, solange sie diese Immobilie mindestens zehn Jahre nach dem Erwerb selbst nutzen. Es darf insoweit zu keiner Vermietung, Verpachtung, keinem Verkauf oder keiner Nutzung des erworbenen Grund- oder Wohneigentums als Zweitwohnsitz kommen. Für Kinder soll die Steuerfreiheit allerdings nur für

Erwerbe von Todes wegen und nur dann gelten, wenn die Wohnfläche der erworbenen Immobilie nicht größer als 200 m² ist.

Grundbesitz wird nunmehr generell zum sog. gemeinen Wert, das ist der Verkehrswert, angesetzt. Die dafür vorgesehenen Bewertungsverfahren sind nunmehr wesentlich differenzierter gegenüber der bisherigen Ertragsbewertung. Zukünftig sind das Vergleichswertverfahren, das Ertragswertverfahren und das Sachwertverfahren anzuwenden. Eigentumswohnungen sowie Ein- und Zweifamilienhäuser sind grds. nach dem Vergleichswertverfahren zu bewerten. Hierbei sind die Kaufpreise vergleichbarer Grundstücke heranzuziehen. Um differenzierte Vergleichspreise zu erhalten, werden die Aufgabenkompetenz und die Tätigkeit der Gutachterausschüsse wesentlich erweitert. Hierzu gehört die Festlegung von marktüblichen Kapitalisierungszinssätzen für die verschiedenen Grundstücksarten, Faktoren zur Anpassung der Sachwerte an die jeweilige Lage auf dem Grundstücksmarkt und die Festlegung von Umrechnungskoeffizienten zur Wiedergabe des Wertverhältnisses bei unterschiedlichem Maß der baulichen Nutzung von Grundstücken.

Mietwohngrundstücke und Geschäftsgrundstücke sowie gemischt genutzte Grundstücke sind im Ertragswertverfahren zu bewerten, soweit sich auf dem örtlichen Grundstücksmarkt eine übliche Miete ermitteln lässt. Hierbei wird der Bodenwert gesondert nach den Bodenrichtwerten genauso wie bei der Bewertung unbebauter Grundstücke festgestellt. Dem Gesetzgeber schwebt eine kumulative Bewertung aus dem Wert des unbebauten Grund und Bodens zzgl. des Ertragswertes der darauf errichteten Gebäude vor. Aufgrund der gegenüber dem bisherigen Ertragswertverfahren erheblich höheren Kapitalisierungszinssätze steigen dadurch die erbschaft- und schenkungsteuerlichen Gegenstandswerte erheblich.

Bebaute Grundstücke, die zu Wohnzwecken vermietet werden und nicht zu sonstigen begünstigten Vermögen gehören, sind mit 90 % ihres Wertes anzusetzen (§ 13 c ErbStG). Nach dem Sachwertverfahren sind die Grundstücke zu bewerten, für die eine übliche Miete nicht ermittelbar ist oder ein Vergleichswert anderer Grundstücke nicht vorliegt. Der Sachwert soll dann auf Basis des unbebauten Grund und Bodens (Bodenrichtwert) zzgl. des Wertes der baulichen

Anlagen und sonstigen Anlagen getrennt ermittelt und anschließend addiert werden.

Sonderfälle in der Bewertung gibt es für übergroße Grundstücke bzw. Erbbaurechtsgrundstücke.

In sämtlichen Fällen der Bewertung von Immobilien ist stets der Nachweis des niedrigeren gemeinen Wertes durch den Steuerpflichtigen möglich. Der Steuerpflichtige trägt hierfür die Beweislast und hat die für ein entsprechendes Gutachten anfallenden Kosten zu tragen.

Zusammengefasst gilt: Der steuerliche Wert der Immobilien für Erbschaft- und Schenkungsteuerzwecke erhöht sich wesentlich. Die Verfahren hierzu nehmen an Kompliziertheit zu.

4. Bewertung von Betriebsvermögen

Betriebsvermögen (freiberufliche Praxen, Einzelunternehmen, Personengesellschaften und Kapitalgesellschaften) wird nach der Reform zukünftig in einem Ertragswertverfahren bewertet – sofern keine Veräußerungen innerhalb des letzten Jahres als Vergleichswert herangezogen werden können – und zwar durchschnittlich mit dem ca. 11-fachen nachhaltigen Jahresertrag. Dies führt für die vorgenannten Unternehmen zu einer erheblichen Erhöhung des Gegenstandswertes, zumal nach altem Recht für Einzelunternehmen und Personengesellschaften regelmäßig auf den Bilanzwert abgestellt wurde. Der Mindestwertansatz bleibt auch zukünftig die Summe der Einzelwerte der Wirtschaftgüter abzüglich Schulden. Mit der vorgenannten Ertragswertmethode werden diverse Unternehmen vermutlich mit einem höheren Wert angesetzt, als bei einem Verkauf am Markt tatsächlich erzielt werden könnte. In diesen Fällen ist bei entsprechender steuerrelevanter Diskrepanz ein Unternehmenswertgutachten zu erstellen.

Für den Übergang von Betriebsvermögen ist ein Freibetrag in Höhe von 150 000 Euro gem. § 13 a Abs. 2 ErbStG vorgesehen, darüber hinaus verbleiben die persönlichen Freibeträge (s. Ziff. 10).

Für den Erwerber eines Betriebes (gleich ob durch Schenkung oder Erbfall) gibt es zwei Optionen, deren Wahl bindend ist, d. h. nachträglich nicht revidiert werden kann:

Option 1 (85 %-Verschonungsabschlag, § 13 a Abs. 1 i.V.m. § 13 b Abs. 4 ErbStG): Die Erwerber, die den erworbenen Betrieb im Kern sieben Jahre fortführen, werden von der Besteuerung von 85 % des übertragenen Betriebsvermögens verschont, soweit die Lohnsumme nach fünf Jahren nicht weniger als 400 % der durchschnittlichen Lohnsumme der letzten fünf Jahre vor dem Zeitpunkt des Erwerbs beträgt. Daneben darf der Anteil des Verwaltungsvermögens am betrieblichen Gesamtvermögen höchstens 50 % betragen. Kommt es vorher zu einer Betriebsveräußerung oder Aufgabe, wird die 85 %-Vergünstigung zeitanteilig gewährt.

Für den nicht unter den 85 %-Verschonungsabschlag fallenden Teil des Betriebsvermögens gibt es einen Steuerfreibetrag nach § 13 a Abs. 2 ErbStG in Höhe von **maximal** 150.000 Euro. Der Abzugsbetrag von 150.000 Euro verringert sich, wenn der Wert dieses Vermögens insgesamt die Wertgrenze von 150.000 Euro übersteigt, um 50 % des diese Wertgrenze übersteigenden Betrags; d. h. die Höhe dieses Freibetrags baut sich bei einem relevanten Betriebsvermögen zwischen 150.000 Euro und 450.000 Euro linear ab bis auf 0 Euro.

Unternehmen, die zu mehr als 50 % sog. Verwaltungsvermögen halten – damit ist Vermögen gemeint, das keiner aktiven betrieblichen Tätigkeit dient, z. B. fremdvermietete Gewerbeimmobilien, erhalten nicht die 85-v.-H.-Vergünstigung für Betriebsvermögen, sondern werden wie Grundvermögen oder sonstiges Vermögen bewertet. Ausnahmen bestehen für Betriebsaufspaltungen.

Option 2 (100 %-Verschonungsabschlag, § 13 a Abs. 8 ErbStG): Erwerber, die den erworbenen Betrieb im Kern sieben Jahre fortführen, werden vollständig von der Erbschaftsteuer verschont, vorausgesetzt, die Lohnsumme beträgt nach sieben Jahren nicht weniger als 700 % der durchschnittlichen Lohnsumme zum Erwerbszeitpunkt. Daneben darf der Anteil des Verwaltungsvermögens am betrieblichen Gesamtvermögen höchstens 10 % betragen (§ 13 a Abs. 8 ErbStG). Diese Alternative einer vollständigen Steuerbefreiung kann aufgrund der dabei im Gesetz enthaltenen Rahmenbedingungen nicht ernsthaft empfohlen werden (sog. Alles-oder-Nichts-Regelung).

Die Tatsache, dass die Bewertung aufwändiger wird, dass ein erheblich längerer Vergleichs- bzw. Überwachungszeitraum zu berücksichtigen ist und dass letztlich erst am Ende des 7-Jahres-Zeitraums die endgültige Steuerbelastung feststeht, führt zu einem erheblichen Verwaltungs- und Beratungsaufwand, weshalb die Reform auch gelegentlich als „bürokratisches Monster" bezeichnet wird.

Das Lohnsummenkriterium gilt nicht, wenn die Lohnsumme Null ist oder – für die Praxis wichtiger – der Betrieb nicht mehr als 20 Beschäftigte hat (§ 13 a Abs. 1 S. 4 ErbStG). Der steuerfreie Verschonungsabschlag verringert sich um den gleichen Prozentsatz, um den die geforderte Lohnsumme unterschritten wird.

Mit Urteil vom 17.12.2014 hat das BVerfG die Verfassungswidrigkeit der erbschaft- und schenkungsteuerrechtlichen Betriebsvermögensverschonung und der Tarifvorschrift des § 19a ErbStG und damit die Verfassungswidrigkeit des ErbStG festgestellt. Im Wesentlichen führte das Gericht folgendes aus (ZEV 2015, 19): „Es liegt grds. im Entscheidungsspielraum des Gesetzgebers, kleine und mittelständische Unternehmen, die in personaler Verantwortung geführt werden, zur Sicherung ihres Bestands und damit auch zur Erhaltung der Arbeitsplätze von der Erbschaftsteuer weitgehend oder vollständig freizustellen. Allerdings ist die derzeitige Betriebsvermögensverschonung nach den §§ 13a und 13b ErbStG angesichts ihres Ausmaßes und der eröffneten Gestaltungsmöglichkeiten mit Art. 3 Abs. 1 GG unvereinbar. So ist die Privilegierung des unentgeltlichen Erwerbs betrieblichen Vermögens unverhältnismäßig, soweit die Verschonung über den Bereich kleiner und mittlerer Unternehmen hinausgreift, ohne eine Bedürfnisprüfung vorzusehen. Außerdem privilegiert die Freistellung von der Mindestlohnsumme den Erwerb von Betrieben mit bis zu 20 Beschäftigten unverhältnismäßig. Schließlich ist die Regelung über das Verwaltungsvermögen nicht mit dem Gleichheitsgrundsatz vereinbar, weil sie den Erwerb von begünstigtem Vermögen selbst dann uneingeschränkt verschont, wenn es bis zu 50% aus dem Verwaltungsvermögen besteht, ohne dass hierfür ein tragfähiger Rechtfertigungsgrund vorliegt. Gleichwohl dürfen die betroffenen Normen nach der Entscheidung des BVerfG noch längstens bis zum 30. Juni 2016 angewendet werden. Bis dahin hat der Gesetzgeber für eine Neuregelung zu sorgen."

5. Abzüge

Als steuerpflichtiger Erwerb gilt die Bereicherung des Erwerbers, soweit sie nicht steuerfrei ist. Vom Aktivwert sind also abzusetzen die vom Erblasser herrührenden Schulden, Verbindlichkeiten aus Vermächtnissen, Auflagen, geltend gemachten Pflichtteilen und Erbersatzansprüchen, die Kosten für Bestattung, Grabdenkmal, Grabpflege sowie die Kosten, die unmittelbar im Zusammenhang mit der Abwicklung, Regelung oder Verteilung des Nachlasses entstehen; für diese Kosten kann ohne Nachweis ein Pauschalbetrag von 10 300 Euro abgezogen werden (§ 10 Abs. 5 Nr. 3 ErbStG).

6. Befreiung des selbst genutzten Familienheims

Ehegatten oder Lebenspartner des Erblassers müssen künftig keine Erbschaftsteuer für ein vererbtes Haus oder eine Wohnung zahlen, solange sie mindestens zehn Jahre lang selbst darin wohnen und der Erblasser die Immobilie im Todeszeitpunkt ebenfalls selbst nutzte. In diesen zehn Jahren darf es also weder zu einer Vermietung, zu einer Verpachtung oder zu einer Nutzung des ererbten Wohneigentums als Zweitwohnsitz kommen. Nur wenn der Berechtigte an einer Selbstnutzung aus zwingenden Gründen gehindert ist (z. B. Umzug in ein Pflegeheim), lässt der Gesetzgeber Ausnahmen zu. Die Steuerbefreiung gilt sowohl für Immobilien in Deutschland als auch in anderen Mitgliedsstaaten der Europäischen Union. Die Steuerbefreiung gilt ebenso für Lebenspartner bei eingetragenen Lebenspartnerschaften (Einzelheiten § 13 Abs. 1 Nr. 4 b ErbStG).

Die Vererbung des Familienwohnheims auf Kinder bleibt steuerfrei, sofern die Wohnung nicht mehr als 200 m² umfasst und anschließend von den Kindern für eigene Wohnzwecke genutzt wird; darüber hinausgehende Flächen sind nicht begünstigt (Einzelheiten § 13 Abs. 1 Nr. 4 c ErbStG).

Daneben kann für weiteres ererbtes Vermögen der jeweilige Freibetrag (500 000 Euro für Ehegatten und Lebenspartner, 400 000 Euro für Kinder) geltend gemacht werden (s. unten Ziff. 10).

Zu Lebzeiten können nur Ehegatten und eingetragene Lebenspartner das Familienheim steuerfrei verschenken, dies aber ohne jede Begrenzung (§ 13 Abs. 1 Nr. 4 a ErbStG).

7. Sonstige Befreiungen

Steuerfrei bleiben nach § 13 ErbStG u. a.:

(1) a) Hausrat einschließlich Wäsche und Kleidungsstücke beim Erwerb durch Personen der Steuerklasse I, soweit der Wert insgesamt 41 000 Euro nicht übersteigt,

   b) andere bewegliche körperliche Gegenstände, die nicht nach Nummer 2 befreit sind, beim Erwerb durch Personen der Steuerklasse I, soweit der Wert insgesamt 12 000 Euro nicht übersteigt,

   c) Hausrat einschließlich Wäsche und Kleidungsstücke und andere bewegliche körperliche Gegenstände, die nicht nach Nummer 2 befreit sind, beim Erwerb durch Personen der Steuerklassen II und III, soweit der Wert insgesamt 12 000 Euro nicht übersteigt.

Die Befreiung gilt nicht für Gegenstände, die zum land- und forstwirtschaftlichen Vermögen, zum Grundvermögen oder zum Betriebsvermögen gehören, für Zahlungsmittel, Wertpapiere, Münzen, Edelmetalle, Edelsteine und Perlen (§ 13 Abs. 1 Nr. 1 ErbStG).

(2) Grundbesitz oder Teile von Grundbesitz, Kunstgegenstände, Kunstsammlungen, wissenschaftliche Sammlungen, Bibliotheken und Archive

   a) mit sechzig vom Hundert ihres Wertes, jedoch Grundbesitz und Teile von Grundbesitz mit 85 % ihres Wertes, wenn die Erhaltung dieser Gegenstände wegen ihrer Bedeutung für Kunst, Geschichte oder Wissenschaft im öffentlichen Interesse liegt, die jährlichen Kosten in der Regel die erzielten Einnahmen übersteigen und die Gegenstände in einem den Verhältnissen entsprechenden Umfang den Zwecken der Forschung oder der Volksbildung nutzbar gemacht sind oder werden.

   b) in vollem Umfang, wenn die Voraussetzungen des Buchstaben a erfüllt sind und ferner

(a) der Steuerpflichtige bereit ist, die Gegenstände den geltenden Bestimmungen der Denkmalspflege zu unterstellen,

(b) die Gegenstände sich seit mindestens 20 Jahren im Besitz der Familie befinden oder in dem Verzeichnis national wertvollen Kulturgutes oder national wertvoller Archive nach dem Gesetz zum Schutz deutschen Kulturgutes gegen Abwanderung in der Fassung der Bekanntmachung vom 8. 7. 1999 (BGBl. I, S. 1754), zuletzt geändert durch Art. 2 des Gesetzes vom 18.5.2007 (BGBl. I, S. 757, 2547) in der jeweils geltenden Fassung, eingetragen sind.

c) Die Steuerbefreiung fällt mit Wirkung für die Vergangenheit weg, wenn die Gegenstände innerhalb von zehn Jahren nach dem Erwerb veräußert werden oder die Voraussetzungen für die Steuerbefreiung innerhalb dieses Zeitraumes entfallen (§ 13 Abs. 1 Nr. 2 ErbStG).

(3) Der so genannte → *Dreißigste* (§ 1969 BGB) bleibt steuerfrei (§ 13 Abs. 1 Nr. 4 ErbStG).

(4) Ein Erwerb, der Eltern, Adoptiveltern, Stiefeltern oder Großeltern des Erblassers anfällt, sofern der Erwerb zusammen mit dem übrigen Vermögen des Erwerbers 41 000 Euro nicht übersteigt und der Erwerber infolge körperlicher oder geistiger Gebrechen und unter Berücksichtigung seiner bisherigen Lebensstellung als erwerbsunfähig anzusehen ist oder durch die Führung eines gemeinsamen Hausstands mit erwerbsunfähigen oder in der Ausbildung befindlichen Abkömmlingen an der Ausübung einer Erwerbstätigkeit gehindert ist. Übersteigt der Wert des Erwerbs zusammen mit dem übrigen Vermögen des Erwerbers den Betrag von 41 000 Euro, wird die Steuer nur insoweit erhoben, als sie aus der Hälfte des die Wertgrenze übersteigenden Betrags gedeckt werden kann (§ 13 Abs. 1 Nr. 6 ErbStG).

(5) Ein steuerpflichtiger Erwerb bis zu 20 000 Euro, der Personen anfällt, die dem Erblasser unentgeltlich oder gegen unzureichendes Entgelt Pflege oder Unterhalt gewährt haben, soweit das Zugewendete als angemessenes Entgelt anzusehen ist (§ 13 Abs. 1 Nr. 9 ErbStG).

(6) Geldzuwendungen unter Lebenden, die eine Pflegeperson für Leistungen zur Grundpflege oder hauswirtschaftlichen Versorgung von Pflegebedürftigen erhält, bis zur Höhe des nach § 37 SGB XI gewährten Pflegegeldes oder eines entsprechenden Pflegegeldes aus privaten Versicherungsverträgen nach den Vorgaben des Elften Buches Sozialgesetzbuch (private Pflegeversicherung) oder einer Pauschalbeihilfe nach den Beihilfevorschriften für häusliche Pflege (§ 13 Abs. 1 Nr. 9 a ErbStG).

(7) Vermögensgegenstände, die Eltern oder Voreltern ihren Abkömmlingen durch Schenkung oder Übergabevertrag zugewandt hatten und die an diese Personen von Todes wegen zurückfallen (§ 13 Abs. 1 Nr. 10 ErbStG).

(8) Der Verzicht auf die Geltendmachung des Pflichtteilsanspruchs oder des Erbersatzanspruchs (§ 13 Abs. 1 Nr. 11 ErbStG).

(9) Zuwendungen

   a) an inländische Religionsgesellschaften des öffentlichen Rechts oder an inländische jüdische Kultusgemeinden,

   b) an inländische Körperschaften, Personenvereinigungen und Vermögensmassen, die nach der Satzung, dem Stiftungsgeschäft oder der sonstigen Verfassung und nach ihrer tatsächlichen Geschäftsführung ausschließlich und unmittelbar kirchlichen, gemeinnützigen oder mildtätigen Zwecken dienen. Die Befreiung fällt mit Wirkung für die Vergangenheit weg, wenn die Voraussetzungen für die Anerkennung der Körperschaft, Personenvereinigung oder Vermögensmasse als kirchliche, gemeinnützige oder mildtätige Institution innerhalb von zehn Jahren nach der Zuwendung entfallen und das Vermögen nicht begünstigten Zwecken zugeführt wird,

   c) an ausländische Religionsgesellschaften, Körperschaften, Personenvereinigungen und Vermögensmassen der in den Buchstaben a und b bezeichneten Art unter der Voraussetzung, dass der ausländische Staat für Zuwendungen an deutsche Rechtsträger der in den Buchstaben a und b bezeichneten Art eine entsprechende Steuerbefreiung gewährt und das Bundesministerium der Finanzen dies durch förmlichen

Austausch entsprechender Erklärungen mit dem ausländischen Staat feststellt (§ 13 Abs. 1 Nr. 16 ErbStG).

(10) Zuwendungen, die ausschließlich kirchlichen, gemeinnützigen oder mildtätigen Zwecken gewidmet sind, sofern die Verwendung zu dem bestimmten Zweck gesichert ist (§ 13 Abs. 1 Nr. 17 ErbStG).

8. Steuerpflichtige Personen

Persönlich steuerpflichtig sind natürliche Personen, die ihren Wohnsitz oder gewöhnlichen Aufenthalt im Inland haben sowie nicht natürliche Personen, wie Körperschaften, Personenvereinigungen und Vermögensmassen, die ihre Geschäftsleitung oder ihren Sitz im Inland haben. Deutsche, die ihren Wohnsitz ins Ausland verlegt haben, bleiben noch fünf Jahre steuerpflichtig. Diese Vorschrift soll die Umgehung der Steuerpflicht durch vorübergehende Verlegung des Wohnsitzes ins Ausland verhindern.

Erbschaftsteuer wird nur erhoben, wenn der steuerliche Wert des Erwerbs bestimmte Freibeträge übersteigt (s. u. Ziff. 10).

Innerhalb der letzten zehn Jahre vor dem Todestag vom Erblasser erhaltene Schenkungen werden mit dem Erwerb von Todes wegen zusammengerechnet (Einzelheiten § 14 ErbStG).

9. Steuerklassen

Die Höhe der Erbschaftsteuer bestimmt sich nach dem persönlichen Verhältnis des Erwerbers zum Erblasser, das in drei Steuerklassen eingeteilt ist (§ 15 ErbStG). Es gehören zur:

Steuerklasse I
1. der Ehegatte und der Lebenspartner,
2. die Kinder, auch → *nichteheliche Kinder* und adoptierte (→ *Annahme als Kind*), und Stiefkinder,
3. die Abkömmlinge der in Nummer 2 genannten Kinder und Stiefkinder,
4. die Eltern und Voreltern bei Erwerben von Todes wegen;

Steuerklasse II
1. die Eltern und Voreltern, soweit sie nicht zur Steuerklasse I gehören,
2. die Geschwister,
3. die Abkömmlinge ersten Grades von Geschwistern,

4. die Stiefeltern,

5. die Schwiegerkinder,

6. die Schwiegereltern,

7. der geschiedene Ehegatte und der Lebenspartner einer aufgehobenen Lebenspartnerschaft;

Steuerklasse III

alle übrigen Erwerber und die Zweckzuwendungen.

Die Steuerklassen I und II Nr. 1 bis 3 gelten auch dann, wenn die Verwandtschaft durch Annahme als Kind bürgerlich-rechtlich erloschen ist.

10. Freibeträge

Erbschaftsteuer wird nur erhoben, wenn der steuerliche Wert des Erwerbs bestimmte Freibeträge übersteigt.

Steuerfrei bleibt nach § 16 ErbStG der Erwerb:

1. des Ehegatten und des Lebenspartners in Höhe von 500.000 Euro;

2. der Kinder im Sinne der Steuerklasse I Nr. 2 und der Kinder verstorbener Kinder im Sinne der Steuerklasse I Nr. 2 in Höhe von 400.000 Euro;

3. der Kinder der Kinder i. S. der Steuerklasse I Nr. 2 in Höhe von 200.000 Euro;

4. der übrigen Personen der Steuerklasse I in Höhe von 100.000 Euro;

5. der Personen der Steuerklasse II in Höhe von 20.000 Euro;

6. (weggefallen)

7. der Personen der Steuerklasse III in Höhe von 20.000 Euro.

Erbe/Beschenkter	Steuerklasse	Freibetrag Euro
Ehegatten, Lebenspartner	I	500.000
Kinder, Stiefkinder	I	400.000
Enkelkinder, Stiefenkelkinder	I	200.000
Eltern, Großeltern (Erbfall)	I	100.000
Weitere Personen wie Geschwister, Nichten/Neffen, Schwiegerkinder, Eltern/Großeltern bei Schenkung	II	20.000
Alle übrigen Erwerber	III	20.000
Beschränkt Steuerpflichtige	III	2.000

Gemäß § 17 ErbStG stehen bestimmten Personen besondere Versorgungsfreibeträge zu:

(1) Neben dem Freibetrag nach § 16 Abs. 1 Nr. 1 ErbStG wird dem überlebenden Ehegatten und dem überlebenden Lebenspartner ein besonderer Versorgungsfreibetrag von 256 000 Euro gewährt. Der Freibetrag wird bei Ehegatten oder bei Lebenspartnern, denen aus Anlass des Todes des Erblassers nicht der Erbschaftsteuer unterliegende Versorgungsbezüge zustehen, um den nach § 14 BewG zu ermittelnden Kapitalwert dieser Versorgungsbezüge gekürzt.

(2) Neben dem Freibetrag nach § 16 Abs. 1 Nr. 2 ErbStG wird Kindern im Sinne der Steuerklasse I Nr. 2 (§ 15 Abs. 1 ErbStG) für Erwerbe von Todes wegen ein besonderer Versorgungsfreibetrag in folgender Höhe gewährt:

1. bei einem Alter bis zu 5 Jahren in Höhe von 52 000 Euro;
2. bei einem Alter von mehr als 5 bis zu 10 Jahren in Höhe von 41 000 Euro;
3. bei einem Alter von mehr als 10 bis 15 Jahren in Höhe von 30 700 Euro;
4. bei einem Alter von mehr als 15 bis zu 20 Jahren in Höhe von 20 500 Euro;
5. bei einem Alter von mehr als 20 Jahren bis zur Vollendung des 27. Lebensjahres in Höhe von 10 300 Euro.

Stehen dem Kind aus Anlass des Todes des Erblassers nicht der Erbschaftsteuer unterliegende Versorgungsbezüge zu, wird der Freibetrag um den nach § 13 Abs. 1 BewG zu ermittelnden Kapitalwert dieser Versorgungsbezüge gekürzt. Bei der Berechnung des Kapitalwerts ist von der nach den Verhältnissen am Stichtag (§ 11 BewG) voraussichtlichen Dauer der Bezüge auszugehen.

Für Betriebsvermögen, land- und forstwirtschaftliches Vermögen und Anteile an Kapitalgesellschaften ist ein Freibetrag in Höhe von 150 000 Euro gem. § 13 a Abs. 2 ErbStG vorgesehen. Dazu sind in §§ 13 a, 13 b und 19 a ErbStG Sonderregelungen enthalten. Zur Entscheidung des BVerfG hierzu s. oben Ziff. 4.

11. Höhe der Erbschaftsteuer

Die Erbschaftsteuer wird gem. § 19 Abs. 1 ErbStG nach folgenden Prozentsätzen erhoben:

Wert des steuerpflichtigen Erwerbs (§ 10 ErbStG) bis einschließlich... Euro	Prozentsatz in der Steuerklasse		
	I	II	III
75.000	7	15	30
300.000	11	20	30
600.000	15	25	30
6.000.000	19	30	30
13.000.000	23	35	50
26.000.000	27	40	50
über 26.000.000	30	43	50

Der Unterschied zwischen der Steuer, die sich bei Anwendung des Absatzes 1 ergibt, und der Steuer, die sich berechnen würde, wenn der Erwerb die letztvorhergehende Wertgrenze nicht überstiegen hätte, wird nur insoweit erhoben, als er

b) bei einem Steuersatz bis zu 30 % aus der Hälfte,

c) bei einem Steuersatz über 30 % aus drei Vierteln,

des die Wertgrenze übersteigenden Betrags gedeckt werden kann (§ 19 Abs. 3 ErbStG).

12. Praktische Auswirkungen

Bei der **Abfassung von letztwilligen Verfügungen** sollten daher auch **die erbschaftsteuerlichen Folgen** bedacht werden.

a) Zuwendungen des Ehegatten

Sie bleiben bei der → *Zugewinngemeinschaft* in Höhe des familienrechtlichen Zugewinnausgleichs steuerfrei, den es bei → *Gütertrennung* nicht gibt.

EIN BEISPIEL mag das veranschaulichen: Der Ehemann setzt seine Frau in einem → *Berliner Testament* zur Alleinerbin ein und hinterlässt ein in der Ehe erworbenes Vermögen von 2 000 000 Euro (bewertet nach dem Bewertungsgesetz).

Berechnung der Erbschaftsteuer bei Gütertrennung:

Wert des Erwerbs	2.000.000 Euro
abzüglich Freibetrag	500.000 Euro
Bemessungsgrundlage	1.500.000 Euro
Steuer 19 %.	285.000 Euro.

Berechnung der Erbschaftsteuer bei Zugewinngemeinschaft:

Wert des Erwerbs	2.000.000 Euro
abzgl. (familienrechtliche) Zugewinnausgleichsforderung	1.000.000 Euro
abzgl. Freibetrag	500.000 Euro
Bemessungsgrundlage	500.000 Euro
Steuer 15 %	75.000 Euro.

Die Vereinbarung von → *Gütertrennung* führt also hier zu einer Erhöhung der Erbschaftsteuer gegenüber der Zugewinngemeinschaft um 380 %.

b) Ausnützung der Freibeträge

Die gegenseitige Erbeinsetzung von Ehegatten in einem → *Berliner Testament* führt dazu, dass sich das gemeinschaftliche Vermögen beim überlebenden Ehegatten ansammelt und die als → *Schlusserben* eingesetzten Kinder nur die Freibeträge nach dem zuletzt versterbenden Elternteil ausnützen können. Bei größeren Vermögen ist deshalb zu empfehlen, dass bereits für den Fall des erstversterbenden Elternteils, auch wenn sich die Ehegatten gegenseitig zu Alleinerben einsetzen, jedem der Kinder ein → **Vermächtnis** von mindestens 400 000 Euro zugewandt wird, da hierdurch der Freibetrag für die Kinder nach jedem Elternteil ausgenützt wird. Empfehlenswert sind in solchen Fällen auch Vermächtnisse zugunsten der Enkelkinder (Freibetrag 200 000 Euro) und der Schwiegerkinder (Freibetrag 20 000 Euro).

Darüber hinaus sollten Ehegatten nicht vergessen, dass die Freibeträge alle zehn Jahre neu zu laufen beginnen, dass also rechtzeitige lebzeitige Zuwendungen der Eltern an die Kinder zweckmäßig sind (§ 14 ErbStG).

c) Überspringen einer Generation

Zu erheblicher Einsparung an Erbschaftsteuer kann es führen, wenn eine Generation übersprungen wird:

Ein Großvater hat Grundbesitz im steuerlichen Wert von 1.000.000 Euro, den er auf seinen Sohn bzw. gleich auf seinen Enkel übertragen will.

(1) Großvater - Sohn

erbschaftsteuerlicher Wert	1.000.000 Euro	
./. Freibetrag (§ 16 Abs. 1 Nr. 2)	400.000 Euro	
	600.000 Euro	
Steuersatz gem. Klasse I 15 %		90.000 Euro

Sohn – Enkel

erbschaftsteuerlicher Wert	1.000.000 Euro	
./. Freibetrag (§ 16 Abs. 1 Nr. 2)	400.000 Euro	
	600.000 Euro	
Steuersatz gem. Klasse I 15 %		90.000 Euro
		180.000 Euro

(2) Großvater – Enkel

erbschaftsteuerlicher Wert	1.000.000 Euro	
./. Freibetrag (§ 16 Abs. 1 Nr. 3)	200.000 Euro	
	800.000 Euro	
Steuersatz gem. Klasse I 19 %		152.000 Euro

(3) Großvater – Enkel mit Nießbrauch für Vater, wobei der Nießbrauchswert mit 40 000 Euro angesetzt wird, was bei einem Alter des Vaters von 40 Jahren (Faktor 16,265 gem. § 14 Abs. 1 BewG) zu einem steuerlichen Wert von 650 600 Euro führt.

Großvater – Sohn (Nießbrauch)

erbschaftsteuerlicher Wert des Nießbrauchs	650.600 Euro	
./. Freibetrag (§ 16 Abs. 1 Nr. 2)	400.000 Euro	
	250.600 Euro	
Steuersatz gem. Klasse I 11 %		27.566 Euro

Großvater – Enkel

erbschaftsteuerlicher Wert	1.000.000 Euro	
Nießbrauch	650.600 Euro	
./. Freibetrag (§ 16 Abs. 1 Nr. 3)	200.000 Euro	
	149.400 Euro	
Steuersatz gem. Klasse I 11 %		16.434 Euro
		44.000 Euro

d) Grundstücksvermächtnisse

Vermächtnisansprüche sind steuerlich so zu bewerten, wie der Gegenstand, auf den sich das → *Vermächtnis* bezieht. Wird etwa ein Geldvermächtnis von 200 000 Euro ausgesetzt und zu seiner Abgeltung vom Erben ein **Grundstück** mit einem Verkehrswert in gleicher Höhe übertragen, so ist ein Erwerb von 200 000 Euro zu versteuern; ist von vornherein das Grundstück vermacht, wurde ab 1.1.1996 zwar nicht wie früher der Einheitswert der Erbschaftsteuer zugrunde gelegt; jedoch blieb auch nach der ab 1.1.1996 geltenden Bewertungsmethode der Wert des Grundstücks deutlich unter dessen Verkehrswert, wenn er auch höher als der frühere Einheitswert war (s. oben Ziff. 3). Durch die neue seit 1.1.2009 geltende Regelung ist es steuerlich kein Vorteil mehr, statt Geldvermächtnisse Grundstücksvermächtnisse anzuordnen. Allenfalls bei Mietwohngrundstücken kann man von § 13 c ErbStG profitieren, wonach zu Wohnzwecken vermietete Grundstücke mit 90 % ihres Wertes anzusetzen sind.

e) Vor- und Nacherbschaft

Bei der Anordnung von → *Vor- und Nacherbschaft* ist zu beachten, dass sowohl der Vorerbe als auch der Nacherbe den Wert des Erbanfalls voll zu versteuern haben, da das Erbschaftsteuerrecht den Nacherben als Erben des Vorerben sieht. Es kommt hier also zu einer doppelten Versteuerung (§ 6 ErbStG). Auf Antrag ist jedoch der Versteuerung das Verhältnis des Nacherben zum Erblasser zugrunde zu legen (§ 6 Abs. 2 S. 2 ErbStG).

Wenn auch stets die erbschaftsteuerlichen Folgen in die Überlegungen bei Abfassung von Verfügungen von Todes wegen miteinzubeziehen sind, so wäre der Erblasser aber falsch beraten, wenn er sich bei der Nachlassregelung nur von dem Gedanken der Steuerersparnis leiten ließe. Vorrang sollte in jedem Fall die sachrichtige Erbfolge genießen, selbst wenn sie mit Steuernachteilen verbunden ist.

13. Verfassungswidrigkeit des ErbStG?

Zur Verfassungswidrigkeit der erbschaft- und schenkungsteuerrechtlichen Betriebsvermögensverschonung und der Tarifvorschrift des § 19a ErbStG s. oben Ziff. 4.

▶ **Erbschein**

1. Zweck des Erbscheins

Aufgrund der weitgehenden → *Testierfreiheit* des Erblassers können selbst Kinder und Ehefrau durch → *Verfügung von Todes wegen* von der → *gesetzlichen Erbfolge* ausgeschlossen und enterbt werden. Gesetzliche wie gewillkürte Erben stehen daher vor der Schwierigkeit, ihre Rechtsnachfolge in den → *Nachlass* zu beweisen. Die Berufung gewillkürter Erben kann nichtig, angefochten oder durch ein späteres Testament widerrufen sein. Die Rechtsinstitute des → *Erbverzichts*, der → *Ausschlagung* oder der → *Erbunwürdigkeit* können zu Veränderungen in der Erbfolge führen.

Über diese Schwierigkeiten hilft der Erbschein hinweg als ein Ausweis über das Erbrecht einer oder mehrerer Personen. Er ist ein amtliches Zeugnis des → *Nachlassgerichts* und weist vor allem die Person des Erben, sein Erbrecht und die Freiheit dieses Erbrechts von Beschränkungen durch → *Nacherbfolge* und → *Testamentsvollstreckung* aus. An den Erbschein knüpfen sich Beweiswirkungen, die Vermutung der Richtigkeit, die negative Vermutung, dass das bezeugte Erbrecht durch keine anderen als die im Erbschein angegebenen Anordnungen beschränkt ist, und ein Gutglaubensschutz.

2. Arten des Erbscheins

Man unterscheidet verschiedene Arten des Erbscheins: es gibt den Alleinerbschein, der das Erbrecht eines → *Alleinerben* oder Universalerben bezeugt, den Teilerbschein, der lediglich über den → *Erbteil* eines von mehreren → *Miterben* ausgestellt ist. Der gemeinschaftliche Erbschein weist das Erbrecht aller Miterben einer → *Erbengemeinschaft* und die Größe ihrer Erbteile aus und betrifft somit den ganzen → *Nachlass*; er kann entweder auf Antrag aller oder auch nur eines einzelnen Miterben erteilt werden (§ 2357 BGB). Befinden sich nur Teile des Nachlasses im Inland und fehlt es an einem zur Erteilung des Erbscheins zuständigen deutschen → *Nachlassgericht*, so kann ein sog. gegenständlich beschränkter Erbschein erteilt werden (§ 352 c FamFG, bzw. § 2369 BGB für Erbfälle bis 16.8.2015). Er ist in der Regel für die im Inland befindlichen Nachlassgegenstände eines → *ausländischen Erblassers* zu erteilen. Da er nur das

Erbrecht, nicht die Zugehörigkeit bestimmter Gegenstände zum Nachlass bezeugt, sind nicht die einzelnen im Inland belegenen Gegenstände aufzuführen, sondern nur die allgemeine Beschränkung auf den im Inland befindlichen Nachlass; ferner ist anzugeben, nach welchem Recht sich die Erbfolge richtet.

Wird der Erbschein ausschließlich für Zwecke der Grundbuchberichtigung (→ *Grundstück*) benötigt, so ist dies im Antrag anzugeben. Die Gebühren beim Nachlassgericht werden gem. § 107 Abs. 3 KostO dann nur nach dem Wert des Grundbesitzes bzw. der Rechte berechnet, über die aufgrund des Erbscheins verfügt werden kann; der Wert dinglicher Rechte wird bei der Wertberechnung abgezogen.

3. Erbscheinsantrag

Der Erbschein ist nur auf Antrag vom → *Nachlassgericht* zu erteilen.

a) Zuständigkeit

Zuständig zur Aufnahme des Antrags auf Erteilung eines Erbscheins sind der → *Notar* und das Amtsgericht, bei letzterem grds. der Rechtspfleger.

b) Antragsberechtigung

Antragsberechtigt sind jeder → *Erbe* oder → *Miterbe*, der → *Nacherbe*, → *Ersatzerbe*, → *Testamentsvollstrecker*, → *Nachlassverwalter* und → *Insolvenzverwalter* und → *Erbteilserwerber*. Nachlass- und Erbengläubiger sind antragsberechtigt, wenn sie einen Titel gegen den Erben besitzen und den Erbschein zur Zwangsvollstreckung gegen ihn benötigen. Kein Antragsrecht haben dagegen der Nacherbe vor dem Nacherbfall, der → *Vorerbe* nach dem Nacherbfall, → *Vermächtnisnehmer*, → *Pflichtteilsberechtigte* und → *Auflagebegünstigte*, ferner nicht der → *Nachlasspfleger*.

c) Inhalt des Erbscheinsantrags

Wer die Erteilung des Erbscheins als → *gesetzlicher Erbe* beantragt, hat anzugeben (§ 352 Abs. 1 FamFG bzw. § 2354 BGB):

■ die Zeit des Todes des Erblassers,

■ den letzten gewöhnlichen Aufenthalt und die Staatsangehörigkeit des Erblassers,

- das Verhältnis, auf dem sein Erbrecht beruht,

- ob und welche Personen vorhanden sind oder vorhanden waren, durch die er von der Erbfolge ausgeschlossen oder sein Erbteil gemindert werden würde,

- ob und welche Verfügungen des Erblassers von Todes wegen vorhanden sind,

- ob ein Rechtsstreit über sein Erbrecht anhängig ist,

- dass er die Erbschaft angenommen hat,

- die Größe seines Erbteils.

Wer die Erteilung des Erbscheins aufgrund einer → *Verfügung von Todes wegen* beantragt, hat anzugeben (§ 352 Abs. 2 FamFG bzw. § 2355 BGB):

- die Zeit des Todes des Erblassers,

- den letzten gewöhnlichen Aufenthalt und die Staatsangehörigkeit des Erblassers,

- die Verfügung, auf der sein Erbrecht beruht,

- ob und welche sonstigen Verfügungen des Erblassers von Todes wegen vorhanden sind,

- ob ein Rechtsstreit über sein Erbrecht anhängig ist,

- dass er die Erbschaft angenommen hat,

- die Größe seines Erbteils.

Ist eine Person weggefallen, durch die der Antragsteller von der Erbfolge ausgeschlossen oder sein Erbteil gemindert werden würde, so hat er anzugeben, in welcher Weise die Person weggefallen ist (§ 352 Abs. 1 FamFG).

Der Antragsteller hat die Richtigkeit seiner Angaben durch öffentliche Urkunden nachzuweisen bzw. die Urkunde vorzulegen, auf der sein Erbrecht beruht. Sind die Urkunden nicht oder nur mit unverhältnismäßigen Schwierigkeiten zu beschaffen, so genügt die Angabe anderer Beweismittel. Der Antragsteller hat an Eidesstatt zu versichern, dass ihm nichts bekannt ist, was der Richtigkeit seiner Angaben entgegensteht (§ 352 Abs. 3 FamFG bzw. § 2356 BGB).

Verstarb der Erblasser bis zum 16. 8. 2015, gilt noch das bisherige Verfahrens- und Zuständigkeitsrecht (§§ 2354 ff. BGB).

4. Erteilung des Erbscheins

a) Zuständigkeit

Zuständig zur Erteilung des Erbscheins ist das → *Nachlassgericht* (Amtsgericht), in dessen Bezirk der Erblasser im Zeitpunkt seines Todes seinen letzten Aufenthalt hatte (§§ 342 Abs. 1 Nr. 6, 343 Abs. 1 FamFG). Befand sich dieser im Ausland, ist das Gericht zuständig, in dessen Bezirk der Erblasser seinen letzten gewöhnlichen Aufenthaltsort im Inland hatte, auch wenn dies bereits vor sehr langer Zeit war. Hatte der Erblasser niemals einen gewöhnlichen Aufenthaltsort in Deutschland, ist zunächst das Amtsgericht Schöneberg zuständig, vorausgesetzt dass der Erblasser Deutscher war oder sich Nachlassgegenstände in Deutschland befinden.

b) Ermittlungspflicht des Nachlassgerichts

Das Nachlassgericht hat unter Benutzung der von dem Antragsteller angegebenen Beweismittel von Amtswegen die zur Feststellung der Tatsachen erforderlichen Ermittlungen zu veranlassen und die geeignet erscheinenden Beweismittel aufzunehmen. Es darf den Erbschein nur erteilen, wenn es die zur Begründung des Antrags erforderlichen Tatsachen für festgestellt erachtet (§ 352 e Abs. 1 FamFG).

c) Inhalt des Erbscheins

Der Erbschein enthält

- Name und Todestag des Erblassers,

- Erben und Miterben,

- Bruchteile der Miterben; hierzu enthält § 352 a Abs. 2 FamFG für Erbfälle, die seit 17. 8. 2015 eintreten, eine für die Praxis wichtige Erleichterung im Vergleich zu § 2357 Abs. 2 BGB a. F. für den **gemeinschaftlichen Erbschein**: Dieser muss nicht mehr zwingend die konkrete Höhe der Erbanteile ausweisen, wenn alle Antragsteller (nicht aber notwendigerweise alle Miterben) in dem Erbscheinsantrag auf deren Aufnahme verzichten,

- etwaige Beschränkungen, wie Testamentsvollstreckung, Nacherbschaft (§ 352 b FamFG), Ersatznacherbschaft, Bedingungen und Befristungen.

Nicht aufgenommen werden Belastungen und Beschwerungen, wie Pflichtteil, Vermächtnis, Auflage, Teilungsanordnung, Ausgleichs- und Anrechnungspflichten, Erbersatzansprüche.

Ein Erbschein lautet etwa:

Formulierungsbeispiel:

„Erbschein
Der am 27.5.2001 in München, seinem letzten Wohnsitz, verstorbene Max Mayer ist beerbt worden von
1. seiner Ehefrau Anna, geborene Huber, in München, Kirchenstraße 72 zu ½ – ein Halb und
2. seinem Sohn Robert Mayer, München, Baumstraße 6,
zu ½ – ein Halb.
Testamentsvollstreckung ist angeordnet. Bezüglich des Erbteils von Anna Mayer ist Nacherbfolge angeordnet; Nacherbe ist der Sohn Robert Mayer; die Nacherbfolge tritt ein mit dem Tod oder der Wiederverheiratung der Vorerbin."

5. Wirkungen des Erbscheins

a) Beweiswirkung

Gemäß § 2365 BGB wird vermutet, dass demjenigen, der in dem Erbschein als Erbe bezeichnet ist, das im Erbschein angegebene Erbrecht zusteht und dass er nicht durch andere als die angegebenen Anordnungen beschränkt ist. Soweit diese Vermutungen reichen, gilt der Inhalt eines unrichtigen Erbscheins einem gutgläubigen Dritten gegenüber als richtig.

Die Vermutung ist jederzeit und auf jede Weise widerlegbar. Bei zwei einander widersprechenden Erbscheinen etwa heben sich die Vermutungswirkungen und der Gutglaubensschutz auf.

b) Öffentlicher Glaube des Erbscheins

Erwirbt jemand von dem, der in einem Erbschein als Erbe bezeichnet ist, durch Rechtsgeschäft (also z. B. nicht durch Zwangsversteigerung) einen Erbschaftsgegenstand, ein Recht an einem solchen Gegenstand (z. B. eine Grundschuld) oder wird ihm eine Schuld erlassen, so gilt zu seinen Gunsten der Inhalt des Erbscheins als richtig (§§ 2366, 2367 BGB). Der Erwerber wird in seinem Rechtserwerb geschützt.

Eine Ausnahme gilt nur dann, wenn der Erwerber die Unrichtigkeit kennt oder weiß, dass das Nachlassgericht die Rückgabe des Erbscheins wegen Unrichtigkeit verlangt hat. Fahrlässige, auch grobfahrlässige Unkenntnis genügt dagegen nicht.

Dem Erwerber braucht dabei der Erbschein nicht vorgelegt zu werden; er braucht ihn auch nicht zu kennen und sich auf ihn oder eine durch ihn bezeugte Erbfolge nicht zu verlassen. Ausreichend ist, dass der Erbschein überhaupt erteilt ist.

c) Einziehung des Erbscheins

Ergibt sich, dass der erteilte Erbschein unrichtig ist, so hat ihn das Nachlassgericht einzuziehen; mit der Einziehung wird der Erbschein kraftlos (§ 2361 BGB). Kann der Erbschein nicht sofort erlangt werden, so hat ihn das Nachlassgericht durch Beschluss für kraftlos zu erklären (§ 353 Abs. 1 FamFG). Das Nachlassgericht, das den Erbschein erteilt hat, muss ihn von Amtswegen überwachen, Ermittlungen hierzu anstellen und ihn bei Unrichtigkeit einziehen. Dabei genügt es, dass die Überzeugung des Gerichts so erschüttert ist, dass es jetzt den Erbschein nicht mehr erteilen würde. Der Erbschein ist auch dann einzuziehen, wenn der → *Nacherbfall* eingetreten ist. Sobald das Nachlassgericht den Erbschein eingezogen, wirksam für kraftlos erklärt oder sobald ihn sein Besitzer auf Verlangen des wahren Erben dem Nachlassgericht herausgegeben hat (§§ 2361, 2362 BGB; Verjährungsfrist 30 Jahre gem. § 197 Abs. 1 Nr. 1 BGB), entfällt der Schutz des öffentlichen Glaubens.

Ist ein Erbschein einmal erteilt, so kann er nicht mehr abgeändert werden. Jeder Antrag auf Änderung ist ein Antrag auf Einziehung und Neuerteilung. Wegen der geschilderten Wirkungen des einmal erteilten Erbscheins gibt es keine Beschwerde gegen seine Erteilung, vielmehr muss der Antrag lauten auf Anordnung der Einziehung und Neuerteilung des Erbscheins.

▶ Erbteil

Erbteil ist der Bruchteil, mit dem einer von mehreren Miterben an der ganzen → *Erbschaft* beteiligt ist (vgl. § 1922 Abs. 1 BGB). Auf den Anteil eines Miterben (Erbteil) sind die Vorschriften über die Erbschaft anzuwenden (§ 1922 Abs. 2 BGB). Demgemäß kann auch für einen Erbteil → *Nachlasspflegschaft* (§ 1960 BGB) angeordnet werden, auf den Erbteil finden z. B. die Vorschriften über die → *Ausschlagung* oder den → *Erbschaftskauf* Anwendung. Eine Besonderheit gilt für die → *Erbteilsübertragung*, die gem. § 2033 BGB uno actu vollzogen werden kann, während die ganze Erbschaft nicht in einem einheitlichen Rechtsakt übertragen werden kann.

> **BEISPIEL:** „Ich setze meine Ehefrau A zu $\frac{1}{2}$ und meine Kinder B und C zu je $\frac{1}{4}$ zu meinen Erben ein."

▶ Erbteilsübertragung

Gemäß § 2033 BGB kann jeder Miterbe über seinen Anteil an dem Nachlass, also über seinen → *Erbteil*, verfügen. Über seinen Anteil an den einzelnen Nachlassgegenständen kann ein → *Miterbe* dagegen nicht verfügen; aufgrund der gesamthänderischen Bindung des einzelnen Nachlassgegenstandes können dies nur alle Miterben zusammen tun. Zu den Verfügungen gehören alle Rechtsgeschäfte eines Miterben, neben der Übertragung u. a. die Sicherungsübertragung, die Bestellung eines Nießbrauches oder eines Pfandrechtes. Da die Übertragung der wohl häufigste Fall ist, soll nur sie im Folgenden behandelt werden.

1. Form des Rechtsgeschäftes

Gemäß § 2033 Abs. 1 S. 2 BGB bedarf der Vertrag, durch den ein Miterbe über seinen Anteil verfügt, der Beurkundung durch einen → *Notar*. Das Vollzugsgeschäft muss also, damit es wirksam ist, notariell beurkundet werden. Ist nur ein Erbe vorhanden, der seinen gesamten Nachlass auf einen Dritten übertragen will, so gilt § 2033 BGB nicht, vielmehr müssen die einzelnen Nachlassgegenstände nach den für sie geltenden Vorschriften übertragen werden; zur

Übereignung eines → *Grundstücks* sind dabei Auflassung und Eintragung im Grundbuch erforderlich (§§ 925, 873 BGB), zur Übereignung beweglicher Gegenstände Einigung und Übergabe (§§ 929 ff. BGB), zu Forderungsübertragung Abtretung der Forderung gem. § 398 BGB. Bei Übertragung der ganzen Erbschaft gelten die Regeln über den Vollzug des → *Erbschaftskaufs*. Das zugrunde liegende Verpflichtungsgeschäft bedarf sowohl bei der Veräußerung eines Erbteils als auch des gesamten Nachlasses der notariellen Beurkundung, da es sich auch beim Verkauf eines Erbteils um den Teil-Verkauf des Nachlasses handelt und dieser gem. § 2371 BGB der notariellen Form bedarf.

2. Rechtsstellung des Erbteilserwerbers

Durch die Verfügung verliert der Miterbe nicht seine Stellung als Erbe. Er wird bei der Berechnung der → *Pflichtteile* mitgezählt, ein → *Erbschein* wird nicht unrichtig. Im Übrigen tritt er in die vermögensrechtliche Stellung des Erben ein, nimmt also an der Verwaltung, Nutzung und Auseinandersetzung teil. Er haftet auch für die → *Nachlassverbindlichkeiten* nach den allgemeinen Vorschriften. Gehört ein → *Grundstück* zum Nachlass, bedarf es zur Verschaffung des Eigentums nicht der Auflassung und Eintragung im Grundbuch, da unmittelbar durch die Übertragung des Erbteils die Änderung der Rechtsstellung herbeigeführt wird; das Grundbuch ist lediglich zu berichtigen.

3. Vorkaufsrecht der Miterben

Verkauft ein Miterbe seinen Anteil an einen Dritten, so sind die übrigen Miterben zum Vorkauf berechtigt. Die Frist für die Ausübung des Vorkaufsrechts beträgt zwei Monate. Sie beginnt für jeden Vorkaufsberechtigten, sobald ihm der Inhalt des Kaufs mitgeteilt ist. Das Vorkaufsrecht ist vererblich (§ 2034 BGB). Der Verkäufer hat die Miterben von der Übertragung unverzüglich zu benachrichtigen. Solange der Erbteil noch nicht auf den Käufer übertragen ist, also der notarielle Vertrag noch nicht geschlossen ist, kann das Vorkaufsrecht nur dem verkaufenden Miterben gegenüber ausgeübt werden. Vorkaufsberechtigt sind alle Miterben gemeinschaftlich (§ 472 S. 1 BGB), ohne dass sie die Erklärungen gleichzeitig abgeben müssen. Übt ein Miterbe sein Recht nicht fristgemäß aus, so bleibt es den anderen. Ein Miterbe, der seinen Erbteil an einen Dritten veräußert hat, zählt damit nicht mehr zu den „übrigen Miterben" i. S. v. § 2034 Abs. 1 BGB; ihm steht bei einem weiteren Verkauf kein Vorkaufsrecht mehr zu.

Mit der Ausübung des Vorkaufsrechts kommt der Kauf zwischen den berechtigten Miterben und dem Verpflichteten unter den Bestimmungen zustande, die in der notariellen Urkunde enthalten sind (§ 464 Abs. 2 BGB). Es entsteht ein gesetzliches Schuldverhältnis, das durch Übertragung des Erbteils (§ 2033 Abs. 1 BGB) zu erfüllen ist. Übertragung eines einzelnen Nachlassgegenstandes kann nicht verlangt werden. Der Erbteil geht auch nicht kraft Gesetzes auf die Vorkaufsberechtigten unmittelbar infolge der Ausübung des Vorkaufsrechts über. Wird das Vorkaufsrecht nicht innerhalb von zwei Monaten ausgeübt (§ 2034 Abs. 2 S. 1 BGB), so erlischt es.

▶ **Erbunwürdigkeit**

Die Regeln über die Erbunwürdigkeit sollen verhüten, dass jemand Erbe wird, indem er den Tod des Erblassers herbeiführt, oder ihn daran hindert, die Erbfolge durch Verfügung von Todes wegen zu bestimmen oder zu ändern. Das Gleiche gilt für einen Vermächtnisnehmer oder einen Pflichtteilsberechtigten; auch sie können so unwürdig werden, dass sie den Vermächtnisanspruch oder das Pflichtteilsrecht verlieren (§ 2345 BGB).

1. Erbunwürdigkeitsgründe

Erbunwürdig ist, wer

- den Erblasser vorsätzlich und widerrechtlich getötet oder zu töten versucht oder in einen Zustand versetzt hat, infolge dessen der Erblasser bis zu seinem Tod unfähig war, eine Verfügung von Todes wegen zu errichten oder aufzuheben,

- den Erblasser vorsätzlich und widerrechtlich verhindert hat, eine Verfügung von Todes wegen zu errichten oder aufzuheben,

- den Erblasser durch arglistige Täuschung oder widerrechtlich durch Drohung bestimmt hat, eine Verfügung von Todes wegen zu errichten oder aufzuheben,

- sich in Ansehung einer Verfügung des Erblassers von Todes wegen eines strafbaren Urkundendelikts nach den §§ 267, 271–274 StGB schuldig gemacht hat.

In den letzten beiden Fällen tritt die Erbunwürdigkeit nicht ein, wenn vor dem Eintritt des Erbfalls die Verfügung, zu deren Errichtung der Erblasser bestimmt oder in Ansehung deren die Straftat begangen worden ist, unwirksam geworden ist (§ 2339 Abs. 2 BGB).

Die Unwürdigkeitsgründe sind erschöpfend aufgezählt und nicht entspr. anwendbar. Es ist gleichgültig, ob es sich um Mittäterschaft, Anstiftung, Beihilfe handelt, ebenso sind Motiv und Zweck der Tat unerheblich.

2. Anfechtung

Die Erbunwürdigkeit tritt nicht automatisch ein, wenn ihre Voraussetzungen vorliegen, sondern muss nach dem → *Anfall der Erbschaft* (§ 1942 BGB) durch Anfechtung des Erbschaftserwerbs geltend gemacht werden (§ 2340 BGB). Sie kann nur binnen Jahresfrist erfolgen (§§ 2340 Abs. 3, 2082 BGB); die Frist beginnt mit dem Zeitpunkt, in dem der Anfechtungsberechtigte vom Anfechtungsgrund Kenntnis erlangt. Anfechtungsberechtigt ist jeder, dem der Wegfall des Erbunwürdigen, sei es auch nur bei dem Wegfall eines anderen, zustatten kommt (§ 2341 BGB). Die Anfechtung erfolgt durch Erhebung der Anfechtungsklage, die darauf zu richten ist, dass der Erbe für erbunwürdig erklärt wird. Die Wirkung der Anfechtung tritt mit Rechtskraft des Urteils ein (§ 2342 BGB). Die Anfechtung ist ausgeschlossen, wenn der Erblasser dem Erbunwürdigen verziehen hat (§ 2343 BGB). Ist ein Erbe für erbunwürdig erklärt, so gilt der Anfall an ihn als nicht erfolgt. Die Erbschaft fällt demjenigen an, der berufen sein würde, wenn der Erbunwürdige zurzeit des Erbfalls nicht gelebt hätte; der Anfall gilt als mit dem Eintritt des Erbfalls erfolgt (§ 2344 BGB). Dagegen kann die Berufung eines Vermächtnisnehmers oder Pflichtteilsberechtigten wegen Unwürdigkeit formlos diesen Personen gegenüber angefochten werden (§ 2345 Abs. 1 S. 2 BGB); einer Klage bedarf es hier nicht.

▶ **Erbvertrag**

Der Erbvertrag ist als Vertrag ein zweiseitiges Rechtsgeschäft, das aus mindestens zwei Willenserklärungen besteht, während das → *Testament* eine einseitige Willenserklärung ist. Verfügt im Erbvertrag nur ein Vertragspartner als → *Erblasser* vertragsmäßig bindend von Todes wegen, so liegt ein einseitiger Erbvertrag vor, etwa wenn in einem Erbvertrag ein Onkel seinen Neffen zum → *Alleinerben* einsetzt. Verfügen beide Vertragsteile vertragsmäßig bindend von Todes wegen als Erblasser, so handelt es sich um einen zweiseitigen (gemeinschaftlichen) Erbvertrag, etwa wenn sich zwei Ehegatten im Weg des Erbvertrags gegenseitig zu Alleinerben einsetzen. Im Gegensatz zum einseitigen Testament, das jederzeit widerruflich ist, kann der Erbvertrag als Vertrag nur unter besonderen Voraussetzungen aufgehoben oder rückgängig gemacht werden.

1. **Voraussetzungen**

Wer als Erblasser letztwillig verfügt, kann den Erbvertrag nur **höchstpersönlich** schließen, also weder durch Boten noch durch Bevollmächtigte noch durch gesetzliche Vertreter (§ 2274 BGB). Der andere Teil kann sich vertreten lassen, wenn er lediglich Bedachter ist, aber nicht selbst Verfügungen von Todes wegen trifft. Handelt aber auch er als Erblasser, so muss auch er den Erbvertrag höchstpersönlich schließen.

Einen Erbvertrag kann als Erblasser nur schließen, wer unbeschränkt geschäftsfähig ist (§ 2275 Abs. 1 BGB). Die Anforderungen an die Vertragsfähigkeit sind also höher als die an die → *Testierfähigkeit* bei letztwilligen Verfügungen. Geschäftsfähig ist, wer volljährig, nicht wegen Geisteskrankheit entmündigt ist und sich nicht in einem seine freie Willensbestimmung ausschließenden Zustand befindet.

Schließt dagegen der Erblasser mit seinem Ehegatten oder Verlobten einen Erbvertrag, so genügt es, wenn er in der Geschäftsfähigkeit beschränkt ist; er bedarf in diesem Fall der Zustimmung seines gesetzlichen Vertreters; ist der gesetzliche Vertreter ein Vormund, so ist auch die Genehmigung des Familiengerichts erforderlich (§ 2275 Abs. 2 BGB).

Trifft der Vertragspartner des Erblassers keine eigenen → *Verfügungen von Todes wegen* (einseitiger Erbvertrag), so gelten die allgemeinen Vorschriften des Vertragsrechts; insbesondere ist hier hervorzuheben der Fall, dass der Bedachte minderjährig ist: Erlangt er durch den Erbvertrag lediglich rechtliche Vorteile, aber keine Verpflichtungen, so bedarf er zum Vertragsschluss nicht der Zustimmung seines gesetzlichen Vertreters.

2. Form

Der Erbvertrag kann nur zur Niederschrift eines → *Notars* bei gleichzeitiger Anwesenheit beider Teile geschlossen werden (§ 2276 BGB). Der Erblasser selbst muss persönlich anwesend sein (s. o. Ziff. 1). Der Vertragsschluss bedarf der gleichen Formen wie die Errichtung eines → *öffentlichen Testaments* : Der Erbvertrag kann also durch mündliche Erklärung oder Übergabe einer offenen oder verschlossenen Schrift mit der Erklärung errichtet werden, dass sie eine Verfügung von Todes wegen enthalte; der Erbvertrag muss vorgelesen, genehmigt und eigenhändig unterschrieben werden, um gültig zu sein.

3. Inhalt, Bindung

In einem Erbvertrag, den verschiedene Personen abschließen, kann jeder der Vertragschließenden nur Erbeinsetzungen einschließlich → *Vor- und Nacherbeinsetzung,* → *Vermächtnisse,* → *Auflagen* und → *Wahl des anzuwendenden Erbrechts* vertragsmäßig treffen (§ 2278 BGB). Das bedeutet, dass nur hinsichtlich dieser vier Verfügungsarten die dem Erbvertrag wesensmäßige Bindung eintritt. Daneben kann jeder an einseitigen, d. h. nicht bindenden Verfügungen alles treffen, was Inhalt eines Testaments sein kann, etwa Testamentsvollstreckungsanordnung, Teilungsanordnung, Enterbung etc. Der Erblasser kann diese vertragsmäßig nicht bindenden Verfügungen jederzeit grundlos einseitig so widerrufen wie in einem → *Testament* (§ 2299 Abs. 2 BGB).

Aber auch die Verfügungen, die vertragsmäßig bindend zulässig sind, wie Erbeinsetzung, Vermächtnis, Auflage und → *Wahl des anzuwendenden Erbrechts,* werden nicht schon durch die Aufnahme in einen Erbvertrag ohne weiteres vertragsmäßig bindend; auch diese

Verfügungen können u. U. nur einseitige letztwillige Verfügungen sein. Vertragsmäßig bindend sind sie nur, wenn erkennbar der Wille zum Ausdruck gebracht ist, dass sie bindend sein sollen. Das ist etwa dann der Fall, wenn der Erblasser den anderen Vertragsteil bedenkt oder wenn dieser bei der Zuwendung an einen Dritten ein eigenes Interesse hat. Zur Auslegung kann auf die ähnliche Regelung für wechselbezügliche Verfügungen in → *gemeinschaftlichen Testamenten* verwiesen werden. Haben sich z. B. kinderlose Ehegatten in einem Erbvertrag gegenseitig zu Alleinerben und beiderseitige Verwandte zu Erben des überlebenden Ehegatten eingesetzt, so sind i. d. R. die Verwandten des erstversterbenden Ehegatten vertragsmäßig, die Verwandten des Überlebenden Ehegatten dagegen letztwillig berufen (BGH FamRZ 1961, 76).

Der Erblasser ist an vertragsmäßige Verfügungen ausnahmsweise dann nicht gebunden, wenn ihm im Erbvertrag spätere beeinträchtigende einseitige Verfügungen vorbehalten worden sind. Die Zulässigkeit eines solchen Vorbehalts folgt aus dem Grundsatz der Vertragsfreiheit, ohne dass jedoch der Erblasser durch den Vorbehalt von jeglicher vertraglicher Bindung befreit werden darf.

4. Aufhebung, Rücktritt

Ein Erbvertrag sowie einzelne vertragsmäßige Verfügungen können durch Vertrag von den Personen aufgehoben werden, die den Erbvertrag geschlossen haben. Nach dem Tod einer dieser Personen kann die Aufhebung nicht mehr erfolgen (§ 2290 BGB). Für die Form und die Geschäftsfähigkeit gelten die Vorschriften für den Abschluss des Erbvertrags entsprechend. In der Errichtung eines neuen widersprechenden Erbvertrags, der den alten nicht ausdrücklich aufhebt, liegt eine schlüssige Aufhebung der widersprechenden Verfügungen. Sind Dritte bedacht, so können die Vertragspartner den Vertrag ohne deren Zustimmung aufheben; anders als beim Vertrag zugunsten Dritter (§ 328 BGB) haben Dritte vor dem Erbfall kein Recht erworben.

Der Erblasser kann sich im Erbvertrag den Rücktritt vom Erbvertrag vorbehalten (§ 2293 BGB), und zwar sowohl vom ganzen Vertrag wie von einzelnen vertragsmäßigen Verfügungen. Der Rücktritt erfolgt durch Erklärung gegenüber dem anderen Vertragsschließenden und bedarf der Beurkundung durch einen → *Notar*. Er kann nicht durch einen Vertreter erfolgen (§ 2296 BGB). Die Urschrift oder eine Ausfertigung der notariellen Rücktrittserklärung muss dem anderen Vertragsteil zugehen oder zugestellt werden; Zustellung einer beglaubigten Abschrift genügt nicht. Soweit der Erblasser zum Rücktritt berechtigt ist, kann er nach dem Tod des anderen Vertragsschließenden auch vertragsmäßige Verfügungen durch Testament aufheben (§ 2297 BGB). Der Erblasser kann ferner zurücktreten, wenn sich der Bedachte einer Verfehlung schuldig macht, die ihn zur Entziehung des → *Pflichtteils* berechtigt (§ 2294 BGB).

Der Rücktritt durch den Vertragspartner des Erblassers, der nicht letztwillig verfügt, ist nur nach den allgemeinen Vorschriften zulässig.

5. Anfechtung

Der Erblasser kann den Erbvertrag wegen Irrtums oder Drohung (§ 2078 BGB) oder wegen Übergehung eines Pflichtteilsberechtigten (§ 2079 BGB) anfechten (§ 2281 BGB). Die Anfechtungserklärung bedarf der Beurkundung durch einen → *Notar* und kann nicht durch einen Vertreter des Erblassers erfolgen (§ 2282 BGB). Die Anfechtung durch den Erblasser kann nur binnen Jahresfrist geschehen, wobei die Frist bei Anfechtbarkeit wegen Drohung mit dem Zeitpunkt beginnt, in dem die Zwangslage aufhört, in den übrigen Fällen mit dem Zeitpunkt, in dem der Erblasser von dem Anfechtungsgrund Kenntnis erlangt (§ 2283 BGB).

Die Anfechtung einseitiger letztwilliger, also nicht vertragsmäßig bindender Verfügungen richtet sich dagegen nach §§ 2078 ff. BGB. Der Erblasser selbst kann diese Erklärungen nicht anfechten, sie aber jederzeit grundlos durch Testament widerrufen (§§ 2299 Abs. 2, 2253 Abs. 1, 2254 BGB). Beziehen sich die Willensmängel des Erblassers auf Willenserklärungen, die im Zusammenhang eines mit dem Erbvertrag abgeschlossenen Rechtsgeschäfts unter Lebenden abgegeben wurden, so richtet sich die Anfechtung nach den Vorschriften des Allgemeinen Teils des BGB (§§ 119 ff. BGB).

6. Rechtsgeschäfte unter Lebenden

Durch den Erbvertrag wird das Recht des Erblassers, über sein Vermögen durch Rechtsgeschäft unter Lebenden zu verfügen, nicht beschränkt. Das bedeutet, dass auch bei vertragsmäßig bindenden Verfügungen grds. kein Schutz des Vertragspartners vor Rechtsgeschäften des Erblassers unter Lebenden besteht. Der Erblasser kann daher trotz des Erbvertrags, durch den er über seinen ganzen Nachlass verfügt hat, durch Rechtsgeschäft unter Lebenden über seine Vermögensgegenstände verfügen (§ 2286 BGB).

Ausnahmen hiervon bestehen nur in folgenden Fällen: Hat der Erblasser in der Absicht, den Vertragserben zu beeinträchtigen, eine Schenkung gemacht, so kann der Vertragserbe, nachdem ihm die Erbschaft angefallen ist, vom Beschenkten die Herausgabe des Geschenkes nach den Vorschriften über die Herausgabe einer ungerechtfertigten Bereicherung fordern (§ 2287 BGB). Hat der Erblasser den Gegenstand eines vertragsmäßig angeordneten Vermächtnisses in der Absicht, den Bedachten zu beeinträchtigen, zerstört, beiseite geschafft oder beschädigt, so tritt, wenn der Erbe dadurch außer Stande gesetzt ist, die Leistung zu bewirken, an die Stelle des Gegenstandes der Wert. Hat der Erblasser in der gleichen Absicht den Gegenstand veräußert oder belastet, so ist der Erbe verpflichtet, dem Bedachten den Gegenstand zu verschaffen oder die Belastung zu beseitigen (§ 2288 BGB). Der Anspruch verjährt in drei Jahren von dem Anfall der Erbschaft an. Wegen Einzelheiten s. Stichwort → *Böswillige Schenkung.*

Dadurch, dass durch das gemeinschaftliche Testament das Recht des Erblassers, über sein Vermögen durch Rechtsgeschäft unter Lebenden zu verfügen, nicht beschränkt wird, kann in bestimmten Fällen ein berechtigtes Interesse des Begünstigten gegeben sein, das lebzeitige Verfügungsrecht des Erblassers etwa hinsichtlich eines → *Grundstücks* schuldrechtlich auszuschließen. Der Erblasser kann sich durch Rechtsgeschäft unter Lebenden schuldrechtlich verpflichten, über das Grundstück nicht ohne Zustimmung des Bedachten zu verfügen. Der Unterlassungsanspruch selbst kann nicht durch Vormerkung im Grundbuch gesichert werden, wohl aber der bedingte Anspruch auf (vorzeitige) Übertragung des Grundbesitzes. Bedingung ist hier der Verstoß gegen die Verpflichtung aus dem Verfügungsunterlassungsvertrag.

Eine andere Möglichkeit besteht in dem Abschluss eines Schenkungsvertrags, mit dem der Grundbesitz aufschiebend bedingt durch den Tod des Schenkenden übertragen wird. Der Nachweis des Bedingungseintritts ist durch Vorlage einer Sterbeurkunde zu führen. Der Notar ist in der Urkunde anzuweisen, Umschreibungsantrag erst gegen Vorlage der Sterbeurkunde zu stellen. Dieser Anspruch kann ebenfalls durch Eintragung einer Auflassungsvormerkung gesichert werden.

▶ **Erbverzicht**

Durch Vertrag mit dem → *Erblasser* können → *Verwandte* sowie der Ehegatte oder Lebenspartner (§ 10 Abs. 7 LPartG) des Erblassers auf ihr gesetzliches Erbrecht verzichten (§ 2346 BGB). Der Verzichtende ist von der → *gesetzlichen Erbfolge* ausgeschlossen, wie wenn er zurzeit des → *Erbfalls* nicht mehr lebte. Der Verzicht kann mit einer Abfindung der künftigen Erben, insbesondere der Kinder, verbunden werden und regelt dann die so genannte vorweggenommene Erbfolge. Der Erbverzicht ist damit ein Mittel, das Familiengut zusammenzuhalten, vor allem dann, wenn es sich um einen gewerblichen Betrieb oder ein landwirtschaftliches Anwesen handelt.

1. Vertragspartner

a) Erblasser

Auf der einen Seite ist Vertragspartner der Erblasser. Er kann seine Erklärung nur höchstpersönlich abgeben; eine Stellvertretung ist unzulässig (§ 2347 Abs. 2 S. 1 BGB). Ein beschränkt geschäftsfähiger Erblasser braucht nicht die Zustimmung seines gesetzlichen Vertreters oder des Betreuungs-/Familiengerichts (§ 2347 Abs. 2 BGB). Ist der Erblasser aber geschäftsunfähig, kann der Verzichtsvertrag nur durch den gesetzlichen Vertreter mit Zustimmung des Betreuungs-/Familiengerichts geschlossen werden. Eine Ausnahme hiervon gilt, wenn der Verzichtende unter elterlicher Sorge steht und der Vertrag unter Ehegatten, Lebenspartnern (§ 10 Abs. 7 LPartG) oder Verlobten geschlossen wird (§ 2347 Abs. 1 BGB).

b) Verzichtende Person

Auf das gesetzliche Erbrecht kann jeder gesetzliche → *Erbe*, → *Verwandte*, → *Ehegatte*, → *Lebenspartner* (§ 10 Abs. 7 LPartG), auch ein künftiger Ehegatte oder Lebenspartner verzichten (§ 2346 Abs. 1 BGB), nicht aber der Staat als gesetzlicher Zwangserbe (→ *Fiskus*). Wer durch → *Verfügung von Todes wegen* als Erbe eingesetzt oder mit einem → *Vermächtnis* bedacht ist, kann durch Vertrag mit dem Erblasser auf die Zuwendung verzichten (§ 2352 BGB). Dies gilt auch für den in einem → *Erbvertrag* bedachten Dritten, der nicht Vertragspartner des Erblassers ist (§ 2352 S. 2 BGB).

Der Verzichtende kann beim Abschluss des Verzichtsvertrags nach allgemeinen Regeln vertreten werden.

Nicht zu verwechseln mit dem Erbverzichtsvertrag, der stets mit dem Erblasser abzuschließen ist, ist der zwischen den künftigen gesetzlichen Erben vor dem Ableben des Erblasser untereinander geschlossene Verzichtsvertrag (§ 311 b Abs. 5 BGB); in diesem Fall wird der Verzichtende zunächst Erbe, muss aber über seinen Erbteil gem. der Vereinbarung verfügen.

2. Form des Verzichtsvertrags

Der Erbverzichtsvertrag bedarf der Beurkundung durch einen → *Notar* (§ 2348 BGB). Durch den Formzwang werden die Beteiligten vor einem übereilten Abschluss des Vertrags geschützt und über die Auswirkungen des Vertrags belehrt. Streitig ist, ob auch der dem Erbverzichtsvertrag zugrunde liegende Verpflichtungsvertrag notariell beurkundet werden muss; aus dem Schutzgedanken der Vorschrift des § 2348 BGB wie auch aus dem Gesichtspunkt, stets den sichersten Weg zu wählen, dürfte dies zu bejahen sein (a. A. Kuchinke NJW 1983, 2358).

3. Wirkungen

Wer auf sein gesetzliches Erbrecht verzichtet, wird nicht Erbe. Der Erbverzicht ändert also die → *gesetzliche Erbfolge*; der Verzichtende wird so behandelt, wie wenn er zum Zeitpunkt des → *Erbfalls* nicht mehr lebte. Demgemäß wird der Erbverzichtende – anders als der → *Pflichtteilsverzichtende* – bei der **Pflichtteilsberechnung** anderer

Berechtigter nicht mehr mitgezählt (§ 2310 S. 1 BGB). Verzichtet also ein → *Abkömmling* auf sein Erbrecht, so vermehren sich damit die → *Pflichtteilsrechte* der übrigen Abkömmlinge und bei → *Gütertrennung* auch der Ehefrau.

> **BEISPIEL:** Die in Gütertrennung lebenden Eltern haben drei Kinder, von denen zwei auf ihren Erb- und Pflichtteil verzichtet haben. Machen die Ehefrau und das dritte Kind Pflichtteilsansprüche geltend, so werden die beiden verzichtenden Kinder nicht mitgerechnet und der Pflichtteilsanspruch der Ehefrau und des Kindes beträgt je $\frac{1}{4}$. Hätten die beiden verzichtenden Kinder nur auf ihren Pflichtteil und nicht gleichzeitig auf ihren Erbteil verzichtet, so hätte sich der Pflichtteilsanspruch der Ehefrau und des Kindes auf je $\frac{1}{8}$ reduziert, wäre also nur halb so groß (vgl. § 2310 S. 1 BGB).

Der „brave" Verzichtende begünstigt also den „bösen" Nichtverzichtenden, ein gewiss von allen Beteiligten ungewolltes Ergebnis. Ein Erbverzicht ist also im Gegensatz zum → *Pflichtteilsverzicht* nur in den seltensten Fällen sinnvoll, etwa bei Testierunfähigkeit des Erblassers, bei Beseitigung wechselbezüglicher Verfügungen oder u. U. vor Abschluss einer Ehe.

Verzichtet jemand **zugunsten eines anderen** auf sein → *gesetzliches Erbrecht*, so ist im Zweifel anzunehmen, dass der Verzicht nur für den Fall gelten soll, dass der andere Erbe wird (§ 2350 Abs. 1 BGB). Verzichtet ein → *Abkömmling* des Erblassers auf sein gesetzliches Erbrecht, so ist im Zweifel anzunehmen, dass der Verzicht nur zugunsten der anderen Abkömmlinge und des Ehegatten des Erblassers gelten soll (§ 2350 Abs. 2 BGB).

> **BEISPIEL:** Hinterlässt Erblasser E zwei Söhne A und B und seine Witwe W und hat sein Sohn A auf sein Erbteil verzichtet, so erben bei gesetzlicher Erbfolge Sohn B und Witwe W, nicht aber A. Setzt E aber seinen Bruder zum Alleinerben ein, so erhalten A, B und W jeweils ihren → *Pflichtteil*.

Verzichtet ein → *Abkömmling* oder ein Seitenverwandter des Erblassers auf das → *gesetzliche Erbrecht*, so wirkt sein Verzicht auch **zulasten seiner** → *Abkömmlinge* (§ 2349 BGB); sie brauchen dem Verzicht nicht zugestimmt zu haben. Im Vertrag kann jedoch eine andere Regelung getroffen werden. Verzichtet der eingesetzte Erbe, so wirkt der Verzicht nicht zulasten seiner Abkömmlinge.

Der Verzicht auf das gesetzliche Erbrecht erstreckt sich automatisch auch auf das → *Pflichtteilsrecht* (§ 2346 Abs. 1 S. 2 BGB). Es kann aber auch vereinbart werden, dass das Pflichtteilsrecht vom Erbverzicht unberührt bleibt. Möglich ist auch, den Verzicht auf das Pflichtteilsrecht zu beschränken (§ 2346 Abs. 2 BGB), so dass das Erbrecht davon nicht berührt wird. Diese Gestaltung kommt in der Praxis am häufigsten vor.

4. Abfindung

Der Verzicht enthält keine Vermögenszuwendung und ist auch, ähnlich wie die → *Ausschlagung der Erbschaft*, keine Schenkung. Der Verzicht ist daher nicht → *erbschaftsteuerpflichtig* (§ 7 Abs. 1 Nr. 5 ErbStG), wohl aber der evtl. Empfang von Abfindungen durch den Verzichtenden. Der Verzicht kann daher von den Gläubigern des Verzichtenden nicht angefochten werden; er kann vom Verzichtenden auch dann noch erklärt werden, nachdem über das Vermögen des Verzichtenden das Insolvenzverfahren eröffnet worden ist.

Häufig wird der Erb- und/oder Pflichtteilsverzicht verbunden mit einer Abfindungsregelung, um den Familienbesitz in einer Hand zu erhalten, insbesondere wenn der Nachlass hauptsächlich aus einem landwirtschaftlichen oder gewerblichen Unternehmen besteht. Eine weitere Möglichkeit bietet der vorzeitige Erbausgleich (→ *Vorzeitiger Erbausgleich des nichtehelichen Kindes*) zwischen dem männlichen Erblasser und seinen nichtehelichen Kindern.

▶ **Ergänzungspflegschaft**

Als Ergänzungspflegschaft wird die Pflegschaft für jemand bezeichnet, der unter elterlicher Sorge oder unter Vormundschaft steht. Sie ist dann erforderlich, wenn die Eltern oder der Vormund an der Besorgung einer bestimmten Angelegenheit verhindert sind (§ 1909 BGB). Das kann insbesondere bei solchen Angelegenheiten der Fall sein, bei denen ein Interessenwiderspruch zwischen Eltern oder Vormund auf der einen Seite und Kind oder Mündel auf der anderen Seite besteht. Sind Vertragspartner bei einer → *Auseinandersetzung* etwa die Eltern und eines oder mehrere minderjährige Kinder, so ist zum Abschluss des Auseinandersetzungsvertrags ein Ergänzungspfleger aufzustellen. Ein Ergänzungspfleger ist ferner etwa erforderlich zur Verwaltung des Vermögens, das ein Kind oder Mündel von Todes wegen erwirbt, wenn der Erblasser durch → *Verfügung von Todes wegen* bestimmt hat, dass die Eltern oder der Vormund das Vermögen nicht verwalten sollen (§ 1909 Abs. 1 S. 2 BGB). Die Eltern oder der Vormund haben dem Familiengericht unverzüglich anzuzeigen, wenn eine solche Pflegschaft erforderlich wird.

Zuständig für die Anordnung der Ergänzungspflegschaft ist das Familiengericht, in dessen Bezirk das Kind wohnt oder bei dem die Vormundschaft anhängig ist. Das Gericht kann den Ergänzungspfleger frei auswählen, wird aber einen Vorschlag der Eltern berücksichtigen. Wird die Ergänzungspflegschaft nur für eine einzelne Angelegenheit angeordnet, so endet sie mit deren Erledigung, im Übrigen endet sie mit der Beendigung der elterlichen Sorge oder dem Ende der Vormundschaft.

► Eröffnung der Verfügung von Todes wegen

Durch die Vorschriften hierüber wird gewährleistet, dass die → *Verfügung* des Erblassers zum Tragen kommt. Die Eröffnung der letztwilligen Verfügung ist Voraussetzung für die Erbenstellung und deren Nachweis: So ist beim Erbscheinsantrag die eröffnete Verfügung von Todes wegen zu bezeichnen, aufgrund deren der → *Erbschein* verlangt wird (§ 2355 BGB). Eine notariell beurkundete letztwillige Verfügung und die Niederschrift über ihre Eröffnung ersetzen für den Nachweis der Erbfolge im Grundbuchverkehr den → *Erbschein* oder das → *Europäische Nachlasszeugnis* (§ 35 Abs. 1 S. 2 GBO).

1. Ablieferungspflicht

Jeder, der ein → *Testament* in Besitz hat, ist verpflichtet, es unverzüglich an das Nachlassgericht abzuliefern, sobald er vom Tod des Erblassers Kenntnis erlangt hat (§ 2259 BGB). Gleichgültig ist dabei, ob das Testament widerrufen wurde, ob es gültig ist oder nicht. Die

Gültigkeit zu beurteilen, ist allein Aufgabe des Gerichts, nicht des Besitzers. Die Ablieferung kann durch ein Zwangsgeld zwischen 5 Euro und 25.000 Euro oder Zwangshaft erzwungen werden (§§ 358, 35 FamFG). Wer eine letztwillige Verfügung beschädigt, vernichtet oder unterdrückt, ist wegen eines Vergehens der Urkundenunterdrückung (§ 274 Abs. 1 Nr. 1 StGB) strafbar und macht sich den wirklichen Erben gegenüber schadensersatzpflichtig (§ 823 Abs. 2 BGB).

2. Verfahren

Das → *Nachlassgericht* hat einen Termin zur Eröffnung zu bestimmen, sobald es vom Tod des Erblassers erfährt. Eine Anordnung des Erblassers, durch die er verbietet, das Testament alsbald nach seinem Tod zu eröffnen, ist nichtig (§ 2263 BGB). Zu eröffnen ist jedes Schriftstück, das sich äußerlich oder inhaltlich als Testament darstellt, also z. B. auch ein Brief, der eine letztwillige Verfügung enthält, ohne Rücksicht auf die formelle oder materielle Gültigkeit, so auch durch spätere Testamente widerrufene Testamente. Es empfiehlt sich daher für den Erblasser, überholte Testamente rechtzeitig zu vernichten bzw. aus der amtlichen → *Verwahrung* zurückzunehmen und zu vernichten. Befindet sich eine letztwillige Verfügung in amtlicher Verwahrung, so verständigt im Todesfall das Standesamt die Verwahrungsstelle, die dann die letztwillige Verfügung dem Nachlassgericht vorlegt. Zum Eröffnungstermin sollen – soweit dies tunlich erscheint – die als → *gesetzliche Erben* in Frage kommenden Personen und ggf. die sonstigen aus der → *Verfügung* erkennbaren Beteiligten geladen werden (z. B. die eingesetzten → *Erben*, → *Nacherben*, → *Vermächtnisnehmer*, → *Testamentsvollstrecker*, → *Auflagebegünstigte*) (§ 2260 Abs. 1 S. 2 BGB). Wer neben den gesetzlichen Erben als Beteiligter anzusehen ist, lässt sich vor der Eröffnung natürlich nur bei unverschlossenen Verfügungen feststellen. In der Ladung weist das Nachlassgericht darauf hin, dass der Geladene im Termin nicht erscheinen muss und dass ihm in diesem Fall der Inhalt des Testaments, so weit er ihn betrifft, mitgeteilt wird.

3. Eröffnungstermin

Im Eröffnungstermin ist das Testament oder der Erbvertrag, wenn sie verschlossen sind, zu öffnen, den erschienenen Beteiligten zu verkünden und auf Verlangen vorzulesen. In der Praxis sehen viele Nachlassgerichte von einer Ladung der Beteiligten ab und übersenden ihnen nach erfolgter Eröffnung kostenfrei eine Kopie des Testaments und des Eröffnungsprotokolls. Nach der Eröffnung bleibt das Testament offen in den Nachlassakten. Die Verkündung unterbleibt, wenn im Termin keiner der Beteiligten erscheint (§§ 2260 Abs. 2, 2262 BGB). Über die Eröffnung ist eine Niederschrift aufzunehmen. War das Testament verschlossen, so ist in der Niederschrift festzustellen, ob der Verschluss unversehrt war. Niemand ist verpflichtet, einer Ladung zum Eröffnungstermin zu folgen. Meist wird es schon deshalb überflüssig sein, weil man den Inhalt der Verfügung bereits kennt. Wer nicht erscheint, erhält kostenlos eine Abschrift oder Kopie (§ 2262 BGB), was einer bloßen Verlesung oder Vorlegung im Termin vorzuziehen ist. Wer zum Termin erscheint, erhält dagegen eine Kopie nur gegen Zahlung der Kosten. In der Regel wird man deshalb empfehlen können, dem Termin fernzubleiben.

Mit der Eröffnung des Testaments in Anwesenheit des Erben beginnt die Frist für die → *Ausschlagung* zu laufen. Dies gilt auch dann, wenn der Erbe schon vorher den Inhalt des Testaments kennt. Erhält der Erbe jedoch erst durch die Übersendung der Testamentsabschrift Kenntnis von seiner Berufung, beginnt die Frist erst mit dem Empfang der Mitteilung (§ 1944 Abs. 2 BGB).

Wenn dem Nachlassgericht, das einen → *Erbschein* oder ein → *Europäisches Nachlasszeugnis* erteilt hat oder sonst die Erben ermittelt hat, bekannt ist, z. B. aus dem Inhalt des Testaments oder aufgrund von Angaben der Beteiligten, dass zum Nachlass → *Grundstücke* gehören, soll es dem zuständigen Grundbuchamt davon Mitteilung machen, damit dieses das Grundbuchberichtigungsverfahren durchführt. Die als Erben eingesetzten Personen sollen darauf hingewiesen werden, dass durch den Erbfall das Grundbuch unrichtig geworden ist und dass die Berichtigung des Grundbuchs innerhalb der ersten zwei Jahre nach dem Erbfall gerichtsgebührenfrei erfolgt (§ 83 GBO).

Wer ein rechtliches Interesse glaubhaft macht, ist berechtigt, das eröffnete Testament einzusehen, sowie eine Abschrift des Testaments oder einzelne Teile zu fordern; die Abschrift ist auf Verlangen zu beglaubigen (§ 2264 BGB). Eine Aushändigung der Urschrift des Testaments ist nicht zulässig.

4. Gemeinschaftliches Testament und Erbvertrag

Beim → *gemeinschaftlichen Testament* oder → *Erbvertrag* sind nach dem Tod des Erstverstorbenen die Verfügungen des Überlebenden noch nicht zu verkünden, soweit sie sich trennen lassen (§ 2273 Abs. 1 BGB). Dadurch wird das Interesse des Überlebenden an der Geheimhaltung seiner Verfügungen von Todes wegen gewahrt. Geheim gehalten werden können sie allerdings nur dann, wenn sie sich von denen des Erblassers trennen lassen; ist dies nicht möglich, müssen sie zwangsläufig mit verkündet bzw. bekannt gemacht werden. Von den Verfügungen des Erstverstorbenen ist eine beglaubigte Abschrift zu fertigen, die letztwillige Verfügung wieder zu verschließen und in die besondere amtliche Verwahrung zu nehmen. Eine Ausnahme besteht dann, wenn sich die letztwillige Verfügung nur auf den Tod des Erstversterbenden bezieht, insbesondere wenn sich Ehegatten oder Lebenspartner nur gegenseitig zu Erben einsetzen, ohne Bestimmungen für den Tod des Letztversterbenden zu treffen (§ 2273 Abs. 3 BGB).

▶ Errungenschaftsgemeinschaft

Errungenschaftsgemeinschaft heißt ein → *Güterstand*, der vor Inkrafttreten des Gleichberechtigungsgesetzes durch → *Ehevertrag* vereinbart werden konnte. Heute ist eine solche Vereinbarung nicht mehr möglich. Für vor dem 30. 6. 1958 geschlossene Ehen, in denen dieser Güterstand wirksam vereinbart war, gilt das alte Recht noch fort.

Bei der Errungenschaftsgemeinschaft sind vier Gütermassen vorhanden, nämlich das Gesamtgut, gebildet aus dem Erwerb der Ehegatten während der Ehe, ferner die beiden Gütermassen des eingebrachten Gutes beider Ehegatten, also deren voreheliche Vermögen, Erwerb von Todes wegen und Schenkungen sowie das durch Ehevertrag vereinbarte Vorbehaltsgut der Ehefrau. Die Errungenschaftsgemeinschaft endet mit Auflösung der Ehe, Tod eines Ehegatten oder Eröffnung des Insolvenzverfahrens über das Vermögen des Ehemanns. Mit dem Ende der Errungenschaftsgemeinschaft tritt regelmäßig der Güterstand der → *Gütertrennung* ein. Über das Gesamtgut findet eine → *Auseinandersetzung* statt.

▶ **Ersatzerbe**

Ersatzerbe heißt der → *Erbe*, der für den Fall eingesetzt ist, dass der eigentliche Erbe aus irgendeinem Grund wegfällt. Der Ersatzerbe wird Erbe, wenn der als Erbe Berufene vor oder nach dem Eintritt des → *Erbfalls* wegfällt, etwa durch Vorversterben, → *Erbverzicht* (§ 2352 BGB), → *Ausschlagung* (§ 1953 BGB), → *Erbunwürdigkeit* (§ 2344 BGB). Für solche Fälle kann der Erblasser einen anderen als Erben einsetzen (Ersatzerbe, § 2096 BGB). Eine solche Ersatzerbeinsetzung liegt im Zweifel auch dann vor, wenn ein → *Nacherbe* eingesetzt ist; ist zweifelhaft, ob jemand als Ersatzerbe oder als Nacherbe eingesetzt ist, so gilt er als Ersatzerbe (§ 2102 BGB).

Formulierungsbeispiel:

„Ich setze zu meinem alleinigen und unbeschränkten Erben meinen Sohn B ein, ersatzweise seine ehelichen Abkömmlinge nach unter sich gleichen Anteilen."

Sind Erben gegenseitig oder sind für einen von ihnen die übrigen als Ersatzerben eingesetzt, so ist im Zweifel anzunehmen, dass sie nach dem Verhältnis ihrer → *Erbteile* als Ersatzerben eingesetzt sind (§ 2098 BGB).

Hat der Erblasser ohne nähere Bestimmung **„seine Kinder"** bedacht und ist ein Kind vor der Errichtung des → *Testaments* unter Hinterlassung von → *Abkömmlingen* gestorben, so ist im Zweifel anzunehmen, dass auch dessen Abkömmlinge insoweit bedacht sind, als sie bei → *gesetzlicher Erbfolge* (§ 1924 Abs. 3, 4 BGB) kraft ihres Eintrittsrechts an die Stelle des Kindes treten würden (§ 2068 BGB). Unter „Kindern" oder „Abkömmlingen" sind in der Regel auch Adoptivkinder (→ *Annahme als Kind*) zu verstehen.

Hat der Erblasser einen bestimmten Abkömmling bedacht, so erben dessen Abkömmlinge nur dann, wenn dieser Abkömmling **nach** Errichtung des Testaments fortgefallen ist (§ 2069 BGB). Diese Auslegungsregel (→ *Auslegung*) ist nicht nur bei Vorversterben des Bedachten, sondern auch bei → *Ausschlagung* anwendbar und, über ihren Wortlaut hinaus, auch dann, wenn der Erblasser einen bestimmten anderen → *Verwandten*, der nicht zu den Abkömmlingen gehört, oder eine ihm nahe stehende nichtverwandte Person bedacht hat. § 2069 BGB erklärt die → *Abkömmlinge* zu Ersatzerben.

► Erschöpfungseinrede

Ist das → *Nachlassinsolvenzverfahren* durch Verteilung der Masse oder durch Zwangsvergleich beendet, so ist die → *Haftung der Erben* dieselbe, wie wenn die Gläubiger im → *Aufgebotsverfahren* ausgeschlossen worden wären (§ 1989 BGB). Diese Einrede setzt voraus, dass überhaupt kein Nachlassgegenstand mehr vorhanden ist. Es bleibt dann die Haftungsbeschränkung des Erben bestehen, der den Nachlassgläubigern nicht mit seinem Privatvermögen haftet.

► Euro

Durch die Einführung des Euro sind Testamente, insbesondere in DM lautende Geldvermächtnisse nicht betroffen. Es gilt der Grundsatz der Vertragskontinuität. Nach der Euro-Verordnung wurde während der Übergangszeit jeder Hinweis auf nationale Währungen als Bezugnahme auf einen entsprechenden Betrag in Euro behandelt. Die nationale Währung Mark war nur noch eine andere Bezeichnung der neuen gemeinsamen Währung. Seit 2002 sollten jedoch Geldbeträge in Testamenten in Euro ausgedrückt werden.

► Europäische Erbrechtsverordnung

Am 13.3.2012 hat das Europäische Parlament die Europäische Erbrechtsverordnung verabschiedet, die am 7.6.2012 vom Rat der Europäischen Union angenommen und am 27.7.2012 veröffentlicht wurde (ABl. EG Nr. L 201 v. 27.7.2012). Die Verordnung findet auf alle Erbfälle Anwendung, die sich ab dem 17.8.2015 ereignen. Maßgeblich ist nicht der Zeitpunkt der Errichtung der → *Verfügung von Todes wegen*, sondern der Zeitpunkt des → *Erbfalls*.

Ziel der Verordnung ist primär die Abwicklung grenzüberschreitender Erbfälle nach einheitlichen Kollisionsnormen und Verfahrensvorschriften. Die Erbrechtsverordnung regelt die internationale Zuständigkeit, das anzuwendende Recht sowie die Anerkennung und Vollstreckung von Entscheidungen und die Annahme und Vollstreckung öffentlicher Urkunden in Erbsachen. Ferner wird ein Europäisches Nachlasszeugnis eingeführt. Die Verordnung sieht vor, dass anders als nach bisher geltendem Recht (Art. 25 Abs. 1 EGBGB) auf die Rechtsnachfolge von Todes wegen nicht mehr das Recht, dem der Erblasser im Zeitpunkt seines Ablebens angehörte, Anwendung findet. Die Rechtsnachfolge von Todes wegen unterliegt gem. Art. 21 Abs. 1 EuErbVO vielmehr grds. dem Recht des Staates, in dem der Erblasser seinen letzten gewöhnlichen Aufenthalt hatte. Eine Rechtswahl für im Inland belegenes unbewegliches Vermögen, die früher nach Art. 25 Abs. 2 EGBGB zulässig war, ist entsprechend dem Ziel, Nachlassspaltungen möglichst zu verhindern, nicht vorgesehen. Allerdings besteht nach Art. 22 EuErbVO die Möglichkeit einer vollumfänglichen → *Rechtswahl* zugunsten des Rechts des Staates, dem der Erblasser angehört, durch ausdrückliche Erklärung in Form einer → *Verfügung von Todes wegen*. Das nationale Erbrecht der Mitgliedstaaten berührt die Verordnung hingegen nicht. Deren Unterschiede sind besonders bedeutsam bei eingetragenen → *Lebenspartnerschaften*, da es europäische Staaten gibt, die das Rechtsinstitut der Lebenspartnerschaft und somit ein gesetzliches Erbrecht des eingetragenen Lebenspartners nicht kennen.

Auf → *Erbverträge* findet gem. Art. 25 Abs. 1 und Abs. 2 EuErbVO grundsätzliche dasjenige Recht Anwendung, das bei Abschluss des Erbvertrags auf die Rechtsnachfolge des bzw. der Erblasser anwendbar gewesen wäre. Weiterhin besteht nach Art. 25 Abs. 3 i.V.m. 22 EuErbVO die ausdrückliche Möglichkeit, in dem Erbvertrag das Heimatrecht eines Erblassers zu wählen. Dagegen wird das gerade in Deutschland so beliebte Berliner Testament (→ *Gemeinschaftliches Testament*), in dem sich Ehegatten gegenseitig zu Alleinerben einsetzen, in vielen Ländern nicht ohne weiteres anerkannt, z. B. in Frankreich, Italien, Spanien; diese Länder sichern den überlebenden Ehegatten keineswegs ausreichend ab.

Das neu eingeführte → *Europäische Nachlasszeugnis* (Art. 62 ff. EuErbVO) ermöglicht → *Erben*, → *Vermächtnisnehmern*, → *Testamentsvollstreckern* und → *Nachlassverwaltern* in allen Mitgliedstaaten, in denen die Verordnung gilt, ihre Rechtsstellung einheitlich nachzuweisen (Art. 63 EuErbVO). Das Europäische Nachlasszeugnis kann die nationalen Erbnachweise indes nicht verdrängen. Vielmehr wird beispielsweise der deutsche → *Erbschein* nunmehr in den anderen Mitgliedstaaten nach den Regeln der Verordnung anerkannt werden. Das Europäische Nachlasszeugnis ist in seinem Gutglaubensschutz schwächer ausgestaltet als der deutsche Erbschein, da beim Europäischen Nachlasszeugnis bereits die Unkenntnis infolge grober Fahrlässigkeit den guten Glauben zerstört.

Um → *Testamente* und → *Erbverträge*, die bisher gestaltet wurden, vor der drohenden Unwirksamkeit aufgrund einer von derzeit – z. B. in Deutschland – geltenden Recht abweichenden Anknüpfung zu schützen, bleibt eine → *Rechtswahl* nach nationalem Recht vor Inkrafttreten der Verordnung wirksam (Art. 83 Abs. 2 EuErbVO). Gleiches gilt für eine nach den zum Zeitpunkt der Errichtung geltenden Vorschriften wirksam errichtete Verfügung von Todes wegen. Darüber hinaus wird eine unwirksame Verfügung von Todes wegen mit Inkrafttreten der Verordnung wirksam, wenn sie deren Voraussetzungen genügt (Art. 83 Abs. 3 EuErbVO). Auch eine Rechtswahl, die vor Inkrafttreten der Verordnung im Hinblick auf diese getroffen wurde, wird mit Inkrafttreten wirksam (vgl. Art. 83 Abs. 4 EuErbVO).

Die Verordnung gilt in allen EU-Mitgliedstaaten mit Ausnahme von Dänemark, Irland und Großbritannien. Allerdings finden die Regelungen über das anwendbare Recht in der Erbrechtsverordnung gem. Art. 20 EuErbVO nicht nur in Bezug auf die teilnehmenden Mitgliedstaaten der Europäischen Union, sondern auch im Verhältnis zu jedem Drittstaat Anwendung, mit der Möglichkeit der Rück- oder Weiterverweisung auf das Recht eines Mitgliedstaates oder eines Drittstaates, der sein eigenes Recht anwenden würde (Art. 34 Abs. 1 EuErbVO). Der Anwendungsbereich der Erbrechtsverordnung ist diesbezüglich also nicht auf den europäischen Rechtsraum beschränkt.

Ausführlich hierzu auch oben → *Auslandsbezug des Erblassers.*

► Europäisches Nachlasszeugnis

Das neu eingeführte Europäische Nachlasszeugnis (Art. 62 ff. EuErbVO, §§ 33 ff. IntErbRVG) soll vor allem die Abwicklung grenzüberschreitender Erbfälle erleichtern (→ *Auslandsimmobilie,* → *Auslandsbezug des Erblassers*). Während bisher in solchen Fällen entsprechende Zeugnisse in verschiedenen Ländern beantragt werden mussten, dürften ab 17. 8. 2015 eintretende Erbfälle einfacher und schneller abgewickelt werden können. Das Europäische Nachlasszeugnis dient europaweit als einheitlicher Nachweis

- der Erbenstellung
- der Vermächtnisnehmerstellung
- der Befugnisse des Testamentsvollstreckers, Nachlass- oder Fremdverwalters
- gegebenenfalls auch der Zuweisung eines Vermögenswertes an eine entsprechend benannte Person.

International zuständig für die Ausstellung des Europäischen Nachlasszeugnisses über den gesamten Nachlass sind in erster Linie die Behörden in dem Mitgliedsstaat, in dem der Erblasser seinen letzten gewöhnlichen Aufenthaltsort hatte (Art. 64 Abs. 1 Satz 1 EuErbVO). In den meisten Mitgliedsstaaten sind – teilweise ausschließlich – die → *Notare* für die Ausstellung des Erbnachweises zuständig; es können aber auch Gerichte oder sonstige Behörden sein. War der letzte gewöhnliche Aufenthalt des Erblassers nicht in einem Mitgliedsstaat, sind für den gesamten Nachlass zunächst die Gerichte des Mitgliedsstaats zuständig, in dem sich Nachlassvermögen befindet, wenn der Erblasser die Staatsangehörigkeit dieses Mitgliedsstaates im Zeitpunkt des Todes besaß (Art. 10 Abs. 1 lit. a EuErbVO), andernfalls wenn der Erblasser seinen vorhergehenden gewöhnlichen Aufenthalt in dem betreffenden Mitgliedsstaat hatte, sofern die Aufenthaltsänderung nicht länger als 5 Jahre zurückliegt (lit b.).

Die Erteilung des Europäischen Nachlasszeugnisses erfolgt auf Antrag, dessen Inhalt sich nach Art. 65 EuErbVO richtet und für den der Antragsteller ein bestimmtes Formblatt verwenden kann. Der Antragsteller muss nach Art. 66 Abs. 3 EuErbVO, § 36 Abs. 2 IntErbRVG die Richtigkeit der im Antrag auf Erteilung eines solchen Zeugnisses enthaltenen Angaben vor dem Nachlassgericht oder einem Notar an Eides statt versichern, dass ihm nichts bekannt sei, was der Richtigkeit seiner Angaben entgegensteht. Das Nachlassgericht kann dem Antragsteller die Versicherung erlassen, wenn es sie für nicht erforderlich hält. Das Verfahren zur Antragstellung ähnelt einem Antrag auf Erteilung eines → *Erbscheins*, wobei die Funktion des Zeugnisses darüber hinaus geht, da es sowohl die Rechte der Erben als auch die eines Testamentsvollstreckers ausweisen kann und, soweit ausländisches Erbrecht zur Anwendung kommt, auch weitere Angaben, z. B. ein Vindikationslegat oder dingliche Teilungsanordnungen. Für die Erteilung ist generelle Voraussetzung, und dies ist auch im Antrag anzugeben (vgl. Art. 65 Abs. 3 lit. f EuErbVO), dass der Antragsteller das Zeugnis benötigt, um seine Rechte in einem anderen Mitgliedsstaat auszuüben (vgl. Art. 63 EuErbVO). Dazu reicht es aber z. B. aus, wenn ein Nachlassgegenstand im Ausland belegen ist oder von Erben ins Ausland verbracht werden soll.

Das Zeugnis entfaltet Wirkungen in allen Mitgliedsstaaten, ohne dass es dort eines besonderen Verfahrens unter Beachtung des dort geltenden Rechts bedarf (Art. 69 EuErbVO). Wenn ein Europäisches Nachlasszeugnis erteilt ist, kann es aber auch im Inland als Erbnachweis verwendet werden (vgl. Art. 62 Abs. 3 S. 2, Art. 69 Abs. 1 EuErbVO), sodass die zusätzliche Erteilung eines → *Erbscheins* nicht notwendig ist. Das Zeugnis entfaltet unmittelbar gemäß Art. 69 Abs. 2 bis 4 EuErbVO Vermutungs- und Gutglaubenswirkung. Nach Art. 69 Abs. 2 EuErbVO wird vermutet, dass der im Europäischen Nachlasszeugnis ausgewiesene Sachverhalt zutrifft, ferner, dass die aufgeführten Erben, dinglichen Vermächtnisnehmer, Testamentsvollstrecker oder Nachlassverwalter die im Zeugnis genannte Rechtsstellung haben und keinen anderen als den aufgeführten Beschränkungen unterliegen. Der andere Vertragsteil wird in seinem guten Glauben an die Richtigkeit des Zeugnisses geschützt, sofern er nicht die Unrichtigkeit des Zeugnisses kannte oder sie ihm aufgrund grober Fahrlässigkeit unbekannt war. Nach Art. 69 Abs. 5 EuErbVO stellt das Zeugnis ein „wirksames" Schriftstück für die Eintragung in einschlägige Register dar und tritt neben → *Erbschein* und Testamentsvollstreckerzeugnis (→ *Testamentsvollstreckung*) als gleichwertige Nachweisart.

Nach deutschem Rechtsverständnis würde diese Richtigkeitsvermutung nur die Urschrift, nicht aber eine beglaubigte Abschrift genießen. Da aber nach Art. 70 Abs. 1 EuErbVO die Ausstellungsbehörde die Urschrift aufbewahrt und nur beglaubigte Abschriften erteilt, arbeitet die EuErbVO nicht mit Einziehung und Kraftloserklärung, sondern bestimmt, dass die beglaubigten Abschriften nur für einen Zeitraum von sechs Monaten gültig sind, wobei das Ablaufdatum in der beglaubigten Abschrift selbst angegeben wird (Art. 70 Abs. 3 EuErbVO). In ordnungsgemäß begründeten Ausnahmefällen kann die Ausstellungsbehörde eine Verlängerung beschließen, die beantragt werden muss. Ein unrichtiges Zeugnis kann von der Behörde auf Antrag bzw. von Amts wegen berichtigt, geändert oder widerrufen werden (Art. 71 EuErbVO, § 38 IntErbRVG), wovon alle Besitzer einer beglaubigten Abschrift unverzüglich zu unterrichten sind (Art. 71 Abs. 3 EuErbVO).

F

▶ Fiskus

Er ist stets → *gesetzlicher Erbe*, wenn nicht innerhalb einer den Umständen entsprechenden Frist ein → *Erbe* ermittelt wird. In einem
solchen Fall hat das → *Nachlassgericht* festzustellen, dass ein anderer
Erbe als der Fiskus nicht vorhanden ist (§ 1964 BGB). Es erbt das
Bundesland, in dem der Erblasser bei seinem Tod seinen letzten
Wohnsitz oder, wenn ein solcher nicht feststellbar ist, seinen gewöhnlichen Aufenthalt hatte (§ 1936 BGB). Der Staat kann auf dieses Erbrecht weder verzichten noch die Erbschaft ausschlagen
(→ *Ausschlagung*). Er erbt den gesamten Nachlass, haftet aber nur
auf den → *Nachlass* beschränkt, d. h. solange der Nachlass für die
Schulden ausreicht.

▶ Fortgesetzte Gütergemeinschaft

→ *Ehegatten-Erbrecht*

▶ Freibeträge

→ *Erbschaftsteuer*

▶ Freie Ehe

→ *Eheähnliche Lebensgemeinschaft*

G

▶ **Gebrechlicher Erbe**

→ *Behinderter Erbe*

▶ **Gebrechlicher Erblasser**

Die Errichtung eines Testaments durch einen → *Notar* empfiehlt sich besonders dann und ist oft auch dann allein möglich, wenn der Erblasser an Gebrechen leidet (→ *notarielles Testament* Ziff. 6). Ist der Erblasser z. B. → *blind,* so soll zur Beurkundung ein Zeuge zugezogen werden, es sei denn dass der Erblasser darauf verzichtet (§ 22 BeurkG); beherrscht der blinde Erblasser die Blindenschrift nicht, so kann er das Testament nur durch eine Erklärung gegenüber dem Notar errichten, nicht aber durch Übergabe einer Schrift (§ 2233 Abs. 2 BGB). Ist der Erblasser → *lesensunkundig,* so kann er das Testament nur durch eine Erklärung gegenüber dem Notar, nicht aber durch Übergabe einer Schrift errichten (§ 2233 Abs. 2 BGB); ist der lesensunkundige Erblasser gleichzeitig stumm (→ *Stummer Erblasser*) und schreibunfähig, so kann er mit Hilfe eines Zeugen oder zweiten Notars (§ 25 BeurkG) und auf Verlangen unter Zuziehung eines Gebärdendolmetschers (§ 22 BeurkG) testieren. Ist der Erblasser der deutschen Sprache nicht kundig, so ist ein → *Dolmetscher* beizuziehen sowie eine schriftliche Übersetzung anzufertigen, es sei denn der Erblasser verzichtet hierauf (§§ 16, 32 BeurkG). Ist der Erblasser stumm (→ *Stummer Erblasser*), so kann er das Testament durch Erklärung oder durch Übergabe einer Schrift errichten, wobei ein Zeuge oder zweiter Notar und auf Verlangen ein Gebärdendolmetscher beizuziehen ist (§ 22 BeurkG); ist mit dem → *stummen Erblasser* eine schriftliche Verständigung nicht möglich, so ist eine Vertrauensperson zuzuziehen (§ 24 BeurkG). Ist der Erblasser taub (→ *Tauber Erblasser*), so soll ein Zeuge oder zweiter Notar und auf Verlangen ein Gebärdendolmetscher (§ 22 BeurkG) zugezogen werden und ist dem Erblasser die Niederschrift anstelle des Vorlesens zur Durchsicht vorzulegen (§ 23 BeurkG); ist eine schriftliche Verständigung mit dem → *tauben Erblasser* nicht möglich, so ist eine Vertrauensperson zuzuziehen (§ 24 BeurkG). Ist der Erblasser taubstumm (→ *Taubstummer Erblasser*), so ist ein Zeuge oder zweiter Notar und auf Verlangen ein Gebärdendolmetscher (§ 22 BeurkG) zuzuziehen und die Niederschrift dem Erblasser anstelle des Vorlesens zur Durchsicht vorzulegen (§ 23 BeurkG); ist eine schriftliche Verständigung mit dem → *taubstummen Erblasser* nicht möglich, so kann er nur durch Erklärung gegenüber dem Notar testieren (§ 2233 Abs. 2 BGB) und ist eine Vertrauensperson beizuziehen (§ 24 BeurkG). Kann der Erblasser seinen Namen nicht schreiben, so ist vom Notar ein Schreibzeuge zuzuziehen (§ 25 BeurkG). Dazu s. auch → *notarielles Testament (§ 2231 ff. BGB)* Nr. 6.

▶ Gebrechlichkeitspflegschaft

Als Gebrechlichkeitspflegschaft wurde die Pflegschaft für Volljährige bezeichnet, die wegen körperlicher Gebrechen, wie Taubheit, Blindheit oder Stummheit, ihre Angelegenheiten nicht selbst regeln konnten (§ 1910 BGB a. F.). Die Pflegschaft konnte auch nur für bestimmte Bereiche oder einzelne Angelegenheiten angeordnet werden, etwa die Vermögenssorge oder die Aufenthaltsbestimmung. Die Pflegschaft durfte nur mit Einwilligung des Gebrechlichen angeordnet werden, es sei denn, dass eine Verständigung mit ihm nicht möglich war. Auf die → *Testierfähigkeit* hatte eine Gebrechlichkeitspflegschaft in der Regel keinen Einfluss, so lange der Gebrechliche voll geschäftsfähig war. Zuständig für die Anordnung und Aufhebung war das Vormundschaftsgericht (§ 38 FGG, aufgehoben). Der Gebrechlichkeitspfleger ist seit 1.1.1992 durch das Betreuungsgesetz vom 12.9.1990 (BGBl. I, S. 202) ersetzt durch den → *Betreuer* (§§ 1896 ff. BGB).

▶ Gebühren

1. Allgemeines

Die Gebühren bestimmen sich nach dem Geschäftswert einer Amtshandlung; das ist beim Nachlass der Vermögenswert abzgl. der Schulden des Erblassers. Das Gerichts- und Notarkostengesetz, das für Gericht und Notar gleichermaßen gilt, kennt keine festen Gebühren, sondern nur 0,5-, eine 1,0- und eine 2,0-Gebühr.

2. Wichtigste Gebühren

a) Notargebühren

Für die Beurkundung eines Testaments wird eine 1,0-Gebühr nach dem GNotKG (mindestens 60,00 Euro), für die Beurkundung eines Erbvertrags und eines gemeinschaftlichen Testaments eine 2,0-Gebühr (mindestens 120,00 Euro) erhoben.

Der Widerruf eines Testaments, die Aufhebung, die Anfechtung oder der Rücktritt von einem Erbvertrag, sowie die Erbschaftsausschlagung lösen je eine 0,5-Gebühr aus. Wird mit dem Widerruf eine neue Verfügung von Todes wegen beurkundet, löst dies beim Testament eine 1,0-Gebühr, beim Erbvertrag bzw. gemeinschaftlichen Testament eine 2,0-Gebühr aus, ohne dass der Widerruf gesondert berechnet wird, da es sich um denselben Beurkundungsgegenstand handelt.

Die Beurkundung eines Erb- oder Pflichtteilsverzichtsvertrags, eines Erbschaftskaufs, einer Erbteilsübertragung, eines Auseinandersetzungsvertrags lösen je eine 2,0-Gebühr aus, die Beurkundung eines Erbscheinsantrags eine 1,0-Gebühr.

b) Gerichtsgebühren

Die Hinterlegungsgebühr für die Verwahrung einer Verfügung von Todes wegen beträgt 75,00 Euro. Die Testamentseröffnungsgebühr beträgt 100,00 Euro. Die Erteilung eines Erbscheins oder eines Testamentsvollstreckerzeugnisses löst eine 1,0-Gebühr aus, die Einziehung oder Kraftloserklärung eine 0,5-Gebühr (höchstens 400,00 Euro).

Maßnahmen zur Sicherung des Nachlasses lösen je eine 0,5-Gebühr aus, eine Nachlasspflegschaft löst Kosten in Höhe von jährlich 10,00 Euro je 5.000,00 Euro Aktivwert des Nachlasses, mindestens 200,00 Euro, aus.

3. Tabelle

Es betragen bei einem Geschäftswert (auszugsweise Tabelle, weitere Schritte/Zwischenschritte vorhanden)

bis zu Euro	0,5	1,0	2,0
500,00	15,00	15,00	30,00
1.000,00	15,00	19,00	38,00
1.500,00	15,00	23,00	46,00
2.000	15,00	27,00	54,00
5.000	22,50	45,00	90,00
10.000	37,50	75,00	150,00
25.000	57,50	115,00	230,00
50.000	82,50	165,00	330,00
200.000	217,50	435,00	870,00
500.000	467,50	935,00	1.870,00
1.000.000	867,50	1.735,00	3.470,00

BEISPIELE: Bei einem Testament mit einem Nachlasswert von 500 000 Euro (Verbindlichkeiten werden vom Aktivvermögen bis zur Hälfte abgezogen) fallen also eine Notargebühr von 935,00 Euro und eine Hinterlegungsgebühr beim Gericht in Höhe von 75,00 Euro an. Ein Erbvertrag oder ein gemeinschaftliches Testament mit einem Wert von 100 000 Euro löst eine Notargebühr von 546,00 Euro und eine Hinterlegungsgebühr beim Gericht von ebenfalls 75,00 Euro aus. Zu den Notargebühren kommen noch geringfügige Auslagen bzw. Schreibgebühren, die Gebühren für die Registrierung im zentralen Testamentsregister in Höhe von 15,00 Euro je Erblasser, und die gesetzliche Mehrwertsteuer.

▶ **Geliebten-Testament**

Übergeht der Erblasser nahe Angehörige, vor allem Ehefrau und Kinder, zugunsten familienfremder nicht verwandter Personen, so ist eine solche Verfügung in der Regel nicht sittenwidrig, da das Gesetz die nächsten Angehörigen durch das → *Pflichtteilsrecht* schützt und dabei von der Rechtsgültigkeit ihrer → *Enterbung* ausgeht. Unter Berücksichtigung der konkreten Umstände des Einzelfalls kann eine solche Verfügung jedoch gegen die guten Sitten (→ *Sittenwidrigkeit*) verstoßen. Dies ist etwa der Fall, wenn der Erblasser die Frau, zu der er außereheliche, insbesondere ehebrecherische Beziehungen unterhalten hat, in seiner letztwilligen Verfügung als Belohnung für die geschlechtliche Hingabe bedenkt oder wenn er sie hierdurch zur Fortsetzung seiner sexuellen Beziehungen bestimmen oder diese festigen will. Trägt aber die letztwillige Verfügung nicht ausschließlich einen derartigen Entgeltcharakter, so kann die Sittenwidrigkeit des Testaments nicht allein mit der Tatsache begründet werden, dass der Bedachte zu dem Erblasser auch in sexuellen Beziehungen gestanden hat. Zu werten ist insbesondere, ob neben den sexuellen Beziehungen achtenswerte andere Gründe ausschlaggebend sind, wie z. B. der Wunsch, wertvolle Dienste oder erhaltene Pflege zu belohnen (BGHZ 53, 380).

Zu berücksichtigen ist auch, wer von den Angehörigen des Erblassers zurückgesetzt worden ist, in welchen Beziehungen der Erblasser zu den Zurückgesetzten stand und wie sich die Zurücksetzung auf diese auswirkt. So kann bei teilbaren Verfügungen eine Teilnichtigkeit insoweit vorliegen, als das Ausmaß der Zuwendung durch billigenswerte Beweggründe nicht gedeckt ist.

Besonderheiten gelten bei der Einsetzung des Partners einer → *ehelichen Lebensgemeinschaft*. Sie ist nur sittenwidrig, wenn besondere Umstände hinzutreten (BGHZ 77, 55). So ist nach einer Entscheidung des BayObLG die Einsetzung des Partners einer 30-jährigen Lebensgemeinschaft durch den nichtgeschiedenen Erblasser gültig, weil sich bei so langer Dauer die Beziehungen in aller Regel nicht im Sexualbereich erschöpfen, sondern eine umfassende innere Bindung an den Lebensgefährten voraussetzen (BayObLG FamRZ 1984,

1153). Der BGH hat die Zurücksetzung der Ehefrau für unwirksam gehalten, soweit der verheiratete Erblasser die Frau als Alleinerbin einsetzt, mit der er bei Testamentserrichtung sieben Jahre zusammengelebt hat und dabei sowohl Ehefrau als auch Geschwister übergeht, wenn achtenswerte Gründe dafür nicht festzustellen seien. Im Übrigen aber hält der BGH in einem solchen Fall das Testament für wirksam, so dass die Geschwister nicht aufgrund → *gesetzlicher Erbfolge* einen → *Erbanteil* beanspruchen können (BGHZ 53, 369, 380).

▶ **Gemeinschaftliches Testament**

1. Ehegatten und Lebenspartner

Ehegatten und eingetragene → *Lebenspartner* können ihren letzten Willen auf verschiedene Weise erklären. Dies ist zunächst dadurch möglich, dass jeder Ehegatte bzw. Lebenspartner, wie andere Personen auch, seinen Willen in einer → *letztwilligen Verfügung* handschriftlich niederlegt oder einem → *Notar* gegenüber erklärt. Ein solches Testament kann jedoch jeder Ehegatte bzw. Lebenspartner heimlich, ja arglistig widerrufen, ohne dass der andere davon erfährt. Das Gesetz sieht daher für Ehegatten und Lebenspartner die Möglichkeit des so genannten gemeinschaftlichen Testaments vor (§§ 2265 ff. BGB, § 10 Abs. 4 LPartG). Wie Name und Begriff sagen, können Ehegatten bzw. Lebenspartner – und nur diese – gemeinsam und gleichzeitig ihren letzten Willen erklären. Dies führt unter anderem dazu, dass nicht ein Ehegatte oder Lebenspartner einseitig ohne Kenntnis des anderen seine Verfügung wieder aufheben kann, es sei denn, eine Änderungsmöglichkeit ist für bestimmte Verfügungen ausdrücklich vereinbart. Anderen Personen als Ehegatten oder Lebenspartnern ist diese Möglichkeit verwehrt; sie können bindende → *Verfügungen von Todes wegen* nur durch einen → *Erbvertrag* vor einem Notar treffen.

Das gemeinschaftliche Testament setzt den Willen voraus, **gemeinsam** die Vermögensverhältnisse von Todes wegen zu regeln. Ein auch zunächst getrennt formulierter Wille wird gemeinschaftlich, wenn er zu einer auch nach außen erkennbaren gemeinschaftlichen Erklärung geführt hat. Dies ist regelmäßig dann der Fall und unproblematisch, wenn, wie es § 2267 BGB genügen lässt, einer der

Ehegatten oder Lebenspartner das Testament errichtet und der andere Ehegatte oder Lebenspartner die gemeinschaftliche Erklärung eigenhändig mitunterzeichnet und hierbei angibt, zu welcher Zeit und an welchem Ort er seine Unterschrift beigefügt hat (§ 2267 BGB).

Das gemeinschaftliche Testament wird grds. bei → *Scheidung* der Ehe bzw. Aufhebung der Lebenspartnerschaft bzw. bei Vorliegen der Voraussetzungen für die Scheidung der Ehe (§ 2268 BGB) bzw. Aufhebung der Lebenspartnerschaft (§ 10 Abs. 3 LPartG) unwirksam. Dies ist insbesondere der Fall, wenn zur Zeit des Todes des Erblassers oder Lebenspartners die Voraussetzungen für die Scheidung der Ehe bzw. Aufhebung der Lebenspartnerschaft gegeben waren und der Erblasser die Scheidung bzw. Aufhebung beantragt oder ihr zugestimmt hatte. Das Gleiche gilt, wenn der Erblasser zur Zeit seines Todes auf Aufhebung zu klagen berechtigt war und die Klage erhoben hatte. Ist anzunehmen, dass die Verfügung auch für den Fall der Scheidung bzw. Aufhebung oder des Vorliegens ihrer Voraussetzungen getroffen sein würden, so bleiben die Verfügungen ausnahmsweise insoweit wirksam.

2. Form

Das gemeinschaftliche Testament kann wie jedes Testament in den bekannten Formen errichtet werden, also handschriftlich, vor einem → *Notar* und als → *Nottestament*.

a) Eigenhändiges Ehegatten- bzw. Lebenspartnertestament

Zur Errichtung eines gemeinschaftlichen Testaments genügt es nach § 2267 BGB, wenn einer der Ehegatten bzw. Lebenspartner das Testament in der für eigenhändige → *Testamente* vorgesehenen Form errichtet und der andere die gemeinschaftliche Erklärung eigenhändig mitunterzeichnet. Der mitunterzeichnende Ehegatte bzw. Lebenspartner soll hierbei angeben, zu welcher Zeit und an welchem Ort er seine Unterschrift beigefügt hat. Dies kann auch etwa durch die Hinzufügung des Satzes „dies ist auch mein letzter Wille" geschehen. Wichtig ist dabei vor allem, dass **beide** Ehegatten bzw. Lebenspartner unterzeichnen. Ist etwa bei einem eigenhändigen Ehegatten- bzw. Lebenspartnertestament die Haupterklärung des einen

Ehegatten bzw. Lebenspartner wegen fehlender Unterschrift nichtig, kann die eigenhändig geschriebene und unterzeichnete Erklärung des anderen nicht als formgerechtes Einzeltestament aufrechterhalten bleiben.

Das gemeinschaftliche Testament kann ausnahmsweise auch aus zwei Haupterklärungen bestehen, von denen jede für sich die Form des eigenhändigen Testaments erfüllt. Geht aus jeder Erklärung deutlich der Wille hervor, gemeinschaftlich, d. h. in gegenseitiger Ergänzung zu verfügen, so liegen gleichwohl nicht zwei Einzeltestamente vor, die, wie ausgeführt, jederzeit einseitig widerruflich wären, sondern es ist ein gemeinschaftliches Testament gegeben.

Spätere Zusätze zu einem eigenhändigen gemeinschaftlichen Testament müssen wiederum durch die Unterschriften beider Ehegatten bzw. Lebenspartner gedeckt werden.

b) Notarielles Ehegatten- bzw. Lebenspartnertestament

Es gelten hier die zum → *notariellen Testament* gemachten Ausführungen. Hier können beide Ehegatten bzw. Lebenspartner durch Erklärung vor dem → *Notar* oder ein Ehegatte bzw. Lebenspartner durch Erklärung, der andere durch Übergabe einer Schrift verfügen. Möglich ist aber auch, dass einer durch die Übergabe einer verschlossenen, der andere durch Übergabe einer offenen Schrift testiert oder dass beide durch Übergabe einer einheitlichen offenen oder verschlossenen Schrift letztwillig verfügen. Ist nur einer der Ehegatten bzw. Lebenspartner minderjährig oder leidet er an bestimmten Gebrechen, die eine bestimmte Testamentsform vorschreiben oder ausschließen, so gilt dies für beide Ehegatten, da andernfalls Urkundsart und Urkundsperson ihre Aufgaben nicht gegenüber beiden Ehegatten bzw. Lebenspartner erfüllen können; ist z. B. ein Ehegatte minderjährig, so müssen beide vor einem Notar durch Erklärung oder durch Übergabe einer offenen Schrift verfügen (§ 2233 Abs. 1 BGB).

c) Nottestamente

Es gelten die zu → *Nottestament,* → *Bürgermeistertestament* oder → *Dreizeugentestament* gemachten Ausführungen entsprechend, wobei es genügt, wenn die dort vorgesehenen Voraussetzungen, etwa die Todesgefahr, nur bei einem der Ehegatten vorliegen (§ 2266 BGB). Die Drei-Monats-Frist gilt jedoch für beide. Der andere Ehegatte bzw. Lebenspartner kann die Form des handgeschriebenen Testaments wählen. Für das → *Seetestament* müssen die Voraussetzungen bei beiden Ehegatten bzw. Lebenspartner vorliegen.

3. Inhalt des Ehegatten- bzw. Lebenspartnertestaments

Im gemeinschaftlichen Testament können → *Ehegatten* oder eingetragene → *Lebenspartner* sich gegenseitig oder übereinstimmend dritte Personen zum Erben einsetzen, z. B. jeder seine Nichten oder Neffen. Es handelt sich in diesen Fällen um gegenseitige (reziproke) Verfügungen, für die bestimmte Besonderheiten gelten (s. u. Ziff. 4). Dabei sollte der Erblasser besonders darauf achten, dass der überlebende Ehegatte gegenüber den Kindern möglichst unabhängig bleibt. Erfahrungsgemäß treten die in → *Erbengemeinschaften* regelmäßig entstehenden Probleme genauso in einer Erbengemeinschaft zwischen Ehegatten und Kindern auf. Die Kinder – häufig unter dem Einfluss der Schwiegerkinder – haben eigene Vorstellungen und Interessen, die nicht mit denen des überlebenden Elternteils übereinstimmen. Streitigkeiten sind dabei häufig vorprogrammiert.

Besondere Probleme treten zusätzlich auf, wenn Kinder noch minderjährig sind. Der überlebende Ehegatte kann bei der → *Auseinandersetzung* das minderjährige Kind nicht selbst vertreten, sondern muss einen → *Ergänzungspfleger* bestellen lassen, dessen Willenserklärungen wiederum vom Familiengericht genehmigt werden müssen. Dabei haben Pfleger und Gericht allein und nur die Interessen des Kindes zu wahren, nicht aber auf die Belange des überlebenden Elternteils Rücksicht zu nehmen, so dass dieser nicht selten in Schwierigkeiten gerät. Empfehlenswert ist es daher, wenn sich Ehegatten zunächst gegenseitig zu → *Alleinerben* und erst nach dem Tod des Letztversterbenden die Kinder zu Erben einsetzen, wie es etwa beim → *„Berliner Testament"* der Fall ist.

a) Berliner Testament

Setzen sich die Ehegatten oder Lebenspartner gegenseitig als Erben ein und bestimmen sie, dass nach dem Tod des Überlebenden der beiderseitige Nachlass an einen Dritten fallen soll, bei Ehegatten meistens deren Kinder, so handelt es sich um ein so genanntes „Berliner Testament". In diesem Fall ist im Zweifel anzunehmen, dass der Dritte, also regelmäßig die Kinder, für den gesamten Nachlass als Erbe des zuletzt versterbenden eingesetzt ist (§ 2269 BGB). Der Nachlass des Erstversterbenden soll nach dieser → *Auslegungsregel* zunächst an den Überlebenden als → *Vollerben* und nicht nur als → *Vorerben* fallen. Anhaltspunkt dafür, was die Ehegatten oder Lebenspartner wirklich gewollt haben, ist, ob sie das beiderseitige Vermögen als eine Einheit ansehen und ob es nach dem Tod des Letztversterbenden als einheitlicher Nachlass auf den Dritten übergehen soll. Dieser beerbt dann nicht den Erstverstorbenen als → *Nacherbe* (§ 2100 BGB), sondern den Überlebenden als dessen → *Schlusserbe*. Nachteilig ist, dass zweimal → *Erbschaftsteuer* anfällt, nämlich beim Übergang des Vermögens auf den Ehegatten bzw. Lebenspartner und beim späteren Übergang auf die Kinder.

Formulierungsbeispiel:

> „Wir setzen uns gegenseitig zu unserem alleinigen Erben ein, so dass der überlebende von uns Alleinerbe des Zuerstversterbenden von uns beiden ist, ohne Rücksicht darauf, ob Pflichtteilsberechtigte vorhanden sind oder nicht.
> Der Zuletztversterbende von uns beiden setzt unsere gemeinschaftlichen ehelichen Kinder zu unter sich gleichen Anteilen zu seinen alleinigen Erben ein. Falls ein Erbe vorverstirbt, treten seine Abkömmlinge zu unter sich gleichen Anteilen an seine Stelle.
> München, den ... Max Meier
> Dies ist auch mein letzter Wille.
> München, den ... Anna Meier"

Regelungsbedürftig ist auch die Erbfolge bei **gleichzeitigem Ableben,** etwa durch einen Unfall. Haben die Ehegatten oder Lebenspartner für ein gleichzeitiges Ableben eine Anordnung getroffen, so umfasst diese Formulierung regelmäßig nicht nur den unwahrscheinlichen Fall des im gleichen Bruchteil einer Sekunde eintretenden Todes, sondern auch den Fall, dass die Ehegatten oder Lebenspartner innerhalb eines kürzeren Zeitraums nacheinander sterben, sei es aufgrund ein und derselben Ursache, z. B. eines Unfalls, sei es aufgrund verschiedener Ursachen, wenn der Überlebende nach dem Tod des Ersterstverbenden praktisch keine Möglichkeit mehr hat, ein

Testament zu errichten (OLG München notar 2011, 29). Sie können eine entsprechende Regelung auch für den Fall treffen, dass ein Ehegatte oder Lebenspartner eine bestimmte Zeit nach dem anderen stirbt und bis zu seinem Tod keine neue Verfügung errichtet hat (dazu auch OLG Hamm ZEV 2011, 427).

Formulierungsbeispiele:

> „Die vorstehende Erbeinsetzung gilt auch für den Fall, dass wir gleichzeitig oder in kurzem zeitlichen Abstand versterben."
>
> „Der Überlebende von uns, bei unserem gleichzeitigen oder in kurzem zeitlichen Abstand erfolgenden Ableben jeder von uns, setzt unsere gemeinschaftlichen Abkömmlinge nach gleichen Teilen zu seinen Erben ein."

Bei kinderlosen Ehegatten bzw. Lebenspartnern ist zu bedenken, dass der Überlebende bei der gesetzlichen Erbfolge nur von seinen → *Verwandten* beerbt wird. Die Erbfolge sollte aber nicht dem Zufall überlassen bleiben, welcher Ehegatte oder Lebenspartner zuerst stirbt. Je nachdem, wer zuerst verstirbt (Verkehrsunfall!), treten ganz unterschiedliche gesetzliche Erbfolgen ein. Es kann unzweckmäßig sein, dass das gesamte Vermögen lediglich auf eine Seite fällt, erst recht dann, wenn das Vermögen im Wesentlichen von der Familie des zuerstverstorbenen Erblassers stammt. In diesem Fall kann nur eine letztwillige Verfügung gewährleisten, dass das Vermögen nach dem Tod beider Ehegatten bzw. Lebenspartner gleichmäßig auf beide Familien verteilt wird oder wieder dem ursprünglichen Eigentümer zufällt.

b) Vor- und Nacherbschaft

Anders ist die Situation zu beurteilen, wenn die Ehegatten oder Lebenspartner beabsichtigen, das jeweilige Vermögen nach dem Tod eines von ihnen wieder an die Familie zurückfallen zu lassen; hier ist der länger Lebende nicht → *Vollerbe*, sondern nur → *Vorerbe* hinsichtlich des Nachlasses des Erstversterbenden. Dies ist etwa der Fall, wenn jeweils nur → *Verwandte* aus der Familie des Erstversterbenden als → *Schlusserben* eingesetzt sind.

Formulierungsbeispiel:

„Wir setzen uns gegenseitig zu unserem alleinigen Erben ein. Der überlebende von uns ist nur Vorerbe. Nacherben sind die jeweiligen Neffen und Nichten des Erstversterbenden nach gleichen Teilen. Der Nacherbfall tritt ein mit dem Tod des Vorerben. Erben des Letztversterbenden sind dessen Neffen und Nichten zu gleichen Teilen."

Die → *Vollerbschaft* (s. o. Buchstabe a) trägt der Vermögenseinheit in der Ehe bzw. Lebenspartnerschaft besser Rechnung und ist nicht so schwerfällig wie die → *Vor- und Nacherbschaft*, die den Nachlass aufspaltet und Pflichten und Beschränkungen für den Überlebenden mit sich bringen kann. Ist ein gemeinsamer Schlusserbe eingesetzt, so würde er bei Vor- und Nacherbfolge mit dem zweiten Erbfall das Vermögen des Erstverstorbenen als Nacherbe, das des Letztverstorbenen als Erbe erhalten. Wenn auch in erster Linie der Sinn und nicht der Wortlaut entscheidend sind, so ist es doch zweckmäßig, ausdrücklich festzulegen, ob der Längerlebende Voll- oder Vorerbe sein soll.

Formulierungsbeispiel für Vor- und Nacherbfolge:

„Wir setzen uns gegenseitig zu unserem alleinigen Erben ein. Der Überlebende von uns ist nur Vorerbe (und als solcher von allen gesetzlichen Beschränkungen befreit). Nacherben sind unsere gemeinsamen Kinder nach gleichen Teilen. Der Nacherbfall tritt ein mit dem Tod des Vorerben. Erben des Letztversterbenden sind unsere gemeinsamen Kinder nach gleichen Teilen."

c) Pflichtteilsklauseln

Zu beachten ist, dass durch die Erbeinsetzung des überlebenden Ehegatten bzw. Lebenspartners die Abkömmlinge bzw. mangels Abkömmlingen die Eltern des erstversterbenden Ehegatten bzw. Lebenspartners enterbt werden und beim Tod des Erstversterbenden den → *Pflichtteil* aus seinem Nachlass geltend machen können. Außerdem können sie noch Erben des zuletzt versterbenden Elternteils werden, wenn sie hierzu berufen sind. Zur Vermeidung dieses unbilligen Ergebnisses gibt es verschiedene Möglichkeiten. Bereits zu Lebzeiten können die Erblasser mit den Pflichtteilsberechtigten (Kinder, Eltern) einen → *Pflichtteilsverzicht* in notarieller Form

(§ 2348 BGB) vereinbaren. Kommt ein Verzicht von Kindern auf das Pflichtteilsrecht nicht in Betracht, so können Strafklauseln oder → *Verwirkungsklauseln* vorgesehen werden. Das Kind, das seinen Pflichtteil nach dem Erstverstorbenen fordert, soll auch nach dem Tod des Letztversterbenden nur den Pflichtteil erhalten.

Formulierungsbeispiel:

„Sollte eines unserer Kinder nach dem Tod des Zuerstversterbenden von uns entgegen dem Willen des Längerlebenden seinen Pflichtteil verlangen, so soll es aus dem Nachlass des Längerlebenden von uns nichts erhalten; jede zu seinen Gunsten vorstehend getroffene Verfügung soll unwirksam sein. Das Kind, das den Pflichtteil verlangt, erhält aus dem Nachlass des Letztversterbenden von uns nur seinen Pflichtteil."

Dabei muss allerdings bedacht werden, dass beim zweiten Erbfall der Pflichtteil aus dem ganzen Vermögen des Zuletztversterbenden zu berechnen ist, zu dem auch der Nachlass des Erstversterbenden gehört. Um den Nachlass des Zuletztversterbenden entspr. zu mindern, kann folgende zusätzliche Regelung vorgesehen werden:

Formulierungsbeispiel:

„Die Kinder, die Pflichtteilsansprüche nicht geltend machen, erhalten aus dem Nachlass des Erstversterbenden von uns ein Geldvermächtnis in Höhe des Wertes ihres gesetzlichen Erbteils unter Übernahme der Pflichtteilslast. Der Anfall des Vermächtnisses erfolgt beim Tod des Erstversterbenden, es wird jedoch erst fällig mit dem Tod des Längstlebenden von uns."

Für den Fall, dass die Kinder den Pflichtteil nach dem Tod des Erstversterbenden verlangen, kann auch die dem Überlebenden eingeräumte Befugnis hilfreich sein, völlig frei über den Nachlass zu verfügen oder die Erbteile unter den Kinder neu festzusetzen. Dadurch hat der überlebende Ehegatte die Möglichkeit, widerspenstige Kinder auf den Pflichtteil zu setzen. Eine solche Klausel bringt aber die Gefahr mit sich, dass die auf die Geltendmachung von Pflichtteilsansprüchen verzichtenden Kinder durch eine spätere letztwillige Verfügung des Längstlebenden zusätzlich benachteiligt werden können. Die erzieherische und abschreckende Wirkung einer solchen Klausel ist daher wohl gering.

Formulierungsbeispiele:

> „Der Überlebende von uns ist jedoch berechtigt, diese Erbeinsetzung beliebig abzuändern."
>
> oder
>
> „Der Überlebende von uns ist jedoch berechtigt, diese Erbeinsetzung einseitig unter unseren gemeinschaftlichen ehelichen Kindern und Enkelkindern beliebig abzuändern. Er ist auch berechtigt, einen Abkömmling zu enterben, ihm Vermächtnisse zuzuwenden, Teilungsanordnungen zu treffen oder einen Dritten zum Testamentsvollstrecker zu bestimmen."

d) Wiederverheiratungsklausel

Nicht selten haben Ehegatten die Sorge, dass der überlebende Ehegatte wieder heiratet und danach versuchen könnte, den Nachlass ganz oder teilweise evtl. Kindern aus zweiter Ehe oder sogar dem zweiten Ehegatten zukommen zu lassen. Die Gefahr, dass der überlebende Ehegatte zu neuen Nachfolgeregelungen zulasten seiner erstehelichen Kinder neigt, ist naturgemäß erheblich größer, wenn er wieder heiratet und evtl. danach Kinder aus zweiter Ehe geboren werden. Dies kann z. B. geschehen durch Vereinbarung von Gütergemeinschaft (→ *Ehevertrag*), oder durch Übertragungen zu Lebzeiten. Eine solche Möglichkeit kann durch eine so genannte Wiederverheiratungsklausel verhindert werden, in der die Ehegatten bestimmen, dass der Überlebende bei Wiederverheiratung sich mit den Kindern oder anderen Verwandten auseinandersetzen soll oder aber für den Fall der Wiederverheiratung bis zu seinem Tod Beschränkungen unterliegen soll. Es ist Auslegungsfrage, ob der letztversterbende Ehegatte Vorerbe und die Kinder Nacherben des Erstversterbenden sowie Erben des Letztversterbenden sind und der Nacherbfall mit der Wiederverheiratung, spätestens aber mit dem Tod des Letztversterbenden eintritt, oder aber ob der überlebende Ehegatte durch die Wiederverheiratung auflösend bedingter Vollerbe des Erstversterbenden ist und die Kinder nur Erben des Letztversterbenden werden. Bei dieser Auslegung ist der Überlebende durch die Wiederverheiratung auflösend bedingter Vollerbe und für den Fall der Heirat aufschiebend bedingter Vorerbe; entspr. sind die Kinder bedingte Nacherben des Erstverstorbenen und gleichzeitig

Ersatzerben des Letztverstorbenen. Der Nacherbfall tritt also im ersten Fall ein bei der Wiederverheiratung des überlebenden Ehegatten, im zweiten Fall mit seinem Tod.

Formulierungsbeispiel für den ersten Fall:

„Wir setzen uns gegenseitig zu unseren alleinigen Erben ein. Der Überlebende von uns ist nur Vorerbe und als solcher von allen gesetzlichen Beschränkungen befreit. Nacherben sind unsere gemeinsamen Abkömmlinge nach gleichen Teilen. Der Nacherbfall tritt ein bei Wiederverheiratung oder Tod des Vorerben."

Formulierungsbeispiel für den zweiten Fall:

„Wir setzen uns gegenseitig zu unserem alleinigen Erben ein.
Der Längstlebende von uns ist solange unbeschränkter Vollerbe, solange er nicht wieder heiratet. Sollte er wieder heiraten, so wird er nur als Vorerbe eingesetzt. Er ist als solcher von allen gesetzlichen Beschränkungen befreit, soweit dies gesetzlich zulässig ist. Nacherben sind unsere gemeinsamen Abkömmlinge nach gleichen Teilen. Der Nacherbfall tritt mit dem Tod des Längstlebenden ein. Erben des Längstlebenden von uns beiden sind unsere gemeinsamen Kinder nach gleichen Teilen."

Mit der Wiederverheiratung ist der überlebende Ehegatte im Zweifel nicht mehr an die Verfügungen gebunden, die er im gemeinschaftlichen Testament über seinen Nachlass getroffen hat. Er kann nunmehr über seinen Nachlass neu verfügen, etwa auch zugunsten seines neuen Ehegatten und der Kinder aus einer neuen Ehe.

Anstelle einer solchen „klassischen" Wiederverheiratungsklausel besteht aber auch die Möglichkeit, zu bestimmen, dass die Abkömmlinge im Fall der Wiederverheiratung nur ein → *Vermächtnis* erhalten. Durch ein solches für den Fall der Wiederheirat aufschiebend bedingtes Vermächtnis zugunsten der Abkömmlinge wird der überlebende Ehegatte wesentlich weniger beeinträchtigt. Ein solches Vermächtnis kann für bestimmte Nachlassgegenstände oder auch als Geldvermächtnis, etwa in Höhe des gesetzlichen Erbteils der Abkömmlinge, angeordnet werden. Dazu hat das OLG Saarbrücken mit Urteil vom 15.10.2014 entschieden, dass eine letztwillige Verfügung nichtig ist, die den überlebenden Ehegatten für den Fall der Wiederverheiratung mit einem Vermächtnis zugunsten der Abkömmlinge des Erstversterbenden in Höhe des vollen Wertes des Nachlasses des Erstversterbenden belastet. Die ergänzende Testamentsauslegung (→ *Auslegung der Verfügung von Todes wegen*) könne in einem solchen Fall jedoch einen Vermächtnisanspruch in einer Höhe ergeben, der dem überlebenden Ehegatten einen Nachlasswert in Höhe des Pflichtteils überlässt (ZEV 2015, 364).

Formulierungsbeispiel für ein Geldvermächtnis:

„Für den Fall, dass der Längstlebende von uns wieder heiratet, vermacht der Erstversterbende jedem unserer gemeinsamen Kinder einen Geldbetrag in Höhe des Wertes, den ihr gesetzlicher Erbteil zum Zeitpunkt des Todes des Erstversterbenden gehabt hat. Das Vermächtnis entfällt, wenn der Pflichtteilsanspruch geltend gemacht worden ist. Das Vermächtnis ist fällig innerhalb eines Monats nach der Wiederverheiratung.

Mit Erfüllung des Vermächtnisses erlischt die Bindung des Längstlebenden bezüglich dieser Verfügung von Todes wegen."

Die aufschiebend bedingte Zuwendung an die Abkömmlinge kann wieder mit einem aufschiebend bedingten Vermächtnis für den überlebenden Ehegatten verbunden werden, etwa dass der überlebende Ehegatte bei Wiederheirat ein Hausanwesen auf die Kinder zu übertragen hat, ihm aber ein lebenslänglicher Nießbrauch oder ein lebenslängliches Wohnungsrecht hieran zusteht.

Formulierungsbeispiel:

„Sofern jedoch der Überlebende von uns sich nochmals verheiraten sollte, hat er an die vorhandenen gemeinsamen Abkömmlinge zu gleichen Stammanteilen unseren gemeinsamen Grundbesitz unverzüglich vor der Eheschließung auf Kosten der Abkömmlinge herauszugeben und aufzulassen. Die Abkömmlinge haben lediglich die beim Tod des Erstversterbenden von uns an diesem Grundbesitz eingetragenen Belastungen sowie die mit ihrer Zustimmung eingetragenen Belastungen zu übernehmen.

Die Abkömmlinge haben hierfür dem überlebenden Ehegatten den lebenslänglichen und unentgeltlichen Nießbrauch am gesamten Anwesen einzuräumen. Für den Nießbrauch gelten die gesetzlichen Bestimmungen. Der Nießbrauch ist auf Verlangen des Berechtigten auf seine Kosten im Grundbuch abzusichern.

Soweit die Abkömmlinge bereits Pflichtteilsrechte geltend gemacht haben, sind diese anzurechnen. Zur Aufhebung der Bestimmungen in dieser Ziff. ist der überlebende Ehegatte nicht berechtigt."

Angesichts dieser Schwierigkeiten und komplizierten Konstruktionen ist von einer Wiederverheiratungsklausel ebenso abzuraten wie von der Anordnung der → *Vor- und Nacherbschaft.* Die Ehegatten müssen bedenken, dass sich eine Wiederverheiratungsklausel als „Eheschließungsverhinderungsklausel" auswirken kann, je schwerwiegender die wirtschaftlichen Nachteile für den überlebenden Ehegatten im Fall der Wiederheirat sind. Wenn Ehegatten schon soviel Vertrauen zueinander haben, dass sie sich gegenseitig zu → *Alleinerben* einsetzen, sollten sie auch das Vertrauen haben, dass der überlebende Ehegatte das gemeinsame Vermögen nicht den gemeinsamen Kindern durch Übertragung auf einen evtl. neuen Ehepartner entzieht. Im Übrigen ist der überlebende Ehegatte bei einer → *befreiten Vorerbschaft* nicht gehindert, durch Rechtsgeschäft unter Lebenden entgeltlich über das ererbte Vermögen zu verfügen und kann dieses daher, wenn er es wirklich will, den Kindern auf andere Weise entziehen. Denkbar ist auch, dass der überlebende Ehegatte im Fall einer Wiederverheiratungsklausel einen neuen Partner nicht formell ehelicht, sondern mit ihm nur in einer → *eheähnlichen Lebensgemeinschaft* zusammenlebt. Auch angesichts der vielen Umgehungsmöglichkeiten einer Wiederverheiratungsklausel kann daher zu dieser Gestaltung nicht geraten werden.

4. Wechselbezüglichkeit der Verfügungen

Treffen Ehegatten oder Lebenspartner in einem gemeinschaftlichen Testament Verfügungen, von denen anzunehmen ist, dass die Verfügung des einen nicht ohne die Verfügung des anderen getroffen sein würde, so liegen so genannte wechselbezügliche (reziproke) Verfügungen vor (§ 2270 BGB, für Lebenspartner § 10 Abs. 4 LPartG).

a) Wechselbezüglichkeit

Wechselbezügliche Verfügungen sind durch den gemeinschaftlichen Willen beider Ehegatten oder Lebenspartner so miteinander verbunden, dass sie sich in ihrer Wirksamkeit gegenseitig bedingen, so dass die Nichtigkeit oder der → *Widerruf* der einen Verfügung die Unwirksamkeit der anderen zur Folge hat. Ein solches Verhältnis ist im Zweifel anzunehmen, wenn sich Ehegatten oder Lebenspartner gegenseitig bedenken oder wenn dem einen Ehegatten bzw. Lebenspartner vom anderen eine Zuwendung gemacht und für den Fall des Überlebens des Bedachten eine Verfügung zugunsten einer Person getroffen wird, die mit dem erstverstorbenen Ehegatten bzw. Lebenspartner verwandt ist oder ihm sonst nahe steht; dies gilt jedoch nur für → *Erbeinsetzungen*, → *Vermächtnisse*, → *Auflagen* und die → *Wahl des anzuwendenden Erbrechts* (§ 2270 Abs. 2 BGB). Zu denken ist hier einmal an Verfügungen, in denen sich die Ehegatten oder Lebenspartner gegenseitig bedenken, sei es durch Erbeinsetzung oder auch nur mit einem Vermächtnis, und für den Fall, dass einer den anderen überlebt, Verwandte oder Nahestehende des Erstverstorbenen bedenken. Hier geht der Gesetzgeber davon aus, dass der Erstverstorbene den Letztverstorbenen nur deshalb zum Erben eingesetzt hat, weil nach dessen Tod seine, des Erstverstorbenen, Verwandte oder Nahestehende erben.

Diese Auslegungsregel gilt nicht, wenn festgestellt wird, dass beide Erblasser ihre Verfügungen unabhängig voneinander treffen wollten. Diese Willenserforschung richtet sich nach den allgemeinen Grundsätzen für die Auslegung, wobei alle Umstände zu berücksichtigen sind, auch spätere Äußerungen des Erblassers oder ihre beiderseitigen Vermögensverhältnisse oder das Wertverhältnis der abhängigen Verfügungen.

Denkbar ist auch nur eine „einseitige Wechselbezüglichkeit", wenn bei einem gemeinschaftlichen Testament ein Ehegatte oder Lebenspartner seine Verfügung ohne Rücksicht auf die des anderen treffen will, der andere aber nur mit Rücksicht auf die Verfügung des ersten verfügt. Die Verfügung des einen ist dann wie die beiderseitig wechselbezügliche Verfügung zu behandeln.

Formulierungsbeispiel:

> „Wir setzen uns gegenseitig zu unseren alleinigen Erben ein. Nach dem Tod des Letztversterbenden von uns beiden ist Erbe der Sohn des Ehemannes aus dessen erster Ehe."

Wechselbezüglich, also voneinander abhängig, können nur → *Erbeinsetzungen*, → *Vermächtnisse*, → *Auflagen* oder die → *Wahl des anzuwendenden Erbrechts* getroffen werden (§ 2270 Abs. 3 BGB). Bei anderen Verfügungen, z.B. → *Testamentsvollstreckungsanordnung*,

→ *Teilungsanordnung,* → *Pflichtteilsentziehung* hängt deren Wirksamkeit nicht von der Gültigkeit der Verfügung des anderen Ehegatten bzw. Lebenspartners ab. Sie können daher jederzeit einseitig widerrufen werden.

b) Widerruf wechselbezüglicher Verfügungen

Soweit es sich um nicht wechselbezügliche Verfügungen handelt, kann jeder Ehegatte bzw. Lebenspartner das gemeinschaftliche Testament frei widerrufen. Die Zustimmung des anderen ist nicht erforderlich. Gleichgültig ist es, ob dies vor oder nach dem Tod des anderen Ehegatten bzw. Lebenspartners geschieht. Handelt es sich dagegen um wechselbezügliche Verfügungen, so haben die Nichtigkeit oder der Widerruf der einen Verfügung die Unwirksamkeit der anderen zur Folge.

- Widerruf zu Lebzeiten beider Ehegatten oder Lebenspartner. Solange beide Ehegatten am Leben sind, kann keiner die von ihm getroffene wechselbezügliche Verfügung einseitig aufheben (§ 2271 Abs. 1 S. 2 BGB). Beide Ehegatten bzw. Lebenspartner gemeinsam können jedoch erneut ein gemeinschaftliches Testament oder einen Erbvertrag errichten.

- Ein einseitiger Widerruf kann aus Gründen der Rechtssicherheit unter Verhinderung eines heimlichen Widerrufs nur durch von einem → *Notar* beurkundete Erklärung gegenüber dem anderen Ehegatten bzw. Lebenspartner erfolgen, wobei der Widerrufende die Urschrift oder eine Ausfertigung der notariell beurkundeten Widerrufserklärung dem anderen Ehegatten bzw. Lebenspartner zugehen oder zustellen lassen muss; Zustellung einer beglaubigten Abschrift genügt nicht; es gelten hier die gleichen Bestimmungen wie beim Widerruf des → *Erbvertrags* (§§ 2271, 2296 BGB).

- Widerruf nach dem Tod eines Ehegatten bzw. Lebenspartners. Das Recht zum Widerruf erlischt mit dem Tod des anderen Ehegatten bzw. Lebenspartners (§ 2271 Abs. 2 BGB). Dadurch ist gesichert, dass der letzte Wille des verstorbenen Ehegatten bzw. Lebenspartners durchgeführt wird. Der überlebende kann jedoch seine Verfügung dann aufheben, wenn er das ihm vom verstorbenen Zugewendete ausschlägt. Wollen Ehegatten oder Lebenspartner auch dies ausschließen, müssen sie einen → *Erbvertrag* errichten. Ausnahmsweise kann der überlebende Ehegatte bzw. Lebenspartner seine Verfügung aufheben oder ändern, wenn sich der Bedachte einer Verfehlung schuldig macht, die zur → *Pflichtteilsentziehung* oder zur → *Pflichtteilsbeschränkung in guter Absicht* berechtigten würde. Auch wenn der → *Schlusserbe* durch Vertrag mit dem Überlebenden auf sein Erbrecht verzichtet, ist die letztwillige Verfügung gegenstandslos und der Überlebende von der Bindung befreit. Zu den Besonderheiten für vor dem 3. 10. 1990 in der DDR (→ *DDR, ehemalige*) errichtete gemeinschaftliche Testamente s. das Stichwort → *Neue Bundesländer.*

■ Selbstverständlich können sich Ehegatten oder Lebenspartner, und das geschieht in der Praxis nicht selten, auch vorbehalten, dass der Überlebende berechtigt ist, auch nach dem Tod des Erstversterbenden durch letztwillige Verfügung frei zu verfügen oder auch unter bestimmten Einschränkungen, etwa nur zwischen Kindern und Enkelkindern.

Formulierungsbeispiele:

„Der Überlebende von uns ist jedoch berechtigt, diese Erbeinsetzung beliebig abzuändern."

oder

„Der Überlebende von uns ist jedoch berechtigt, diese Erbeinsetzung einseitig unter unseren gemeinschaftlichen ehelichen Kindern und Enkelkindern beliebig abzuändern. Er ist auch berechtigt, einen Abkömmling zu enterben, ihm Vermächtnisse zuzuwenden, Teilungsanordnungen zu treffen oder einen Dritten zum Testamentsvollstrecker zu bestimmen. Zugunsten dritter Personen darf er keine letztwilligen Verfügungen errichten."

c) Anfechtung

■ Zu Lebzeiten beider Ehegatten oder Lebenspartner kommt eine Anfechtung nicht in Frage, da einseitige Verfügungen frei widerrufen werden können und wechselbezügliche Verfügungen gem. § 2271 BGB widerrufen werden können.

- Ist ein Ehegatte oder Lebenspartner verstorben, so gelten die gleichen Regeln wie beim → *Erbvertrag.* Angefochten können immer nur die Verfügungen des Erstversterbenden und die eigenen wechselbezüglichen Verfügungen werden. Die Ein-Jahres-Frist beginnt frühestens mit dem Tod des anderen, nicht aber vor Kenntnis des Überlebenden vom Anfechtungsgrund.

- Durch die Anfechtung seiner eigenen wechselbezüglichen Verfügung durch den Überlebenden wird zugleich die entsprechende wechselbezügliche Verfügung des anderen unwirksam. Haben sich also z. B. die Ehegatten M und F in einem → *Berliner Testament* gegenseitig zu Alleinerben eingesetzt und ficht F die Einsetzung des M mit Erfolg an, so entfällt auch ihre Erbenstellung, die sie aufgrund des Berliner Testaments inne hatte. Es tritt gesetzliche Erbfolge ein. Das Anfechtungsrecht nach § 2079 BGB beim Hinzutreten weiterer → *Pflichtteilsberechtigter* zwischen der Errichtung des Testaments und dem Erbfall führt bei wechselbezüglichen Verfügungen zu unerfreulichen Konsequenzen: Durch die Anfechtung verlieren auch die Verfügungen des erstverstorbenen Ehegatten bzw. Lebenspartners nachträglich ihre Wirksamkeit, die zu der angefochtenen Verfügung wechselbezüglich bzw. vertragsmäßig waren. Um die damit verbundenen Unzuträglichkeiten zu vermeiden, sollte man sich schon bei der Testamentserrichtung die typischen Möglichkeiten des Hinzutretens von Pflichtteilsberechtigten vor Augen halten (z. B. Geburt oder → *Annahme von Kindern* in der gemeinsamen oder einer zweiten Ehe, → *Wiederverheiratung* des überlebenden Ehegatten) und in der Verfügung von Todes wegen regeln, welche Folgen in solchen Situationen eintreten sollen. Ehegatten setzen z. B. nicht ihre derzeitigen drei Kinder, sondern allgemein „ihre Kinder zu gleichen Teilen" zu ihrem Erben ein, so dass etwaige weitere Kinder ohne weiteres miterben würden. Ehegatten können die Konsequenz einer evtl. Wiederverheiratung des Überlebenden auch in einer sog. → *Wiederverheiratungsklausel* regeln. Möglich ist auch der Ausschluss des Anfechtungsrechts nach § 2079 BGB:

Formulierungsbeispiel:

> „Das Anfechtungsrecht nach § 2079 BGB, insbesondere für den Fall, dass wir weitere Kinder bekommen oder annehmen oder dass der Überlebende von uns wieder heiratet oder weitere Kinder bekommt, schließen wir aus."

5. Rechtsgeschäfte zu Lebzeiten

Durch das gemeinschaftliche Testament wird das Recht des überlebenden Ehegatten bzw. Lebenspartners, über sein Vermögen durch Rechtsgeschäft unter Lebenden zu verfügen, grds. nicht beschränkt (vgl. § 2286 BGB). Hat der Erblasser aber in der Absicht, den Schlusserben zu beeinträchtigen, eine Schenkung vorgenommen, so kann dieser, nachdem ihm die Erbschaft angefallen ist, von dem Beschenkten die Herausgabe des Geschenkes verlangen (s. → *Böswillige Schenkung*, § 2287 BGB). Insoweit gelten die Vorschriften für den → *Erbvertrag* entsprechend. Unabhängig davon ist der Überlebende selbstverständlich berechtigt, sein Vermögen oder Teile davon auch im Weg → *vorweggenommener Erbfolge* schon zu seinen Lebzeiten an die Schlusserben zu verteilen.

Dadurch, dass durch das gemeinschaftliche Testament das Recht des Erblassers, über sein Vermögen durch Rechtsgeschäft unter Lebenden zu verfügen, nicht beschränkt wird, kann in bestimmten Fällen ein berechtigtes Interesse des Begünstigten gegeben sein, das lebzeitige Verfügungsrecht des Erblassers etwa hinsichtlich eines → *Grundstücks* schuldrechtlich auszuschließen. Der Erblasser kann sich durch Rechtsgeschäft unter Lebenden schuldrechtlich verpflichten, über das Grundstück nicht ohne Zustimmung des Bedachten zu verfügen. Der Unterlassungsanspruch selbst kann nicht durch Vormerkung im Grundbuch gesichert werden, wohl aber der bedingte Anspruch auf (vorzeitige) Übertragung des Grundbesitzes. Bedingung ist hier der Verstoß gegen die Verpflichtung aus dem Verfügungsunterlassungsvertrag.

Eine andere Möglichkeit besteht in dem Abschluss eines schuldrechtlichen Schenkungsvertrags, mit dem der Grundbesitz aufschiebend bedingt durch den Tod des Schenkenden übertragen wird. Der Nachweis des Bedingungseintritts ist durch Vorlage einer Sterbeurkunde zu führen. Dabei kann dem Erwerber für die Erklärung der dann noch erforderlichen Auflassung eine Vollmacht erteilt werden, von der nur Gebrauch gemacht werden kann, wenn eine Sterbeurkunde des Schenkenden vorgelegt wird. Dieser Anspruch kann ebenfalls durch Eintragung einer Auflassungsvormerkung gesichert werden.

Generalvollmacht

→ *Vollmacht*

Gesamtrechtsnachfolge

Beim Tod eines Menschen (→ *Erbfall*) geht sein gesamtes Vermögen als Ganzes auf einen → *Erben* (→ *Alleinerben*) oder mehrere Erben (→ *Erbengemeinschaft*) über. Der Übergang tritt kraft Gesetzes ein (§ 1922 BGB). Eine rechtsgeschäftliche Übertragung der Rechte und Pflichten auf den Erben findet nicht statt, der Rechtsübergang vollzieht sich ohne ein Handeln der Beteiligten. Das bedeutet, dass das Eigentum an beweglichen und unbeweglichen Sachen automatisch auf den Erben übergeht, er wird Gläubiger der Ansprüche des Erblassers, tritt in seine Besitzrechte ein und wird Schuldner seiner Verbindlichkeiten. Eine Sondererbfolge in bestimmte Nachlassgegenstände findet grds. nicht statt. Ausnahmen bestehen nur bei der Hoferbfolge nach Höferecht, bei der Rechtsnachfolge im Heimstättenrecht, in Beteiligungen an einer Personengesellschaft (→ *Gesellschaft*).

Geschäftsunfähiger Erblasser

→ *Testierfähigkeit*

Geschiedene Ehegatten

Geschiedene oder getrennt lebende Ehegatten legen regelmäßig Wert darauf, dass der andere nicht an ihrem Nachlass beteiligt wird oder irgendeinen Einfluss auf diesen Nachlass gewinnt, und zwar auch nicht auf Umwegen. Verstirbt nämlich nach dem Erbfall eines der gemeinschaftlichen Kinder, ohne ein Testament zu hinterlassen, so würde der geschiedene Ehegatte als leiblicher Elternteil des Kindes gesetzlicher (Mit-)Erbe.

BEISPIEL: Aus der geschiedenen Ehe der Ehegatten Streit stammen die beiden Kinder Max und Moritz, die bei der Mutter leben. Frau Streit möchte zwar ihre beiden Kinder je zur Hälfte als Erben einsetzen, gleichzeitig aber verhindern, dass aus ihrem Nachlass etwas an ihren geschiedenen Ehemann fallen kann und dass dieser irgendwelche Verwaltungsbefugnisse über den Nachlass erlangen kann.

Verstirbt nach dem Tod von Frau Streit eines der beiden Kinder Max oder Moritz, ohne Abkömmlinge und ohne ein Testament zu hinterlassen, so würde der geschiedene Ehemann als leiblicher Vater des Kindes gesetzlicher (Mit-)Erbe. Bei Minderjährigkeit von Max und/oder Moritz im Erbfall stünde die elterliche Sorge über sie nach § 1680 BGB dem überlebenden Ehemann allein zu und damit auch die Verwaltung des Nachlasses. Um zu verhindern, dass der geschiedene Ehemann als gesetzlicher Erbe eines verstorbenen Kindes ihren Nachlass (mit-)erbt, wird Frau Streit → *Vor- und Nacherbschaft* anordnen; um zu verhindern, dass der geschiedene Ehemann Verwaltungsbefugnisse erlangt, wird sie entweder → *Testamentsvollstreckung* anordnen oder den Ehemann gem. § 1638 Abs. 1 BGB (vgl. dazu auch §§ 1909 Abs. 1 S. 2, 1917 BGB) von der → *Verwaltung* des Nachlasses ausschließen.

Der geschiedene Ehegatte kann die Nacherbfolge unbedingt anordnen und bestimmen, dass Max und Moritz bis zu ihrem jeweiligen Tod Vorerben sind. Zu Nacherben können die Abkömmlinge des Vorerben im Verhältnis der gesetzlichen Erbfolge bestimmt werden, in zweiter Linie die gesetzlichen Erben des Vorerben zum Zeitpunkt des Nacherbfalls mit Ausnahme des Vaters und der väterlichen Verwandten.

Da jedoch bei dieser Gestaltung der Vorerbe auf Lebensdauer den Einschränkungen der Vor- und Nacherbschaft unterliegt und die Nachfolge in das ererbte Vermögen nicht durch eigene Verfügung von Todeswegen beeinflussen könnte, empfiehlt es sich, dass die Erblasserin die Nacherbfolge nur unter der Bedingung anordnet, dass nach dem Tod von Max und Moritz der Vater oder väterliche Verwandte zur Erbfolge gelangen. Die Kinder können dann durch Verfügung von Todeswegen frei über ihre Nachfolge bestimmen, nur mit der Einschränkung, dass sie nicht den Vater oder väterliche Verwandte zu Erben berufen können.

Zu empfehlen ist auch eine zeitliche Beschränkung der → *Vor- und Nacherbschaft*. Zu denken ist etwa, dass die angeordnete Nacherbfolge außer Kraft tritt, wenn das jeweilige Kind das 25. Lebensjahr vollendet hat, da es dann eher der Entscheidungsbefugnis der Kinder überlassen werden kann, wer Erbe wird. Diese Anordnung kann mit dem – auch im Testament zulässigen – Wunsch der Erblasserin an ihre Kinder verbunden werden, vor diesem Zeitpunkt eine Verfügung von Todeswegen zu treffen.

> **BEISPIEL:** Die Erblasserin kann ihr Testament dadurch ergänzen, dass sie bei Minderjährigkeit ihrer Kinder ihrem geschiedenen Ehemann die Verwaltung gem. § 1638 Abs. 1 BGB entzieht. In diesem Fall kann sie nach § 1917 Abs. 1 BGB die Person des → *Pflegers* im Testament bestimmen. Sie kann aber auch → *Testamentsvollstreckung* anordnen. Der Unterschied zwischen beiden Instituten liegt vor allem darin, dass die Pflegschaft kraft Gesetzes mit dem Eintritt der Volljährigkeit der Kinder endet, während die Dauer der Testamentsvollstreckung von der Erblasserin selbst bestimmt werden kann. Dies ist dann zweckmäßig, wenn die Erblasserin die Verwaltung des Nachlasses durch eine Vertrauensperson über den Zeitpunkt der Volljährigkeit hinaus fortgesetzt sehen will.

▶ Geschwister

Geschwister sind neben den Eltern → *gesetzliche Erben* der 2. Ordnung (§ 1925 BGB). Sie kommen zum Zug, wenn keine Verwandten der 1. Ordnung, also Kinder oder Enkel des Erblassers, vorhanden sind (§ 1930 BGB). Sind beim Tod des Erblassers also weder Kinder noch Enkelkinder vorhanden, so sind die Erben der 2. Ordnung berufen, nämlich die Eltern des Erblassers und deren Abkömmlinge, also die Geschwister des Erblassers und deren Kinder (§ 1925 BGB). Leben zurzeit des Erbfalls die → *Eltern*, so erben sie allein und zu gleichen Teilen. Leben der Vater oder die Mutter nicht mehr, so treten an die Stelle des Verstorbenen dessen Abkömmlinge nach den für die Beerbung in der 1. Ordnung geltenden Vorschriften. Sind Abkömmlinge nicht vorhanden, so erbt der überlebende Elternteil allein (§ 1925 Abs. 3 BGB).

BEISPIEL: Ist der Vater des Erblassers verstorben, leben aber seine Mutter und zwei Geschwister, so erben die Mutter $\frac{1}{2}$ und die beiden Geschwister je $\frac{1}{4}$ des Nachlasses. Ist ein Geschwister verstorben unter Hinterlassung eines Sohnes und einer Tochter, so beträgt das Erbrecht von Neffe und Nichte je $\frac{1}{8}$.

Dabei ist zwischen gemeinsamen und einseitigen Abkömmlingen zu unterscheiden, weil Abkömmlinge nur an die Stelle des Elternteils treten, mit dem sie verwandt sind; hat der (kinderlose) Erblasser also Voll- und → *Halbgeschwister* hinterlassen, tritt eine Aufteilung nach Linien ein (Vater-/Mutterseite); innerhalb der Linien wird nach Stämmen geerbt (§ 1924 Abs. 3 BGB). Die vollbürtigen Geschwister treten an die Stelle beider Eltern, die halbbürtigen (oder deren Abkömmlinge) nur an die Stelle des Elternteils, den sie mit dem Erblasser gemeinsam haben. Hatten die Eltern z. B. außer dem Erblasser noch zwei gemeinsame Töchter und der Vater noch einen Sohn aus erster Ehe, erben die zwei Schwestern des Erblassers zu je $\frac{5}{12}$, der Halbbruder zu $\frac{1}{6}$, weil sich die Mutterhälfte nur auf zwei, die Vaterhälfte dagegen auf drei Abkömmlinge verteilt.

▶ **Gesellschaft**

Inwieweit Gesellschaftsanteile und Unternehmensbeteiligungen vererblich sind, ist umstritten. Das Grenzgebiet zwischen Erb- und Gesellschaftsrecht gehört zu den schwierigsten Rechtsgebieten überhaupt. Dies hat seinen Grund vor allem darin, dass die Beteiligung an einer Gesellschaft nicht nur vermögensrechtliche, sondern auch höchstpersönliche Elemente enthält, die je nach Gesellschaftsform und Ausgestaltung im Gesellschaftsvertrag im Vordergrund stehen können. Außerdem kollidieren die Haftungsgrundsätze des Erbrechts (beschränkte Erbenhaftung) mit denen des Handelsrechts (persönliche Haftung des Gesellschafters). Mitgliedschaftsrechte bei Kapitalgesellschaften, wie Aktiengesellschaft und GmbH, sind grds. vererblich; wieweit dies bei Geschäftsanteilen einer GmbH eingeschränkt werden kann, ist ebenfalls nicht unbestritten. Bei Personengesellschaften, wie OHG und KG, ist der Gesellschaftsvertrag maßgeblich. Das Gesetz sieht als regelmäßige Folge des Todes eines

Gesellschafters nicht mehr wie früher die Auflösung der Gesellschaft, sondern dessen Ausscheiden aus der Gesellschaft vor (§ 131 Abs. 3 Nr. 1 HGB). Der Tod eines Kommanditisten in einer Kommanditgesellschaft hat die Auflösung der Gesellschaft nicht zur Folge, sondern sie wird mit dessen Erben fortgesetzt (§ 177 HGB).

Der Gesellschaftsvertrag kann die automatische Fortsetzung der verbleibenden Gesellschafter vorsehen oder auch nur, dass sie die Gesellschaft fortsetzen können. Er kann vorsehen, dass im Fall des Todes eines Gesellschafters die Gesellschaft mit dessen Erben (allgemeine erbrechtliche Nachfolgeklausel) oder nur mit einem oder mehreren bestimmten Erben, z. B. dem Sohn oder dem Ehegatten (qualifizierte erbrechtliche Nachfolgeklausel) fortgeführt wird oder, dass die Erben oder einige von ihnen zum Eintritt in die Gesellschaft berechtigt sind (Eintrittsklausel); in letzterem Fall setzt dies das Ausscheiden der Erben aus der Gesellschaft voraus und wird die Mitgliedschaft gesellschaftsrechtlich neu begründet. Besonderheiten bestehen ferner dadurch, dass nach dem Tod eines Gesellschafters einer Personengesellschaft die Mitgliedschaft nicht gemeinschaftliches Vermögen mehrerer Miterben wird, sondern im Weg der Sondererbfolge unmittelbar und geteilt ohne weitere → *Auseinandersetzung* an die einzelnen Nachfolger gelangt. Die so aufgeteilten Gesellschaftsanteile der Nachfolger gehören jedoch trotzdem zum Nachlass.

Ist im Gesellschaftsvertrag bestimmt, dass im Fall des Todes eines Gesellschafters die Gesellschaft mit dessen Erben fortgesetzt werden soll, so kann jeder Erbe sein Verbleiben in der Gesellschaft davon abhängig machen, dass ihm unter Belassung des bisherigen Gewinnanteils die Stellung eines Kommanditisten eingeräumt (§ 139 HGB) und der auf ihn fallende Teil als seine Kommanditeinlage anerkannt wird. Diese Rechte können vom Erben nur innerhalb einer Frist von drei Monaten nach dem Zeitpunkt geltend gemacht werden, in dem er von dem → *Anfall der Erbschaft* Kenntnis erlangt hat. Nehmen die übrigen Gesellschafter einen entsprechenden Antrag des Erben nicht an, so ist dieser befugt, ohne Einhaltung einer Kündigungsfrist sein Ausscheiden aus der Gesellschaft zu erklären. Das bedeutet, dass der Erbe nur mit der Einlage des Verstorbenen für die Gesellschaftsschulden haftet, während er sonst unbeschränkt mit seinem privaten und ererbten Vermögen haften würde (§ 139 HGB).

Umstritten ist auch, ob es zulässig ist, die Abfindung eines Gesellschafters für den Fall seines Todes im Gesellschaftsvertrag auszuschließen mit der Folge, dass die Erben des Verstorbenen keinen Anspruch auf Auszahlung des sogenannten Auseinandersetzungsguthabens besitzen. Ein solcher Abfindungsausschluss könnte dann wohl zulässig sein, wenn man ihn als eine vorweggenommene auf den Tod bezogene gesellschaftsvertragliche Verfügung über den Anteilswert zugunsten der Mitgesellschafter ansehen kann.

Angesichts der Kompliziertheit der Erbfolge bei Gesellschaftsanteilen ist es in jedem Fall dringend zu empfehlen, sich bei der Abfassung einer → *Verfügung von Todes wegen* von einem Fachmann, also einem Rechtsanwalt oder Notar beraten zu lassen, oder von vornherein die Verfügung notariell beurkunden zu lassen. Angesichts der oft sehr weitreichenden steuerlichen Folgen im unternehmens- bzw. gesellschaftsrechtlichen Bereich sollte dabei regelmäßig auch ein Steuerberater beigezogen werden.

▶ Gesetzliche Erben

Die gesetzliche Erbfolge tritt nur dann ein, wenn und soweit es nicht zu einer gewillkürten Erbfolge aufgrund einer → *Verfügung von Todes wegen*, also → *Testament* oder → *Erbvertrag*, kommt. Die Verfasser des BGB haben die gesetzliche Erbfolge als Instrument zur Verwirklichung des mutmaßlichen Willens eines Erblassers verstanden und gingen davon aus, dass die gesetzliche Erbfolge, wie sie im BGB ausgestaltet ist, im Normalfall dem Willen des Erblassers entspricht.

Die Erbfolge der → *Verwandten* beruht auf dem System von Ordnungen: die Verwandten (§ 1589 BGB) sind in §§ 1924 bis 1929 BGB zur Bestimmung der Reihenfolge, in der sie zum Zug kommen, in Ordnungen eingeteilt. Dabei schließt jeder Angehörige einer vorhergehenden Ordnung alle Verwandten der späteren Ordnungen aus (§ 1930 BGB).

Die → *Abkömmlinge* des → *Erblassers* bilden die 1. Ordnung, also die mit ihm in gerader absteigender Linie verwandten Personen, Kinder, Enkel, Urenkel usw., auch wenn sie aus verschiedenen oder geschiedenen oder nichtigen Ehen stammen; zu den Abkömmlingen zählen auch Adoptivkinder (→ *Annahme als Kind*). An die Stelle eines z. Z. des Erbfalls nicht mehr lebenden oder durch → *Ausschlagung* weggefallenen Abkömmlings treten die durch ihn mit dem Erblasser verwandten Abkömmlinge (Erbfolge nach Stämmen § 1924 BGB), mit Ausnahme der volljährig adoptierten (§ 1770 Abs. 1 BGB) Kinder. Kinder erben zu gleichen Teilen.

> **BEISPIEL:** Hat der Erblasser E z. B. drei Kinder, K¹, K², K³, von denen wiederum K¹ ein Kind, K² zwei Kinder und K³ drei Kinder haben, und sind K¹ und K³ vorverstorben, so sind gesetzliche Erben zu einem Drittel das Kind von K¹, zu einem Drittel K² und zu je $\frac{1}{9}$ die drei Kinder von K³.

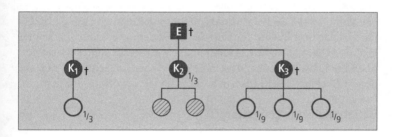

Sind keine Verwandten der 1. Ordnung vorhanden, dann kommen die Erben der 2. Ordnung zum Zug (§ 1930 BGB). Sind beim Tod des Erblassers also weder Kinder noch Enkelkinder vorhanden, so sind die Erben der 2. Ordnung berufen, nämlich die Eltern des Erblassers und deren Abkömmlinge, also die Geschwister des Erblassers und deren Kinder (§ 1925 BGB). Leben z. Z. des Erbfalls die Eltern, so erben sie allein und zu gleichen Teilen. Leben der Vater oder die Mutter nicht mehr, so treten an die Stelle des Verstorbenen dessen Abkömmlinge nach den für die Beerbung in der 1. Ordnung geltenden Vorschriften. Sind Abkömmlinge nicht vorhanden, so erbt der überlebende Elternteil allein (§ 1925 Abs. 3 BGB).

> **BEISPIEL:** Ist der Vater des Erblassers verstorben, leben aber seine Mutter und zwei Geschwister, so erben die Mutter $\frac{1}{2}$ und die beiden Geschwister je $\frac{1}{4}$ des Nachlasses. Ist ein Geschwister verstorben unter Hinterlassung eines Sohnes und einer Tochter, so beträgt das Erbrecht von Neffe und Nichte je $\frac{1}{8}$.

Gesetzliche Erben der 3. Ordnung sind die Großeltern des Erblassers und deren Abkömmlinge, also Onkel, Tanten des Erblassers (§ 1926 BGB). Leben also z. B. z. Z. des Erbfalls nur die Großeltern, von denen jeder Erblasser 4 hat, so erben sie allein und zu gleichen Teilen. Gesetzliche Erben 4. und weiterer Ordnungen sind die Urgroßeltern und die entfernteren Voreltern und deren Abkömmlinge (§§ 1928, 1929 BGB).

Wird ein Erbe nicht innerhalb einer den Umständen entsprechenden Frist ermittelt, so hat das → *Nachlassgericht* festzustellen, dass ein anderer Erbe als der → *Fiskus* nicht vorhanden ist (§ 1964 BGB). Dies ist das Bundesland, in dem der Erblasser bei seinem Tod seinen Wohnsitz hatte. Der Fiskus kann auf sein Erbrecht weder verzichten noch die Erbschaft ausschlagen. Er haftet aber für Schulden nur auf den → *Nachlass* beschränkt, d. h. nur solange der Nachlass reicht.

▶ **Getrenntlebende Ehegatten**

> → *Geschiedene Ehegatten*

▶ **Gleichgeschlechtliche Partnerschaft**

> → *Lebenspartnerschaft*

▶ **Gleichstellungsvertrag**

Durch das Kindschaftsreformgesetz vom 16.12.1997 (BGBl. I, S. 2942) sind die Unterschiede zwischen ehelichen und nichtehelichen Kindern beseitigt worden; auch in erbrechtlicher Sicht sind sie für Erbfälle ab 1.4.1998 durch das Erbrechtsgleichstellungsgesetz vom 16.12.1997 (BGBl. I, S. 2968) gleichgestellt. Dies gilt jedoch nicht für vor dem 1.7.1949 geborene nichteheliche Kinder und deren Abkömmlinge im Verhältnis zu ihrem Vater und dessen Verwandten. Vater und Kind können jedoch gem. § 10 a Abs. 1 Nichtehelichengesetz i. d. F. des Kindschaftsreformgesetzes vereinbaren, dass für künftige Erbfälle dieser Ausschluss nicht gelten soll. Die Vereinbarung kann nur vom Vater und dem Kind persönlich in notarieller Form geschlossen werden. Eventuelle Ehegatten von Vater oder Kind müssen zur Vereinbarung ihre Einwilligung in notarieller Urkunde erklären. Im Fall einer Betreuung nach § 1903 Abs. 1 BGB ist ferner die Genehmigung des Vormundschaftsgerichts erforderlich. Die Vereinbarung ist ein Vertrag über ein künftiges Erbrecht und steht dabei in einer Reihe mit → *Erbvertrag,* → *Erbverzichtsvertrag* und → *Pflichtteilsverzichtsvertrag.*

▶ Gleichzeitiger Tod

→ *Gemeinschaftliches Testament*

▶ Grabpflege

Die Grabpflege zählt nicht mehr zur → *Bestattung.* Ihre Kosten fallen daher nicht unter § 1968 BGB, da sie keiner rechtlichen, sondern nur einer sittlichen Pflicht des Erben entspringt. In einem noch vom Erblasser abgeschlossenen Grabpflege-Vertrag über die gesamte Ruhezeit für seine Grabstätte kann das Kündigungsrecht mit bindender Wirkung für die Erben ausgeschlossen werden.

▶ Großer Pflichtteil

→ *Ehegatten-Erbrecht*

▶ Grundbuch

→ *Grundstück*

▶ Grundstück

Zur Übertragung des Eigentums an einem Grundstück, zur Belastung eines Grundstücks mit einem Recht sowie zur Übertragung und Belastung solcher Rechte ist grds. die Einigung des Berechtigten und des anderen Teils und die Eintragung der Rechtsänderung im Grundbuch erforderlich (§ 873 BGB). Diese Einigung beider Vertragsteile heißt bei der Übertragung des Eigentums an einem Grundstück Auflassung (§ 925 BGB). Sie bedarf ebenso wie jeder Vertrag, durch den sich jemand verpflichtet, das Eigentum an einem Grundstück zu übertragen oder zu erwerben, der Beurkundung durch den → *Notar* (§ 311 b Abs. 1 BGB). Das gilt auch für grundstücksgleiche Rechte, wie etwa das Erbbaurecht. Auch zur Belastung eines Grundstücks mit einem Recht, etwa einer Dienstbarkeit, einem Nießbrauch, einer Hypothek oder Grundschuld sowie zur Übertragung oder Belastung eines solchen Rechts ist regelmäßig die Einigung der Vertragsteile über den Eintritt der Rechtsänderung und die Eintragung der Rechtsänderung im Grundbuch erforderlich (§ 873 BGB), die in notarieller Form, sei es durch Beurkundung oder Unterschriftsbeglaubigung, erfolgen müssen. Da somit in jedem Fall ein Notar beigezogen werden muss, soll im Folgenden nur auf einige Punkte hingewiesen werden.

Mit dem Erbfall werden alle Miterben Eigentümer zur gesamten Hand aller Nachlassgegenstände, somit auch von Grundstücken. Entsprechend dieser Stellung sind alle Erben als Miterben zur gesamten Hand in das Grundbuch einzutragen, und zwar zunächst unabhängig davon, wer letztlich das oder die Grundstücke erhalten soll, sei es aufgrund einer → *Teilungsanordnung* oder eines → *Vermächtnisses*. Mit dem Tod des Erblassers ist das Grundbuch zunächst unrichtig, da im Augenblick seines Todes nicht mehr der Erblasser, sondern seine Erben Eigentümer sind. Das Nachlassgericht, das einen → *Erbschein* erteilt oder sonst die → *Erben* ermittelt, soll nach § 83 GBO dem zuständigen Grundbuchamt vom Erbfall und den Erben Mitteilung machen. Um das Grundbuch möglichst bald wieder auf den richtigen Stand zu bringen und die Unrichtigkeit nicht lange aufrechtzuerhalten, werden die sonst üblichen Gebühren (Nr. 14 110 KV GNotKG) bei Eintragung von Erben des eingetragenen Eigentümers nicht erhoben, wenn der Eintragungsantrag **binnen zwei Jahren seit dem Erbfall** beim Grundbuchamt eingereicht wird (Nr. 14 110 KV GNotKG). Hierauf soll das Nachlassgericht die als Erben eingesetzten Personen hinweisen (§ 83 S. 2 GBO).

Hat der Erblasser z. B. zwei Grundstücke und zwei Erben hinterlassen, so sind für beide Grundstücke beide Erben als Eigentümer in → *Erbengemeinschaft* einzutragen. Soll ein Grundstück an einen Dritten verkauft werden, so müssen am notariellen Vertragsschluss und an der Auflassung des Grundstücks beide Erben mitwirken. Das Gleiche gilt, wenn das andere Grundstück auf einen der beiden Erben übertragen werden soll.

Nach der Grundbuchordnung soll eine Eintragung im Grundbuch nur erfolgen, wenn die Person, deren Recht durch sie betroffen wird, als der Berechtigte eingetragen ist (§ 39 GBO). Eine Ausnahme besteht dann, wenn der Berechtigte der Erbe des eingetragenen Erblassers ist und wenn die Übertragung oder die Aufhebung eines Rechts eingetragen werden soll; in diesem Fall wäre die Voreintragung der Erben unökonomisch, da sie ohnehin bei Übertragung oder Aufhebung des Rechts aus dem Grundbuch gestrichen werden und der neue Berechtigte eingetragen wird. Selbstverständlich bedarf es aber eines Nachweises der Erbfolge, der grds. nur durch einen → *Erbschein* bzw. ein → *Europäisches Nachlasszeugnis* geführt werden kann (§ 35 GBO). Beruht jedoch die Erbfolge auf einer → *Verfügung von Todes wegen*, die vor einem → *Notar* errichtet wurde, so genügt es, wenn an die Stelle des Erbscheins bzw. des Nachlasszeugnisses die Verfügung und die Niederschrift über die → *Eröffnung der Verfügung von Todes wegen* dem Grundbuchamt vorgelegt wird. Auch aus diesem Grund ist es empfehlenswert, die Verfügung von Todes wegen nicht privatschriftlich, sondern durch einen → *Notar* errichten zu lassen. Wird der → *Erbschein* ausschließlich für Zwecke der Grundbuchberichtigung benötigt, so ist dies im Erbscheinsantrag anzugeben; nach § 40 Abs. 3 GNotKG werden dann die Gebühren nur nach dem Wert des Grundbesitzes berechnet, wobei dingliche Rechte bei der Bewertung abgezogen werden.

Besonderheiten ergeben sich bei der → *Vor- und Nacherbschaft*. Hierüber ist ein Vermerk im Grundbuch einzutragen. Wie ausgeführt, ist eine Verfügung des → *Vorerben* über ein zur Erbschaft gehörendes Grundstück oder über ein zur Erbschaft gehörendes Recht an einem Grundstück, z. B. Grundschuld oder Hypothek, im Fall des Eintritts der Nacherbfolge insoweit unwirksam, als sie das Recht des

Nacherben vereiteln oder beeinträchtigen würde (§ 2113 BGB). Der → *Nacherbe* kann also bei Eintritt des Nacherbfalls vom Käufer Zustimmung zu seiner Eintragung als Eigentümer verlangen, während dem Käufer ein Ersatzanspruch gegen den → *Vorerben* zusteht. Praktisch führt das dazu, dass der Vorerbe über ein Grundstück stets nur mit Zustimmung des Nacherben verfügen kann, weil die Verfügung nur dann voll wirksam ist. Eine Ausnahme besteht dann, wenn es sich um eine befreite Vor- und Nacherbschaft handelt, da bei dieser der Vorerbe nicht der Zustimmung des Nacherben bedarf. Ausgenommen ist in jedem Fall die unentgeltliche Verfügung (§ 2113 Abs. 2 BGB): vom Zustimmungserfordernis hierfür kann nicht befreit werden (§ 2136 BGB).

Bei der → *Erbteilsübertragung* erfolgt die Rechtsänderung ohne Eintragung im Grundbuch unmittelbar durch die notarielle Beurkundung (§ 2033 BGB). Die Eintragung des Erwerbers des Erbteils ist lediglich eine Berichtigung des Grundbuchs.

Einzutragen im Grundbuch ist auch die Anordnung einer → *Testamentsvollstreckung*. Erfolgt eine Rechtsänderung aufgrund der Bewilligung eines Testamentsvollstreckers, so bedarf es ebenfalls keiner Voreintragung der Erben (§ 40 Abs. 2 GBO), da der Testamentsvollstrecker kraft seiner umfassenden Verwaltungsbefugnis über Grundstücke verfügen kann, und zwar gleichgültig, wer Erbe ist und damit auch, ob die Erben im Grundbuch eingetragen sind.

Zur Bewertung von Grundstücken im Erbfall s. oben → *Erbschaftsteuer* Ziff. 3.

Zu Grundbesitz im Ausland s. oben → *Auslandsimmobilie*, → *Auslandsbezug des Erblassers*.

▶ **Gütergemeinschaft**

→ *Ehevertrag*

▶ **Güterstand, gesetzlicher**

→ *Ehevertrag*, → *Lebenspartnerschaftsvertrag*

▶ **Gütertrennung**

→ *Ehevertrag,* → *Lebenspartnerschaftsvertrag*

H

► Haftung der Erben

1. Grundsatz

Der Erbe haftet für die → *Nachlassverbindlichkeiten,* und zwar grds. mit dem → *Nachlass* und dem Eigenvermögen, vorläufig unbeschränkt, aber beschränkbar (§ 1967 BGB); die Haftung des Erben für die Nachlassverbindlichkeiten beschränkt sich auf den Nachlass, wenn eine → *Nachlassverwaltung* (Nachlasspflegschaft zum Zweck der Befriedigung der Nachlassgläubiger) angeordnet oder das → *Nachlassinsolvenzverfahren* eröffnet ist (§ 1975 BGB).

2. Beschränkte Haftung des Erben gegenüber allen Nachlassgläubigern

a) Vorläufig beschränkte Haftung

In bestimmten Fällen tritt eine vorläufig beschränkte Haftung gegenüber allen Nachlassgläubigern ein, die durch eine Einrede geltend gemacht werden kann:

■ Der Erbe ist berechtigt, die Berichtigung einer Nachlassverbindlichkeit bis zum Ablauf der ersten drei Monate nach der → *Annahme der Erbschaft* zu verweigern (§ 2014 BGB, → *Dreimonatseinrede*).

■ Hat der Erbe innerhalb eines Jahres nach der Annahme der Erbschaft ein Aufgebot der Nachlassgläubiger beantragt und ist der Antrag zugelassen, so ist er berechtigt, die Berichtigung einer Nachlassverbindlichkeit bis zur Beendigung des → *Aufgebotsver-*

fahrens zu verweigern (§ 2015 BGB, Einrede des Aufgebotsverfahrens).

■ Deckt der Nachlass nicht die Kosten der amtlichen Nachlassabwicklung durch → *Nachlassverwaltung* bzw. → *Nachlassinsolvenzverfahren*, so kann der Erbe die Befriedigung eines Nachlassgläubigers insoweit verweigern, als der Nachlass nicht ausreicht. Der Erbe ist in diesem Fall verpflichtet, den Nachlass zum Zweck der Befriedigung des Gläubigers im Weg der Zwangsvollstreckung herauszugeben (§ 1990 BGB, Einrede der → *Dürftigkeit des Nachlasses*).

■ Beruht die Überschuldung des Nachlasses auf → *Vermächtnissen* und → *Auflagen*, so ist der Erbe, auch wenn die Voraussetzungen des § 1990 BGB nicht vorliegen, berechtigt, die Berichtigung dieser Verbindlichkeiten ebenso zu bewirken. Er kann die Herausgabe der noch vorhandenen Nachlassgegenstände durch Zahlung des Wertes abwenden (§ 1992 BGB, Einrede der → *Überbeschwerung des Nachlasses*).

■ Bis zur Teilung des Nachlasses kann jeder Miterbe die Berichtigung der Nachlassverbindlichkeiten aus dem Vermögen, das er außer seinem Anteil an dem Nachlass hat, verweigern (§ 2059 Abs. 1 BGB). Hier ist der Nachlass, wenn es sich um **mehrere Erben** handelt, infolge seiner gesamthänderischen Bindung vom Erbfall an ein Sondervermögen. Haftet ein Erbe für seine Nachlassverbindlichkeiten jedoch unbeschränkt, so steht ihm dieses Recht in Ansehung des seinem → *Erbteil* entsprechenden Teils der Verbindlichkeit nicht zu (§ 2059 Abs. 1 S. 2 BGB).

b) Endgültig beschränkte Haftung

Die Haftung des Erben ist gegenüber allen Nachlassgläubigern endgültig auf den Nachlass beschränkt, wenn nach dem Erbfall bestimmte Maßnahmen getroffen werden, die zu einer Güterabsonderung zwischen dem Nachlass und dem Eigenvermögen des Erben führen. Diese gegenständlich beschränkte Haftung kann herbeigeführt werden durch

■ Anordnung der → *Nachlassverwaltung* (§ 1975 BGB) bei nicht überschuldetem, nicht dürftigem, aber unübersichtlichem Nachlass.

- Eröffnung des → *Nachlassinsolvenzverfahrens* bei überschuldetem, nicht dürftigem Nachlass (§§ 1975, 1980 BGB).

Bei der Nachlassverwaltung und dem Nachlassinsolvenzverfahren gehen die Verfügungs-, Verwaltungs- und Prozessführungsbefugnis über die Nachlassgegenstände auf den Nachlass- bzw. Insolvenzverwalter über und ist dieser berechtigt, die Nachlassgegenstände in Besitz zu nehmen. Es tritt neben der Haftungsbeschränkung auch eine Gütersonderung des Nachlasses vom Eigenvermögen ein.

3. Beschränkte Haftung des Erben gegenüber einzelnen Gläubigern

In folgenden Fällen kann der Erbe seine Haftung zwar nicht gegenüber allen Gläubigern, aber gegenüber einzelnen Gläubigern endgültig auf den Nachlass beschränken:

a) Aufgebot

Hat der Erbe ein → *Aufgebotsverfahren* (§ 1970 BGB) durchgeführt, so sind die Gläubiger ausgeschlossen, die ihre Forderungen nicht angemeldet haben. Pfandgläubiger und Gläubiger, die im Insolvenzverfahren den Pfandgläubigern gleichstehen, sowie Gläubiger, die bei der Zwangsvollstreckung in das unbewegliche Vermögen ein Recht auf Befriedigung aus diesem Vermögen haben, ebenso Pflichtteilsrechts-, Vermächtnis- und Auflagengläubiger werden durch das Aufgebot nicht betroffen.

b) Verschweigung

Ein Nachlassgläubiger, der seine Forderung später als fünf Jahre nach dem Erbfall dem Erben gegenüber geltend macht, steht einem ausgeschlossenen Gläubiger gleich, es sei denn, dass die Forderung dem Erben vor dem Ablauf der fünf Jahre bekannt geworden oder im → *Aufgebotsverfahren* angemeldet worden ist (§ 1974 BGB).

In den beiden genannten Fällen (Buchstabe a und b) beschränkt sich die Haftung des Erben auf den Überschuss, der ihm nach Befriedigung aller Nachlassgläubiger, die weder ausgeschlossen noch säumig sind, vom Nachlass verbleibt (§§ 1973 Abs. 1 S. 1, 1974 Abs. 1 S. 1 BGB).

c) Erschöpfung

Ist das Nachlassinsolvenzverfahren durch Verteilung der Masse oder durch einen Insolvenzplan beendet und wird der Erbe anschließend wegen einer Nachlassschuld beansprucht, so kann er die Befriedigung dieses Gläubigers verweigern (§§ 1989, 1973 BGB).

4. Endgültig unbeschränkte Haftung des Erben

Der Erbe haftet kraft Gesetzes endgültig unbeschränkt, wenn er das Recht verloren hat, seine Haftung in eine endgültig beschränkte zu verwandeln.

a) Der Erbe haftet gegenüber **allen** Nachlassgläubigern endgültig unbeschränkt, wenn er

- die Frist für die → *Inventarerrichtung* versäumt hat (§ 1994 Abs. 1 S. 2 BGB) oder

- eine Untreue bei der → *Inventarerrichtung* begangen hat (§ 2005 Abs. 1 BGB).

b) Der Erbe haftet gegenüber **einzelnen** Nachlassgläubigern endgültig unbeschränkt, wenn er

- die Abgabe der eidesstattlichen Versicherung über die Vollständigkeit des → *Inventars* verweigert; verweigert der Erbe die Abgabe der eidesstattlichen Versicherung, so haftet er dem Gläubiger, der den Antrag gestellt hat, unbeschränkt (§ 2006 Abs. 3 BGB),

- es im Erkenntnisverfahren versäumt hat, sich die Beschränkung seiner Haftung vorbehalten zu lassen (§ 780 ZPO), oder er zwar diesen Vorbehalt erwirkt hat, sich aber gegen eine Zwangsvollstreckung in sein Eigenvermögen nicht mit der Einwendungsklage zur Wehr gesetzt hat (§§ 781, 785, 767 ZPO),

- vertraglich einem bestimmten Nachlassgläubiger gegenüber auf sein Recht zur Haftungsbeschränkung verzichtet (Palandt/Weidlich, Vor § 1967 BGB Anm. 5).

5. Minderjähriger Erbe

Die Haftung minderjähriger Erben für Nachlassverbindlichkeiten, die aufgrund eines während ihrer Minderjährigkeit erfolgten Erwerbs von Todes wegen entstanden sind, ist seit 1.1.1999 gem. §§ 1629 a, 1793 Abs. 2 BGB auf den Bestand ihres im Zeitpunkt des Volljährigkeitseintritts vorhandenen Vermögens beschränkbar. Der volljährig gewordene Erbe kann die Haftungsbeschränkung entspr. §§ 1990, 1991 BGB geltend machen (§ 1629 a Abs. 1 S. 2 BGB). Verlangt er als Miterbe nicht binnen drei Monaten nach Volljährigkeitseintritt die Auseinandersetzung, wird im Zweifel angenommen, dass die entsprechende Verbindlichkeit nach Volljährigkeitseintritt entstanden ist (§ 1629 a Abs. 4 BGB).

▶ **Halbgeschwister**

Hat der (kinderlose) Erblasser Voll- und Halbgeschwister hinterlassen, tritt eine Aufteilung nach Linien ein (Vater-/Mutterseite), weil Abkömmlinge nur an die Stelle des Elternteils treten, mit dem sie verwandt sind. Innerhalb der Linien wird nach Stämmen geerbt (§ 1924 Abs. 3 BGB). Die vollbürtigen Geschwister treten an die Stelle beider Eltern, die halbbürtigen (oder deren Abkömmlinge) nur an die Stelle des Elternteils, den sie mit dem Erblasser gemeinsam haben. Hatten die Eltern z. B. außer dem Erblasser noch zwei gemeinsame Töchter und der Vater noch einen Sohn aus erster Ehe, erben die zwei Schwestern des Erblassers zu je $^5/_{12}$, der Halbbruder zu $^1/_6$, weil sich die Mutterhälfte nur auf zwei, die Vaterhälfte dagegen auf drei Abkömmlinge verteilt.

▶ **Handelsgeschäft**

→ *Einzelhandelsgeschäft*, → *Gesellschaft*

▶ **Heim**

Dem Träger eines Heims ist es untersagt, sich von oder zugunsten von Bewohnern Geld oder geldwerte Leistungen über das vereinbarte Entgelt hinaus versprechen oder gewähren zu lassen (§ 14 HeimG bzw. die im Rahmen der Föderalismusreform beschlossenen landesgesetzlichen Nachfolgeregelungen: § 9 LHeimG in Baden-Württemberg, Art. 8 PfleWoqG in Bayern, § 12 WTG in Berlin, § 14 BbgPBWoG in Brandenburg, § 20 BremWoBeG in Bremen, § 5 a

HmbWBG in Hamburg, § 7 HGBP in Hessen, § 6 EQG in Mecklenburg-Vorpommern, § 1 Abs. 1 Satz 3 NHeimG in Niedersachsen i. V. m. § 14 HeimG, § 10 WTG in Nordrhein-Westfalen, § 10 LWTG in Rheinland-Pfalz, § 8 LHeimGS im Saarland, § 7 SächsBeWoG in Sachsen, § 15 WTG in Sachsen-Anhalt, § 28 SbStG in Schleswig-Holstein). Dies gilt auch für Zuwendungen in Verfügungen von Todes wegen. Solche Testamente sind in der Regel unwirksam. Dadurch sollen die meist stark abhängigen Heimbewohner vor Druck geschützt werden; niemand soll sie in ihrer Hilflosigkeit ausnützen dürfen. Dies gilt für den stationären Pfleger, den Heimträger, die Heimleitung, selbst Kinder des Heimleiters oder Ehefrauen eines Heimmitarbeiters. Auch das Einsetzen von Heimpersonal schon vor dem Einzug ist daher unzulässig. Allerdings gilt das Verbot nur dann, wenn der Begünstigte von der Zuwendung Kenntnis hatte; die Frage, ob der Erblasser den Begünstigten informierte oder ihn heimlich einsetzte, ist natürlich häufig kaum zu klären und führt oft zu Streitigkeiten. In Ausnahmefällen kann nach § 14 Abs. 6 HeimG die zuständige Behörde von diesem Verbot abweichen, soweit der Schutz der Bewohner die Aufrechterhaltung des Verbots nicht erfordert und die Leistungen noch nicht versprochen oder gewährt worden sind. Die für die Genehmigung zuständige Behörde ergibt sich nach § 23 Abs. 1 HeimG aus landesrechtlichen Bestimmungen; für Bayern ist dies die Kreisverwaltungsbehörde.

Auch wer Zuhause Fremde pflegt, fällt unter das Heimgesetz. Nach der Rechtsprechung betreibt ein Heim, wer regelmäßig gegen Bezahlung fremde pflegebedürftige oder behinderte Erwachsene bei sich aufnimmt und ihnen gegen Bezahlung nicht nur Unterkunft, sondern auch Verpflegung und pflegerische Betreuung zukommen lässt. Wie viele Personen dort Aufnahme finden und wie man diese Institution bezeichnet, ist unerheblich.

Diese Regeln gelten auch für ambulante Pflegedienste, für die das OLG Frankfurt a. M. am 12.5.2015 entschieden hat, dass bis zum Beweis des Gegenteils die Vermutung gilt, dass die Erbeinsetzung der Geschäftsführerin eines ambulanten Pflegedienstes im Zusammenhang mit den Pflegeleistungen steht und damit ungültig ist (BeckRS 2015, 09398).

► **Homo-Ehe**

→ *Lebenspartnerschaft*

I

► **Insolvenzverfahren**

→ *Nachlassinsolvenzverfahren*

► **Inventarerrichtung**

1. Begriff

Unter Inventar ist ein Verzeichnis aller beim Erbfall vorhandenen Nachlassgegenstände (Aktiven) und der bestehenden → *Nachlassverbindlichkeiten* (Passiven) zu verstehen (§ 2001 BGB). Auch Rechte, Schulden und Lasten, die mit dem Erbfall durch Vereinigung von Recht und Verbindlichkeit oder von Recht und Belastung erloschen sind, müssen aufgenommen werden, da sie im Verhältnis zwischen Gläubiger und Erben als nicht erloschen gelten (§§ 1976, 1991 Abs. 2 BGB). Dagegen sind → *Ausgleichsansprüche* und -pflichten gem. §§ 2050 ff. BGB nicht anzugeben, da sie nur Rechnungsposten in der Auseinandersetzung der Miterben sind. Das Inventar soll außerdem eine Beschreibung der Nachlassgegenstände, soweit eine solche zur Bestimmung des Wertes erforderlich ist, und die Angabe des Wertes enthalten (§ 2001 Abs. 2 BGB). Das Inventar ist wirksam erst errichtet, wenn es beim Nachlassgericht eingereicht ist (§ 1993 BGB). Das Nachlassgericht hat die Einsicht des Inventars jedem zu gestatten, der ein rechtliches Interesse glaubhaft macht (§ 2010 BGB).

2. Bedeutung der Inventarerrichtung

Die Inventarerrichtung führt weder zu einer Haftungsbeschränkung noch zu einer Haftungssonderung und ist hierfür auch keine notwendige Voraussetzung. Wird es aber rechtzeitig und richtig errichtet (§§ 1994 Abs. 1, 2005 Abs. 1 BGB), so vermeidet das Inventar, dass der Erbe sein Recht zur Haftungsbeschränkung allen Nachlassgläubigern gegenüber endgültig verliert. Es erhält damit dem Erben die Möglichkeit, seine Haftung auf den Nachlass zu beschränken.

Ist das Inventar rechtzeitig errichtet worden, so wird gegenüber den Nachlassgläubigern vermutet, dass zurzeit des Erbfalls weitere Nachlassgegenstände als die im Inventar angegebenen nicht vorhanden gewesen sind (§ 2009 BGB). Diese **Vermutung** sichert und erleichtert dem rechenschaftspflichtigen Erben den Nachweis der ordentlichen Verwaltung gegenüber den Nachlassgläubigern (§§ 1993, 1978, 1991 Abs. 1 BGB), den Nachweis ordentlicher Berichtigung der Nachlassschulden ohne Benachteiligung bestimmter Nachlassgläubiger (§ 1979 BGB) und begrenzt die Herausgabepflicht des Erben bei der Herausgabe des Nachlassrestes im Fall der Ausschließung von Nachgläubigern (§ 1973 BGB), der → *Verschweigung* (§ 1974 BGB), der → *Erschöpfungseinrede* (§ 1989 BGB) und der → *Dürftigkeitseinrede* (§ 1990 BGB). Nicht erstreckt sich die Vermutung aber auf die Richtigkeit der Bestands- und Wertangaben der Aktiven, ferner nicht darauf, ob sie zum Nachlass gehören und nicht auf die Vollständigkeit der → *Nachlassverbindlichkeiten*, über die sich der Erbe nur im öffentlichen → *Aufgebotsverfahren* Gewissheit verschaffen kann.

3. Errichtung des Inventars

Das Inventar kann durch den Erben unter Hinzuziehung einer zuständigen Behörde oder eines zuständigen Beamten oder → *Notars* (§ 2002 BGB) aufgenommen werden. Fertigt der Erbe ein privates Inventar ohne amtliche Mitwirkung, so ist dies unwirksam, selbst wenn die Unterschrift des Erben darunter öffentlich beglaubigt ist. Errichtet ist das Inventar, sobald es der Erbe dem → *Nachlassgericht* eingereicht hat (§ 1993 BGB). Dies kann durch den Erben selbst geschehen.

Es ist auch möglich, dass das Nachlassgericht auf Antrag des Erben das Inventar entweder selbst aufnimmt oder die Aufnahme einer zuständigen Behörde, einem zuständigen Beamten oder Notar überträgt. In diesem Fall trägt die Verantwortung für die Aufnahme nur die Behörde oder Amtsperson. Der Erbe ist verpflichtet, die zur Aufnahme des Inventars erforderlichen Auskünfte zu erteilen. Schon durch die Stellung des Antrags wird die Inventarfrist gewahrt (§ 2003 BGB). Das Inventar ist von der Behörde, dem Beamten oder dem Notar beim Nachlassgericht einzureichen.

4. Frist

Das → *Nachlassgericht* hat dem Erben auf Antrag eines Nachlassgläubigers zur Errichtung des Inventars eine Frist zu bestimmen. Nach dem Ablauf der Frist haftet der Erbe für die → *Nachlassverbindlichkeiten* unbeschränkt, wenn nicht vorher das Inventar errichtet wird (§ 1994 Abs. 1 BGB). Er haftet für die Nachlassverbindlichkeiten auch dann unbeschränkt, wenn er Inventaruntreue (s. u. Ziff. 5) begeht (§ 2005 BGB). Verweigert er einem Nachlassgläubiger die eidesstattliche Versicherung des Inventars (s. u. Ziff. 6), so haftet er nur dem Gläubiger unbeschränkt, der den Antrag gestellt hat (§ 2006 Abs. 3 BGB).

Die Inventarfrist soll mindestens einen Monat, höchstens drei Monate betragen. Sie beginnt mit der Zustellung des Beschlusses, durch den das Nachlassgericht die Frist bestimmt. Auf Antrag des Erben kann das Nachlassgericht die Frist nach seinem Ermessen verlängern (§ 1995 BGB). Nimmt der Erbe unter Zuziehung einer zuständigen Behörde oder eines zuständigen Beamten oder → *Notars* das Inventar selbst auf (§ 2002 BGB), so muss das Inventar innerhalb der Frist beim Nachlassgericht eingereicht sein; stellt der Erbe den Antrag auf Aufnahme durch die Behörde oder Amtsperson, so wird durch die Stellung des Antrags die Inventarfrist gewahrt (§ 2003 Abs. 1 S. 2 BGB).

Das Nachlassgericht kann die Frist auf Antrag des Erben verlängern. Ist der Erbe ohne sein Verschulden an der rechtzeitigen Inventarerrichtung oder dem Antrag auf Fristverlängerung gehindert worden, muss das Gericht auf Antrag eine neue Frist bestimmen; dieser Antrag muss binnen zwei Wochen nach der Beseitigung des Hindernisses und spätestens nach einem Jahr seit Ablauf der ursprünglichen Frist gestellt werden.

5. Inventaruntreue

Erstellt der Erbe absichtlich ein unrichtiges Inventar oder macht er vor dem → *Notar* falsche Angaben, um die Nachlassgläubiger zu benachteiligen, so haftet er für alle → *Nachlassverbindlichkeiten* unbeschränkbar mit seinem ganzen Vermögen. Dies gilt sowohl für das freiwillige (§ 1993 BGB) als auch für das durch Fristsetzung erzwungene Inventar (§ 1994 BGB).

Eine Inventaruntreue liegt in folgenden drei Fällen vor:

- Der Erbe gibt die einzelnen Nachlassgegenstände absichtlich erheblich unvollständig an (§ 2005 Abs. 1 S. 1 BGB); Fehler in der Beschreibung oder in der Wertangabe genügen nicht. Gläubigerbenachteiligungsabsicht ist hier nicht erforderlich.

- Der Erbe nimmt absichtlich eine nicht bestehende Nachlassverbindlichkeit in das Inventar auf in der Absicht, die Nachlassgläubiger zu benachteiligen (§ 2005 Abs. 1 S. 1 BGB).

- Der Erbe verweigert bei der amtlichen Inventaraufnahme (§ 2003 BGB, s. o. Ziff. 3) die von ihm geforderte Auskunft oder verzögert sie absichtlich in erheblichem Maß (§ 2005 Abs. 1 S. 2 BGB).

Liegt keiner dieser drei Fälle vor, insbesondere wenn das unrichtige Inventar nur fahrlässig erstellt wurde, so kann das Nachlassgericht dem Erben zur Ergänzung eine neue Inventarfrist bestimmen (§ 2005 Abs. 2 BGB). Ergänzt er dann das Verzeichnis gleichwohl nicht, so haftet er nach § 1994 Abs. 1 S. 2 BGB unbeschränkbar.

6. Eidesstattliche Versicherung

Jeder Nachlassgläubiger kann vom Erben nach der Errichtung des Inventars eine eidesstattliche Versicherung verlangen, dass er nach bestem Wissen die Nachlassgegenstände so vollständig angegeben habe, als er dazu imstande sei (§ 2006 Abs. 1 BGB). Eine eidesstattliche Versicherung hinsichtlich der → *Nachlassverbindlichkeiten* (Passiven) kann dagegen nicht verlangt werden. Die eidesstattliche Versicherung ist zu Protokoll des Nachlassgerichts abzugeben. Der

Erbe kann vor der Abgabe der eidesstattlichen Versicherung das Inventar vervollständigen, soweit ihm nicht eine Frist gesetzt war.

Verweigert der Erbe die Abgabe der eidesstattlichen Versicherung oder bleibt er zwei Gerichtsterminen unentschuldigt fern, so haftet er dem Gläubiger, der den Antrag gestellt hat, wegen der geltend gemachten Nachlassforderung endgültig unbeschränkbar (§ 2006 Abs. 3 BGB). Da der Erbe die Vollständigkeit „nach bestem Wissen" versichert, kann ein Gläubiger Wiederholung der eidesstattlichen Versicherung verlangen, wenn Grund zu der Annahme besteht, dass dem Erben nach der Abgabe der eidesstattlichen Versicherung weitere Nachlassgegenstände bekannt geworden sind (§ 2006 Abs. 4 BGB).

K

▶ **Kleiner Pflichtteil**

→ *Ehegatten-Erbrecht*

▶ **Konkurs**

→ *Nachlassinsolvenzverfahren*

▶ **Kosten**

→ *Gebühren*

L

► **Lebenspartner-Erbrecht**

1. **Voraussetzungen**

Der überlebende eingetragene Lebenspartner wird nach der gesetzlichen Erbfolge nur dann Alleinerbe seines verstorbenen Lebenspartners, wenn weder → *Abkömmlinge*, noch Eltern und deren Abkömmlinge, noch Großeltern des Erblassers vorhanden sind (§ 10 Abs. 2 LPartG). In allen anderen Fällen beschränkt sich das gesetzliche Erbrecht des überlebenden Lebenspartners auf eine bestimmte Quote des → *Nachlasses*. Die Höhe der Erbquote ist davon abhängig, welche → *Verwandten* neben dem Lebenspartner zur → *Erbfolge* berufen sind und in welchen vermögensrechtlichen Verhältnissen (§ 7 LPartG) der überlebende Lebenspartner mit dem Erblasser im Zeitpunkt des Erbfalls gelebt hat.

Das gesetzliche Erbrecht des überlebenden Lebenspartners ist **ausgeschlossen** bei → *Erbverzicht* (§ 2346 BGB i. V. m. § 10 Abs. 7 LPartG), bei → *Erbunwürdigkeit* (§ 2339 BGB), bei → *Ausschlagung* der Erbschaft und dann, wenn z. Zt. des Todes des Erblassers die Voraussetzungen für die → *Aufhebung der Lebenspartnerschaft* gegeben waren und der Erblasser diese beantragt oder ihr zugestimmt hatte (§ 10 Abs. 3 LPartG) oder der Erblasser einen begründeten Antrag nach § 15 Abs. 2 Nr. 3 LPartG (unzumutbare Härte einer Fortsetzung der Lebenspartnerschaft) gestellt hatte.

Nach § 15 LPartG kann eine Lebenspartnerschaft durch gerichtliches Urteil aufgehoben werden (→ *Aufhebung der Lebenspartnerschaft*), wenn

■ beide Lebenspartner erklärt haben, die Lebenspartnerschaft nicht fortsetzen zu wollen, und seit der Erklärung zwölf Monate vergangen sind;

■ ein Lebenspartner erklärt hat, die Lebenspartnerschaft nicht fortsetzen zu wollen, und seit der Zustellung dieser Erklärung an den anderen Lebenspartner 36 Monate vergangen sind;

■ die Fortsetzung der Lebenspartnerschaft für den Antragsteller aus Gründen, die in der Person des anderen Lebenspartner liegen, eine unzumutbare Härte wäre.

Unter diesen Voraussetzungen entfällt auch das → *Pflichtteilsrecht* des überlebenden Lebenspartners.

2. Erbrechtliche Quote

Der überlebende Lebenspartner ist nach der gesetzlichen Grundregel (s. u. 3.) neben → *Verwandten* der 1. Ordnung, also neben → *Abkömmlingen* zu $^1/_4$ des Nachlasses berufen (§ 10 Abs. 1 LPartG). Die Abkömmlinge des Erblassers teilen sich den Rest, also $^3/_4$, so dass ein Kind $^3/_4$, 2 Kinder je $^3/_8$ oder drei Kinder je $^1/_4$ erhalten. Das Erbrecht der Abkömmlinge leitet sich aus der Verwandtschaft mit dem Erblasser ab, nicht mit dem überlebenden Lebenspartner, so dass z. B. auch Kinder aus früheren Ehen des Erblassers neben dem überlebenden Lebenspartner erben.

Neben Verwandten der 2. Ordnung oder neben Großeltern des Erblassers ist der überlebende Lebenspartner zur Hälfte der Erbschaft als gesetzlicher Erbe berufen (§ 10 Abs. 1 LPartG).

Sind weder Verwandte der 1. oder 2. Ordnung vorhanden, so erhält der überlebende Lebenspartner die ganze Erbschaft.

3. Güterstand

Die Höhe des Erbrechts des überlebenden Lebenspartners ist ferner abhängig vom Güterstand (vgl. §§ 6, 7 LPartG), der z. Z. des Erbfalls bestand.

a) Zugewinngemeinschaft nach § 6 LPartG

Wird die → *Zugewinngemeinschaft* durch den Tod eines Lebenspartners beendet, so wird der Ausgleich des Überschusses, der im Fall der sonstigen Beendigung der Lebenspartnerschaft stattfinden würde, dadurch verwirklicht, dass sich der gesetzliche Erbteil des überlebenden Lebenspartners um $^1/_4$ der Erbschaft erhöht; hierbei ist es unerheblich, ob die Lebenspartner im einzelnen Fall einen Überschuss erzielt haben (§ 1371 Abs. 1 BGB). Auch wenn das bei Tod eines Lebenspartners zu vererbende Vermögen schon vor Begründung der Lebenspartnerschaft vorhanden war, oder wenn es durch Erbschaft oder Schenkung, nicht durch gemeinsame Arbeitsleistung erworben wurde, bleibt dieser pauschale erbrechtliche Zugewinnausgleich bestehen. Der Lebenspartner erhält also neben Abkömmlingen zusätzlich zu seinem gesetzlichen Erbteil von $^1/_4$ (§ 10 Abs. 1 LPartG) ein weiteres Viertel nach § 1371 Abs. 1 BGB i. V. m. § 6 S. 2 LPartG. Der Gesetzgeber berechnet den Zugewinn pauschal in Höhe von $^1/_4$, so dass im Normalfall der Zugewinngemeinschaft der überlebende Lebenspartner neben Kindern oder Enkeln $^1/_2$ des Nachlasses erhält. Sein (großer) → *Pflichtteil* beträgt in diesem Fall also $^1/_4$. Sind keine Kinder vorhanden, leben aber die Eltern, die Geschwister oder die Großeltern des Lebenspartners noch, so erhöht sich der $^1/_2$-Erbanteil des überlebenden Lebenspartners nach § 1931 Abs. 1 BGB auf $^3/_4$ des Nachlasses ($^1/_2$ nach § 10 Abs. 1 LPartG und $^1/_4$ nach § 1371 BGB). Haben die Lebenspartner einer vorher abgeschlossenen Lebenspartnerschaft am 1.1.2005 im Vermögensstand der → *Ausgleichsgemeinschaft* gelebt, so gelten, soweit die Lebenspartner nichts anderes vereinbart haben, von diesem Tage an die Vorschriften über den Güterstand der Zugewinngemeinschaft (§ 21 Abs. 1 LPartG).

Der überlebende Lebenspartner braucht es jedoch nicht bei der pauschalen Abgeltung des Zugewinns durch Erhöhung seines gesetzlichen Erbteils um $^1/_4$ bewenden zu lassen, sondern kann auch die güterrechtliche Lösung wählen, bei der der Zugewinnausgleich konkret berechnet wird. Dies wird dann zu erwägen sein, wenn der Erblasser während der Dauer der Lebenspartnerschaft einen erheblichen Vermögenszuwachs erzielt hat; hier ist die erbrechtliche Lösung für den überlebenden Lebenspartner ungünstig, weil seine zusätzliche Erbquote u. U. geringer ist als sein Anspruch auf Überschuss. In einem solchen Fall ist es für ihn günstiger, wenn er nach § 1371 Abs. 3 BGB i. V. m. § 6 LPartG die Erbschaft ausschlägt (→ *Ausschlagung*) und den Zugewinnausgleich nach der güterrechtlichen Lösung (§§ 1372–1390 BGB) verlangt. Neben der Ausgleichsforderung auf den Zugewinn nach § 1378 BGB steht ihm in diesem Fall außerdem ein → *Pflichtteilsanspruch* gemäß § 2303 Abs. 1 BGB i. V. m. § 10 Abs. 6 LPartG zu, der sich nach dem nicht erhöhten gesetzlichen Erbteil bemisst (sog. kleiner Pflichtteil).

Dieses Wahlrecht zwingt den überlebenden Lebenspartner, innerhalb der kurzen Ausschlagungsfrist von sechs Wochen zu berechnen, ob es für ihn günstiger ist, die erbrechtliche oder die güterrechtliche Lösung zu wählen, was vor allem davon abhängt, ob das Vermögen des Erblassers im Wesentlichen während der Dauer der Lebenspartnerschaft erworben wurde.

BEISPIEL: Hinterlässt der Erblasser seinen Lebenspartner und ein Kind und besteht sein Nachlass im Wesentlichen aus einem lastenfreien Haus im Wert von 400 000 Euro, das er während der Dauer der Lebenspartnerschaft erworben hat, während der überlebende Lebenspartner keinen Überschuss erzielt hat, so wird der überlebende Lebenspartner folgende Berechnung anstellen:
Nach der erbrechtlichen Lösung erhält er gem. § 10 Abs. 1 LPartG ¼ und nach § 1371 Abs. 1 BGB ein weiteres Viertel, also insgesamt ½ des Nachlasses, somit 200 000 Euro. Nach der vermögensrechtlichen Lösung muss er die Erbschaft ausschlagen, so dass er gem. § 1371 Abs. 3 BGB den Zugewinnausgleich in Höhe von 200 000 Euro verlangen kann. Der Nachlass beträgt dann 200 000 Euro, so dass der Erbteil des überlebenden Lebenspartners gem. § 10 Abs. 1 LPartG 50 000 Euro, der Pflichtteil somit 25 000 Euro beträgt. Nach der güterrechtlichen Lösung stehen dem überlebenden Lebenspartner also zusätzlich 25 000 Euro als Pflichtteil zu, so dass er insgesamt 225 000 Euro verlangen kann, während der Erbteil nur 200 000 Euro beträgt.

Der Erblasser kann einseitig die güterrechtliche Lösung erzwingen, indem er seinen überlebenden Lebenspartner durch letztwillige Verfügung enterbt.

Ist der überlebende Lebenspartner mit einem → *Erbteil* oder → *Vermächtnis* bedacht, das wertmäßig geringer ist als sein Pflichtteil, so kann er sich mit dem Vermächtnis zufrieden geben oder er kann das ihm testamentarisch Zugewandte ausschlagen und stattdessen den konkret berechneten „güterrechtlichen" Überschussausgleich zusammen mit dem „kleinen" Pflichtteil verlangen. Er hat noch eine dritte Möglichkeit: Ist das testamentarisch Zugewandte weniger als der sog. „große Pflichtteil", der sich nach dem durch den Überschussausgleich erhöhten gesetzlichen Erbteil berechnet, so kann der überlebende Lebenspartner die Ergänzung des ihm Zugewandten bis zur Höhe dieses Pflichtteils verlangen. Dieser große Pflichtteil beträgt neben Kindern $1/4$, neben Eltern und Großeltern $3/8$ des Wertes der Erbschaft. Diese Ergänzung des großen Pflichtteils kann aber nur nach einer testamentarischen Verfügung verlangt werden. Der vollständig enterbte überlebende Lebenspartner kann nur den „kleinen" Pflichtteil, berechnet von dem nicht nach § 1371 BGB erhöhten Erbteil, und zusätzlich Überschussausgleich verlangen (§ 1371 Abs. 2 BGB; ständige Rechtsprechung im Eherecht, h. L.).

Sind erbberechtigte Abkömmlinge des verstorbenen Lebenspartners vorhanden, so ist der überlebende Lebenspartner verpflichtet, diesen Abkömmlingen die Mittel zu einer angemessenen → *Ausbildung* aus dem zusätzlichen Viertel zu gewähren (§ 1371 Abs. 4 BGB). Anders als gemeinsame Kinder aus einer Ehe beerben einseitige Abkömmlinge des zuerst Verstorbenen den Überlebenden nicht, so dass dessen erhöhtes Erbrecht ihren Anteil am Nachlass mindert. Der **Ausbildungsanspruch** dieser Abkömmlinge besteht aber nur dann, „wenn und soweit sie dessen bedürfen", setzt also Bedürftigkeit voraus: kann der Abkömmling seine Ausbildung aus dem eigenen (reduzierten) → *Erbteil* oder → *Pflichtteil* oder aus seinem sonstigen Vermögen bezahlen, so muss der überlebende Lebenspartner nicht einspringen. Der Ausbildungsanspruch ist begrenzt auf das zusätzliche erbrechtliche Überschussausgleichsviertel des überlebenden Lebenspartners; sobald es aufgebraucht ist, erlischt die Unterhaltspflicht. Der Ausbildungsanspruch besteht nur, wenn der überlebende Lebenspartner gesetzlicher Erbe wird. Hat der Verstorbene seinen Lebenspartner durch → *Verfügung von Todes wegen* bedacht, so besteht ein Ausbildungsanspruch auch dann nicht, wenn die testamentarische Zuwendung höher ist als der gesetzliche Erbteil. Bei der Überlegung, welche Form des Überschussausgleichs günstiger für den überlebenden Lebenspartner ist, ist der Ausbildungsanspruch einseitiger Abkömmlinge des zuerst Versterbenden also mitzuberücksichtigen. Das zusätzliche erbrechtliche Viertel kann durch Ausbildungsansprüche von Abkömmlingen des Erblassers praktisch aufgezehrt werden. Wählt der überlebende Lebenspartner dagegen den konkret berechneten vermögensrechtlichen Überschussausgleich und den kleinen Pflichtteil, so kommen solche Ausbildungskosten nicht auf ihn zu.

b) Gütertrennung

Haben die Lebenspartner durch einen vor dem → *Notar* abzuschließenden → *Lebenspartnerschaftsvertrag* (§ 7 LPartG) → *Gütertrennung* oder vor dem 1.1.2005 → *Vermögenstrennung* vereinbart oder waren die Vereinbarung der → *Ausgleichsgemeinschaft* oder der → *Lebenspartnerschaftsvertrag* unwirksam (§ 6 Abs. 3 LPartG), so gilt § 10 LPartG unverändert, wie oben Ziff. 2 aufgeführt.

4. Erbschaftsteuerliche Freibeträge des Lebenspartners

Der überlebende Lebenspartner ist erbschaftsteuerlich dem überlebenden Ehegatten gleichgestellt. Ihm steht ein Freibetrag in Höhe von 500 000 Euro zu (§ 16 Abs. 1 Nr. 1 ErbStG), neben dem ein besonderer Versorgungsfreibetrag von 256 000 Euro gewährt wird (§ 17 Abs. 1 S. 1 ErbStG). Der Versorgungsfreibetrag wird allerdings um den Kapitalwert der Versorgungsbezüge gekürzt, die dem überlebenden Lebenspartner anlässlich des Todes zufallen und nicht der → *Erbschaftsteuer* unterliegen (§ 17 Abs. 1 S. 2 ErbStG).

Bei der güterrechtlichen Lösung fällt dem überlebenden Lebenspartner der Ausgleichsanspruch steuerfrei an, da er weder zum Erwerb von Todes wegen noch zu den Schenkungen unter Lebenden zählt (§ 5 Abs. 2 ErbStG). Macht der überlebende Lebenspartner in diesem Fall den kleinen → *Pflichtteilsanspruch* geltend, so ist dieser nach § 3 Abs. 1 Nr. 1 ErbStG zu versteuern. Bei der erbrechtlichen Lösung, also der Erhöhung des gesetzlichen Erbteils um $^1/_4$, bleibt beim überlebenden Lebenspartner der Betrag steuerfrei, den er bei güterrechtlicher Abwicklung nach § 1371 Abs. 2 i. V. m. § 6 LPartG als Zugewinnausgleichsforderung hätte geltend machen können. Güterrechtliche und erbrechtliche Lösung werden also steuerlich gleich behandelt. Auch bei der erbrechtlichen Lösung muss also, soweit die Steuerpflicht nicht schon wegen der Freibeträge entfällt, die fiktive Zugewinnausgleichsforderung in jedem Fall ermittelt werden. Zum steuerfreien Erwerb des selbst genutzten Familienheims s. oben → *Erbschaftsteuer* Ziff. 6

► **Lebenspartnerschaft**

Eine eingetragene Lebenspartnerschaft ist eine Partnerschaft zwischen zwei Personen gleichen Geschlechts, die auf Lebenszeit geschlossen wird. Das Lebenspartnerschaftsgesetz trat als erster Teil der umfassenden Reform der Rechtsstellung schwuler und lesbischer Paare am 1.8.2001 in Kraft (BGBl. 2001 I, S. 266). Erbrechtlich sind Lebenspartner nach § 10 LPartG Ehegatten gleichgestellt. Ist kein Testament vorhanden, erbt der Lebenspartner zu einem Viertel, wenn der verstorbene Lebenspartner Kinder hinterlassen hat, und zur Hälfte, wenn keine Kinder vorhanden sind, aber die Eltern, Geschwister, deren Kinder oder die Großeltern noch leben. Beim gesetzlichen Güterstand (→ *Zugewinngemeinschaft*) erhöht sich dieser Anteil in beiden Fällen um ein Viertel. Sind keine Erben 1. oder 2. Ordnung oder Großeltern vorhanden, ist der überlebende Lebenspartner alleiniger Erbe (Einzelheiten → *Lebenspartner-Erbrecht*). Bestand beim Erbfall → *Gütertrennung* und sind als gesetzliche Erben neben dem überlebenden Lebenspartner ein oder zwei Kinder des Erblassers berufen, so erben der überlebende Lebenspartner und jedes Kind zu gleichen Teilen (§ 1931 Abs. 4 BGB).

Zusätzlich stehen ihm die zum lebenspartnerschaftlichen Haushalt gehörenden Gegenstände, soweit sie nicht Zubehör eines Grundstücks sind, und die Geschenke zur Begründung der Lebenspartnerschaft als → *Voraus* zu. Ist der überlebende Lebenspartner nebst → *Verwandten* der 1. Ordnung gesetzlicher Erbe, so steht ihm der Voraus nur zu, soweit er ihn zur Führung eines angemessenen Haushalts benötigt. Auf den Voraus sind die für → *Vermächtnisse* geltenden Vorschriften anzuwenden.

Das Erbrecht des überlebenden Lebenspartners ist nach § 10 Abs. 3 LPartG ausgeschlossen, wenn zurzeit des Todes des Erblassers

■ die Voraussetzungen für die → *Aufhebung der Lebenspartnerschaft* nach § 15 Abs. 2 Nr. 1 oder 2 LPartG gegeben waren und der Erblasser die Aufhebung beantragt oder ihr zugestimmt hatte oder

■ der Erblasser einen Antrag nach § 15 Abs. 2 Nr. 3 LPartG gestellt hatte und dieser Antrag begründet war.

Lebenspartner können die gesetzliche Erbfolge durch → *Testament* bestätigen, abändern oder ausschließen. Dabei sollten sie sich zweckmäßig von einer fachkundigen Person, insbesondere einem Notar, beraten lassen. Sie können auch einen → *Erbvertrag* oder wie → *Ehegatten* ein → *gemeinschaftliches Testament* errichten und sich z. B. gegenseitig zu Alleinerben einsetzen.

Ist ein Lebenspartner von dem anderen durch → *Testament* enterbt oder mit weniger als der Hälfte des gesetzlichen → *Erbteils* bedacht worden, so hat er einen → *Pflichtteilsanspruch*, aufgrund dessen er jedenfalls die Hälfte vom Wert seines gesetzlichen Erbteils erhält.

Erbschaftsteuerlich sind Lebenspartner und Ehegatten gleichgestellt (s. oben → *Lebenspartner-Erbrecht* Ziff. 4).

▶ **Lebenspartnerschaftsvertrag**

Die Lebenspartner leben im Güterstand der Zugewinngemeinschaft, wenn sie nicht durch Lebenspartnerschaftsvertrag etwas anderes vereinbaren. Die §§ 1363 bis 1390 BGB gelten entspr. (§ 6 LPartG). Sie können ihre güterrechtlichen Verhältnisse durch Vertrag regeln. Die §§ 1409 bis 1563 BGB gelten entspr. (§ 7 LPartG).

In einen solchen Vertrag können die Lebenspartner ihre vermögensrechtlichen Verhältnisse regeln, etwa die → *Zugewinngemeinschaft* modifizieren oder → *Gütertrennung* vereinbaren. Aber auch alle dazwischen liegenden Variationen sind möglich (z. B. modifizierte Zugewinngemeinschaft). Durch Verweisung auf nicht mehr geltendes oder ausländisches Recht kann ein Vermögensstand jedoch nicht bestimmt werden (§ 1409 BGB i. V. m. § 7 LPartG).

Der Lebenspartnerschaftsvertrag muss bei gleichzeitiger Anwesenheit beider Lebenspartner zur Niederschrift eines Notars geschlossen werden (§ 1410 BGB i. V. m. § 7 Abs. 1 S. 2 LPartG). Wer in der Geschäftsfähigkeit beschränkt ist, bedarf der Zustimmung des gesetzlichen Vertreters und u. U. des Betreuungs-/Familiengerichts (§ 1411 BGB i. V. m. § 7 Abs. 1 S. 3 LPartG).

Wegen der erbrechtlichen Folgen eines Lebenspartnerschaftsvertrags → *Lebenspartner-Erbrecht*.

▶ Lebensversicherung

Durch eine Lebensversicherung hat der Erblasser die Möglichkeit, dem Bedachten, häufig dem überlebenden Ehegatten, einen Geldbetrag zuzuwenden, um diesem einen angemessenen Lebensstandard zu erhalten, Schulden zu tilgen, die etwa aus dem Kauf oder Bau einer Wohnung oder eines Hauses herrühren, etc. Im Zweifel handelt es sich um einen Vertrag zugunsten Dritter (§ 330 S. 1 BGB). Hat der Erblasser bei Abschluss des Lebensversicherungsvertrags einen Bezugsberechtigten benannt, fällt mit dem Tod des Versicherungsnehmers die zur Auszahlung kommende Versicherungssumme nicht in den Nachlass; sie wird daher auch nicht vom → *Pflichtteilsanspruch* erfasst. Vielmehr erwirbt der bezugsberechtigte Dritte den Auszahlungsanspruch unmittelbar im Wege der Sondernachfolge (vgl. §§ 328, 331 BGB). Dies gilt gem. § 166 Abs. 2 VVG auch dann, wenn als Bezugsberechtigte nur pauschal „die" oder „meine Erben" benannt sind. Fehlt es dagegen an der (wirksamen) Benennung eines Bezugsberechtigten oder wurde diese vor dem Erbfall widerrufen, fällt die Versicherungssumme in den pflichtteilsrelevanten Nachlass. Hat der Erblasser seine Ansprüche aus der Lebensversicherung an einen Gläubiger abgetreten und zu diesem Zweck das Bezugsrecht widerrufen, so gehört der Anspruch auf die Versicherungssumme beim Tod des Erblassers in Höhe der gesicherten Schuld zum Nachlass und ist ebenso wie die gesicherte Schuld für die Berechnung des Pflichtteils gem. § 2311 BGB zu berücksichtigen (BGH NJW 1996, 2230). Fällt die Versicherungssumme nicht in den Nachlass, kann der Erbe des Versicherungsnehmers zumindest gem. § 2325 BGB zur → *Pflichtteilsergänzung* verpflichtet sein; der Be-

zugsberechtigte selbst haftet gem. § 2329 BGB nur subsidiär. Die
Normen setzen im Valutaverhältnis eine Schenkung des Erblassers
an den Bezugsberechtigten voraus. Daran kann es fehlen, wenn die
Zuwendung der Lebensversicherung eine Ausstattung zugunsten
von Abkömmlingen (§ 1624 BGB) oder eine so genannte ehebe-
dingte Zuwendung (BGH NJW 1992, 564) darstellt. Einzelheiten
vgl. BGH NJW 2004, 214.

Gleichgültig ist, ob der Erbe oder andere Personen begünstigt sind.
Mehrere Erben erhalten den Anspruch im Verhältnis ihrer → *Erbteile.* Im Fall der → *Ausschlagung* der Erbschaft verbleibt ihnen jedoch
der Anspruch aus dem Lebensversicherungsvertrag (§ 167 Abs. 2
VVG), der aber mit Rückwirkung abgelehnt werden kann (§ 333
BGB). Der Versicherungsnehmer ist im Zweifel berechtigt, ohne Zustimmung des Versicherers, also auch durch → *Verfügung von Todes
wegen* (§ 332 BGB), einen Bezugsberechtigten zu bezeichnen oder
an seine Stelle einen anderen zu setzen, mag der Erste auch im Vertrag bezeichnet worden sein (§ 166 VVG). Da dieses Recht aber auch
ausgeschlossen sein kann, sollte zweckmäßigerweise die Versiche-
rungspolice eingesehen werden. Benennt der versicherte Erblasser
seinen Ehegatten namentlich, so entfällt die Bezugsberechtigung des
namentlich bezeichneten Ehegatten nicht schon ohne weiteres
durch die → *Scheidung* der Ehe; ist der Name nicht genannt, sondern etwa der Begriff „Ehefrau" gebraucht, so kommt es auf den
Willen des Versicherten an, der dafür spricht, dass die Bezugsberechtigung mit Scheidung der Ehe entfällt (LG Düsseldorf NJW
1966, 205).

Bei Verträgen zugunsten Dritter ist die Testamentsform nicht erforderlich, es genügt also z. B. Maschinenschrift.

Der → *Erbschaftsteuer* unterliegt die ganze Versicherungssumme,
nicht nur der Prämienaufwand des Erblassers, wobei es unerheblich
ist, ob die Versicherungssumme zivilrechtlich zum → *Nachlass* gehört oder nicht (§ 3 Abs. 1 Nr. 4 ErbStG).

▶ **Legitimation**

→ *Ehelicherklärung*

► **Leibesfrucht**

→ *Pflegschaft für eine Leibesfrucht*

► **Lesensunkundiger Erblasser**

Kann der Erblasser nicht lesen, so kann er nicht eigenhändig testieren (§ 2247 Abs. 4 BGB), sondern nur vor dem → *Notar*. Er kann nur durch Erklärung gegenüber dem Notar, nicht aber durch Übergabe einer Schrift ein Testament errichten (§ 2233 Abs. 2 BGB). Ist er gleichzeitig taub und/oder stumm und schreibunfähig, so ist ein Zeuge oder zweiter Notar (§§ 22, 25 BeurkG), soweit nicht alle Beteiligten darauf verzichten, und auf Verlangen ein Gebärdendolmetscher (§ 22 BeurkG) beizuziehen.

► **Letztwillige Verfügung**

Letztwillige Verfügung bedeutet im Sinn des BGB → *Testament* (§ 1937 BGB). Oberbegriff ist → *Verfügung von Todes wegen*, womit → *Testament* und → *Erbvertrag* (§ 1941 BGB) gemeint sind. Verfügung ist hier nicht im rechtstechnischen Sinn einer Verfügung über einen Gegenstand oder eines dinglichen Rechtsgeschäfts (vgl. § 185 BGB) im Gegensatz zum schuldrechtlichen Kausalgeschäft zu verstehen, sondern im Sinn von Anordnung und kann etwa die Gesamtheit aller für den Todesfall getroffenen Anordnungen oder auch nur einzelne von ihnen bezeichnen.

M

▶ Mietverhältnis

Der Ehegatte oder Lebenspartner, der mit dem Mieter einen gemeinsamen Hausstand führt, tritt gem. § 563 BGB mit dem Tod des Mieters in das Mietverhältnis ein. Leben in dem gemeinsamen Haushalt Kinder des Mieters, treten diese mit dem Tod des Mieters in das Mietverhältnis ein, wenn nicht der Ehegatte eintritt. Der Eintritt des Lebenspartners bleibt vom Eintritt der Kinder des Mieters unberührt. Andere Familienangehörige, die mit dem Mieter einen gemeinsamen Haushalt führen, treten mit dem Tod des Mieters in das Mietverhältnis ein, wenn nicht der Ehegatte oder der Lebenspartner eintritt. Dasselbe gilt für Personen, die mit dem Mieter einen auf Dauer angelegten gemeinsamen Haushalt führen. Erklären eingetretene Personen innerhalb eines Monats, nachdem sie vom Tod des Mieters Kenntnis erlangt haben, dem Vermieter, dass sie das Mietverhältnis nicht fortsetzen wollen, gilt der Eintritt als nicht erfolgt. Sind mehrere Personen in das Mietverhältnis eingetreten, so kann jeder die Erklärung für sich abgeben. Der Vermieter kann das Mietverhältnis innerhalb eines Monats, nachdem er von dem endgültigen Eintritt in das Mietverhältnis Kenntnis erlangt hat, außerordentlich mit der gesetzlichen Frist kündigen, wenn in der Person des Eingetretenen ein wichtiger Grund vorliegt. Eine abweichende Vereinbarung zum Nachteil des Mieters oder solcher Personen, die eintrittsberechtigt sind, ist unwirksam. Sind mehrere solche Personen gemeinsam Mieter, so wird das Mietverhältnis beim

Tod eines Mieters mit den überlebenden Mietern fortgesetzt (§ 563 a BGB).

Die überlebenden Mieter können das Mietverhältnis innerhalb eines Monats, nachdem sie vom Tod des Mieters Kenntnis erlangt haben, außerordentlich mit der gesetzlichen Frist kündigen. Eine abweichende Vereinbarung zum Nachteil der Mieter ist unwirksam.

Die Personen, die nach § 563 BGB in das Mietverhältnis eingetreten sind oder mit denen es nach § 563 a BGB fortgesetzt wird, haften neben dem Erben für die bis zum Tod des Mieters entstandenen Verbindlichkeiten als Gesamtschuldner. Im Verhältnis zu diesen Personen haftet der Erbe allein, soweit nichts anderes bestimmt ist. Hat der Mieter die Miete für einen nach seinem Tod liegenden Zeitraum im Voraus entrichtet, sind die Personen, die nach § 563 BGB in das Mietverhältnis eingetreten sind oder mit denen es nach § 563 a BGB fortgesetzt wird, verpflichtet, dem Erben dasjenige herauszugeben, was sie infolge der Vorausentrichtung der Miete ersparen oder erlangen. Der Vermieter kann, falls der verstorbene Mieter keine Sicherheit geleistet hat, von den Personen, die nach § 563 BGB in das Mietverhältnis eingetreten sind oder mit denen es nach § 563 a BGB fortgesetzt wird, eine Sicherheitsleistung verlangen (§ 563 b BGB).

Treten beim Tod des Mieters keine Personen im Sinne des § 563 BGB in das Mietverhältnis ein oder wird es nicht mit ihnen nach § 563 a BGB fortgesetzt, so wird es mit dem Erben fortgesetzt. In diesem Fall ist sowohl der Erbe als auch der Vermieter berechtigt, das Mietverhältnis innerhalb eines Monats außerordentlich mit der gesetzlichen Frist zu kündigen, nachdem sie vom Tod des Mieters und davon Kenntnis erlangt haben, dass ein Eintritt in das Mietverhältnis oder dessen Fortsetzung nicht erfolgt sind.

▶ **Minderjähriger Erbe**

→ *Ausschlagung der Erbschaft (§ 1944 BGB)*, → *Haftung*

▶ **Minderjähriger Erblasser**

→ *Notarielles Testament (§§ 2231 ff. BGB)*, → *Testierfähigkeit*

▶ **Miterben**

Miterben sind mehrere Beteiligte an demselben Nachlass, denen jeweils ein Anteil (→ *Erbteil*) zusteht. Auf den Anteil eines Miterben finden die Vorschriften über die → *Erbschaft* Anwendung (§ 1922 Abs. 2 BGB) → *Erbengemeinschaft*.

▶ **Mitgift**

→ *Ausstattung*

▶ **Mutter**

Mutter eines Kindes ist nach § 1591 BGB die Frau, die es geboren hat. Der Gesetzgeber sah sich zu dieser Klarstellung veranlasst, weil die moderne Fortpflanzungsmedizin Übertragungstechniken – wie etwa eine Ei- und Embryonenspende – kennt, die zu einem Auseinanderfallen von genetischer und biologischer Mutter führen können.

N

▶ Nacherbe

Nacherbe ist der Erbe, der erst Erbe wird, nachdem ein anderer vor ihm dieselbe Erbschaft als → *Vorerbe* erhalten hat.

Für die Erbfähigkeit des Nacherben gelten besondere Bestimmungen: Während → *Erbe* nur werden kann, wer zurzeit des Erbfalls lebt oder zumindest schon erzeugt war (§ 1923 BGB), kann Nacherbe auch werden, wer beim Erbfall noch nicht erzeugt ist; ist eine zurzeit des Erbfalls noch nicht erzeugte Person als Erbe eingesetzt, so ist im Zweifel anzunehmen, dass sie als Nacherbe eingesetzt ist (§ 2101 BGB). Allerdings muss der Nacherbe beim Eintritt des Nacherbfalls mindestens erzeugt sein. Die Rechte eines noch nicht erzeugten Nacherben werden für die Zeit bis zum Eintritt der Nacherbfolge durch einen Pfleger wahrgenommen (§ 1913 S. 2 BGB).

1. Anwartschaftsrecht

Der Nacherbe wird Erbe erst mit Eintritt des Nacherbfalls. Er beerbt nicht den → *Vorerben*, sondern den → *Erblasser*. Er erwirbt bereits mit dem Eintritt des Erbfalls ein bedingtes oder befristetes Erbrecht, das als Anwartschaftsrecht zu qualifizieren ist. Dieses Anwartschaftsrecht ist dadurch gesichert, dass dem Nacherben Zustimmungsrechte zu bestimmten Verfügungen über Erbschaftsgegenstände, Rechte auf Auskunft, Mitteilung eines Inventars, Sicherheitsleistung zustehen. Diese Rechte kann der Erblasser auch einem → *Testamentsvollstrecker* übertragen (§ 2222 BGB). Kein Anwartschaftsrecht, sondern eine lediglich jederzeit entziehbare Erbaussicht liegt vor, wenn der Nacherbe nur unter der Bedingung eingesetzt ist, dass der Vorerbe über den Nachlass nicht anders verfügt.

Das Nacherbenrecht erstreckt sich im Zweifel auf die **ganze** Erbschaft, so wie sie dem → *Vorerben* anfällt, einschließlich einer Erhöhung (§ 1935 BGB) oder → *Anwachsung* (§ 2094 BGB) infolge Wegfalls eines Mitvorerben. Dem Nacherbenanwartschaftsrecht unterliegt auch der Ersatzerwerb, sei es aufgrund Gesetzes oder rechtsgeschäftlichen Erwerbs des Vorerben „mit Mitteln der Erbschaft" (§ 2111 BGB).

Eingeschränkt sind die Rechte des Nacherben, wenn der Erblasser den → *Vorerben* von den gesetzlichen Beschränkungen befreit (§§ 2136, 2137 BGB) oder ihm ein → *Vorausvermächtnis* zuwendet (§ 2110 Abs. 2 BGB).

2. Übertragbarkeit des Nacherbenrechts

Die Rechtsstellung des Nacherben nach dem Erbfall bildet in ihrer Gesamtheit ein **Anwartschaftsrecht,** das veräußert und nach § 2108 Abs. 2 BGB vererbt werden kann. Es kann auch auf den → *Vorerben* übertragen werden, der dadurch → *Vollerbe* wird. Das Rechtsgeschäft, das die Übertragung enthält, bedarf entspr. § 2033 Abs. 2 BGB der notariellen Beurkundung, ebenso wie das auf die Veräußerung gerichtete Verpflichtungsgeschäft (entspr. §§ 2371, 2385, 1922 Abs. 2 BGB). Mit der Übertragung erhält der Erwerber die volle Rechtsstellung des Nacherben, ohne selbst Nacherbe zu werden. Bis zum Nacherbfall hat der Erwerber die Rechte eines Nacherben, mit dem Nacherbfall erwirbt er die gleiche Rechtsstellung wie der Erbe. Ist das Anwartschaftsrecht des Nacherben übertragbar, so ist es auch pfändbar. Der Erblasser kann die Vererblichkeit und/oder die Übertragbarkeit des Anwartschaftsrechts durch Verfügung von Todes wegen ausschließen oder beschränken.

Formulierungsbeispiel:

„Das Anwartschaftsrecht des Nacherben ist nicht vererblich und nicht übertragbar."

3. Vererblichkeit des Nacherbenrechts

a) Tod des Nacherben vor dem Erbfall

Fällt der Nacherbe vor dem Eintritt des Erbfalls weg, so wird der → *Vorerbe* → *Vollerbe*; dies ist etwa der Fall, wenn der Nacherbe vorher stirbt oder die Nacherbschaft ausschlägt (§ 2142 BGB). Etwas anderes gilt dann, wenn Ersatznacherben oder weitere Nacherben eingesetzt sind.

> **BEISPIEL:** Hat der Erblasser seinen Sohn A zum Vor-, seinen Sohn B zum Nacherben eingesetzt und stirbt der Nacherbe B vor dem Erblasser, so kommt es darauf an, ob der Erblasser Kenntnis vom Tod des B hatte. Ändert er trotz Kenntnis sein Testament nicht ab, so scheidet der Stamm B (und damit auch seine Kinder) aus. Hatte der Erblasser vom Tod des B aber keine Kenntnis, so treten nach der Auslegungsregel des § 2069 BGB die Kinder des B an dessen Stelle.

b) Tod des Nacherben vor dem Nacherbfall

Stirbt der eingesetzte Nacherbe vor dem Eintritt des Nacherbfalls, aber nach dem Eintritt des Erbfalls, so ist zu unterscheiden:

■ Ist der Nacherbe unter einer aufschiebenden Bedingung eingesetzt, so ist im Zweifel anzunehmen, dass die Zuwendung nur gelten soll, wenn der Nacherbe den Eintritt der Bedingung erlebt (§§ 2108 Abs. 2 S. 2, 2074 BGB).

> **BEISPIEL:** Bestimmt z. B. der Erblasser, dass der Nacherbe die Erbschaft zehn Jahre nach seinem Tod oder im Fall der Wiederverheiratung der Vorerbin erhält, so deutet dies auf den Erblasserwillen hin, dass der Nacherbe den Eintritt der Bedingung erleben muss. Stirbt der Nacherbe vor dem Eintritt der Bedingung, wird der Vorerbe Vollerbe.

■ Das befristete oder auflösend bedingte Nacherbenrecht ist dagegen nach dem mutmaßlichen Willen des Erblassers in der Regel vererblich (§ 2108 Abs. 2 S. 1 BGB).

Hat der Erblasser bei einer an eine auflösende Bedingung gebundenen Nacherbeinsetzung nichts weiter angeordnet, fällt die Anwartschaft in den Nachlass des Nacherben und geht auf seine Erben über.

Der Erblasser kann die Vererblichkeit durch letztwillige Verfügung ausdrücklich oder schlüssig ausschließen.

> **BEISPIEL:** Hat der Erblasser einen Ersatznacherben benannt, so fällt das Nacherbenrecht nicht an die gesetzlichen Erben des Nacherben, sondern an den Ersatzerben. Hat der Erblasser einen Abkömmling als Nacherben eingesetzt und für die Zeit nach dessen Tod keine ausdrückliche Bestimmung getroffen, so genügt dies allein nicht ohne weiteres zur Annahme, dass der Erblasser die Vererblichkeit des Nacherbenanwartschaftsrechts nicht gewollt hat; doch wird hier im Einzelfall wegen § 2069 BGB, der eine Ersatzerbfolge für die Abkömmlinge enthält, ein solcher Wille zur Unvererblichkeit besonders häufig sein (BGH NJW 1963, 1150). Der Erblasser sollte daher eindeutige Anordnungen treffen.

Formulierungsbeispiel:

> „Stirbt der Nacherbe vor dem Eintritt des Nacherbfalls oder wird er aus einem sonstigen Grund nicht Nacherbe, so treten seine leiblichen Abkömmlinge entspr. den Regeln über die gesetzliche Erbfolge an seine Stelle, mehrere zu gleichen Anteilen.
>
> Das Anwartschaftsrecht des Nacherben ist nicht vererblich und nichtübertragbar."

Die Frage, ob eine Ersatznacherbfolge gem. § 2069 BGB eintritt oder das Nacherbenrecht nach § 2108 Abs. 2 BGB vererblich ist, ist von erheblicher rechtlicher Bedeutung: Der Ersatznacherbe erhält den Nachlass vom Erblasser, während der Erbe des Nacherben den Nachlass einschließlich des Nacherbenrechts vom Nacherben erhält. Ist der Ersatznacherbe, wie häufig, auch Erbe des Nacherben, so bleiben beide Nachlässe getrennt und kann er jede Erbschaft getrennt annehmen, ausschlagen, seine Erbenhaftung begrenzen. Der Erbe des Nacherben ist abhängig von den Maßnahmen des Nacherben; eine Ausschlagung des Nacherben führt dazu, dass er nicht Nacherbe wird. Diese Gesichtspunkte sind bei der Auslegung zu beachten, wenn ermittelt wird, was der Erblasser vermutlich gewollt hätte, wenn er bei der Errichtung der Verfügung von Todes wegen den Tod des Nacherben zwischen Vor- und Nacherbfall bedacht hätte (RGZ 142, 171, 175).

4. Annahme, Ausschlagung des Nacherbenrechts

a) Annahme der Nacherbschaft

Der Nacherbe kann die Erbschaft bereits mit dem Erbfall und nicht erst mit dem Nacherbfall annehmen. In der Verfügung über das Nacherbenrecht ist regelmäßig die schlüssige → *Annahme der Erbschaft* zu erblicken. In der Wahrnehmung von Rechten und Pflichten des Nacherben, etwa in der Zustimmung zu einer Verfügung des → *Vorerben* (§ 2113 BGB) oder im Auskunftsverlangen über den Bestand der Erbschaft (§ 2127 BGB) ist noch keine schlüssige Annahme zu erblicken, da dies noch nicht den Entschluss bedeutet, die Erbschaft für immer behalten zu wollen. Hat der Nacherbe angenommen, so kann er seine Nacherbenanwartschaft später nicht mehr durch eine → *Ausschlagung* beseitigen.

b) Ausschlagung

Auch die → *Ausschlagung* kann der Nacherbe bereits nach Eintritt des Erbfalls und nicht erst nach Eintritt des Nacherbfalls erklären (§ 2142 Abs. 1 BGB). Die Ausschlagungsfrist des § 1944 BGB beginnt jedoch frühestens mit dem Nacherbfall zu laufen (§§ 2139, 2142 Abs. 1 BGB).

Schlägt der Nacherbe die Erbschaft aus, so verbleibt sie dem Vorerben, soweit nicht der Erblasser etwas anderes bestimmt hat (§ 2142 Abs. 2 BGB). Dies ist etwa der Fall, wenn der Erblasser ausdrücklich eine Ersatznacherbfolge angeordnet hat (§§ 2096, 2102 BGB) oder eine → *Ersatzerbfolge* der Abkömmlinge gem. § 2069 BGB vermutet wird oder eine → *Anwachsung* unter Mitnacherben eintritt (§ 2094 BGB). Andernfalls wird der Vorerbe → *Vollerbe*.

5. Stellung des Nacherben

Die → *Vor- und Nacherbschaft* soll einerseits dem Vorerben die Erbenstellung, andererseits aber dem Nacherben beim Nacherbfall die gleichen Rechte am ungeschmälerten Bestand des Nachlasses sichern. Dies hat zur Folge, dass die Erbschaft des Vorerben von seinem Eigenvermögen zu trennen ist, so dass beim Nacherbfall der Bestand oder wenigstens der Wert des Nachlasses erhalten bleibt. Dem Nacherben steht demgemäß eine Reihe von Rechten zu:

Die Verfügungsmacht des → *Vorerben* ist derart eingeschränkt, dass Verfügungen über → *Grundstücke* oder Grundstücksrechte im Fall des Eintritts der Nacherbfolge insoweit unwirksam sind, als sie das Recht des Nacherben vereiteln oder beeinträchtigen würden. Das Gleiche gilt für unentgeltliche Zuwendungen (§ 2113 BGB). Gutgläubiger Erwerb ist jedoch möglich.

Zur Erbschaft gehört auch, was der Vorerbe aufgrund eines zur Erbschaft gehörenden Rechtes oder als Ersatz für die Zerstörung, Beschädigung oder Entziehung eines Erbschaftsgegenstandes oder durch Rechtsgeschäft mit Mitteln der Erbschaft erwirbt. Die verlorene Substanz wird möglichst durch wertgleiche Ersatzgegenstände erhalten (§ 2111 BGB).

Der Nacherbe hat Auskunfts-, Prüfungs-, Mitbestimmungsrechte und das Recht auf ein vom Vorerben unterschriebenes Verzeichnis der Erbschaftsgegenstände sowie auf Prüfung ihres Zustandes durch Sachverständige. Diese Rechte sichern die Erfüllung der Pflicht zur ordnungsmäßigen Verwaltung durch den Vorerben (§§ 2116–2118, 2121–2123 BGB). Äußerstenfalls ist der Nacherbe berechtigt, Sicherheitsleistung und Übertragung der Verwaltung des Nachlasses auf einen gerichtlich bestellten Verwalter zu verlangen (§§ 2127–2129 BGB). In diesem Fall verliert der Vorerbe das Recht, über Erbschaftsgegenstände zu verfügen (§ 2129 Abs. 1 BGB). Nach § 2363 i. V. m. § 2362 Abs. 1 BGB kann der Nacherbe vom Besitzer eines unrichtigen Erbscheins die Herausgabe an das Nachlassgericht verlangen.

Der Vorerbe ist nach dem Eintritt der Nacherbfolge verpflichtet, dem Nacherben die Erbschaft in dem Zustand herauszugeben, der sich bei einer ordnungsgemäßen Verwaltung ergibt. Dabei hat er dem Nacherben gegenüber nur für die Sorgfalt einzustehen, die er in eigenen Angelegenheiten anzuwenden pflegt. Auf Verlangen hat der Vorerbe Rechenschaft abzulegen (§§ 2130, 2131 BGB).

6. Eintritt und Wirkungen des Nacherbfalls

Maßgebend für den Eintritt des Nacherbfalls sind die Anordnungen des Erblassers; am häufigsten wird bestimmt, dass der Nacherbfall mit dem Tod oder der → *Wiederverheiratung* des Vorerben oder mit einem bestimmten Alter des Nacherben eintreten soll. Hat der Erblasser keinen Zeitpunkt und kein Ereignis bestimmt, so fällt die Erbschaft den Nacherben mit dem Tod des Vorerben an (§ 2106 Abs. 1 BGB).

Mit dem Eintritt des Nacherbfalls hört der Vorerbe auf, Erbe zu sein, und fällt die Erbschaft dem Nacherben an (§ 2139 BGB). Schlägt der Nacherbe die Erbschaft aus, so verbleibt sie dem Vorerben, soweit nicht der Erblasser ein anderes bestimmt hat (§ 2142 Abs. 2 BGB). Der Nacherbe erwirbt die Erbschaft vom Erblasser, nicht vom Vorerben. Mit dem Nacherbfall endet das auflösend bedingte Erbrecht des Vorerben und beginnt das aufschiebend bedingte des Nacherben. Anders geht das → *Erbschaftsteuerrecht* davon aus, dass der Nacherbe vom Vorerben erwirbt; auf Antrag kann jedoch der Versteuerung das Verhältnis des Nacherben zum Erblasser zugrunde gelegt werden, wenn dies etwa eine günstigere Steuerklasse ergibt (§ 6 ErbStG).

Der Vorerbe ist mit dem Eintritt des Nacherbfalls verpflichtet, dem Nacherben die Erbschaft in dem Zustand herauszugeben, der sich bei einer ordnungsmäßigen Verwaltung ergibt; der Vorerbe hat dem Nacherben nur für die Sorgfalt einzustehen, die er in eigenen Angelegenheiten anzuwenden pflegt. Er hat auf Verlangen dem Nacherben Rechenschaft abzulegen. Der Anspruch verjährt in 30 Jahren (§§ 2130, 2131 BGB). Soweit der Vorerbe diese Pflicht schuldhaft verletzt hat, ist er dem Nacherben zum Schadensersatz verpflichtet. Veränderungen oder Verschlechterungen von Erbschaftsgegenständen, die durch ordnungsmäßige Benutzung herbeigeführt werden, hat der Vorerbe nicht zu vertreten (§ 2132 BGB).

Mit dem Eintritt des Nacherbfalls haftet der Nacherbe als → *Vollerbe*. Für alle ungetilgten → *Nachlassverbindlichkeiten* haftet der Nacherbe nunmehr, kann aber seine Haftung auf den noch vorhandenen → *Nachlass* beschränken; in diesem Fall ist seine Haftung nicht auf den ursprünglichen Gesamtnachlass, sondern auf den Teil beschränkt, den er vom Vorerben erhalten hat. Hat der Vorerbe außergewöhnliche Erhaltungskosten und Aufwendungen aus seinem Privatvermögen bestritten, so muss der Nacherbe diese ersetzen, weil der Vorerbe nur die gewöhnlichen Erhaltungskosten zu tragen hat.

▶ **Nachlass**

Nachlass ist das Vermögen des → *Erblassers* (§ 1922 BGB), das als Ganzes auf eine oder mehrere andere Personen (→ *Erben*) übergeht. Es handelt sich um die Gesamtheit aller Rechte und Pflichten des Erblassers, die auch als → *Erbschaft* bezeichnet wird. Dazu gehört gegebenenfalls auch der → *digitale Nachlass* Sind mehrere Erben (→ *Erbengemeinschaft*) vorhanden, erhält jeder nur seinen → *Erbteil.*

▶ **Nachlassgericht**

Nachlassgericht heißt das Gericht, das in Nachlasssachen tätig wird, also bei allen Verrichtungen, die sich mit einem eingetretenen Todesfall befassen. Nachlassrichter ist der Richter am Amtsgericht. An seiner Stelle entscheidet in den gesetzlich bestimmten Fällen der Rechtspfleger.

Örtlich zuständig ist nach § 343 Abs. 1 FamFG das Gericht, in dessen Bezirk der Erblasser im Zeitpunkt seines Todes seinen gewöhnlichen Aufenthalt hatte. Hatte der Erblasser im Zeitpunkt seines Todes keinen gewöhnlichen Aufenthalt im Inland, ist das Gericht zuständig, in dessen Bezirk der Erblasser seinen letzten gewöhnlichen Aufenthalt im Inland hatte (§ 343 Abs. 2 FamFG). Ist eine Zuständigkeit hiernach nicht gegeben, ist das Amtsgericht Schöneberg in Berlin zuständig, wenn der Erblasser Deutscher ist oder sich Nachlassgegenstände im Inland befinden. Das Amtsgericht Schöneberg in Berlin kann die Sache aus wichtigem Grund an ein anderes Nachlassgericht verweisen (§ 343 Abs. 3 FamFG). Ist der Erblasser ausländischer Staatsangehöriger und hatte er im Inland keinen gewöhnlichen Aufenthalt, befinden sich jedoch Nachlassgegenstände im Inland, so ist ebenfalls das Amtsgericht Schöneberg in Berlin zuständig, das die Sache an ein anderes Nachlassgericht verweisen kann (§ 343 Abs. 3 FamFG). Für die Entgegennahme einer → *Ausschlagungserklärung* (§ 1945 Abs. 1 BGB) oder Anfechtungserklärung der Ausschlagung (§ 1955 BGB) ist auch das Nachlassgericht zuständig, in dessen Bezirk der Ausschlagende oder Anfechtende seinen Wohnsitz hat (§ 344 Abs. 7 FamFG).

Das Nachlassgericht arbeitet nach den Verfahrensregeln der freiwilligen Gerichtsbarkeit. Im Gegensatz zum Zivilprozess, in dem ein Verfahren nur durch Klageerhebung einer Partei zustande kommt, wird das Nachlassgericht in vielen Fällen von Amtswegen tätig, sobald es erfährt, dass sein Eingreifen erforderlich ist, wie z. B. Veranlassung der → *Ablieferung eines Testaments*, → *Eröffnung der Verfügungen von Todes wegen*, Nachlasssicherung, → *Einziehung des Erbscheins* oder Testamentsvollstreckerzeugnisses. In manchen Fällen wird das Nachlassgericht nur auf Antrag tätig, wie z. B. bei → *Stundung des Pflichtteilsanspruchs*, Erteilung eines → *Erbscheins* oder Testamentsvollstreckerzeugnisses.

Für das Verfahren gilt die Inquisitionsmaxime, d. h. das Gericht hat alle erforderlichen Ermittlungen von Amtswegen vorzunehmen und ist nicht auf die von den Parteien vorgebrachten und bewiesenen Tatsachen beschränkt (§ 26 FamFG). Die Beweisregeln des Zivilprozesses gelten nicht. Die an dem Verfahren Beteiligten, d. h. alle in ihren Rechten und Pflichten Betroffenen sind in der Regel anzuhören. Das Verfahren ist nicht öffentlich. Die Entscheidungen des Nachlassgerichts ergehen durchweg als Beschluss. Rechtsmittel ist die Beschwerde bzw. gegen Entscheidung des Rechtspflegers die Erinnerung.

▶ **Nachlassgläubiger**

→ *Haftung der Erben*

▶ **Nachlassinsolvenzverfahren**

1. Voraussetzungen

Die Haftung des Erben für die → *Nachlassverbindlichkeiten* beschränkt sich auf den → *Nachlass*, wenn das Nachlassinsolvenzverfahren eröffnet ist (§ 1975 BGB). Durch die Anordnung des Insolvenzverfahrens wird der Zugriff aller Nachlassgläubiger auf den

Nachlass beschränkt und der Zugriff der Privatgläubiger des Erben auf die Erbschaft verhindert. Es tritt eine Sonderung von privatem und ererbtem Vermögen ein.

Gründe für die Eröffnung des Insolvenzverfahrens über einen Nachlass sind die Zahlungsunfähigkeit und die Überschuldung (§ 320 Satz 1 InsO). Die Eröffnung des Insolvenzverfahrens wird nicht dadurch ausgeschlossen, dass der Erbe die Erbschaft noch nicht angenommen hat oder dass er für die Nachlassverbindlichkeiten unbeschränkt haftet (§ 316 Abs. 1 InsO). Sind mehrere Erben vorhanden, so ist die Eröffnung des Verfahrens auch nach der Teilung des Nachlasses zulässig. Über einen Erbteil findet ein Insolvenzverfahren nicht statt. Beantragen der Erbe, der Nachlassverwalter oder ein anderer Nachlasspfleger oder ein Testamentsvollstrecker die Eröffnung des Verfahrens, so ist auch die drohende Zahlungsunfähigkeit Eröffnungsgrund (§ 320 S. 2 InsO). Bei Zahlungsunfähigkeit des Erben ist → *Nachlassverwaltung* angebracht. Insolvenzgericht ist das Amtsgericht, in dessen Bezirk der Erblasser seinen letzten allgemeinen Gerichtsstand hatte.

2. Antragsberechtigung

Zum Antrag auf Eröffnung des Insolvenzverfahrens über einen Nachlass ist jeder → *Erbe*, der → *Nachlassverwalter* sowie ein anderer Nachlasspfleger, ein → *Testamentsvollstrecker*, dem die Verwalter des Nachlasses zusteht, und jeder → *Nachlassgläubiger* berechtigt. Wird der Antrag nicht von allen Erben gestellt, so ist er zulässig, wenn der Eröffnungsgrund glaubhaft gemacht wird. Das Insolvenzgericht hat die übrigen Erben zu hören. Steht die Verwaltung des Nachlasses; einen Testamentsvollstrecker zu, so ist, wenn der Erbe die Eröffnung beantragt, der Testamentsvollstrecker, wenn dieser den Antrag stellt, der Erbe zu hören (§ 317 InsO). Der Antrag eines Nachlassgläubigers auf Eröffnung des Insolvenzverfahrens ist unzulässig, wenn seit der Annahme der Erbschaft zwei Jahre verstrichen sind (§ 319 InsO).

Aus der Insolvenzmasse sind die Kosten des Verfahrens und die sonstigen Masseverbindlichkeiten vorweg zu berichtigen (§ 53 InsO). Dies sind die durch Handlungen des Insolvenzverwalters begründeten Verbindlichkeiten, Verbindlichkeiten aus gegenseitigen

Verträgen, soweit deren Erfüllung zur Insolvenzmasse verlangt wird oder für die Zeit nach Eröffnung des Verfahrens erfolgen muss sowie Verbindlichkeiten aus einer ungerechtfertigten Bereicherung der Masse (§ 55 InsO):

Masseverbindlichkeiten sind außerdem gem. § 324 InsO

(1) die Aufwendungen, die dem Erben nach den §§ 1978, 1979 BGB aus dem Nachlass zu ersetzen sind;
(2) die Kosten der Beerdigung des Erblassers;
(3) im Falle der Todeserklärung des Erblassers dem Nachlass zur Last fallende Kosten des Verfahrens;
(4) die Kosten der Eröffnung einer Verfügung des Erblassers von Todes wegen, der gerichtlichen Sicherung des Nachlasses, einer Nachlasspflegschaft, des Aufgebots der Nachlassgläubiger und der Inventarerrichtung;
(5) die Verbindlichkeiten aus den von einem Nachlasspfleger oder einem Testamentsvollstrecker vorgenommenen Rechtsgeschäften;
(6) die Verbindlichkeiten, die für den Erben gegenüber einem Nachlasspfleger, einem Testamentsvollstrecker oder einem Erben, der die Erbschaft ausgeschlagen hat, aus der Geschäftsführung dieser Personen entstanden sind, soweit die Nachlassgläubiger verpflichtet wären, wenn die bezeichneten Personen die Geschäfte für sie zu besorgen gehabt hätten.

Im Nachlassinsolvenzverfahren können nur die Nachlassverbindlichkeiten geltend gemacht werden (§ 325 InsO). Im Rang nach den in § 39 InsO bezeichneten Verbindlichkeiten und in folgender Reihenfolge, bei gleichem Rang nach dem Verhältnis ihrer Beträge, werden gem. § 327 InsO erfüllt:

(1) die Verbindlichkeiten gegenüber Pflichtteilsberechtigten;
(2) die Verbindlichkeit aus den vom Erblasser angeordneten Vermächtnissen und Auflagen;
(3) die Verbindlichkeiten gegenüber Erbersatzberechtigten.

Aussonderungs- und absonderungsberechtigte Gläubiger befriedigen sich dagegen außerhalb des Verfahrens (§§ 47, 50 InsO).

Hat der Erbe von der Überschuldung des Nachlasses Kenntnis erlangt, so hat er unverzüglich die Eröffnung des Insolvenzverfahrens über den Nachlass zu beantragen. Wenn er diese Pflicht verletzt, ist er den Gläubigern für den daraus entstehenden Schaden verantwortlich. Bei der Bemessung der Zulänglichkeit des Nachlasses bleiben die Verbindlichkeiten aus → *Vermächtnissen* und → *Auflagen* außer Betracht (§ 1980 BGB). Überschuldung liegt also vor, wenn die Schulden ohne Vermächtnisse und Auflagen den Wert des Nachlasses übersteigen. Unterlässt der Erbe in einem solchen Fall die Einleitung eines → *Aufgebotsverfahrens*, obwohl er Grund hat, das Vorhandensein unbekannter Nachlassgläubiger anzunehmen, so handelt er nachlässig und haftet den übrigen Nachlassgläubigern.

3. Wirkungen

Durch die Eröffnung des Insolvenzverfahrens haftet der Erbe für → *Nachlassverbindlichkeiten* nur mehr beschränkt mit dem Nachlass und nicht mit seinem Eigenvermögen. Er verliert die Befugnis, den → *Nachlass* zu verwalten und über ihn zu verfügen; das Verwaltungs- und Verfügungsrecht wird durch den Insolvenzverwalter ausgeübt (§ 80 InsO). Rechtshandlungen, die der Erbe nach der Eröffnung des Verfahrens vorgenommen hat, sind den Insolvenzgläubigern gegenüber unwirksam. Der Erwerber eines Nachlassgrundstücks wird jedoch dann gutgläubig Eigentümer, wenn ihm die Tatsache des Nachlassinsolvenzverfahrens weder bekannt noch aus dem Grundbuch ersichtlich war (§ 81 InsO).

▶ Nachlasspflegschaft

Bis zur → *Annahme der Erbschaft* hat das → *Nachlassgericht* für die Sicherung des Nachlasses zu sorgen, soweit ein Bedürfnis besteht. Das Gleiche gilt, wenn der Erbe unbekannt oder wenn ungewiss ist, ob er die Erbschaft angenommen hat (§ 1960 Abs. 1 BGB). Zur Sicherung desjenigen, der Erbe wird, kann das Nachlassgericht zu diesem Zweck einen Nachlasspfleger bestellen (§ 1960 Abs. 2 BGB).

Anders als der → *Testamentsvollstrecker,* → *Nachlassinsolvenzverwalter* oder → *Nachlassverwalter* ist der Nachlasspfleger nicht Treuhänder, sondern gesetzlicher Vertreter des zukünftigen Erben. Seine Vertretungsmacht beschränkt sich auf den → *Nachlass*, er kann also nicht das Eigenvermögen des Erben verpflichten.

Die Rechtsmacht des Pflegers reicht nicht weiter als das Sicherungsbedürfnis. Zu diesem Zweck ist er berechtigt, die Nachlassgegenstände in Besitz zu nehmen, ggf. darüber zu verfügen, Nachlassgläubiger zu befriedigen und erforderlichenfalls das → *Gläubigeraufgebot* oder das → *Nachlassinsolvenzverfahren* zu beantragen, damit die Erbengläubiger vom Zugriff auf den Nachlass abgehalten werden. Für einen Prozess, der sich gegen den Nachlass richtet, kann auf Antrag eines Nachlassgläubigers ebenfalls ein Pfleger bestellt werden (§ 1961 BGB), weil der Nachlassgläubiger gegen den vorläufigen Erben nicht gerichtlich vorgehen kann (§ 1958 BGB).

Der Nachlasspfleger unterliegt der Aufsicht des Nachlassgerichts und haftet dem endgültigen Erben für schuldhafte Verletzung seiner Pflichten. Gegenüber den Nachlassgläubigern beschränkt sich seine Haftung auf Ansprüche aus unerlaubter Handlung (streitig).

Die Nachlasspflegschaft endet nicht automatisch, sobald der Erbe gefunden ist und die Erbschaft angenommen hat; sie ist aber dann unverzüglich durch Beschluss des Nachlassgerichts aufzuheben. Der Nachlasspfleger hat Rechnung zu legen.

▶ Nachlasssicherung

→ *Nachlasspflegschaft*

▶ Nachlassspaltung

→ *Ausländische Staatsangehörige*

▶ Nachlassverbindlichkeiten

Die Erbenhaftung bestimmt sich danach, welcher Art die Schulden sind, für die der Erbe in Anspruch genommen wird. Je nach dem Zeitpunkt ihres Entstehens sind zu unterscheiden:

1. Erblasserschulden

Hierher zählen alle Schulden des Erblassers, die schon vor dem → *Erbfall* in seiner Person entstanden waren oder jedenfalls ihre wesentliche Entstehungsgrundlage schon vor dem Erbfall hatten (§ 1967 Abs. 2 BGB). Um eine Erblasserschuld handelt es sich also auch, wenn die Schuld vor dem Erbfall nur aufschiebend bedingt oder befristet entstanden ist, die Bedingung oder der Termin aber nach dem Erbfall eintritt.

Keine Nachlassschulden sind solche Schulden des Erblassers, die mit seinem Tod erlöschen, das sind insbesondere persönlichkeitsbezogene Pflichten des Erblassers, etwa die Pflicht zur Leistung persönicher Dienste (§ 613 BGB). Auch → *Unterhaltspflichten* erlöschen mit dem Tod des Verpflichteten (§ 1615 BGB). Die Unterhaltspflicht des Erblassers gegenüber seinem geschiedenen Ehegatten (→ *Scheidung*) geht jedoch auf den Erben als Nachlassverbindlichkeit über; der Erbe haftet jedoch nicht über einen Betrag hinaus, der dem Pflichtteil entspricht, welcher dem Berechtigten zustände, wenn die Ehe nicht geschieden worden wäre (§ 1586 b BGB).

2. Erbfallschulden

Zu den Nachlassverbindlichkeiten gehören gem. § 1967 Abs. 2 BGB außer den vom Erblasser herrührenden Schulden (oben Ziff. 1) die den Erben als solchen treffenden Verbindlichkeiten, insbesondere die Verbindlichkeiten aus → *Pflichtteilsrechten*, → *Vermächtnissen* und → *Auflagen*. Es sind die Schulden, die erst mit dem → *Erbfall* entstehen. Zu den Vermächtnissen gehören auch die gesetzlichen Vermächtnisse, wie → *Voraus* (§ 1932 BGB) und → *Dreißigster* (§ 1969 BGB), aus dem Zugewinnausgleich (§ 1371 BGB). Der Erbe trägt ferner die Kosten der standesgemäßen → *Bestattung* des Erblassers (§ 1968 BGB), den angemessenen Unterhalt der werdenden Mutter, wenn zurzeit des Erbfalls die Geburt eines Erben zu erwarten ist und die Mutter selbst zum Unterhalt außerstande ist (§ 1963 BGB), ferner die → *Erbschaftsteuer* (§ 9 Abs. 1 Nr. 1 ErbStG).

3. Erbschaftsverwaltungsschulden

Diese Nachlassschulden entstehen zwar erst nach dem Erbfall, aber im Zusammenhang mit ihm. Es gehören hierher etwa die Kosten der → *Testamentseröffnung* (§ 2260 BGB), der gerichtlichen → *Nachlasssicherung* (§ 1960 BGB), der → *Erbauseinandersetzung*, einer → *Nachlasspflegschaft* (§ 1961 BGB), einer → *Nachlassverwaltung*, oder eines → *Nachlassinsolvenzverfahrens* (§ 324 Nr. 2–4 InsO), eines Gläubigeraufgebots (§§ 1970 ff. BGB, → *Aufgebotsverfahren*), einer

→ *Inventarerrichtung,* Schulden aus der Verwaltung des Nachlasses durch → *Nachlasspfleger,* → *Nachlassverwalter,* → *Nachlassinsolvenzverwalter* (§ 324 Nr. 5 InsO).

4. Erbenschulden

Die Erbenschulden oder Eigenschulden des Erben sind die Schulden, die ihn als Träger seines vom Nachlass unabhängigen Eigenvermögens treffen, also zunächst alle Schulden, die eine Pflicht des Erben vor dem → *Erbfall* begründet haben oder nach dem Erbfall nicht in seiner Eigenschaft als Erben, sondern ohne Zusammenhang mit dem Nachlass als Träger des Eigenvermögens. Sie sind also **keine** Nachlassschulden. Hinsichtlich dieser Schulden haftet nicht der → *Nachlass,* sondern das Eigenvermögen des Erben. Eine Haftungsbeschränkung auf den Nachlass scheidet daher aus.

Die Eigengläubiger eines → *Miterben* können nicht in den Nachlass vollstrecken (§ 747 ZPO), sondern nur in den Erbanteil ihres Schuldners (§ 859 Abs. 2 ZPO), der zu seinem Eigenvermögen gehört. Für sie verbleibt nur der Überschuss, der nach einer Abwicklung des → *Nachlasses* übrig bleibt. Hinsichtlich des Nachlasses sind sie daher hinter den Nachlassgläubigern zurückgesetzt.

Ist der Erbe → *Alleinerbe,* so können seine Eigengläubiger zunächst mit den Nachlassgläubigern bei der Vollstreckung in den Nachlass und das Eigenvermögen des Erben konkurrieren. Wird aber auf Antrag des Erben oder eines Nachlassgläubigers die **Nachlassabsonderung** durch Anordnung der → *Nachlassverwaltung* oder der Eröffnung des → *Nachlassinsolvenzverfahrens* herbeigeführt, so beschränkt sich die Haftung des Erben für Nachlassschulden auf den Nachlass (→ *Haftungsbeschränkung*): Die Nachlassgläubiger können sich nicht mehr aus dem Eigenvermögen befriedigen. Gleichzeitig sondert sich der Nachlass vom Eigenvermögen des Erben, so dass Zwangsvollstreckung und Arreste in den Nachlass zugunsten eines Eigengläubigers ausgeschlossen sind (§ 1984 Abs. 2 BGB).

Eine Besonderheit ergibt sich dann, wenn der Erbe beim dürftigen Nachlass (→ *Dürftigkeitseinrede*) seine Haftung für Nachlassschulden durch die Einrede der beschränkten Erbenhaftung oder durch Vollstreckungspreisgabe beschränken kann: dies führt zwar seine

Haftungsbeschränkung, aber keine Haftungssonderung herbei; Eigengläubiger können hier in vorhandene Nachlassgegenstände vollstrecken.

▶ **Nachlassvergleich**

Aufgehoben durch die Insolvenzordnung mit Wirkung zum 1.1. 1999 (Art. 110 EG InsO).

▶ **Nachlassverhandlung**

→ *Eröffnung der Verfügung von Todes wegen*

▶ **Nachlassverwaltung**

1. Begriff

Die Haftung des Erben für die → *Nachlassverbindlichkeiten* beschränkt sich auf den → *Nachlass*, wenn zum Zweck der Befriedigung der Nachlassgläubiger eine → *Nachlasspflegschaft* (Nachlassverwaltung) angeordnet ist (§ 1975 BGB). Sie wird durch Beschluss des → *Nachlassgerichts* angeordnet. Dadurch wird der Zugriff aller Nachlassgläubiger auf den Nachlass beschränkt und der Zugriff der Privatgläubiger des Erben verhindert. Es tritt eine Sonderung von privatem und ererbtem Vermögen ein.

Ist die Anordnung der Nachlassverwaltung mangels einer den Kosten entsprechenden Masse nicht tunlich, so kann der Erbe die Befriedigung eines Nachlassgläubigers mit der Einrede der → *Dürftigkeit* des Nachlasses verweigern (§ 1990 BGB).

2. Antragsberechtigung

Die Nachlassverwaltung ist vom → *Nachlassgericht* anzuordnen, wenn der Erbe die Anordnung beantragt. Auf Antrag eines Nachlassgläubigers ist die Nachlassverwaltung anzuordnen, wenn Grund zur Annahme besteht, dass die Befriedigung der Nachlassgläubiger aus dem Nachlass durch das Verhalten oder die Vermögenslage der Erben gefährdet wird. Dieser Antrag eines Gläubigers kann nicht mehr gestellt werden, wenn seit der Annahme der Erbschaft zwei Jahre verstrichen sind (§ 1981 BGB). Das Gericht kann die Anordnung der Nachlassverwaltung ablehnen, wenn eine den Kosten entsprechende Masse nicht vorhanden ist (§ 1982 BGB).

Das Gericht bestellt einen Nachlassverwalter. Es hat die Anordnung der Nachlassverwaltung im Amtsblatt zu veröffentlichen (§ 1983 BGB). Mit der Anordnung der Nachlassverwaltung verliert der Erbe die Befugnis, den Nachlass zu verwalten und über ihn zu verfügen; Ansprüche, die sich gegen den Nachlass richten, können nur gegen den Nachlassverwalter geltend gemacht werden (§ 1984 BGB).

3. Wirkungen

Da der Erbe mit der Anordnung der Nachlassverwaltung die Befugnis verliert, den Nachlass zu verwalten und über ihn zu verfügen (§ 1984 BGB), muss der Erbe sämtliche Erbschaftsgegenstände dem Verwalter herausgeben. Dieser hat den Nachlass zu verwalten und die → *Nachlassverbindlichkeiten* aus dem Nachlass zu berichtigen (§ 1985 BGB). Ansprüche gegen den Nachlass sind nur gegen den Nachlassverwalter geltend zu machen. Rechtsstreitigkeiten über Nachlassverbindlichkeiten kann nur der Verwalter führen. Verfügt der Erbe trotzdem über Nachlassgegenstände, so sind solche Handlungen den Nachlassgläubigern gegenüber unwirksam. Der Erwerber eines Nachlassgrundstücks (→ *Grundstück*) kann jedoch dann gutgläubig Eigentum erwerben, wenn ihm die Tatsache der Nachlassverwaltung weder bekannt noch aus dem Grundbuch ersichtlich war.

Ist Nachlassverwaltung angeordnet, so gelten die infolge des Erbfalls durch Vereinigung von Recht und Verbindlichkeit oder von Recht und Belastung erloschenen Rechtsverhältnisse als nicht erloschen (§ 1976 BGB). Entsprechendes gilt für Aufrechnungen: Hat ein Nachlassgläubiger vor Anordnung der Nachlassverwaltung seine Forderung gegen eine nicht zum Nachlass gehörende Forderung des Erben ohne dessen Zustimmung aufgerechnet bzw. hat ein Privatgläubiger gegen eine Nachlassforderung aufgerechnet, so ist nach Anordnung der Nachlassverwaltung die Aufrechnung als nicht erfolgt anzusehen (§ 1977 BGB).

Der Nachlassverwalter hat während der Dauer der Nachlassverwaltung alle bekannten Verbindlichkeiten zu befriedigen oder zu sichern. Der Nachlassverwalter darf den Nachlass dem Erben erst herausgeben, wenn die bekannten → *Nachlassverbindlichkeiten* berichtigt oder gesichert sind (§ 1986 BGB). Nach Beendigung der Nachlassverwaltung bleibt die Haftung des Erben auf den Nachlass beschränkt.

Die Nachlassverwaltung endigt auch mit der Eröffnung des → *Nachlassinsolvenzverfahrens*. Sie kann ferner aufgehoben werden, wenn sich ergibt, dass eine den Kosten entsprechende Masse nicht vorhanden ist (§ 1988 BGB). In diesem Fall kann der Erbe die Befriedigung eines Nachlassgläubigers mit der Einrede der → *Dürftigkeit* des Nachlasses verweigern (§ 1990 BGB).

▶ **Nachlassverzeichnis**

→ *Inventarerrichtung*

▶ **Nachlasszeugnis**

→ *Europäisches Nachlasszeugnis*

▶ **Nachvermächtnis**

Der Erblasser kann einen Gegenstand von einem bestimmten Zeitpunkt oder Ereignis an einem Dritten zuwenden; diese Art des → *Vermächtnisses* heißt Nachvermächtnis. Es gilt als Untervermächtnis (§ 2186 BGB), das nicht den Erben, sondern den ursprünglich bedachten Vermächtnisnehmer beschwert (§ 2191 BGB). Abgesehen von den grundsätzlichen Unterschieden zwischen Erbeinsetzung und Vermächtnisanordnung unterscheidet sich das Nachvermächtnis wesentlich vom → *Vor- und Nacherbrecht*, das mit dem Nacherbfall den Nacherben zum Erben des Erblassers, nicht aber des Vorerben werden lässt.

▶ **Neue Bundesländer**

Durch den → *Einigungsvertrag* ist – wenn auch mit gewissen Einschränkungen – das gesamte Erbrecht der Bundesrepublik mit Wirkung vom 3.10.1990 auf die neuen Bundesländer erstreckt worden. Ist jedoch der Erblasser vor dem Wirksamwerden des Beitritts gestorben, bleibt für die erbrechtlichen Verhältnisse das bisherige Recht maßgebend. Für abgeschlossene Vorgänge verbleibt es also bei den Vorschriften, wie sie in der DDR (→ *DDR, ehemalige*) galten.

Für neue, ab 3.10.1990 eintretende Erbfälle, gilt das Erbrecht des BGB, und zwar sowohl für das materielle Recht als auch für das Verfahren. Es gibt davon einige wichtige Ausnahmen:

■ Den Bürgern der ehemaligen DDR soll Vertrauensschutz beim sogenannten Errichtungsakt des Testaments gewährt werden. Das heißt: Jedes Testament, das zu Zeiten der ehemaligen DDR verfasst wurde und den **Formvorschriften** des damals geltenden Erbrechts entspricht, bleibt gültig, falls es keine inhaltlichen Mängel hat, und zwar auch dann, wenn der Verfasser (Erblasser) nach dem 3.10.1990 gestorben ist oder stirbt. Das Alt-Testament wird nicht nach den jetzt gültigen, neuen und abweichenden **Formvorschriften** des BGB geprüft. Die inhaltliche Wirksamkeit richtet sich dagegen nach BGB.

■ Das Recht der ehemaligen → *DDR* räumte → *nichtehelichen Kindern* Vorteile ein, die im Erbrecht der Bundesrepublik nicht enthalten sind. Diese Vorteile bleiben laut Einigungsvertrag für alle bis zum 3.10.1990 geborenen nichtehelichen Kinder erhalten – gleichgültig, ob sie in Leipzig oder München zur Welt kamen –, vorausgesetzt, der Wohnsitz des verstorbenen Elternteils (Erblassers) befand sich am 3.10.1990 in den neuen Bundesländern. Das nichteheliche Kind hat nicht nur gegenüber der Mutter (wie nach BGB), sondern auch gegenüber dem Vater die gleichen Ansprüche wie ein eheliches Kind. Es gehört zur Erbengemeinschaft. Das bedeutet, dass es am → *Nachlass* (Haus, Mobiliar, Geld etc.) unmittelbar beteiligt ist. Nach BGB dagegen musste sich das → *nichteheliche Kind* bis zum 30.6.1998 mit einer Abfindung (Bargeld) zufriedengeben, wenn der Vater verheiratet war oder eheliche Kinder hatte (Erbersatzanspruch).

■ Auf das frühere Recht wird auch verwiesen, wenn es um die Bindung des Erblassers bei einem → *gemeinschaftlichen Testament* geht, sofern es vor dem 3.10.1990 errichtet wurde. In diesen Fällen bleibt es z. B. bei der Regelung des § 393 DDR-ZGB, wonach der überlebende Ehegatte – anders als nach § 2271 Abs. 2 BGB – seine im gemeinschaftlichen Testament getroffenen Verfügungen aufheben kann, wenn er sich mit seinem gesetzlichen Erbteil begnügt.

▶ Nichteheliches Kind

Seit 1.4.1998 sind durch das Kindschaftsreformgesetz vom 16.12. 1997 (BGBl. I, S. 2942) die Unterschiede zwischen ehelichen und nichtehelichen Kindern beseitigt. Nichtehelich nannte das BGB bis 31.3.1998 ein Kind, das von einer unverheirateten Frau geboren wurde. War die Frau verheiratet gewesen, so galt das Kind als nichtehelich, wenn es später als 302 Tage nach Auflösung der Ehe geboren wurde. Nichtehelich waren ferner Kinder, die aus einer Nichtehe stammten, deren Ehelichkeit durch Ehelichkeitsanfechtung mit Erfolg bestritten worden war, und Kinder, deren Ehelichkeit nach einer Legitimation dadurch rückgängig gemacht wurde, dass ein Vaterschaftsanerkenntnis erfolgreich angefochten oder die gerichtliche Vaterschaftsfeststellung durch ein Wiederaufnahmeverfahren beseitigt wurde. Die Bezeichnung „nichtehelich" war mit Wirkung vom 1.7.1970 statt des früher verwendeten Begriffs „unehelich" durch das Nichtehelichkeitsgesetz eingeführt worden, das die rechtliche Stellung nichtehelicher Kinder grds. neu geregelt hatte. Zu den Besonderheiten für nichteheliche Kinder, die vor dem 3.10.1990 geboren sind und deren verstorbener Elternteil (Erblasser) seinen Wohnsitz in der ehemaligen → *DDR* hatte, s. das Stichwort → *Neue Bundesländer.*

1. Verhältnis zur Mutter

Im Verhältnis zu seiner Mutter hatte das nichteheliche Kind auch schon früher weitgehend die gleiche rechtliche Stellung wie ein eheliches Kind. Die Mutter war Inhaberin der elterlichen Sorge (§ 1705 BGB a. F.), sie hatte das Kind zu erziehen, war ihm wie einem ehelichen Kind zum Unterhalt verpflichtet, das Kind trug ihren Familiennamen, teilte ihren Wohnsitz und ihre → *Staatsangehörigkeit*, Mutter und Kind beerbten sich auch schon früher gegenseitig.

2. Verhältnis zum Vater

Zwischen dem nichtehelichen Vater und dem Kind musste und muss zunächst die Frage der Abstammung durch → *Anerkennung* oder gerichtliche Vaterschaftsfeststellung geklärt werden (§ 1592 BGB). Steht die Vaterschaft endgültig fest, so besteht ein Verwandtschaftsverhältnis zwischen Vater und Kind. Bis 1. 7. 1970 galten uneheliche Kinder nur mit ihrer Mutter, nicht aber mit ihrem Erzeuger als verwandt, so dass zwischen beiden keinerlei Erbansprüche bestanden. Das Nichtehelichengesetz führte den Auftrag des Art. 6 Abs. 5 GG, nichtehelichen Kindern die gleichen Bedingungen zu schaffen wie den ehelichen, für den Bereich des Erbrechts vor allem dadurch aus, dass es diese Fiktion beseitigte. Das nichteheliche Kind ist nunmehr rechtlich mit seinem Vater und dessen Verwandten ebenso verwandt wie schon bisher mit seiner Mutter und deren Verwandten.

Für Erbfälle vor Inkrafttreten des Nichtehelichengesetzes und für „Kinder", die vor dem 1.7.1949 geboren sind, gilt nach wie vor das alte Recht, ein Erbrecht gibt es in diesem Fall nicht (zur Verfassungsmäßigkeit dieser Regelung s. BVerfG FamRZ 1977, 446). Der Europäische Gerichtshof für Menschenrechte hat hierzu am 28.5. 2009 entschieden, dass diese Ungleichbehandlung im Widerspruch zur europäischen Menschenrechtskonvention steht. Die nationale Umsetzung des Urteils erfolgte durch das 2. Erbrechtsgleichstellungsgesetz, das am 15. 4. 2011 verkündet wurde. Demnach wird die Ungleichbehandlung für Erbfälle ab dem 29.5.2009 aufgehoben (s. u. Ziff. 5). Für Erbfälle vor dem 29.5.2009 gilt allerdings die bisherige Regelung. Die Verfassungsmäßigkeit dieser Regelung hat der BGH mit Urteil v. 26.10.2011 bestätigt (ZEV 2012, 32).

Für Erbfälle, in denen der Erblasser bis zum 1.4.1998 gestorben ist oder wenn bis dahin eine wirksame Vereinbarung über den → *vorzeitigen Erbausgleich* getroffen oder der Erbausgleich durch rechtskräftigen Urteil zuerkannt wurde, bleiben die in nachstehender Ziff. 3 dargestellten §§ 1934a bis 1934e BGB a. F. anwendbar. Für Erbfälle ab 1.4.1998 gilt das Erbrechtsgleichstellungsgesetz vom 16.12.1997 (s. u. Ziff. 4).

3. Nichtehelichengesetz 1970

Die **Gleichstellung** wurde vom Nichtehelichengesetz 1970 **nicht ausnahmslos** durchgeführt. Um zu verhindern, dass nächste Angehörige des Erblassers mit den nichtehelichen Verwandten in einer → *Erbengemeinschaft* zusammentreffen, gewährte § 1934 a BGB a. F. den nichtehelichen Verwandten anstelle des → *gesetzlichen Erbrechts* gegen den oder die Erben einen → *Erbersatzanspruch.*

a) Erbersatzanspruch

Er bedeutet, dass der Erbersatzanspruchsberechtigte nicht unmittelbar an der Erbengemeinschaft beteiligt ist, sondern gegen den oder die Erben lediglich einen Geldanspruch in Höhe seines → *Erbteils* hat, der mit dem → *Pflichtteilsanspruch* bzw. den gesetzlichen → *Vermächtnissen* Ähnlichkeiten aufweist. Zwar ist das gesetzliche „Erbrecht" der Höhe nach für eheliche und nichteheliche Kinder gleich, doch hat das nichteheliche Kind gegenüber dem Vater und umgekehrt der Vater gegenüber dem Kind nur einen Geldanspruch in Höhe seines → *Erbteils*, sofern neben ihm auch eheliche Kinder oder die Ehefrau des Erblassers erbberechtigt sind (§ 1934 a BGB a. F.). Sie sind nicht als Erben gesamthänderisch Eigentümer des → *Nachlasses.*

Der Anspruch ist auf Zahlung einer Geldsumme in Höhe des sonst bestehenden gesetzlichen Erbteils gerichtet. Er verjährt in drei Jahren von dem Zeitpunkt an, in dem der Erbersatzberechtigte vom Eintritt des → *Erbfalls* und den Umständen Kenntnis erlangt, aus denen sich das Bestehen des Anspruchs ergibt, spätestens in 30 Jahren vom Eintritt des Erbfalls an (§ 1934 b Abs. 2 BGB a. F.). Sind keine ehelichen Kinder da und ist auch kein erbberechtigter Ehegatte vorhanden, so gilt diese Sonderregelung nicht: das nichteheliche Kind erbt dann genau wie ein eheliches Kind. Es kann sowohl mit anderen nichtehelichen Geschwistern und Halbgeschwistern als auch mit Geschwistern des Vaters und anderen seiner Verwandten eine → *Erbengemeinschaft* bilden. Das Gleiche gilt sinngemäß, wenn der Vater das Kind beerbt.

BEISPIELE: Hinterlässt der Erblasser neben seiner Ehefrau ein eheliches und ein nichteheliches Kind, so sind die Ehefrau und das eheliche Kind Miterben je zur Hälfte, dem nichtehelichen Kind steht ein Erbersatzanspruch in Höhe von $\frac{1}{4}$ zu; da das nichteheliche dem ehelichen Kind des Erblassers gleichsteht, wäre es als Erbe der 1. Ordnung nach § 1924 Abs. 1 und 4 BGB mit einer Quote von $\frac{1}{4}$ am Nachlass seines nichtehelichen Vaters zu beteiligen; gem. § 1934 a Abs 1 a. F. BGB steht ihm anstelle des Erbteils nur ein Erbersatzanspruch in Höhe von $\frac{1}{4}$ des Nachlasswerts zu, so dass das eheliche Kind an der Erbengemeinschaft zu $\frac{1}{2}$ beteiligt ist. Der Erbersatzanspruch richtet sich gegen alle Erben; da aber das eheliche Kind durch die Umwandlung des Erbteils des nichtehelichen Kindes in einen Erbersatzanspruch einen höheren Erbteil erhalten hat ($\frac{1}{2}$ statt $\frac{1}{4}$), trägt es in Höhe des erlangten Vorteils nach §§ 1934 b Abs. 2 a. F., § 2320 BGB im Innenverhältnis der Miterben die Last, diesen Erbersatzanspruch zu befriedigen. Entsprechendes gilt, wenn Erblasser nicht der nichteheliche Vater oder väterliche Verwandte, sondern das nichteheliche Kind oder dessen Kinder sind.
Stirbt dagegen die Mutter, die den Ehemann, ein eheliches und ein nichteheliches Kind hinterlässt, so erben der Ehemann $\frac{1}{2}$ und beide Kinder gleichmäßig je $\frac{1}{4}$ in → *Erbengemeinschaft*.

b) Entstehung

Der Erbersatzanspruch entstand mit dem → *Erbfall* und ist vererblich und übertragbar. Er konnte wie ein → *Vermächtnis* angenommen und ausgeschlagen werden und unter den besonderen Voraussetzungen des § 2331 a BGB a. F. gestundet werden (§ 1934 b Abs. 2 S. 1 BGB a. F., → *Stundung*). Ist der Erbersatzanspruch beschränkt oder mit einem → *Vermächtnis* oder einer → *Auflage* beschwert, so kann der Erbersatzberechtigte ausschlagen (→ *Ausschlagung*) und als Pflichtteilsberechtigter seinen → *Pflichtteil* verlangen.

Für ein nichteheliches Kind galt gegenüber seinem Vater im Bereich des Erbrechts eine weitere Besonderheit: zwischen dem 21. und dem 27. Geburtstag konnte ein nichteheliches Kind → *vorzeitigen Erbausgleich* verlangen und sich so die späteren erbrechtlichen Ansprüche schon zu Lebzeiten des Vaters abgelten lassen (§ 1934 d BGB a. F.). Dieses Recht stand nur einem nichtehelichen Kind zu; der nichteheliche Vater konnte das Kind nicht von sich aus abfinden. Eheliche Kinder konnten keinen vorzeitigen Erbausgleich verlangen. Es wird auf die Ausführungen zum → *vorzeitigen Erbausgleich* in der 6. Aufl. verwiesen.

4. Erbrechtsgleichstellungsgesetz 1997

Das Erbrechtsgleichstellungsgesetz vom 16. 12. 1997 (BGBl. I 1997, S. 2968) regelt, dass ein **nach dem 1. 7. 1949** geborenes nichteheliches Kind im Rahmen der gesetzlichen Erbfolge nach dem Tod seines Vaters gesamthänderisch berechtigter → *Miterbe* wie ein → *eheliches Kind* wird.

Die Sonderregelungen im BGB (§§ 1934 a bis 1934 e, 2338 a BGB, oben Ziff. 3) wurden mit Inkrafttreten des Gesetzes am 1. 4. 1998 gestrichen. Sie bleiben daher nur noch für die Fälle anwendbar, in denen der Erblasser **bis zum 1. 4. 1998** (Tag des Inkrafttretens) **gestorben** ist oder wenn bis dahin über den Erbausgleich eine wirksame Vereinbarung getroffen oder der Erbausgleich durch rechtskräftiges Urteil zuerkannt ist.

5. Zweites Erbrechtsgleichstellungsgesetz 2011

Der EGMR hat am 28.5.2009 in einem Individualbeschwerdeverfahren festgestellt, dass die bisher im deutschen Erbrecht vorgesehene Ungleichbehandlung von ehelichen und nichtehelichen Kindern, die vor dem 1.7.1949 geboren wurden, im Widerspruch zur Europäischen Menschenrechtskonvention steht. Darauf hat der Gesetzgeber in dem am 16.4.2011 in Kraft getretenen Zweiten Gesetz zur erbrechtlichen Gleichstellung nichtehelicher Kinder bestimmt, dass vor dem 1.7.1949 geborene nichteheliche Kinder, die bisher mangels rechtlich anerkannter Verwandtschaft nicht gesetzliche Erben ihres Vaters und seiner Verwandten waren, den ehelichen Kindern gleichgestellt werden sollen. Hierzu wird der Stichtag 1.7.1949 rückwirkend für Erbfälle **nach** dem 28.5.2009 aufgehoben. Für nichteheliche Kinder, deren Väter bereits **vor** dem 29.5.2009 verstorben sind, bleibt es wegen des Rückwirkungsverbotes grundsätzlich bei der früheren Rechtslage. Die Verfassungsmäßigkeit dieser Regelung hat der BGH mit Urteil v. 26.10.2011 ausdrücklich bestätigt (ZEV 2012, 32). Hiervon wird jedoch für Erbfälle, bei denen der Staat anstelle eines vor dem 1.7.1949 geborenen nichtehelichen Kindes gem.

§ 1936 BGB gesetzlicher Erbe geworden ist, eine Ausnahme gemacht. In diesem Fall ist der Staat verpflichtet, dem nichtehelichen Kind den Wert des von ihm ererbten Vermögens zu erstatten.

► **Nießbrauchsvermächtnis**

Durch ein → *Vermächtnis* kann auch die Gebrauchsgewährung an einem Gegenstand oder einer Sache, z. B. ein Nießbrauch zugewandt werden. Die Einräumung eines Nießbrauchs kann als lebenslängliches oder befristetes Nutzungsrecht geschehen, z. B. an Aktien, GmbH-Geschäftsanteilen, → *Grundstücken*, an einer Wohnung (Wohnungsrecht), an einem Bankkonto etc.... Dem Nießbrauchsvermächtnisnehmer stehen dann die Nutzungen zu, wie Dividenden, Gewinnanteile, Mieteinnahmen, Zinsen etc. ...

Die Abgrenzung zwischen Nießbrauchsvermächtnis und → *Vorerbschaft* ist häufig schwierig, weil der Vorerbe wirtschaftlich dem Nießbraucher nahe steht. Der Vorerbe ist zwar Träger aller Rechte, die zur → *Erbschaft* gehören, aber er kann über sie nicht unentgeltlich verfügen und den Bestand des Nachlasses nicht für seine persönlichen Bedürfnisse angreifen. Er ist somit praktisch wie der Nießbraucher auf die Nutzung des Nachlasses beschränkt. Entscheidend ist, ob der Bedachte nach dem Willen des Erblassers mit gewissen Einschränkungen eigenverantwortlicher Herr des Nachlasses werden soll; wendet der Erblasser z. B. einen Nießbrauch mit einem Verfügungsrecht über → *Grundstücke* zu, so ist der Bedachte Vorerbe. Wird dagegen keine Verwaltungs- und Verfügungsbefugnis über den Nachlass zugewandt, so spricht dies in der Regel für ein Nießbrauchsvermächtnis. Dafür kann ebenso der Wunsch des Erblassers sprechen, den wiederholten → *Erbschaftsteuerfall* beim Vor- und Nacherbfall zu vermeiden.

► **Notar**

Notar ist der Träger eines öffentlichen Amtes, der die im Gesetz vorgeschriebenen Beurkundungen und Beglaubigungen vornimmt. Im Dienst der Rechtspflege erfüllt der Notar eine öffentliche Aufgabe und ist dazu mit sachlicher und persönlicher Unabhängigkeit ausgestattet. Oberste Pflicht des Notars ist seine Unparteilichkeit. Anders als der Rechtsanwalt ist der Notar daher nicht Vertreter einer an der Beurkundung beteiligten Person.

Der Notar ist auf erbrechtlichem Gebiet vor allem zuständig zur Beurkundung von → *Testamenten* und → *Erbverträgen,* des Antrags auf Erteilung eines → *Erbscheins* oder → *Testamentsvollstreckerzeugnisses,* von → *Auseinandersetzungsverträgen,* ferner von Beglaubigungen, wie Erklärung der → *Ausschlagung,* → *Anfechtung* der Annahme einer Erbschaft etc. Zweck dieser Formen ist zum einen der Schutz vor übereilter und unüberlegter Abgabe einer Erklärung mit besonderer Tragweite (Warnfunktion) sowie die Klarstellung des Abschlusses und Inhalts eines Rechtsgeschäfts (Beweisfunktion). Hauptaufgabe der notariellen Beurkundung ist, die Mitwirkung des Notars als rechtskundiger Institution an der Rechtsgestaltung sicherzustellen. Dadurch begegnet das Gesetz der Gefahr der unrichtigen Rechtsgestaltung aus Rechtsunkenntnis. Durch die Einschaltung des Notars ist gewährleistet, dass die Beteiligten ihre Entscheidung nur in vollem Wissen um die Folgen der Rechtsgestaltung treffen. Diese Mitwirkung besteht in der **Beratung** und **Belehrung,** die § 17 BeurkG dem Notar zur obersten Pflicht macht. Der Notar soll den Willen der Beteiligten erforschen, den Sachverhalt klären, die Beteiligten über die rechtliche Tragweite des Geschäfts belehren und ihre Erklärungen klar und unzweideutig in der Niederschrift wiedergeben. Dabei soll er darauf achten, dass Irrtümer und Zweifel vermieden sowie unerfahrene und ungewandte Beteiligte nicht benachteiligt werden. Es empfiehlt sich daher in jedem Fall, zumal wenn es sich um eine nicht ganz einfache Gestaltung oder um ein nicht ganz geringes Vermögen handelt, den Notar einzuschalten, da nur dadurch die Richtigkeit des Rechtsgeschäfts gewährleistet werden kann. Da der Notar in der Regel laufend mit erbrechtlichen Fragen befasst ist, hat er auch die hierzu erforderliche Erfahrung. Darüber hinaus empfiehlt sich die Abfassung eines Testaments in notarieller Form auch deshalb, weil durch diese öffentliche Urkunde ein → *Erbschein,* dessen Erteilung oft lange dauert und hohe Kosten auslöst, in der Regel überflüssig ist. Die → *Gebühr* für die Errichtung eines Testaments oder Erbvertrags richtet sich nach dem Wert des Nachlasses (Verbindlichkeiten werden vom Aktivvermögen bis zur Hälfte abgezogen) und ist meist weit geringer, als die Beteiligten annehmen.

▶ Notarielles Testament (§§ 2231 ff. BGB)

1. Allgemeines

Der Erblasser kann ein Testament statt durch privatschriftliche Erklärung (→ *eigenhändiges Testament*) auch zur Niederschrift eines → *Notars* errichten, indem er dem Notar seinen letzten Willen erklärt oder ihm eine Schrift mit der Erklärung übergibt, dass die Schrift seinen letzten Willen enthalte (§ 2232 BGB). Während bis 31.7.2002 § 2232 BGB zwingend vorschrieb, dass der Erblasser dem Notar seinen letzten Willen mündlich erklärte, also Kopfnicken und Gebärden nicht ausreichten, ist seit 1.8.2002 das Erfordernis der „mündlichen" Erklärung beseitigt. Die Erklärung des letzten Willens des Erblassers kann nunmehr also auch durch Gebärden erfolgen.

2. Niederschrift

Es gelten alle für die öffentliche Beurkundung maßgeblichen Regeln des Beurkundungsgesetzes, auf das hier nicht näher eingegangen werden kann. Der Notar hat den Willen des Erblassers zu erforschen, den Sachverhalt zu klären, ihn über die rechtliche Tragweite des Testaments zu belehren und seine Erklärungen klar und unzweideutig in der Niederschrift wiederzugeben. Dabei soll er darauf achten, dass Irrtümer und Zweifel vermieden werden (§ 17 BeurkG). Die Niederschrift muss in Gegenwart des Notars dem Erblasser vorgelesen, von ihm genehmigt und eigenhändig unterschrieben werden. Der Notar muss die Niederschrift eigenhändig unterzeichnen (§ 13 BeurkG). Kann der Erblasser nicht mehr schreiben oder ist er sonst gebrechlich, siehe die Ausführungen unter Ziff. 5, ferner das Stichwort → *Gebrechlicher Erblasser.*

3. Vorteile des notariellen Testaments

Die Vorteile des notariellen Testaments sind vielfacher Art. Der Erblasser wird vor übereilter und unüberlegter Errichtung oder Änderung des Testaments geschützt, wie etwa durch Verärgerung oder Beeinflussung durch Erbschleicher. Da der → *Notar* stets die Testierfähigkeit prüfen muss, ist ein Anstreiten des Testaments regelmäßig aussichtslos. Hauptaufgabe der notariellen Mitwirkung ist die **rechtskundige Beratung** durch den Notar. Gerade das Erbrecht ist so schwierig, dass der Laie fachkundigen Rat unbedingt benötigt. Nur durch Mitwirkung des Notars können Fehler und Unklarheiten bei der Gestaltung vermieden werden. Da der Notar laufend mit erbrechtlichen Fragen befasst ist, hat er auch die hierzu nötige Erfahrung. Durch die amtliche → *Verwahrung* des notariellen Testaments und die zentrale Registrierung beim Zentralen → *Testamentsregister* der Bundesnotarkammer in Berlin ist sichergestellt, dass es zur → *Eröffnung* kommt und nicht verloren geht oder unterdrückt wird. Schließlich empfiehlt sich die notarielle Form auch deshalb, weil durch ein notarielles Testament ein → *Erbschein*, dessen Erteilung Kosten auslöst und oft lange dauert, in der Regel überflüssig ist. Dies ist vor allem im Grundbuchverfahren bedeutsam (vgl. § 35 GBO).

4. Mitwirkungsverbote

Der **Notar ist von der Beurkundung** ausgeschlossen, wenn es sich um ein Testament handelt, das sein Ehegatte, sein Lebenspartner, eine Person, die mit ihm in gerader Linie verwandt ist oder war, z. B. sein Großvater, errichtet (§ 6 BeurkG). Wird in einem Testament der Notar, sein Ehegatte bzw. Lebenspartner oder früherer Ehegatte bzw. Lebenspartner, eine Person, die mit ihm in gerader Linie verwandt oder verschwägert oder in der Seitenlinie bis zum dritten Grad verwandt oder bis zum zweiten Grad verschwägert ist oder war, begünstigt, oder zum → *Testamentsvollstrecker* ernannt, so ist die Beurkundung dieser Verfügung insoweit nichtig. Ist z. B. in einem Testament der Tierschutzverein zum Alleinerben eingesetzt, dem Neffen des Notars ein Vermächtnis zugewandt und die Ehefrau des Notars zum Testamentsvollstrecker bestimmt, so sind die beiden letzten Verfügungen nichtig, so dass lediglich die Erbeinsetzung des Tierschutzvereins Bestand hat (→ *Auslegung*).

5. Übergabe einer Schrift

Der Erblasser kann ein Testament zur Niederschrift des Notars auch dadurch errichten, dass er ihm eine Schrift mit der Erklärung übergibt, dass die Schrift seinen letzten Willen enthalte; die Schrift braucht nicht vom Erblasser selbst geschrieben worden zu sein und kann verschlossen oder offen übergeben werden. Letzteres hat den Vorteil, dass der Notar vom Inhalt der Schrift Kenntnis nehmen kann (§ 30 BeurkG). Ein minderjähriger, aber über 16 Jahre alter Erblasser kann nur durch eine Erklärung gegenüber dem Notar oder durch Übergabe einer offenen, nicht aber verschlossenen Schrift testieren (§ 2233 Abs. 1 BGB). Hiermit ist nicht zu verwechseln, dass ein → *eigenhändiges Testament* dem Notar zur bloßen → *Verwahrung* übergeben wird.

6. Gebrechlichkeit des Erblassers

Die Errichtung eines öffentlichen Testaments empfiehlt sich besonders dann und ist oft auch dann allein möglich, wenn der Erblasser an **Gebrechen leidet.** Ist der Erblasser z. B. sehbehindert, so soll zur Beurkundung ein Zeuge zugezogen werden, es sei denn, dass der Erblasser darauf verzichtet (§ 22 BeurkG); beherrscht der sehbehinderte Erblasser die Blindenschrift nicht, so kann er das Testament nur durch eine Erklärung gegenüber dem Notar errichten, nicht aber durch Übergabe einer Schrift (§ 2233 Abs. 2 BGB). Ist der Erblasser lesensunkundig, so kann er das Testament nur durch eine Erklärung gegenüber dem Notar errichten, nicht aber durch Übergabe einer Schrift (§ 2233 Abs. 2 BGB); ist der lesensunkundige Erblasser gleichzeitig stumm und schreibunfähig, so kann er mit Hilfe eines Zeugen oder zweiten Notars (§ 25 BeurkG) und auf Verlangen unter Zuziehung eines Gebärdendolmetschers (§ 22 BeurkG) testieren. Ist der Erblasser der deutschen Sprache nicht kundig, so ist ein Dolmetscher beizuziehen sowie eine schriftliche Übersetzung anzufertigen, es sei denn, der Erblasser verzichtet hierauf (§§ 16, 32 BeurkG). Ist der Erblasser stumm, so kann er das Testament durch Erklärung oder durch Übergabe einer Schrift errichten, wobei ein Zeuge oder zweiter Notar und auf Verlangen ein Gebärdendolmetscher beizuziehen ist (§ 22 BeurkG); ist mit dem stummen Erblasser eine schriftliche Verständigung nicht möglich, so ist eine Vertrauensperson zuzuziehen (§ 24 BeurkG). Ist der Erblasser taub, so soll ein Zeuge oder zweiter Notar und auf Verlangen ein Gebärdendolmetscher (§ 22 BeurkG) zugezogen werden und ist dem Erblasser die Niederschrift anstelle des Vorlesens zur Durchsicht vorzulegen (§ 23 BeurkG); ist eine schriftliche Verständigung mit dem tauben Erblasser nicht möglich, so ist eine Vertrauensperson zuzuziehen (§ 24 BeurkG). Ist der Erblasser taubstumm, so ist ein Zeuge oder zweiter Notar und auf Verlangen ein Gebärdendolmetscher (§ 22 BeurkG) zuzuziehen und die Niederschrift dem Erblasser anstelle des Vorlesens zur Durchsicht vorzulegen (§ 23 BeurkG); ist eine schriftliche Verständigung mit dem taubstummen Erblasser nicht möglich, so kann er nur durch Erklärung gegenüber dem Notar testieren (§ 2233 Abs. 2 BGB) und ist eine Vertrauensperson beizuziehen (§ 24 BeurkG). Kann der Erblasser seinen Namen nicht schreiben, so ist vom Notar ein Schreibzeuge zuzuziehen (§ 25 BeurkG). Dazu s. auch → *Gebrechlicher Erblasser.*

7. Widerruf

Der Erblasser kann sein Testament sowie jede einzelne in seinem Testament enthaltene Verfügung jederzeit widerrufen. Der → *Widerruf* kann durch → *eigenhändiges* oder notarielles Testament erfolgen. Gleichgültig ist, ob das Widerrufstestament inhaltlich dem früheren widersprechende Verfügungen enthält oder lediglich den Widerruf. Widersprechen sich Testament und Erbvertrag hinsichtlich Erbeinsetzung, → *Vermächtnissen* oder → *Auflagen*, so gilt nur der Erbvertrag. Das notarielle Testament gilt ferner als widerrufen bei → *Rücknahme aus der amtlichen Verwahrung.* Der Erblasser kann die Rückgabe jederzeit verlangen, aber nur an sich persönlich.

▶ Nottestament (§§ 2249 ff. BGB)

Es ersetzt in Eilfällen das → *notarielle Testament.* Es ist zulässig, wenn zu befürchten ist, dass der Erblasser früher sterben werde, als die Errichtung eines Testaments vor einem → *Notar* möglich ist. Die Möglichkeit, eigenhändig zu testieren, hindert den Erblasser nicht daran, ein Nottestament zu errichten.

1. Bürgermeistertestament

Unter diesen Voraussetzungen kann der Erblasser ein Testament zur Niederschrift des Bürgermeisters der Gemeinde, in der er sich gerade aufhält, errichten. Es gelten weitgehend die Bestimmungen des Beurkundungsgesetzes. Als besondere zusätzliche Wirksamkeitsvoraussetzung muss der Bürgermeister zwei Zeugen zuziehen und über den Akt der Testamentserrichtung ein Protokoll aufnehmen.

2. Dreizeugentestament

Hält sich der Erblasser an einem Ort auf, der durch außergewöhnliche Umstände so abgesperrt ist, dass er ein Testament vor einem → Notar nicht oder nur unter erheblichen Schwierigkeiten errichten kann, so kann er das Testament in der unter Ziff. 1 genannten Form oder durch mündliche Erklärung vor drei Zeugen errichten. Im Gegensatz zum → *Bürgermeistertestament* genügt bei naher Todesgefahr die mündliche Erklärung des Erblassers.

3. Seetestament

Wer sich während einer Seereise an Bord eines deutschen Schiffes außerhalb eines inländischen Hafens befindet, kann ein Testament durch mündliche Erklärung vor drei Zeugen errichten; hierüber muss eine Niederschrift aufgenommen werden (§ 2251 BGB).

4. Gültigkeitsdauer

Die Wirksamkeit aller Nottestamente ist zeitlich begrenzt. Drei Monate nach seiner Errichtung verliert das Nottestament seine Gültigkeit, wenn der Erblasser noch lebt (§ 2252 BGB). Die Frist läuft nicht, solange der Erblasser kein Testament vor einem → Notar errichten kann. Die Bedeutung des Nottestaments ist gering, da der Erblasser in den meisten Fällen ein eigenhändiges Testament errichten wird. Es bleiben nur die seltenen Fälle übrig, in denen der Erblasser infolge → *Gebrechlichkeit* ein eigenhändiges Testament nicht errichten kann.

O

▶ Obduktionsklausel

Klinische Obduktionen sind, im Gegensatz zu gerichtlichen, bisher gesetzlich nicht geregelt. Ohne Zustimmung der Patienten oder Verwandten gelten sie als umstritten. Klinische Sektionen werden vorgenommen, um unbekannte Todes- oder Krankheitsursachen zu klären oder neue Erkenntnisse für die medizinische Forschung zu gewinnen. Nur aus Gründen der medizinischen Forschung eine Obduktion ohne Einwilligung des Patienten zu veranlassen, gilt als unzulässig, denn das Nachwirken des Persönlichkeitsrechts des Verstorbenen wird höher eingeschätzt als das Interesse der medizinischen Forschung. Nach einem Urteil des OLG Koblenz ist eine Obduktionsklausel in den Vertragsbestimmungen eines Krankenhauses rechtswirksam. Nach dieser Entscheidung darf ein Krankenhaus generell davon ausgehen, dass ein Patient mit einer Obduktion einverstanden ist, es sei denn, er hat ausdrücklich dagegen widersprochen oder seine Verwandten erheben nach seinem Tod Einspruch. Obduktionsklauseln werden immer wieder in Krankenhausaufnahmeverträge verankert und galten früher als rechtlich wirkungslos. Da ein Patient bei seiner Aufnahme gewöhnlich nicht erwarten muss, am Ende seines Krankenhausaufenthalts obduziert zu werden, ist nach der zum OLG Koblenz gegensätzlichen Rechtsprechung eine Obduktionsklausel im Rahmen des Vertrags eine so ungewöhnliche Klausel, dass sie nicht als Vertragsbestandteil gilt.

► **Öffentliches Testament**

→ *Notarielles Testament (§§ 2231 ff. BGB)*

P

▶ Patientenverfügung

Das Patiententestament ist keine Verfügung von Todes wegen, sondern die an den Arzt gerichtete Untersagung einer aufgedrängten Lebensverlängerung, also eine verbindlich gewollte Anordnung, durch die der Erklärende für den Fall seiner Erkrankung mit sicherer Todesdiagnose die Anwendung lebensverlängernder Maßnahmen untersagt, sofern er dazu selbst wegen seines Zustandes oder der verabreichten Medikamente oder der Art seiner Erkrankung nicht mehr fähig sein sollte. Die Anordnung betrifft also nicht eine Nachlassregelung, sondern eine Vorsorge für den Fall, dass der Erklärende dem Arzt nicht mehr wirksam die Einwilligung zu einer Behandlung verweigern kann, obwohl er angesichts der Hoffnungslosigkeit seines Zustandes nur noch einen schmerzlosen Tod, nicht aber eine bloße Verlängerung seines Leidens wünscht. Einzelheiten sind im Patientenverfügungsgesetz vom 31. 7. 2009 geregelt, das seit dem 1.9.2009 in Kraft ist (BGBl. I 2009, S. 2286).

Hat ein einwilligungsfähiger Volljähriger für den Fall seiner Einwilligungsunfähigkeit schriftlich festgelegt, ob er in bestimmte, zum Zeitpunkt der Festlegung noch nicht unmittelbar bevorstehende Untersuchungen seines Gesundheitszustands Heilbehandlungen oder ärztliche Eingriffe einwilligt oder sie untersagt (Patientenverfügung), prüft der Betreuer, ob diese Festlegungen auf die aktuelle Lebens- und Behandlungssituation zutreffen. Ist dies der Fall, hat der

Betreuer dem Willen des Betreuten Ausdruck und Geltung zu verschaffen (§ 1901 a Abs. 1 BGB).

Gerade wenn es darum geht, unter bestimmten Umständen von lebensverlängernden Maßnahmen abzusehen, ist der Arzt an strenge Vorschriften gebunden. Juristisch handelt es sich nämlich um „passive Sterbehilfe". Eine schriftliche Erklärung des Patienten, wie mit ihm verfahren werden soll, falls er nicht in der Lage ist, seine Wünsche selbst zu äußern, reicht in der Praxis regelmäßig nicht aus. Eine notarielle Patientenverfügung sichert hingegen die Wahrnehmung der Interessen in der gewünschten Weise. Dem behandelnden Arzt stellt sich bei Betrachtung einer Patientenverfügung nämlich die Frage: Ist die Verfügung tatsächlich von dem Patienten verfasst und unterschrieben worden und war er dabei geschäftsfähig? Hinsichtlich dieser Fragestellung schafft die Mitwirkung eines Notars bei der Errichtung einer Patientenverfügung Sicherheit.

Eine solche Erklärung ist als Willenserklärung nach den allgemeinen Vorschriften wirksam. Sie unterliegt nicht den Formvorschriften der → *Testamentserrichtung*, sondern ist privatschriftlich gültig; ratsam ist stets Beglaubigung der Unterschrift durch den → *Notar*. Sofern in den Text der Patientenverfügung keine zeitliche Befristung aufgenommen wurde, ist diese grds. zeitlich unbegrenzt wirksam. Die Erklärung kann vom willensfähigen Patienten jederzeit formlos widerrufen werden (§ 1901 a Abs. 1 S. 3 BGB).

▶ **Pflegeheim**

> → *Heim*

▶ **Pflegschaft für eine Leibesfrucht**

Eine Leibesfrucht erhält zur Wahrung ihrer künftigen Rechte, insbesondere ihrer Erbrechte, soweit diese einer Fürsorge bedürfen, einen Pfleger. Für ein bereits gezeugtes, aber noch nicht geborenes Kind kann also zur Wahrnehmung der ihm mit der Geburt zufallenden Rechte ein Pfleger bestellt werden, wenn den Eltern die elterliche Sorge nicht zustünde, falls das Kind schon geboren wäre (§ 1912 BGB). Die Pflegschaft endet mit der Geburt des Kindes (§ 1918 Abs. 2 BGB).

BEISPIEL: Die Mutter ist minderjährig, das Sorgerecht des Vaters ruht, das ungeborene Kind ist in einem → *Testament* bedacht.

► Pflichtteil

Der Pflichtteil ist der Mindestanspruch, den der Erblasser trotz Ausschließung von der → *gesetzlichen Erbfolge* seinen Kindern, Ehegatten, → *Lebenspartner* und Eltern grds. nicht entziehen kann. Das Pflichtteilsrecht wurde vom Gesetzgeber geschaffen als Ausgleich zum Grundsatz der → *Testierfreiheit,* nach der der Erblasser auch nächste → *Verwandte* willkürlich enterben kann. Das Pflichtteilsrecht gibt den nächsten Verwandten einen Mindestanteil am → *Nachlass,* den der Erblasser ihnen nur unter besonderen Umständen entziehen (→ *Pflichtteilsentziehung*) oder beschränken (→ *Pflichtteilsbeschränkung*) kann. Vom Erbrecht unterscheidet sich das Pflichtteilsrecht vor allem dadurch, dass es keine eigentumsmäßige Beteiligung am Nachlass darstellt, wie die des Erben, sondern lediglich einen schuldrechtlichen Anspruch auf Zahlung einer Geldsumme, ferner dass dieser nicht in Höhe des Wertes des gesetzlichen → *Erbteils,* sondern lediglich in Höhe der Hälfte besteht (§ 2303 BGB).

Der Pflichtteilsberechtigte erwirbt den Anspruch mit dem → *Erbfall* (§ 2317 BGB); einer auf den Erwerb gerichteten Erklärung bedarf es nicht.

1. Pflichtteilsberechtigung

Sind ein → *Abkömmling,* die → *Eltern,* der → *Ehegatte* oder → *Lebenspartner* des Erblassers durch → *Verfügung von Todes wegen* von der → *gesetzlichen Erbfolge* ausgeschlossen, so können sie von den Erben den Pflichtteil verlangen (§ 2303 BGB, § 10 Abs. 6 LPartG). Entferntere Abkömmlinge (z. B. Enkel) und die Eltern des Erblassers sind insoweit nicht pflichtteilsberechtigt, als (nähere) Abkömmlinge vorhanden sind, die diese Personen im Fall der gesetzlichen Erbfolge ausschließen würden (§ 2309 BGB). Nicht pflichtteilsberechtigt sind Geschwister, Großeltern und andere Verwandte des Erblassers. Zu den Abkömmlingen zählen auch die adoptierten Kinder (§ 1754 BGB, → *Annahme als Kind*) des Erblassers.

Kein Pflichtteil steht Personen zu, die rechtswirksam auf ihren Pflichtteil verzichtet haben (→ *Pflichtteilsverzicht*), die den → *Erbteil* oder die → *Erbschaft* ausgeschlagen haben (→ *Ausschlagung*), wobei für Ehegatten (→ *Ehegatten-Erbrecht*) und Lebenspartner (→ *Lebenspartner-Erbrecht*) eine Sonderregelung gilt, wenn die → *Erbunwürdigkeit* des Pflichtteilsberechtigten gerichtlich festgestellt ist (§ 2345 Abs. 2 BGB) oder wenn der Erblasser die Pflichtteilsansprüche durch letztwillige Verfügung ausgeschlossen hat, wobei die Entziehungsgründe für die pflichtteilsberechtigten Abkömmlinge, Eltern, Ehegatten und Lebenspartner (§ 10 Abs. 6 LPartG) in den §§ 2333–2335 BGB unterschiedlich ausgestaltet sind (→ *Pflichtteilsentziehung*). Ehegatten und Lebenspartnern steht kein Erbrecht und damit auch kein Pflichtteilsrecht zu, wenn zum Zeitpunkt des Todes des Erblassers die Voraussetzungen für eine → *Scheidung* bzw. → *Aufhebung der Lebenspartnerschaft* vorlagen und der Erblasser die Scheidung bzw. die Aufhebung der Lebenspartnerschaft beantragt oder ihr zugestimmt hatte; das Gleiche gilt für die Eheaufhebung (§ 1933 BGB). Allen Pflichtteilsberechtigten kann der Pflichtteil entzogen werden, wenn sie dem Erblasser nach dem Leben trachten, sich ihm gegenüber eines Verbrechens oder schweren vorsätzlichen Vergehens schuldig machen oder die ihnen gegenüber dem Erblasser gesetzlich obliegende Unterhaltspflicht böswillig verletzen.

2. Berechnung des Pflichtteilsanspruchs

Der Pflichtteilsanspruch ist auf Zahlung einer Geldsumme gerichtet, die der Hälfte des Werts des → *gesetzlichen Erbteils* entspricht (§ 2303 BGB). Maßgeblich ist also der Geldwert des Nachlasses und der Bruchteil des gesetzlichen → *Erbteils*.

a) Wertbestimmung

Für den Bestand und den Wert des Nachlasses ist der Zeitpunkt des → *Erbfalls* maßgebend. Der Wert ist, soweit erforderlich, durch Schätzung zu ermitteln. Eine vom Erblasser getroffene Wertbestimmung ist nicht maßgebend (§ 2311 BGB). Grundsätzlich ist also vom Verkehrswert eines Gegenstandes auszugehen, nicht etwa vom Einheitswert bei → *Grundstücken* oder Betriebsvermögen. Bei einer Unternehmensbeteiligung schließt der Verkehrswert regelmäßig den good will ein. Eine Ausnahme sieht § 2312 BGB für die Wertbestimmung eines Landgutes vor, das unter gewissen Voraussetzungen mit seinem Ertrags-, nicht mit seinem Verkehrswert anzusetzen ist. → *Lebensversicherungen* gehören nicht zum Nachlass, sind also nicht anzusetzen.

Der dem überlebenden Ehegatten bzw. Lebenspartner (§ 10 Abs. 1 LPartG) gebührende → *Voraus* bleibt außer Ansatz, d. h. die Gegenstände des Voraus werden vorweg aus dem Nachlass ausgeschieden. Alle Passiven, die bereits beim Erbfall entstanden waren, sind vom Aktivnachlass abzuziehen; dies gilt auch für solche Schulden, deren Rechtsgrund auf den Erbfall zurückzuführen sind, wie etwa die Kosten der Beerdigung, einer → *Inventaraufnahme*, einer → *Nachlasspflegschaft*. Nicht abgezogen werden können dagegen Schulden aus anderen Pflichtteilsrechten, → *Vermächtnissen* und → *Auflagen*. Es würde dem Sinn des Pflichtteilsrechts widersprechen, wenn es der Erblasser durch Überbeschwerung des Nachlasses mindern könnte.

b) Anrechnungspflicht, Ausgleichungspflicht, Pflichtteilsergänzungsanspruch

Der Nachlasswert erhöht sich rechnerisch, soweit das Gesetz die → *Anrechnung* (§ 2315 BGB) oder die → *Ausgleichung* (§ 2316 BGB) vorgeschrieben hat. Dies ist der Fall, wenn der Erblasser den Pflichtteilsberechtigten durch Rechtsgeschäft unter Lebenden bestimmte Zuwendungen gemacht hat. Hat der Erblasser schenkweise unter Lebenden über Vermögensgegenstände verfügt, und damit den Nachlasswert verringert, so besteht in bestimmten Grenzen ein → *Pflichtteilsergänzungsanspruch* (§§ 2325 ff. BGB), durch den der Pflichtteilsberechtigte vor einer Schmälerung seiner Ansprüche durch lebzeitige Schenkungen des Erblassers an Dritte bewahrt wird.

c) Höhe des Bruchteils

Die Höhe des Bruchteils hängt von der Zahl der → *Miterben* ab, die neben dem Pflichtteilsberechtigten zu berücksichtigen sind. Bei der Feststellung des für die Berechnung des Pflichtteils maßgebenden → *Erbteils* werden die Personen mitgezählt, die durch → *Verfügung von Todes wegen* von der Erbfolge ausgeschlossen sind (→ *Enter-*

bung) oder die Erbschaft ausgeschlagen haben (→ *Ausschlagung*) oder für → *erbunwürdig* erklärt sind. Wer auf seinen Erbteil (→ *Erbverzicht*), nicht nur auf seinen Pflichtteil (→ *Pflichtteilsverzicht*), verzichtet hat, wird nicht mitgezählt (§ 2310 BGB). Ein vor dem 1. 4. 1998 zwischen dem → *nichteheliche Kind* und seinem Vater abgeschlossener → *vorzeitiger Erbausgleich* (§ 1934 BGB a. F.) führt dazu, dass beim Tod des Vaters das Kind und seine Abkömmlinge sowie beim Tod des Kindes der Vater nicht gesetzliche Erben sind (§ 1934 e BGB a. F.), so dass sie bei der Feststellung des für die Berechnung des Pflichtteils maßgebenden Erbteils nicht mitzuzählen sind.

Wegen der Höhe des „kleinen" oder „großen" Pflichtteils des Ehegatten beim Güterstand der Zugewinngemeinschaft s. die Ausführungen zu → *Ehegatten-Erbrecht*.

3. Pflichtteilsanspruch von Miterben oder Vermächtnisnehmern (Pflichtteilsrestanspruch)

Hat der Erblasser einen Pflichtteilsberechtigten zum Erben eingesetzt oder mit einem → *Vermächtnis* bedacht, so kann dem Pflichtteilsberechtigten zusätzlich ein Pflichtteilsrestanspruch zustehen. Hierbei sind folgende Fallgestaltungen zu unterscheiden:

a) Der pflichtteilsberechtigte Miterbe ist erbrechtlich **nicht beschwert:**

Ist der Erbteil des pflichtteilsberechtigten Miterben größer oder genauso groß wie sein Pflichtteil, so wird er Erbe. Schlägt er seinen Erbteil aus, so erhält er nichts, auch nicht seinen Pflichtteil, da er nicht enterbt ist (§ 2303 BGB); eine Ausnahme besteht für den Ehegatten (→ *Ehegattenerbrecht*) bzw. Lebenspartner (→ *Lebenspartner-Erbrecht*). Ist der hinterlassene Erbteil in seinem Wert geringer als der Pflichtteil, so kann der Pflichtteilsberechtigte von den Erben als Pflichtteil den Wert des an der Hälfte fehlenden Teiles verlangen; er hat also neben seinem Erbteil einen Pflichtteilsrestanspruch in Geld, der den hinterlassenen Erbteil auf den Wert des halben gesetzlichen Erbteils ergänzt (§ 2305 BGB). Der Erbe kann den Erbteil ausschlagen (→ *Ausschlagung*); dadurch erwirbt er aber nicht den vollen Pflichtteilsanspruch, sondern behält lediglich seinen Pflichtteilsrestanspruch.

b) Ist der pflichtteilsberechtigte Miterbe durch die Einsetzung eines
→ *Nacherben*, die Ernennung eines → *Testamentsvollstreckers* oder eine
benachteiligende → *Auseinandersetzungsanordnung* **beschränkt** oder
durch ein → *Vermächtnis* oder eine → *Auflage* **beschwert,** dann ist
für die bis zum 31.12.2009 eingetretenen Erbfälle zu unterscheiden:

- Entspricht der Wert des hinterlassenen Erbteils dem des Pflichtteils, so gilt die Beschränkung oder Beschwerung als nicht angeordnet (§ 2306 BGB). Der Miterbe erwirbt weder durch → *Annahme* noch durch → *Ausschlagung* des Erbteils einen Pflichtteilanspruch.

- Ist der Wert des hinterlassenen Erbteils geringer als der des
Pflichtteils, so gelten auch hier die Beschränkungen und Beschwerungen als nicht angeordnet (§ 2306 BGB). Der Miterbe
hat neben dem unbeschränkten und unbeschwerten Erbteil
noch den Pflichtteilsrestanspruch nach § 2305 BGB (s. o. a).

- Ist der Wert des hinterlassenen Erbteils größer als der des
Pflichtteils, so kann der Erbe die Erbschaft annehmen und erwirbt den Erbteil endgültig mit allen Beschränkungen und Beschwerungen, oder die Erbschaft ausschlagen (→ *Ausschlagung*)
und abweichend von der allgemeinen Regel den vollen Pflichtteilsanspruch verlangen (§ 2306 BGB). Die Ausschlagungsfrist
beginnt in diesem Fall erst dann, wenn der Pflichtteilsberechtigte von der Beschränkung oder der Beschwerung Kenntnis erlangt. Einer Beschränkung der Erbeinsetzung steht es gleich,
wenn der Pflichtteilsberechtigte als → *Nacherbe* eingesetzt ist
(§ 2306 Abs. 2 BGB).

Durch die Reform des Pflichtteilsrechts vom 2.7.2009 wird § 2306
BGB für alle ab dem 1.1.2010 eintretende Erbfälle dergestalt verein-
facht, dass der beschränkte bzw. beschwerte Erbe seine Entscheidung
unter einfachen Voraussetzungen treffen kann. Er hat ein generelles
Wahlrecht, und zwar unabhängig von der Größe seines Erbteils: Ist
er mit Beschränkungen und Beschwerungen belastet, kann er

- entweder den Erbteil mit allen Beschränkungen oder Beschwerungen annehmen

oder

■ den Erbteil ausschlagen (→ *Ausschlagung der Erbschaft*) und dennoch den Pflichtteil verlangen.

Diese generelle Einräumung eines Wahlrechts hat für den Erben, dessen Erbteil kleiner als bzw. gleich groß wie der Pflichtteil ist, auch Nachteile. Nach früherer Rechtslage konnte er den Erbteil ohne Beschränkungen oder Beschwerungen behalten. Künftig muss er sich entscheiden: Behält er den Erbteil, so erbt er mit Beschränkungen oder Beschwerungen. Schlägt er aus, verliert er die Vorteile der Erbenstellung. Dies ist aber im Hinblick auf die Erleichterungen, die ein solches Wahlrecht für die Entscheidungsfindung der Erben insgesamt mit sich bringt, hinzunehmen.

■ Zuwendung eines → *Vermächtnisses* (§ 2307 BGB).

Ist der Pflichtteilsberechtigte mit einem Vermächtnis bedacht, aber nicht zum Erben berufen, so kann er den Pflichtteil verlangen, wenn er das Vermächtnis ausschlägt. Schlägt er nicht aus, so ist vom Pflichtteilanspruch der Wert des Vermächtnisses abzuziehen. Verbleibt noch eine Differenz, so hat der Pflichtteilsberechtigte einen Pflichtteilsrestanspruch in Höhe dieser Differenz. Der Pflichtteilsanspruchsberechtigte hat dann zwei Ansprüche, nämlich den Vermächtnisanspruch, der in 30 Jahren verjährt, und den Pflichtteilsrestanspruch, der in drei Jahren verjährt.

4. Entstehung, Fälligkeit, Verjährung

Der Pflichtteilsanspruch **entsteht** mit dem → *Erbfall* und ist vererblich und übertragbar (§ 2317 BGB); er kann gepfändet, abgetreten oder verkauft werden.

Eine Pfändung ist allerdings nur dann zulässig, wenn der Pflichtteilsanspruch vertraglich anerkannt oder ein Rechtsstreit bei Gericht anhängig ist (§ 852 ZPO).

Der Pflichtteilsanspruch ist grds. sofort zur Zahlung **fällig.** Lediglich die Errichtung eines → *Inventars* kann einen gewissen Zeitgewinn bringen (§ 1994 BGB). Da der Pflichtteil sich aus dem Wert des gesamten Nachlasses berechnet, kann seine Erfüllung zu einer starken Belastung des Nachlasses werden; bei einem Unternehmen etwa kann dies zu großen Liquiditätsschwierigkeiten führen. Sind solche Probleme zu befürchten, empfiehlt es sich daher, dass der Erblasser schon zu Lebzeiten Vorsorge trifft, etwa durch → *Pflichtteilsverzicht,* Abschluss einer → *Pflichtteilsversicherung* oder → *Lebensversicherung.* Der Erblasser kann dem Pflichtteilsberechtigten auch durch letztwillige Verfügung Zuwendungen in Höhe seines Pflichtteils machen, die in Sachwerten oder durch zeitlich gestaffelte Geldzahlungen zu erfüllen sind; bei der Zuwendung von → *Grundstücken* ist dabei steuerlich vorteilhaft, dass sich die → *Erbschaftsteuer* nur nach dem auch nach der Abschaffung der Einheitswerte immer noch unter dem Verkehrswert liegenden erbschaftsteuerlichen Wert berechnet; wie ausgeführt, kann der Erblasser dadurch aber nicht verhindern, dass der Pflichtteilsberechtigte die Zuwendung ausschlägt (→ *Ausschlagung*) und seinen Pflichtteil fordert.

Ist der Erbe selbst pflichtteilsberechtigt, so kann er **Stundung** des Pflichtteilsanspruchs verlangen, wenn ihn die sofortige Erfüllung des gesamten Anspruchs wegen der Art der Nachlassgegenstände ungewöhnlich hart treffen, insbesondere zur Aufgabe seiner Familienwohnung oder zur Veräußerung eines Wirtschaftsguts zwingen würde, das für den Erben und seine Familie die wirtschaftliche Lebensgrundlage bildet. Eine Stundung kann jedoch nur dann verlangt werden, wenn sie dem Pflichtteilsberechtigten bei Abwägung der Interessen beider Teile zugemutet werden kann. Für die Entscheidung über die Stundung ist das → *Nachlassgericht* zuständig, wenn der Anspruch als solcher nicht bestritten wird (§ 2331 a BGB).

Der Pflichtteilsanspruch **verjährt** in drei Jahren (§ 195 BGB). Dadurch soll eine schnelle und endgültige Abwicklung des Nachlasses ermöglicht werden. Die → *Verjährung* beginnt mit dem Zeitpunkt, in dem der Pflichtteilsberechtigte vom Eintritt des → *Erbfalls* und von der ihn beeinträchtigenden → *Verfügung* Kenntnis erlangt, ohne Rücksicht auf diese Kenntnis in 30 Jahren vom Eintritt des Erbfalls an (§ 199 Abs. 3 a BGB). Die Verjährung wird nicht dadurch gehemmt, dass der Anspruch erst nach der Ausschlagung der Erbschaft oder eines Vermächtnisses geltend gemacht werden kann (§ 2332 Abs. 2 BGB).

5. Auskunftsanspruch des Pflichtteilsberechtigten

Ohne Kenntnis des Nachlassbestands kann der Pflichtteilsberechtigte seinen Pflichtteilsanspruch nicht durchsetzen. Der Pflichtteilsberechtigte kann daher vom Erben Auskunft über den Bestand des Nachlasses verlangen, insbesondere dass er bei der Aufnahme des ihm nach § 260 BGB vorzulegenden Verzeichnisses der Nachlassgegenstände zugezogen und dass der Wert der Nachlassgegenstände ermittelt wird. Er kann auch verlangen, dass das Verzeichnis durch das → *Nachlassgericht* oder durch einen zuständigen Beamten oder → *Notar* aufgenommen wird (§ 2314 BGB). Hierunter fallen auch Geschäftsunterlagen, Bilanzen, Gewinn- und Verlustrechnungen, Geschäftsbücher und Belege, wenn es sich um ein Unternehmen oder eine Beteiligung daran handelt. Die Auskunftspflicht erstreckt sich auf alle Tatsachen, die den Bestand und die Höhe des Pflichtteilsanspruchs beeinflussen können, z. B. auf ausgleichspflichtige Zuwendungen und Schenkungen des Erblassers in seinen letzten zehn Lebensjahren. Denn für die Berechnung seines Anspruchs, insbesondere des → *Pflichtteilsergänzungsanspruchs*, ist der fiktive Nachlassbestand, also einschließlich der vom Erblasser gemachten Schenkungen maßgebend.

▶ **Pflichtteilsbeschränkung in guter Absicht (§ 2338 BGB)**

Der Erblasser kann einem → *Abkömmling* den Pflichtteil in guter Absicht beschränken, wenn er sich in solchem Maß der Verschwendung ergeben hat oder in solchem Maß überschuldet ist, dass sein späterer Lebensunterhalt erheblich gefährdet ist. Die Beschränkung ist unwirksam, wenn sich der Abkömmling z. Z. des → *Erbfalls* dauernd von dem verschwenderischen Leben abgewendet hat oder die den Grund der Anordnung bildende → *Überschuldung* nicht mehr besteht (§ 2338 Abs. 2 BGB).

Die Pflichtteilsbeschränkung kann nur durch → *Verfügung von Todes wegen* erfolgen, also in einem → *Testament* oder → *Erbvertrag*, die den Grund der Beschränkung ausdrücklich angibt. Im Zweifel hat der den Grund zu beweisen, der die Beschränkung geltend macht (§ 2338 Abs. 2 S. 1, § 2336 BGB).

Diese Gründe berechtigten den Erblasser aber nicht zur Kürzung des Pflichtteils, sondern nur zu bestimmten Beschränkungen:

■ Er kann den pflichtteilsberechtigten Erben nur zum → *Vorerben* einsetzen und bestimmen, dass nach dem Tod des Abkömmlings dessen → *gesetzliche Erben* das ihm Hinterlassene oder den ihm gebührenden Pflichtteil als → *Nacherben* oder als → *Nachvermächtnisnehmer* nach dem Verhältnis ihrer gesetzlichen → *Erbteile* erhalten sollen.

■ Der Erblasser kann auch für die Lebenszeit des Abkömmlings die Verwaltung einem → *Testamentsvollstrecker* übertragen; der Abkömmling hat in einem solchen Fall Anspruch auf den jährlichen Reinertrag. Mit der Testamentsvollstreckung belastet ist auch der Pflichtteilsanspruch, den der Erbe erst durch → *Ausschlagung* des Erbteils erwirbt.

Formulierungsbeispiel:

„Mein Sohn A ist so überschuldet, dass sein späteres Fortkommen erheblich gefährdet ist. In guter Absicht setze ich ihn daher auf seinen Pflichtteil und beschränke ihn durch die Anordnung, dass nach seinem Tod seine gesetzlichen Erben als Nacherben den Pflichtteil nach dem Verhältnis ihrer gesetzlichen Erbteile erhalten. Ich entziehe meinem Sohn A auch die Verwaltung seines Pflichtteils und übertrage sie dem Testamentsvollstrecker, der ihm nur den Reinertrag in monatlichen Raten auszahlen soll."

Unabhängig von diesen an strenge Voraussetzungen geknüpften Beschränkungen gem. § 2338 BGB kann der Pflichtteil unter Umständen vermindert werden durch entsprechende Wahl des Güterstandes (→ *Ehegatten-Erbrecht*, → *Ehevertrag*) oder des → *Vermögensstandes* (→ *Lebenspartner-Erbrecht*, → *Lebenspartnerschaftsvertrag*) bzw. durch Verringerung des Nachlasses noch zu Lebzeiten des Erblassers (s. aber → *Pflichtteilsergänzungsanspruch*).

▶ **Pflichtteilsentziehung**

Der Erblasser kann durch → *Verfügung von Todes wegen* die → *Pflichtteilsansprüche* gegen den Erben oder den → *Pflichtteilsergänzungsanspruch* gegen den Beschenkten ausschließen. Es müssen jedoch die in §§ 2333, 2334, 2335 BGB enthaltenen Entziehungsgründe gegeben sein, die das Gesetz erschöpfend aufzählt und die nicht durch entsprechende Anwendung vermehrt werden können.

Unabhängig von der an strenge Voraussetzungen geknüpfte Entziehung des Pflichtteils kann der Pflichtteil u. U. verkleinert werden durch entsprechende Wahl des Güterstandes (→ *Ehegatten-Erbrecht*, → *Ehevertrag*) oder des → *Vermögensstandes* (→ *Lebenspartner-Erbrecht*, → *Lebenspartnerschaftsvertrag*) bzw. durch Verringerung des Nachlasses noch zu Lebzeiten des Erblassers (s. aber → *Pflichtteilsergänzungsanspruch*).

1. Form und Grund der Entziehung

Die Entziehung des Pflichtteils kann nur in einer → *Verfügung von Todes wegen*, also einem → *Testament* oder → *Erbvertrag*, erfolgen, in der die Entziehung ausdrücklich begründet wird. Der Entziehungsgrund muss bei der Errichtung der Verfügung vorhanden sein und muss konkret und unverwechselbar bezeichnet werden; er darf nicht schon zu Lebzeiten des Erblassers weggefallen sein (§ 2336 BGB). Das Recht zur Entziehung des Pflichtteils erlischt durch Verzeihung; eine Verfügung, durch die der Erblasser die Entziehung angeordnet hat, wird durch die Verzeihung unwirksam (§ 2337 BGB). Im Streitfall hat den Entziehungsgrund der zu beweisen, der die Entziehung geltend macht (§ 2336 Abs. 3 BGB).

2. Entziehungsgründe

Während die Entziehungsgründe für alle bis zum 31.12.2009 eintretenden Erbfälle für die verschiedenen → *Pflichtteilsberechtigten* unterschiedlich geregelt waren für Abkömmlinge (§ 2333 BGB), Eltern (§ 2334 BGB), Ehegatten (§ 2335 BGB) und eingetragene Lebenspartner (§ 10 Abs. 6 S. 2 LPartG), sind sie durch die Pflichtteilsreform vom 2.7.2009 nunmehr in § 2333 BGB für alle ab dem 1.1.2010 eintretenden Erbfälle einheitlich geregelt:

> (1) Der Erblasser kann einem Abkömmling den Pflichtteil entziehen, wenn der Abkömmling
> 1. dem Erblasser, dem Ehegatten des Erblassers, einem anderen Abkömmling oder einer dem Erblasser ähnlich nahe stehenden Person nach dem Leben trachtet,

2. sich eines Verbrechens oder eines schweren vorsätzlichen Vergehens gegen eine der in Nr. 1 bezeichneten Person schuldig macht,

3. die ihm dem Erblasser gegenüber gesetzlich obliegende Unterhaltspflicht böswillig verletzt,

4. wegen einer vorsätzlichen Straftat zu einer Freiheitsstrafe von mehr als einem Jahr ohne Bewährung rechtskräftig verurteilt und die Teilhabe des Abkömmlings am Nachlass deshalb für den Erblasser unzumutbar ist. Gleiches gilt, wenn die Unterbringung des Abkömmlings in einem psychiatrischen Krankenhaus wegen einer ähnlich schwerwiegenden vorsätzlichen Tat rechtskräftig angeordnet wurde.

(2) Absatz 1 gilt entspr. für die Entziehung des Eltern- oder Ehegattenpflichtteils.

Für eingetragene Lebenspartner gilt diese Regelung entspr. (§ 10 Abs. 6 S. 2 LPartG).

▶ **Pflichtteilsergänzungsanspruch**

1. Begriff

Der Erblasser kann den → *Pflichtteilsanspruch* seiner nächsten Angehörigen nicht nur dadurch verkürzen, dass er sie zu gering bedenkt, sondern auch dadurch, dass er bereits zu Lebzeiten Schenkungen an andere Personen macht. Um eine Umgehung des Pflichtteilsanspruchs auf diesem Weg auszuschließen, bestimmt das Gesetz, dass der Pflichtteilsberechtigte als Ergänzung seines Pflichtteils den Betrag verlangen kann, um den sich sein Pflichtteil erhöht, wenn der verschenkte Gegenstand dem Nachlass hinzugerechnet wird. Dies gilt jedoch nur für Schenkungen, die der Erblasser einem Dritten bis zu zehn Jahren vor seinem Tod gemacht hat (§ 2325 BGB).

Der Schenkungsbegriff des BGB (§§ 516, 517 BGB) setzt eine Zuwendung des Erblassers voraus, die ihn entreichert und den Dritten bereichert, umfasst also auch belohnende und gemischte Schenkungen. Gerade letztere sind in der Praxis sehr häufig, sie sind aber nur mit dem unentgeltlichen Teil zu berücksichtigen. Die Unentgeltlichkeit der Zuwendung muss der Pflichtteilsberechtigte beweisen. Stehen jedoch Leistung und Gegenleistung in einem groben Missverhältnis, so wird der Schenkungscharakter vermutet. Schenkungen, durch die einer sittlichen Pflicht oder einer auf den Anstand zu nehmenden Rücksicht entsprochen wird, begründen keinen Pflichtteilsergänzungsanspruch (§ 2330 BGB). Auch Schenkungen an eine gemeinnützige Stiftung (Fall Dresdener Frauenkirche) schützen nicht vor dem Pflichtteilsergänzungsanspruch.

2. 1.-Jahresfrist

Die Schenkung bleibt für alle bis zum 31.12.2009 eintretenden Erbfälle unberücksichtigt, wenn zurzeit des Erbfalls zehn Jahre seit der Leistung des verschenkten Gegenstandes verstrichen sind. Die 10-Jahresfrist beginnt mit der wirtschaftlichen Ausgliederung des Gegenstandes aus dem Vermögen des Erblassers. Bei → *Grundstücken* ist dies die Umschreibung im Grundbuch, bei beweglichen Sachen die Vollendung des Eigentumsübergangs (BGH DNotZ 1988, 441).

Diese „Alles-oder-Nichts-Lösung" hat der Gesetzgeber im Rahmen der Reform des Pflichtteilsrechts vom 2.7.2009 für alle ab dem 1.1. 2010 eintretenden Erbfälle flexibler durch eine sog. Pro-Rata-Lösung gestaltet. Danach wird die Schenkung innerhalb des ersten Jahres vor dem Erbfall in vollem Umfang, innerhalb jedes weiteren Jahres vor dem Erbfall um jeweils ein Zehntel geringer berücksichtigt. Sind zehn Jahre seit der Leistung des verschenkten Gegenstandes verstrichen, bleibt die Schenkung unberücksichtigt (§ 2325 Abs. 3 BGB). Die Schenkung wird also nur noch innerhalb des ersten Jahres vor dem Erbfall vollständig, im zweiten Jahr vor dem Erbfall nur noch zu $9/_{10}$, im dritten Jahr zu $8/_{10}$ etc. berücksichtigt.

Bei allen Gestaltungen, die wirtschaftlich „alles beim alten lassen", ist Vorsicht geboten. Behält sich der Schenker den lebenslangen Nießbrauch vor, so ist nach der Rechtsprechung die wirtschaftliche Ausgliederung noch nicht erfolgt, weil der Eigentümer bei der Schenkung den Genuss am Grundstück noch nicht aufgegeben und damit auch noch nicht den von der Rechtsprechung zur Verhinderung von Missbrauch verlangten spürbaren Vermögensverlust erlitten hat (BGHZ 98, 226; FamRZ 1994, 885). Gleiches gilt bei Vorbehalt des freien Widerrufs der Schenkung. Die 10-Jahresfrist beginnt dann noch nicht zu laufen. Nach Ansicht des OLG Düsseldorf vom 11.4.2008 (ZEV 2008, 525) soll dies auch dann gelten, wenn sich ein

Veräußerer in einem Schenkungsvertrag vorbehält, die „unentgelt-liche, kosten- und steuerfreie Rückübereignung des Grundbesitzes zu verlangen, wenn... der Erwerber gegen die hiermit übernomme-ne Verpflichtung verstößt, den übertragenen Grundbesitz zu Lebzei-ten des Veräußerers nicht ohne dessen Zustimmung zu veräußern oder zu belasten".

Ist die Schenkung an den Ehegatten oder Lebenspartner des Erblas-sers erfolgt, so beginnt die Frist nicht vor Auflösung bzw. → *Schei-dung* der Ehe (§ 2325 Abs. 3 BGB) oder der → *Aufhebung der Lebens-partnerschaft* (§ 10 Abs. 6 LPartG).

3. Gläubiger

Den Pflichtteilsergänzungsanspruch kann nur geltend machen, wer selbst zum Kreis der Pflichtteilsberechtigten gehört (→ *Pflichtteils-anspruch*). Es genügt, dass der Erblasser dem Pflichtteilsberechtigten weniger hinterlassen hat, als dessen Pflichtteil bei rechnerischer Ver-mehrung des Nachlasses um den Wert des verschenkten Gegenstan-des ausmachen würde (§ 2325 BGB). Hat der Erblasser dem Pflicht-teilsberechtigten weniger als die Hälfte des gesetzlichen Erbteils hin-terlassen, so erhält er den Pflichtteilsrestanspruch (§ 2305 BGB) und gegenüber pflichtteilserhöhenden Schenkungen den Pflichtteilser-gänzungsanspruch (§ 2325 BGB). Ist ihm die Hälfte des gesetzlichen Erbteils hinterlassen, so kann er nur die Ergänzung des Pflichtteils verlangen (§ 2326 BGB). Ist ihm mehr als die Hälfte hinterlassen, so ist der Anspruch ausgeschlossen, soweit der Wert des mehr Hinter-lassenen reicht (§ 2326 BGB).

Maßgeblich war bisher nach der Rechtsprechung des BGH der Zeit-punkt der Schenkung; ist erst danach ein Pflichtteilsberechtigter hinzugetreten, etwa durch Geburt, Adoption, Eheschließung, griff nach Ansicht des BGH der Schutzgedanke des § 2325 BGB nicht ein, dem Pflichtteilsberechtigten Bestandsschutz zu gewähren. In Abkehr von dieser Rechtsprechung und in Übereinstimmung mit der h. M. in der Literatur hat der BGH mit Urteil vom 23.5.2012 entschieden, dass der Pflichtteilsergänzungsanspruch – hier eines Abkömmlings – nicht voraussetzt, dass die Pflichtteilsberechtigung bereits im Zeitpunkt der Schenkung bestanden hat; vielmehr ist maßgeblich allein die Pflichtteilsberechtigung im Zeitpunkt des Erbfalls (BeckRS 2012, 15271).

4. Verpflichteter

Der Empfänger der lebzeitigen Schenkung des Erblassers kann auch ein → *Miterbe* oder ein anderer Pflichtteilsberechtigter sein. Da der Pflichtteilsergänzungsanspruch eine → *Nachlassverbindlichkeit* begründet (§ 1967 BGB), ist Schuldner in erster Linie der Erbe. Gegen den Beschenkten besteht ein Auskunftsanspruch, wenn sich der Pflichtteilsberechtigte die erforderliche Kenntnis nicht auf andere ihm zumutbare Weise verschaffen kann und der Beschenkte die Auskunft unschwer geben kann (§ 2314 BGB). Ist der Erbe selbst pflichtteilsberechtigt, so kann er die Ergänzung des Pflichtteils aber insoweit verweigern, dass ihm sein eigener Pflichtteil mit Einschluss dessen verbleibt, was ihm zur Ergänzung des Pflichtteils gebühren würde (§ 2328 BGB). Soweit der Erbe zur Ergänzung des Pflichtteils nicht verpflichtet ist, kann der Pflichtteilsberechtigte von dem Beschenkten die Herausgabe des Geschenkes zum Zweck der Befriedigung wegen des fehlenden Betrags verlangen.

Dies ist auch dann der Fall, wenn der Erbe seine Haftung erfolgreich beschränkt hat oder selbst zahlungsunfähig ist oder wenn der Nachlass überschuldet ist. Der Beschenkte kann die Herausgabe durch Zahlung des fehlenden Betrags abwenden (§ 2329 Abs. 2 BGB).

Die Herausgabe richtet sich nach den Regeln der ungerechtfertigten Bereicherung. Ist der Beschenkte durch das Geschenk des Erblassers also nicht mehr bereichert, so muss er nicht zahlen. Anders ist es, wenn er böswillig gehandelt hat, z. B. das Geschenk weiterverschenkt hat, um es dem Pflichtteilsberechtigten nicht herausgeben zu müssen. Unter mehreren Beschenkten haftet der zuletzt vom Erblasser Beschenkte (§ 2329 BGB).

5. Berechnung des Pflichtteilsergänzungsanspruchs

Der Wert des Geschenks wird dem → *Nachlass* hinzugerechnet, wobei sich der Wert bei verbrauchbaren Sachen nach der Zeit der Schenkung bemisst. Ein anderer Gegenstand kommt mit dem Wert in Ansatz, den er zurzeit des → *Erbfalls* hat; bei Wertunterschieden des Geschenks zum Zeitpunkt des Erbfalls und der Schenkung ist der geringere Wert zu berücksichtigen (§ 2325 Abs. 2 BGB). Durch den Kaufkraftschwund des Geldes eingetretene nominelle Wertsteigerungen bleiben außer acht; es ist der Wert zugrunde zu legen, den der Gegenstand im Zeitpunkt der Schenkung ohne die nur inflationsbedingten nominalen Wertsteigerungen hätte. Stichtag für die Bewertung der Schenkung ist der Tag des Vollzugs der Schenkung, also etwa bei einer → *Grundstücksübereignung* die Eintragung im Grundbuch. War die Schenkung noch nicht vollzogen, ist Gegenstand der Schenkung der zugewendete Anspruch.

Von dem so rechnerisch erhöhten Nachlasswert bildet die Hälfte den Gesamtpflichtteil. Von ihm ist der ordentliche Pflichtteil abzuziehen, der ohne Hinzurechnung des Geschenks berechnet wird; die Differenz ergibt den Pflichtteilsergänzungsanspruch (§ 2325 BGB).

BEISPIEL: Hat der verwitwete Erblasser seine Söhne A zu $\frac{3}{4}$ und B zu $\frac{1}{4}$ als Erben eingesetzt und kurz vor seinem Tod dem D eine Schenkung in Höhe von 10 000 Euro gemacht, so steht dem B, der nur in Höhe seines halben gesetzlichen Erbteils zum Erben eingesetzt ist, nach §§ 2326, 2325 BGB ein Pflichtteilsergänzungsanspruch in Höhe von 2500 Euro zu. Beträgt der Wert des Nachlasses 30 000 Euro, so würde der ordentliche Pflichtteil des B 30 000 Euro: 4 = 7500 Euro, der Gesamtpflichtteil des B (30 000 Euro + 10 000 Euro): 4 = 10 000 Euro betragen; die Differenz zwischen dem Gesamtpflichtteil und dem ordentlichen Pflichtteil, also 10 000 Euro – 7500 Euro = 2500 Euro, ergibt den Pflichtteilsergänzungsanspruch.

Hat der Pflichtteilsberechtigte selbst ein Geschenk vom Erblasser erhalten, so ist das Geschenk in gleicher Weise wie das einem Dritten gemachte Geschenk dem Nachlass hinzuzurechnen und zugleich dem Pflichtteilsberechtigten auf die Ergänzung anzurechnen (§ 2327 BGB). Hat der Erblasser die → *Anrechnung* nach § 2315 BGB bestimmt, so ist der Wert des Geschenks in voller Höhe auf den Gesamtpflichtteil anzurechnen, der aus dem ordentlichen Pflichtteil und der Pflichtteilsergänzung besteht (§ 2327 Abs. 1 S. 2 BGB).

6. Verjährung

Die Verjährung des dem Pflichtteilsberechtigten nach § 2329 BGB gegen den Beschenkten zustehenden Anspruchs beträgt drei Jahre (§ 195 BGB) und beginnt mit dem Erbfall (§ 2332 Abs. 1 BGB). Sie wird nicht dadurch gehemmt, dass der Anspruch erst nach der → *Ausschlagung der Erbschaft* oder eines → *Vermächtnisses* geltend gemacht werden kann (§ 2332 Abs. 2 BGB).

▶ Pflichtteilsklauseln

Durch die Einsetzung des überlebenden Ehegatten oder Lebenspartners zum → *Alleinerben* werden die → *Abkömmling* oder mangels Abkömmlingen die Eltern des erstversterbenden Ehegatten enterbt (→ *Enterbung*) und können beim Tod des Erstversterbenden den → *Pflichtteil* aus seinem → *Nachlass* geltend machen. Außerdem können sie noch Erben des zuletzt versterbenden Elternteils werden, wenn sie hierzu berufen sind. Zur Vermeidung dieses unbilligen Ergebnisses gibt es verschiedene Möglichkeiten. Bereits zu Lebzeiten können Eltern mit ihren Kindern einen → *Pflichtteilsverzicht* vertraglich vereinbaren. Kommt ein Verzicht der Kinder auf das Pflichtteilsrecht nicht in Betracht, so können Strafklauseln oder Verwirkungsklauseln vorgesehen werden. Das Kind, das seinen Pflichtteil nach dem Erstverstorbenen fordert, soll auch nach dem Tod des Letztversterbenden nur den Pflichtteil erhalten.

Formulierungsbeispiel:

„Sollte eines unserer Kinder beim Tod des Zuerstversterbenden von uns gegenüber dem Längstlebenden seinen Pflichtteil verlangen, so soll es aus dem Nachlass des Längstlebenden von uns nichts erhalten; jede zu seinen Gunsten vorstehend getroffene Verfügung soll unwirksam sein. Das Kind, das den Pflichtteil verlangt, erhält aus dem Nachlass des Letztversterbenden von uns nur den Pflichtteil."

Dabei muss allerdings bedacht werden, dass beim zweiten Erbfall der Pflichtteil aus dem ganzen Vermögen des Zuletztversterbenden zu berechnen ist, zu dem auch der → *Nachlass* des Erstversterbenden gehört. Um den Nachlass des Zuletztversterbenden entspr. zu mindern, kann folgende zusätzliche Regelung vorgesehen werden:

Formulierungsbeispiel:

> „Die Kinder, die Pflichtteilsansprüche nicht geltend machen, erhalten aus dem Nachlass des Erstversterbenden von uns ein Geldvermächtnis in Höhe des Wertes ihres gesetzlichen Erbteils unter Übernahme der Pflichtteilslast. Der Anfall des Vermächtnisses erfolgt beim Tod des Erstversterbenden, es wird jedoch erst fällig mit dem Tod des Längstlebenden von uns."

Für den Fall, dass die Kinder den Pflichtteil nach dem Tod des Erstversterbenden verlangen, kann auch die dem Überlebenden eingeräumte Befugnis hilfreich sein, völlig frei über den Nachlass zu verfügen oder die → *Erbteile* unter den Kindern neu festzusetzen. Dadurch hat der überlebende Ehegatte die Möglichkeit, widerspenstige Kinder auf den → *Pflichtteil* zu setzen. Solche Klauseln bringen aber die Gefahr mit sich, dass die auf die Geltendmachung von Pflichtteilsansprüchen verzichtenden Kinder durch eine spätere letztwillige Verfügung des Längstlebenden zusätzlich benachteiligt werden. Die erzieherische und abschreckende Wirkung einer solchen Klausel ist daher wohl gering.

Formulierungsbeispiele:

> „Der Überlebende von uns ist jedoch berechtigt, diese Erbeinsetzung beliebig abzuändern."
> oder
> „Der Überlebende von uns ist jedoch berechtigt, diese Erbeinsetzung einseitig unter unseren gemeinschaftlichen ehelichen Kindern und Enkelkindern beliebig abzuändern. Er ist auch berechtigt, einen Abkömmling zu enterben, ihm Vermächtnisse zuzuwenden, Teilungsanordnungen zu treffen oder einen Dritten zum Testamentsvollstrecker zu bestimmen. Zugunsten dritter Personen darf er keine letztwilligen Verfügungen errichten."

▶ Pflichtteilsrestanspruch

→ *Pflichtteil*

▶ **Pflichtteilsversicherung**

Eine → *Lebensversicherung* kann auch zu dem Zweck abgeschlossen werden, den → *Nachlass* vor → *Pflichtteilsansprüchen* zu schützen. Der Erblasser schließt die Pflichtteilsversicherung als Versicherungsnehmer auf seinen Todesfall ab und wendet das Bezugsrecht dem Erben zu, der den Pflichtteil schuldet. Da die Versicherungssumme nicht in den Nachlass fällt, vergrößert sie den Pflichtteilsanspruch nicht.

▶ **Pflichtteilsverzicht**

Ebenso wie → *gesetzliche Erben* auf ihr gesetzliches Erbrecht verzichten können, können Personen, die pflichtteilsberechtigt wären, durch Vertrag mit dem Erblasser auf ihren → *Pflichtteil* verzichten. Es gelten die Ausführungen zum → *Erbverzicht*. Insbesondere muss der Verzichtsvertrag vom Erblasser persönlich vor dem → *Notar* abgeschlossen werden. Die Vorteile, die den Pflichtteilsberechtigten, insbesondere Kindern, für den Fall eingeräumt werden können, dass sie beim Tod des Erblassers, insbesondere des Erstversterbenden ihrer Eltern, keine Pflichtteilsansprüche geltend machen, sind bindende Zuwendungen nach dem Tod des Überlebenden der Ehegatten (regelmäßig → *Erbeinsetzung*, → *Vermächtnisse*), die Anordnung von → *Nacherbfolge* (oder → *Nachvermächtnis*) durch den erstversterbenden Ehegatten oder die Anordnung von Vermächtnissen des erstversterbenden Ehegatten, die allerdings erst nach dem Tod des überlebenden Ehegatten zu erfüllen sind. Die Androhung von Nachteilen für den Fall, dass ein Abkömmling beim Tod des erstversterbenden Ehegatten seinen → *Pflichtteil* geltend macht, geschieht in → *Pflichtteilsklauseln* oder Pflichtteilsstrafklauseln.

Der Verzicht auf das gesetzliche Erbrecht umfasst automatisch auch das → *Pflichtteilsrecht* (§ 2346 Abs. 2 BGB), kann diese aber auch ausdrücklich ausnehmen. Der Verzichtsvertrag kann aber auch allein auf das Pflichtteilsrecht beschränkt werden (§ 2346 Abs. 2 BGB), was in der Praxis sehr häufig der Fall ist. Jeder Pflichtteilsverzicht umfasst auch den Verzicht auf den Pflichtteilsrest- (§§ 2305, 2307 BGB) und → *Pflichtteilsergänzungsanspruch* (§ 2325 BGB). In einem Pflichtteilsverzicht unter Ehegatten sollte klargestellt werden, ob sich dieser auch auf die Unterhaltsansprüche im Fall der Scheidung erstreckt (vgl. § 1586 b BGB). Auch ein vor dem 1. 4. 1998 abgeschlossener Vertrag über den → *vorzeitigen Erbausgleich* des → *nichtehelichen Kindes* mit seinem Vater gem. § 1934 e BGB a. F. beseitigte das Pflichtteilsrecht. Ein → *Erbverzicht* neben dem Pflichtteilsverzicht bringt regelmäßig keine Vorteile, wohl aber den erheblichen Nachteil der Erhöhung der → *Pflichtteilsansprüche* anderer Berechtigter (Ehegatten, Lebenspartner und Kinder). Auf die Ausführungen zum Stichwort Erbverzicht wird verwiesen.

Davon zu trennen sind Rechtsgeschäfte über den entstandenen Pflichtteilsanspruch **nach** dem Eintritt des → *Erbfalls*. Der → *Pflichtteilsanspruch* ist eine schuldrechtliche Forderung, über die nach den allgemeinen Regeln schuldrechtliche und dingliche Rechtsgeschäfte abgeschlossen werden können. Insbesondere kann der Pflichtteilsberechtigte nach dem Tod des Erblassers durch Vertrag mit dem Erben durch formlose Vereinbarung auf seinen Anspruch verzichten.

R

▶ Rechtswahl

→ *Auslandsbezug des Erblassers*, → *Auslandsimmobilie*, → *Ehevertrag*,
→ *Europäische Erbrechtsverordnung*

▶ Rücknahme aus der amtlichen Verwahrung

Ein vor einem → *Notar* errichtetes → *Testament* und ein → *Nottesta-ment* gilt als widerrufen, wenn die in amtliche → *Verwahrung* ge-nommene Urkunde dem → *Erblasser* zurückgegeben wird (§ 2256 BGB). Der Erblasser kann die Rückgabe jederzeit verlangen. Das Testament darf nur an den Erblasser **persönlich** zurückgegeben werden. Die Rücknahme kann also nicht postalisch erfolgen. Die zurückgebende Stelle soll den Erblasser über die Folge des Wider-rufs belehren, dies auf der Urkunde vermerken und aktenkundig machen, dass beides geschehen ist.

Gibt der Erblasser das Testament wieder in die öffentliche → *Ver-wahrung* zurück, so bleibt der Widerruf trotzdem bestehen. Es hilft nur die Neuerrichtung eines → *Testaments* in den vom Gesetz vorge-sehenen → *Testamentsformen*.

Handelt es sich um ein privatschriftliches eigenhändiges Testament, das ausnahmsweise in die amtliche → *Verwahrung* gegeben wurde, so kann auch hier der Erblasser die Rückgabe jederzeit verlangen; auch hier darf das Testament nur an den Erblasser persönlich zurückgegeben werden. Im Gegensatz zum notariellen Testament ist die Rückgabe auf die Wirksamkeit des Testaments jedoch ohne Einfluss, d. h. das Testament bleibt wirksam.

Für den Erbvertrag enthält § 2300 Abs. 2 BGB eine Sonderregelung.

S

► Scheidung

Scheidung ist die Auflösung der → *Ehe* durch gerichtliches Urteil. Während nach der ursprünglichen Fassung des BGB das „Schuldprinzip" galt, nach dem die Ehe geschieden werden konnte, wenn ein Ehegatte seine ehelichen Pflichten schuldhaft verletzt hatte, folgt das neue, seit 1.7.1977 geltende Recht (Familienrechtsreform) dem „Zerrüttungsprinzip" (§ 1565 BGB). Eine Ehe, die nur noch auf dem Papier besteht und nicht mehr wirklich gelebt wird, soll nach einer gewissen Frist des Getrenntlebens ohne Rücksicht auf Eheverfehlungen des einen oder anderen Teils geschieden werden können.

Dies ist der Fall, wenn die Ehegatten seit drei Jahren getrennt leben bzw. wenn sie seit einem Jahr getrennt leben und beide Ehegatten die Scheidung beantragen oder der Antragsgegner der Scheidung zustimmt (§ 1566 BGB). Leben die Ehegatten noch nicht ein Jahr getrennt, so kann die Ehe nur geschieden werden, wenn die Fortsetzung der Ehe für den Antragsteller aus Gründen, die in der Person des anderen Ehegatten liegen, eine unzumutbare Härte darstellen würde. Ehegatten leben getrennt, wenn zwischen ihnen keine häusliche Gemeinschaft besteht und ein Ehegatte sie erkennbar nicht herstellen will, weil er die eheliche Lebensgemeinschaft ablehnt; Ehegatten können auch innerhalb der ehelichen Wohnung getrennt leben (§ 1567 BGB).

Trotz Scheiterns soll die Ehe nicht geschieden werden, wenn und solange die Aufrechterhaltung der Ehe im Interesse der aus der Ehe hervorgegangenen minderjährigen Kinder aus besonderen Gründen ausnahmsweise notwendig ist oder wenn und solange die Scheidung für den Antragsgegner, der sie ablehnt, aufgrund außergewöhnlicher Umstände eine so schwere Härte darstellen würde, dass die Aufrechterhaltung der Ehe ausnahmsweise geboten erscheint (z. B. wirtschaftliche und seelische Härte) (§ 1568 BGB).

Waren zurzeit des Todes des Erblassers die Voraussetzungen für die Scheidung der Ehe gegeben und hatte der Erblasser die Scheidung beantragt oder ihr zugestimmt, so ist das Erbrecht und damit auch das → *Pflichtteilsrecht* des überlebenden Ehegatten sowie das Recht auf den → *Voraus* ausgeschlossen (§ 1933 BGB).

Das Gleiche gilt, wenn der Erblasser auf Aufhebung der Ehe (§§ 1313 ff. BGB) zu klagen berechtigt war und die Klage erhoben hatte. Die Aufhebung kann nur auf bestimmte vom Gesetz abschließend aufgeführte Gründe gestützt werden.

Bestehende → *Verfügungen von Todes wegen* werden mit der Scheidung unwirksam; das Gleiche gilt, wenn zurzeit des Todes des Erblassers die Voraussetzungen für die Scheidung der Ehe gegeben waren und der Erblasser die Scheidung beantragt oder ihr zugestimmt hatte (§§ 2077, 2268, 2279 BGB).

▶ Schenkung auf den Todesfall

Der Erblasser kann noch zu seinen Lebzeiten ein Schenkungsversprechen abgeben, das dadurch bedingt ist, dass der Beschenkte (= Erbe) den Schenker (= Erblasser) überlebt. Gleichgültig ist, ob das Schenkungsversprechen gegeben wird unter der aufschiebenden Bedingung, dass der Beschenkte den Schenker überlebt, oder unter der auflösenden Bedingung, dass der Beschenkte vor dem Schenker stirbt. Auf solche Schenkungsversprechen finden die Vorschriften über → *Verfügungen von Todes wegen* Anwendung (§ 2301 Abs. 1 BGB), insbesondere deren Formvorschriften (→ *Testament*). Das Gleiche gilt für ein schenkweise unter dieser Bedingung erteiltes Schuldversprechen oder Schuldanerkenntnis.

Vollzieht der Schenker die Schenkung durch Leistung des zugewendeten Gegenstandes vor seinem Tod, so finden nicht die Vorschriften über → *Verfügungen von Todes wegen*, sondern über Schenkungen unter Lebenden Anwendung (§ 2301 Abs. 2 BGB). Dazu ist erforderlich, dass die Schenkung vollzogen ist, d. h. dass die Einigung über den Eigentumsübergang und die Übergabe des Gegenstandes stattgefunden haben. Dies ist etwa der Fall, wenn der Erblasser das versprochene → *Grundstück* auf seinen Neffen auflässt und diesen im Grundbuch eintragen lässt oder den versprochenen Schmuck seiner Nichte zu Eigentum übergibt. Als nicht vollzogen gilt eine Schenkung, wenn ein Tatbestandsmerkmal der Eigentumsübertragung, z. B. die Übergabe, erst nach dem Tod des Erblassers geschieht. Auch die Erteilung einer → *Vollmacht* zur Übertragung stellt noch keinen Vollzug der Übertragung selbst dar (streitig).

Ist die Schenkung vollzogen in letzterem Sinn, so fällt sie an den schenkenden Erblasser zurück, wenn der Beschenkte vor dem Schenker verstirbt (auflösende Bedingung). Überlebt der Beschenkte den schenkenden Erblasser, so gehört der übergebende Gegenstand dem Beschenkten und nicht mehr zum Nachlass.

Dadurch, dass durch → *gemeinschaftliches Testament* oder → *Erbvertrag* das Recht des Erblassers, über sein Vermögen durch Rechtsgeschäft unter Lebenden zu verfügen, nicht beschränkt wird, kann in bestimmten Fällen ein berechtigtes Interesse des Begünstigten gegeben sein, das lebzeitige Verfügungsrecht des Erblassers etwa hinsichtlich eines Grundstücks schuldrechtlich auszuschließen. Der Erblasser kann sich durch Rechtsgeschäft unter Lebenden schuldrechtlich verpflichten, etwa über ein → *Grundstück* nicht ohne Zustimmung des Bedachten zu verfügen. Der Unterlassungsanspruch selbst kann nicht durch Vormerkung im Grundbuch gesichert werden, wohl aber der bedingte Anspruch auf (vorzeitige) Übertragung des Grundbesitzes auf den Erwerber. Bedingung ist hier der Verstoß gegen die Verpflichtung aus dem Verfügungsunterlassungsvertrag.

Eine andere Möglichkeit besteht in dem Abschluss eines Schenkungsvertrags, mit dem der Grundbesitz aufschiebend bedingt durch den Tod des Schenkenden übertragen wird. Der Nachweis des Bedingungseintritts ist durch die Vorlage einer Sterbeurkunde zu

führen. Der Notar ist in der Urkunde anzuweisen, Umschreibungsantrag erst gegen Vorlage der Sterbeurkunde zu stellen. Dieser Anspruch kann ebenfalls durch Eintragung einer Auflassungsvormerkung gesichert werden.

▶ Schenkung, böswillige

→ *Böswillige Schenkung*

▶ Schlusserbe

Schlusserbe ist der Erbe, der als letzter in einer Kette von Erben erbt;
am häufigsten handelt es sich um das Kind, das aufgrund → *Berliner
Testaments* erst nach dem Tod beider Eltern deren Vermögen erbt.

▶ Schreibunfähiger Erblasser

Kann der Erblasser seinen Namen nicht schreiben, so kann er nur
vor dem → *Notar* testieren. Vom Notar ist ein Zeuge oder zweiter
Notar zuzuziehen (§ 25 BeurkG). Ist der Erblasser gleichzeitig
stumm, so ist ein weiterer Zeuge oder zweiter Notar nicht erforderlich; auf Verlangen des Erblassers ist ein Gebärdendolmetscher beizuziehen (§ 22 BeurkG).

▶ Schreibzeuge

→ *Gebrechlicher Erblasser*

▶ Schwägerschaft

Als Schwägerschaft bezeichnet das BGB die Beziehung zwischen einem Ehegatten und den → *Verwandten* seines Ehepartners (§ 1590
BGB) sowie zwischen einem Lebenspartner und den Verwandten
seines Lebenspartners (§ 11 LPartG). Die Linie und der Grad der
Schwägerschaft bestimmen sich nach der Linie und dem Grad der
sie vermittelnden Verwandtschaft. Die Schwägerschaft dauert fort,
auch wenn die → *Ehe* oder → *Lebenspartnerschaft*, durch die sie begründet wurde, aufgelöst ist.

BEISPIEL: Ein Ehemann ist mit den Eltern seiner Frau im 1. Grad in gerader Linie verschwägert, mit ihren Geschwistern im 2. Grad in der Seitenlinie.

Die Schwägerschaft begründet anders als die → *Verwandtschaft* keinen Unterhaltsanspruch und kein → *gesetzliches Erbrecht*.

▶ **Senioren-Heim**

→ *Heim*

▶ **Sicherung des Nachlasses**

→ *Nachlasspflegschaft*

▶ **Sittenwidrigkeit der Verfügung von Todes wegen**

Ein Rechtsgeschäft, das gegen die guten Sitten verstößt, ist nach § 138 Abs. 1 BGB nichtig. Der Begriff der guten Sitten wird nach ständiger höchstrichterlicher Rechtsprechung durch das „Anstandsgefühl aller billig und gerecht Denkenden" bestimmt. Auch der Erblasser ist bei Abfassung seiner letztwilligen Verfügung hieran gebunden und kann nur in diesem Rahmen verfügen.

Die Verfügung muss in ihrem Gesamtbild, ihrem Gesamtcharakter gegen die guten Sitten verstoßen, was durch ihren Inhalt, ihren Zweck, ihr Ausmaß und ihre Beweggründe, also durch objektive und subjektive Elemente geprägt wird. Viele Verfügungen werden erst durch die subjektiven Elemente, nämlich die Absicht, den Beweggrund und die Gesinnung des Erblassers sittenwidrig, wie etwa beim → *Geliebten-Testament*. Es kommt nicht darauf an, ob der Erblasser gegen Gebote verstoßen hat, in denen er persönlich die Verwirklichung des sittlich Guten sah. Maßgebender Zeitpunkt ist die zurzeit der Testamentserrichtung, nicht der Testamentseröffnung herrschende Anschauung. Eine sittenwidrige Verfügung wird nicht dadurch wirksam, dass der Erblasser sie nach der Errichtung bei Änderung der tatsächlichen Verhältnisse nicht ändert oder stillschweigend bestätigt.

Sittenwidrig ist etwa die → *Auflage* oder die → *Bedingung*, bestimmte Personen zu heiraten oder nicht zu heiraten, ein bestimmtes Religionsbekenntnis anzunehmen, eine Zuwendung zur Belohnung außerehelichen Geschlechtsverkehrs (→ *Geliebten-Testament*). Dagegen ist es grds. nicht sittenwidrig, wenn Eltern ein behindertes Kind auf den Pflichtteil setzen (→ *Behinderter Erbe*).

► **Sondererbfolge**

> → *Gesamtrechtsnachfolge,* → *Gesellschaft*

► **Sprachunkundiger Erblasser**

Ist der Erblasser der deutschen Sprache nicht kundig, so ist bei der Errichtung des Testaments vor dem → *Notar* ein Dolmetscher beizuziehen sowie eine schriftliche Übersetzung anzufertigen, es sei denn der Erblasser verzichtet hierauf (§§ 16, 32 BeurkG).

► **Staatsangehörigkeit**

Einzelheiten regelt das Reichs- und Staatsangehörigkeitsgesetz (RuStG). Eheleute oder Lebenspartner können verschiedene Staatsangehörigkeiten haben. Eine Ausländerin wird durch die Heirat mit einem deutschen Mann nicht ohne weiteres deutsche Staatsangehörige wie auch eine deutsche Frau durch die Heirat mit einem Ausländer nicht automatisch die deutsche Staatsangehörigkeit verliert. Dies gilt auch dann, wenn sie nach dem Heimatrecht des Mannes dessen Staatsangehörigkeit erwirbt. Lebt aber ein Deutscher mit einem ausländischen Ehegatten im Ausland und beantragt er im Zusammenhang mit der Heirat die ausländische Staatsbürgerschaft, so verliert er die deutsche Staatsangehörigkeit, sofern nicht vorher die schriftliche Genehmigung zur Beibehaltung der deutschen Staatsangehörigkeit eingeholt worden ist (§ 25 RuStG). Der ausländische Ehegatte eines Deutschen kann auf seinen Antrag unter den normalen Bedingungen eingebürgert werden und damit die deutsche Staatsangehörigkeit erwerben, wenn er seine ausländische Staatsangehörigkeit aufgibt oder verliert und wenn gewährleistet ist, dass er sich in die deutschen Lebensverhältnisse einfügt und nicht erhebliche Belange der Bundesrepublik entgegenstehen (§§ 8, 9 RuStG). Die Einbürgerung ist auch noch ein Jahr nach der Auflösung der Ehe möglich, wenn der ausländische Ehegatte für ein aus der Ehe hervorgegangenes Kind mit deutscher Staatsangehörigkeit sorgeberechtigt ist. Zum Erbrecht → *ausländische Staatsangehörige.*

Ein Kind erwirbt die deutsche Staatsangehörigkeit, wenn ein Elternteil Deutscher ist (§ 4 RuStG). Mit der → *Legitimation* durch einen Deutschen erwirbt ein Kind die Staatsangehörigkeit des Vaters. Mit der Legitimation durch einen Ausländer verliert ein deutsches Kind seine Staatsangehörigkeit nicht. Adoptivkinder (→ *Annahme als Kind*) erwerben im Fall der Minderjährigen-Adoption die Staatsangehörigkeit ihrer Eltern; bei der Volljährigen-Adoption ist dagegen eine besondere Verleihung der Staatsangehörigkeit erforderlich.

Erwerben Ausländer mit minderjährigen Kindern die deutsche Staatsangehörigkeit, so werden auch die Kinder Deutsche, wenn den Eltern die elterliche Sorge zusteht. Die deutsche Staatsangehörigkeit kann aber auch für einen Minderjährigen allein beantragt werden. Das deutsche Recht regelt Erwerb und Verlust der deutschen Staatsangehörigkeit. Ob daneben eine ausländische Staatsangehörigkeit weiterbesteht, richtet sich auch nach ausländischem Recht.

Siehe dazu auch die → *Europäische Erbrechtsverordnung,* die auf Erbfälle Anwendung findet, die ab 17.8.2015 eintreten, und nicht auf die Staatsangehörigkeit des Erblassers abstellt, sondern auf den gewöhnlichen Aufenthalt zum Zeitpunkt des Todes.

▶ Steuerklasse

→ *Erbschaftsteuer*

▶ Stiefkinder

→ *Ausbildung,* → *Ehegatten-Erbrecht,* → *Erbschaftsteuer,* → *Halbgeschwister,* → *Wiederverheiratungsklausel*

▶ **Stiftung**

Zu unterscheiden ist zwischen der rechtsfähigen Stiftung des Bürgerlichen Gesetzbuches und der nicht rechtsfähigen Stiftung, die
zwar vom BGB nicht vorgesehen ist, sich aber in der Praxis durch-
gesetzt hat. Die rechtsfähige Stiftung entsteht durch das Stiftungsgeschäft und die Genehmigung der zuständigen Behörde (§ 80 BGB).
Die nicht rechtsfähige Stiftung bedarf keiner staatlichen Genehmigung, setzt jedoch voraus, dass ein Vermögensträger vorhanden ist,
dem Vermögen im Stiftungsgeschäft zugewendet wird. Da auch eine
staatliche Stiftungsaufsicht entfällt, ist die nicht rechtsfähige Stiftung
in vielen Fällen angemessener, flexibler und unbürokratischer.

Eine **Familienstiftung** dient nach ihrem Zweck ausschließlich dem
Interesse einer oder mehrerer bestimmter Familien. Eine Unterneh-
mensträgerstiftung betreibt entweder selbst ein Unternehmen oder
aber hält die Geschäftsanteile an einer Betriebsgesellschaft, z. B. an
einer GmbH. Die Stiftung kann auch nur als Kontrollorgan für das
im Übrigen in seiner bisherigen Rechtsform weiterbestehende Unternehmen eingesetzt werden, etwa dadurch,

■ dass sie Mehrheitsgesellschafterin wird und dadurch den Auf-
  sichtsrat bestimmen kann,

■ dass der Stiftungsvorstand automatisch Vorstand der GmbH ist,

■ dass die Stiftung als Komplementärin einer KG fungiert.

Das **Stiftungsgeschäft** kann unter Lebenden geschehen und bedarf
dann gem. § 81 BGB der schriftlichen Form. Nicht rechtsfähige Stiftungen können als Schenkung unter Auflage gem. § 525 BGB errichtet werden. Liegt die Vollziehung der Auflage im öffentlichen Interesse, so kann nach dem Tod des Schenkers auch die zuständige
Landesbehörde die Vollziehung verlangen.

Das Stiftungsgeschäft kann auch in einer → *Verfügung von Todes
wegen* liegen; in diesem Fall hat das → *Nachlassgericht* die Genehmigung einzuholen, sofern sie nicht von den → *Erben* oder dem → *Testamentsvollstrecker* nachgesucht wird (§ 83 BGB). Das Stiftungsgeschäft muss in der für → *Verfügungen von Todes wegen* vorgeschrie-

benen Form erfolgen. Es kommen auch nur die vom Erbrecht vorgesehene Gestaltungen in Frage, nämlich

- Erbeinsetzung der Stiftung, wobei die Stiftung als schon vor dem Tod des stiftenden Erblassers entstanden gilt, wenn sie erst nach dem Tod des Stifters genehmigt wird (§ 84 BGB). Die Stiftung kann als → *Miterbe*, → *Nacherbe*, → *Vorerbe* und → *Ersatzerbe* fungieren.

- Anordnung eines → *Vermächtnisses* zugunsten einer noch zu errichtenden Stiftung,

- → *Auflage* zugunsten einer noch zu errichtenden Stiftung.

Zweckmäßig ist es, bei der Errichtung einer Stiftung von Todes wegen vorher mit der Genehmigungsbehörde zu klären, unter welchen Voraussetzungen eine Stiftung genehmigt wird. So wird z. B. unter Umständen bei einer Grundstücksstiftung die Zuwendung auch liquider Vermögenswerte verlangt, damit hieraus Unterhaltskosten bestritten werden können. Es sollten auch Überlegungen angestellt werden für den Fall, dass die Genehmigung einer rechtsfähigen Stiftung scheitert, etwa eine unselbstständige Stiftung an eine bereits bestehende juristische Person.

Für Berechtigte von → *Pflichtteilsrechten* gilt die Stiftung als Schenkung; ihr Wert wird also dem Nachlass hinzugerechnet (→ *Pflichtteilsergänzungsanspruch*). Der Anspruch richtet sich gegen den Erben bzw. den Beschenkten (§§ 2325, 2329 BGB). Der Erblasser sollte sich also hierüber Gedanken machen und die Stiftung gegen Pflichtteilsansprüche möglichst absichern.

Der Vermögensübergang auf die Stiftung aufgrund einer Verfügung von Todes wegen löst → **Erbschaftsteuer** aus (§ 3 Abs. 2 S. 1, § 7 Abs. 1, 8, 9 ErbStG). Familienstiftungen unterliegen einer Erbersatzsteuer, die auf der Grundlage eines jeweils im Abstand von 30 Jahren fingierten Erbfalls erhoben wird (§ 1 Abs. 1 Nr. 4 ErbStG). Zugrunde gelegt wird dabei das Verwandtschaftsverhältnis des nach der Stiftungsurkunde entferntesten Berechtigten zum Erblasser (§ 15 Abs. 2 ErbStG).

Für unselbstständige Stiftungen gilt das Gleiche wie bei der rechtsfähigen Stiftung, jedoch mit der Maßgabe, dass Erbe, Vermächtnisnehmer oder Begünstigter der Auflage nicht eine rechtsfähige vom Erblasser gegründete Stiftung ist, sondern eine bereits vorhandene juristische Person.

Der Übergang von Vermögen aufgrund eines Stiftungsgeschäfts unter Lebenden wie von Todes wegen ist schenkungs- bzw. erbschaftsteuerpflichtig. Bei Familienstiftungen wird das Verwandtschaftsverhältnis des entferntesten Berechtigten zum Schenker bzw. Erblasser der Besteuerung zugrunde gelegt (§ 15 Abs. 2 ErbStG). Die Steuer wird grds. in Zeitabständen von je 30 Jahren seit dem Zeitpunkt des ersten Übergangs von Vermögen auf die Stiftung erhoben (§ 1 Abs. 1 Nr. 4 ErbStG). Stiftungen, die ausschließlich und unmittelbar kirchlichen, gemeinnützigen oder mildtätigen Zwecken dienen, sind befreit von der Körperschaftsteuer (§ 5 Abs. 1 Nr. 9 KStG) und Erbschaft- bzw. Schenkungsteuer (§ 13 Abs. 1 Nr. 16 b ErbStG).

▶ Studium

→ *Ausgleichung*

▶ Stummer Erblasser

Ein Erblasser, der nicht hinreichend zu sprechen vermag, kann sowohl eigenhändig als auch vor dem → *Notar* testieren. Dabei soll ein Zeuge oder zweiter Notar beigezogen werden, es sei denn, dass alle Beteiligten darauf verzichten, und auf Verlangen des Erblassers ein Gebärdendolmetscher (§ 22 BeurkG). Ist mit dem stummen Erblasser eine schriftliche Verständigung nicht möglich, ist eine Vertrauensperson zuzuziehen (§ 24 BeurkG).

▶ Stundung des Pflichtteilsanspruchs

Stundung des → *Pflichtteilsanspruchs* bedeutet die Möglichkeit, eine Stundung zu verlangen, wenn die sofortige Erfüllung des gesamten Anspruchs den Erben ungewöhnlich hart treffen würde.

Gemäß § 2331 a BGB kann der Erbe, der selbst pflichtteilsberechtigt ist, in allen bis 31.12.2009 eintretenden Erbfällen Stundung des gegen ihn gerichteten Pflichtteilsanspruchs verlangen, wenn ihn die sofortige Erfüllung des gesamten Anspruchs wegen der Art der Nachlassgegenstände ungewöhnlich hart treffen, insbesondere zur Aufgabe seiner Familienwohnung oder zur Veräußerung eines Wirtschaftsgutes zwingen würde, das für den Erben und seine Familie die wirtschaftliche Lebensgrundlage bildet. Die Neuregelung des Pflichtteilsrechts vom 2.7.2009 lässt es für alle ab dem 1.1.2010 eintretenden Erbfälle genügen, dass die sofortige Erfüllung des gesamten Anspruchs für den Erben wegen der Art der Nachlassgegenstände eine unbillige Härte wäre, insbesondere wenn sie ihn zur Aufgabe des Familienheims oder zur Veräußerung eines Wirtschaftsguts zwingen würde, das für den Erben und seine Familie die wirtschaftliche Lebensgrundlage bildet. Ferner muss der Erbe nicht selbst pflichtteilsberechtigt sein. Für die Entscheidung über die Stundung ist das → Nachlassgericht zuständig, wenn der Anspruch als solcher nicht bestritten wird (§ 2331 a Abs. 2 BGB).

Stundung kann jedoch nur verlangt werden, soweit sie dem Pflichtteilsberechtigten bei Abwägung der Interessen beider Teile zugemutet werden kann. Nach der neuen Regelung sind bei der Entscheidung die Interessen des Pflichtteilsberechtigten angemessen zu berücksichtigen. Der Pflichtteilsanspruch ist vom Schuldner zu verzinsen. Das → Nachlassgericht kann auf Antrag anordnen, dass der Schuldner für den Pflichtteilsanspruch Sicherheit zu leisten hat. Hierüber entscheidet das Nachlassgericht nach billigem Ermessen. Wenn sich die Verhältnisse nach der Entscheidung wesentlich verändern, kann das Nachlassgericht seine Entscheidung aufheben oder ändern (§ 2331 a i. V. m. § 1382 Abs. 2–6 BGB).

T

▶ Tauber Erblasser

Vermag der Erblasser nicht hinreichend zu hören, so soll bei der Beurkundung vor dem → *Notar* ein Zeuge oder zweiter Notar zugezogen werden, es sei denn, dass alle Beteiligten darauf verzichten, und ist dem Erblasser die Niederschrift anstelle des Vorlesens zur Durchsicht vorzulegen (§§ 22, 23 BeurkG); ferner ist auf Verlangen des Erblassers ein Gebärdendolmetscher hinzuzuziehen. Ist eine schriftliche Verständigung mit dem Erblasser nicht möglich, so ist eine Vertrauensperson zuzuziehen (§ 24 BeurkG).

▶ Taubstummer Erblasser

Vermag der Erblasser nicht hinreichend zu hören und zu sprechen, so kann er ein Testament → *eigenhändig* oder vor dem → *Notar* durch Erklärung gegenüber dem Notar oder durch Übergabe einer Schrift errichten. Es ist ein Zeuge oder zweiter Notar zuzuziehen (§ 22 BeurkG), es sei denn, alle Beteiligten verzichten darauf, und die Niederschrift ist dem Erblasser anstelle des Vorlesens zur Durchsicht vorzulegen (§ 23 BeurkG); ferner ist auf Verlangen des Erblassers ein Gebärdendolmetscher hinzuzuziehen. Ist eine schriftliche Verständigung mit dem taubstummen Erblasser nicht möglich, so ist eine Vertrauensperson zuzuziehen (§ 24 BeurkG) (→ *Testierfähigkeit*).

▶ Teilungsanordnung

Eine Teilungsanordnung ist die Bestimmung des Erblassers über die → *Auseinandersetzung* seines → *Nachlasses.*

Der Erblasser kann durch → *Verfügung von Todes wegen* Anordnungen für die Auseinandersetzung seines Nachlasses treffen. Er kann insbesondere anordnen, dass die Auseinandersetzung nach dem billigen Ermessen eines Dritten erfolgen soll (§ 2048 BGB), etwa eines → *Testamentsvollstreckers.*

Der Erblasser kann durch letztwillige Verfügung die → *Auseinandersetzung* in Ansehung des gesamten Nachlasses oder einzelner Nachlassgegenstände ausschließen oder von der Einhaltung einer Kündigungsfrist abhängig machen (§ 2044 BGB). Dadurch kann er etwa einen Betrieb oder ein Haus als ganzes einem Miterben erhalten. Das Teilungsverbot kann aber aus wichtigem Grund von den Erben übergangen werden. Das Verbot der Auseinandersetzung ist unwirksam, wenn 30 Jahre seit dem Eintritt des → *Erbfalls* verstrichen sind. Der Erblasser kann auch anordnen, dass die Verfügung bis zum Eintritt eines bestimmten Ereignisses in der Person eines → *Miterben* oder, falls er eine → *Nacherbfolge* oder ein → *Vermächtnis* anordnet, bis zum Eintritt der Nacherbfolge oder bis zum Anfall des Vermächtnisses gelten soll (§ 2044 Abs. 2 BGB).

Durch die Teilungsanordnung kann der Erblasser nicht nur bestimmen, wer sein Vermögen erhält, sondern auch, wie die Erben dieses Vermögen untereinander aufzuteilen haben. Eine Teilungsanordnung liegt aber nur dann vor, wenn es der Erblasser bei der gesetzlichen Erbfolge belassen oder die von ihm festgelegten Erbquoten und deren Wert nicht verschieben, sondern gerade unangetastet lassen will. Eine Teilungsanordnung kann nicht dazu führen, dass ein Miterbe mehr oder weniger als seinen Erbteil erhält. Sie ändert die wertmäßige Beteiligung der Erben am Nachlass nicht, so dass ein Mehrwert des zugewiesenen Gegenstandes den Miterben gegenüber auszugleichen ist.

Formulierungsbeispiel:

„Die Auseinandersetzung unter meinen Erben hat alsbald nach meinem Tod zu erfolgen.

> Hierfür treffe ich folgende Teilungsanordnung:
> 1. Mein Sohn Hubert erhält das Hausgrundstück Rosenheimer Straße 4,
> 2. mein Sohn Wolfgang erhält das Hausgrundstück Baumstraße 6,
> 3. meine Tochter Doris erhält das Baugrundstück Kreuzeckstraße.
> Soweit ein Anwesen einen höheren Wert haben sollte, so ist dieser Wert auszugleichen. Sollten sich meine Kinder über den Wert der Grundstücke nicht einigen, so soll dieser verbindlich durch einen Sachverständigen festgelegt werden."

Will der Erblasser einem Miterben mehr zuwenden, muss er ein → *Vorausvermächtnis* anordnen.

Formulierungsbeispiel:

> „Ohne Anrechnung auf ihre Erbteile vermache ich meinem Sohn Wolfgang meine Briefmarkensammlung und meiner Tochter Doris meinen Schmuck."

Durch Anordnung in seinem → *Testament* oder → *Erbvertrag* kann der Erblasser also die **Art und Weise der** → *Auseinandersetzung* regeln und insbesondere einzelne Nachlassgegenstände einem Miterben zuweisen; ist deren Wert höher, als dem Miterben seiner Quote nach zukäme, so kann die Zuwendung nur dann als Teilungsanordnung gedeutet werden, wenn dem Miterben die Zahlung eines dem Mehrwert entsprechenden Ausgleichs aus seinem eigenem Vermögen auferlegt wurde.

Die Abgrenzung der Teilungsanordnung von anderen Rechtsinstituten ist mitunter schwierig. Bei der Teilungsordnung soll der Wert des für einen Miterben allein bestimmten Gegenstandes voll – meist zum Schätzwert oder Verkehrswert – auf den → *Erbteil* dieses Miterben angerechnet werden; er soll insgesamt weder mehr noch weniger als seinen Erbteil erhalten. Beim → *Vorausvermächtnis* (§ 2150 BGB) weist der Erblasser einem Miterben zusätzlich zum Erbteil einen Nachlassgegenstand zu, um ihn gegenüber den anderen Miterben im Verhältnis der Erbteile zu begünstigen; der Wert des zugewiesenen Gegenstands wird bei der Verteilung des übrigen Nachlasses nicht berücksichtigt. Fehlt dieser **Begünstigungswille,** liegt nach überwiegender Meinung eine reine Teilungsanordnung vor. Der Nachlass wird beim Vorausvermächtnis so geteilt, als sei dieser Gegenstand einem Dritten zugewiesen worden. Wenn der

Erblasser dem bevorzugten Miterben zwar einen Vermögensvorteil zuweisen will, der Miterbe sich aber nur einen Teil des Wertes auf den Erbteil anrechnen lassen muss, so liegt in Höhe der Anrechnung eine Teilungsanordnung, darüber hinaus zugleich ein Vorausvermächtnis vor.

Formulierungsbeispiel:

Teilungsanordnung wie vor.
„Soweit ein Anwesen einen höheren Wert haben sollte, soll kein Ausgleich stattfinden."

Unterschiede in den Rechtsfolgen zeigen sich vor allem darin, dass nur ein → *Vorausvermächtnis*, nicht aber eine Teilungsanordnung in einem → *gemeinschaftlichen Testament* oder → *Erbvertrag* mit bindender Wirkung angeordnet werden kann. Ein Vorausvermächtnis kann → *ausgeschlagen* werden, der durch Teilungsanordnung zugedachte Gegenstand nicht. Der durch Teilungsanordnung zugedachte Gegenstand gehört zum haftenden Nachlass, der des Vorausvermächtnisses nimmt nicht an der Haftung der Erben für die → *Nachlassverbindlichkeiten* teil. Beim Vorausvermächtnis kann der Begünstigte auch bereits vor der → *Auseinandersetzung* die Übertragung des Nachlassgegenstandes von den Miterben auf sich verlangen.

▶ **Testament**

Der Erblasser kann ein Testament durch eigenhändig geschriebene Erklärung (→ *Eigenhändiges Testament*) oder zur Niederschrift eines → *Notars* (→ *Notarielles Testament*) errichten. Beide Testamentsformen, das notarielle wie das handgeschriebene, haben untereinander denselben Rang. In beiden kann der Erblasser dasselbe bestimmen. Jedes Testament kann durch ein Testament in einer anderen Form ergänzt, geändert oder widerrufen (→ *Widerruf*) werden.

Das handgeschriebene Testament hat den Vorteil, dass es bequem und billig ist und Kosten nicht anfallen. Es ist einfach und schnell abzuändern, so dass der Erblasser plötzliche Veränderungen seiner Verhältnisse berücksichtigen kann. Dies ist aber gleichzeitig oft nachteilig, weil der Erblasser spontanen Gefühlsregungen und Motivationen ohne sachliche Überlegung folgen und so unter Umständen unzweckmäßige, nicht sachgerechte und kurzfristigem Ärger entspringende Bestimmungen treffen kann. Der Erblasser kann ferner wesentlich leichter beeinflusst werden; es sei hier nur an Erbschleicher erinnert. Ein weiterer Nachteil liegt darin, dass das handschriftliche Testament leichter verloren geht und im Erbfall unauffindbar ist, leichter unterdrückt und gefälscht werden kann. Schließlich sind Fälle häufig, dass Testamente aufgrund der Schwierigkeit des Erbrechts oft sehr unklar und zweideutig sind, weil dem Erblasser die rechtskundige Beratung fehlt. Gerade die Schwierigkeit und Komplexität des Erbrechts macht, abgesehen von ganz einfach liegenden Fällen, eine rechtskundige Beratung oft unabdingbar.

Diesen Vorteil bietet das → *notarielle Testament*. Der → *Notar* ist verpflichtet, den Willen des Erblassers zu erforschen, den Sachverhalt zu klären, den Erblasser über die rechtliche Tragweite zu belehren und seine Erklärungen klar und unzweideutig in der Niederschrift wiederzugeben; dabei soll er darauf achten, dass Irrtümer und Zweifel vermieden werden (§ 17 BeurkG). Das notarielle Testament hat weiter den Vorzug, dass es stets in besondere amtliche → *Verwahrung* genommen wird (§ 34 Abs. 1 BeurkG, §§ 2258 a, 2258 b BGB), während das handgeschriebene Testament nur auf besonderen Antrag des Erblassers amtlich aufbewahrt wird (§ 2248 BGB). Kurz: wenn man sichergehen will, sollte man ein notarielles Testament errichten. Darüber hinaus erspart es im Grundbuchverkehr den → *Erbschein* zum Nachweis der Erbfolge (§ 35 GBO). Ein notarielles Testament ersetzt in Verbindung mit der amtlichen Niederschrift über die Nachlassverhandlung den Erbschein.

Die Kosten eines notariellen Testaments sind weit niedriger, als landläufig angenommen wird. Sie bemessen sich nach dem Wert des Nachlasses (Verbindlichkeiten werden vom Aktivvermögen bis zur Hälfte abgezogen). So beträgt die → *Gebühr* für ein einseitiges notarielles Testament bei einem Nachlasswert von

Vermögen	Gebühr
10.000 Euro	75 Euro
50.000 Euro	165 Euro
100.000 Euro	273 Euro
200.000 Euro	435 Euro
500.000 Euro	935 Euro,

jeweils zuzüglich Auslagen und Mehrwertsteuer.

Die Hinterlegungsgebühr beim Nachlassgericht beträgt nach Nr. 12100 KV GNotKG 75,00 Euro. Beim gemeinschaftlichen Testament und Erbvertrag betragen die Notargebühren das Doppelte.

▶ **Testament, eigenhändiges**

→ *Eigenhändiges Testament*

▶ **Testament, notarielles**

→ *Notarielles Testament (§§ 2231 ff. BGB)*

▶ **Testamentseröffnung**

→ *Eröffnung der Verfügung von Todes wegen*

▶ **Testamentsregister**

Während der Notar bisher über die Beurkundung von Verfügungen von Todes wegen das für das Testamentsverzeichnis zuständige Standesamt des inländischen Geburtsorts des Erblassers bzw. ohne inländischen Geburtsort des Erblassers das Amtsgericht Schöneberg in Berlin zu benachrichtigen hatte, wurde zum 1.1.2012 bei der Bundesnotarkammer in Berlin ein Zentrales Testamentsregister eingerichtet. Danach übermitteln die Notare die Verwahrangaben über Urkunden, die für die Erbfolge relevant sind, künftig ausschließlich elektronisch an das Register. Das Register benachrichtigt die verwahrenden Stellen und das Nachlassgericht automatisiert und elektronisch über den Tod des Erblassers. Hierdurch wird das bisherige Mitteilungssystem in Nachlasssachen ersetzt. Dadurch werden die

Nachlassgerichte rasch und direkt über den Tod des Erblassers und dessen erbfolgerelevante Urkunden informiert. Das Testamentsregister erfasst nicht privat verwahrte Testamente.

▶ Testamentsvollstreckung

Testamentsvollstreckung (Einzelheiten hierzu: Winkler, Der Testamentsvollstrecker, 21. Auflage 2013) ist eine vom Erblasser bestimmte Verwaltung seines ganzen oder teilweisen Vermögens, um seine letztwilligen Anordnungen auszuführen, ggf. die → *Auseinandersetzung* unter den Erben zu bewirken oder den → *Nachlass* zu verwalten. Von der Testamentsvollstreckung zu unterscheiden ist die vom Erblasser erteilte → *Vollmacht* über den Tod hinaus. Der Bevollmächtigte unterscheidet sich vom Testamentsvollstrecker vor allem dadurch, dass er nicht Träger eines Amtes ist und in den Nachlass nur bis zum Widerruf der Vollmacht eingreifen darf. Während der Testamentsvollstrecker vom Willen der Erben weitgehend unabhängig ist und die Testamentsvollstreckung durch die Erben nicht beseitigt werden kann, ist die vom Erblasser erteilte Vollmacht von jedem einzelnen → *Miterben* widerruflich mit der Folge, dass der Bevollmächtigte über den Nachlass nicht mehr mit Wirkung gegenüber dem widerrufenden Miterben verfügen kann. Eine Vollmacht **über den Tod hinaus,** z. B. auch an den zum Testamentsvollstrecker Ernannten, empfiehlt sich aber regelmäßig für den Zeitraum zwischen dem Todesfall und der Annahme des Amts durch den Testamentsvollstrecker, insbesondere wenn mehrere Erben vorhanden sind.

1. Rechtsgrundlage

a) Ernennung

Der Erblasser kann durch → *Testament* oder → *Erbvertrag* einen oder mehrere Testamentsvollstrecker ernennen (§ 2197 BGB). Auch wenn die Anordnung der Testamentsvollstreckung in einem gemeinschaftlichen Testament oder in einem Erbvertrag enthalten ist, ist sie stets nur einseitige Verfügung und daher vom Erblasser bis zu seinem Tod stets frei widerruflich. Lediglich → *Erbeinsetzung,* → *Vermächtnis,* → *Auflagen* und → *Wahl des anzuwendenden Erbrechts* können vertragsmäßig getroffen werden, d. h. mit wechselbezüglicher Wirkung und damit nicht mehr einseitig widerruflich, während dies für alle anderen Verfügungen nicht gilt (§§ 2270 Abs. 3, 2278 Abs. 2, 2299 Abs. 1 BGB).

b) Person des Testamentsvollstreckers

Der Erblasser kann in seiner Verfügung von Todes wegen bereits eine oder mehrere bestimmte Personen zu Testamentsvollstreckern ernennen, z. B. seinen Ehegatten, einen Verwandten, einen Miterben, einen Rechtsanwalt. Er kann für den Fall, dass der ernannte Testamentsvollstrecker nach der Annahme des Amts wegfällt, einen anderen Testamentsvollstrecker (Ersatztestamentsvollstrecker) bestimmen. Der Erblasser kann die Bestimmung der Person des Testamentsvollstreckers auch einem Dritten (z. B. dem Erben, dem Leiter einer Behörde) überlassen, der diese Bestimmung dann in öffentlich beglaubigter Form dem → *Nachlassgericht* gegenüber zu erklären hat. Er kann auch den Testamentsvollstrecker ermächtigen, einen oder mehrere Mitvollstrecker oder einen Nachfolger zu ernennen (§ 2199 BGB). Ersucht der Erblasser im Testament das Nachlassgericht, einen Testamentsvollstrecker zu ernennen, so kann das Nachlassgericht die Ernennung vornehmen (§ 2200 BGB).

Formulierungsbeispiele:

„Ich ordne Testamentsvollstreckung an. Zum Testamentsvollstrecker ernenne ich Herrn A. Sollte er vor oder nach der Annahme des Amtes wegfallen, so ernenne ich zum Testamentsvollstrecker Herrn B."

„Ich ordne für meinen Nachlass Testamentsvollstreckung an. Die Bestimmung der Person meines Testamentsvollstreckers übertrage ich meiner Ehefrau und, falls diese wegfällt, meinem Bruder C, ersatzweise dem Nachlassgericht."

„Mein Testamentsvollstrecker hat das Recht, einen Nachfolger zu ernennen."

„Ich bitte meinen Testamentsvollstrecker, bei der Annahme seines Amtes sofort seinen Nachfolger in notariell beglaubigter Urkunde gegenüber dem Nachlassgericht zu ernennen."

„Ich ersuche das Nachlassgericht, einen Testamentsvollstrecker für meinen Nachlass zu ernennen."

Als Testamentsvollstrecker können sowohl natürliche Personen als auch juristische Personen ernannt werden. Bei letzteren ist etwa zu denken an Treuhandgesellschaften, Körperschaften, Vereine, Banken; für juristische Personen führen deren Organe das Amt im Namen und unter Verantwortlichkeit der juristischen Person. Seit den Urteilen des BGH vom 11.11.2004 steht die Testamentsvollstreckung auch für Steuerberater und Wirtschaftsprüfer offen (NJW 2005, 968).

Die Ernennung des Testamentsvollstreckers ist **unwirksam,** wenn er zur Zeit, zu der er das Amt anzutreten hat, geschäftsunfähig, in der Geschäftsfähigkeit beschränkt ist oder zur Besorgung seiner Vermögensangelegenheiten einen → *Betreuer* erhalten hat (§ 2201 BGB). Der → *Alleinerbe* kann nicht Testamentsvollstrecker sein, wohl aber einer von mehreren Erben.

c) Beginn des Amtes

Das Amt des Testamentsvollstreckers beginnt zu dem Zeitpunkt, in dem er das Amt **annimmt,** nicht jedoch vor dem Tod des Erblassers. Der Ernannte kann die Übernahme des Amtes auch ablehnen. Annahme wie Ablehnung des Amts geschehen durch Erklärung gegenüber dem Nachlassgericht. Die Erklärung muss unbedingt und unbefristet abgegeben werden. Das → *Nachlassgericht* kann dem Testamentsvollstrecker auf Antrag eines der Beteiligten eine Frist zur Erklärung über die Annahme bestimmen. Mit dem Ablauf der Frist gilt das Amt als abgelehnt, wenn nicht die Annahme vorher erklärt wird (§ 2202 BGB).

d) Ende des Amtes

Das Amt des Testamentsvollstreckers erlischt mit seinem Tod, es ist also unvererblich (§ 2225 BGB). Es endet ferner, wenn er geschäftsunfähig, in der Geschäftsfähigkeit beschränkt wird oder einen → *Betreuer* erhält (§ 2225 BGB). Ist eine juristische Person zum Testamentsvollstrecker bestellt, so endet das Amt mit dem Verlust ihrer Rechtsfähigkeit.

Das Amt des Testamentsvollstreckers endet ferner mit Ablauf einer vom Erblasser gesetzten Frist oder mit Erfüllung seiner Aufgaben. Es endet ferner mit seiner Kündigung, die jederzeit ohne Angabe von Gründen zulässig ist und durch formlose unwiderrufliche Erklärung gegenüber dem → *Nachlassgericht* geschieht (§ 2226 BGB);

kündigt der Testamentsvollstrecker jedoch zur Unzeit, so macht er sich schadensersatzpflichtig (§ 671 Abs. 2 BGB).

Auf Antrag eines Beteiligten kann das Nachlassgericht den Testamentsvollstrecker gegen seinen Willen aus seinem Amt entlassen, wenn ein **wichtiger Grund** vorliegt; als wichtige Gründe zählt das Gesetz grobe Pflichtverletzung oder Unfähigkeit zur ordnungsgemäßen Geschäftsführung auf (§ 2227 BGB).

2. Aufgaben des Testamentsvollstreckers

Der Aufgabenkreis des Testamentsvollstreckers wird vom Erblasser in seiner letztwilligen Verfügung bestimmt. Der Erblasser kann den **Wirkungskreis** des Testamentsvollstreckers nach jeder Richtung – auch zeitlich – festlegen.

a) Allgemeine Aufgaben

In der Regel hat der Testamentsvollstrecker die vom Erblasser in seinem letzten Willen getroffenen Anordnungen auszuführen (§ 2203 BGB). Ordnet der Erblasser in einem → *Berliner Testament* Testamentsvollstreckung an, so kann der Testamentsvollstrecker für den Tod des Erstversterbenden oder des Letztversterbenden oder für beide Fälle ernannt sein. Wird → *Vor- und Nacherbfolge* angeordnet, so kann die Testamentsvollstreckung die → *Vor- und Nacherbschaft* oder nur die Vorerbschaft oder nur die Nacherbschaft erfassen; der Erblasser kann einen Testamentsvollstrecker auch zu dem Zweck ernennen, dass er während der Vorerbschaft bis zum Eintritt einer angeordneten Nacherbschaft die Rechte des Nacherben ausübt (§ 2222 BGB).

Formulierungsbeispiel:

„Der Testamentsvollstrecker soll nur die Rechte und Pflichten meines Enkels Karl als Nacherbe meines Sohnes Ludwig bis zum Eintritt der Nacherbfolge ausüben."

Der Testamentsvollstrecker hat die Rechtsgültigkeit der Verfügung zu prüfen und den erkennbaren Willen des Erblassers zu befolgen, insbesondere → *Vermächtnisse* und → *Auflagen* zu erfüllen. An Weisungen der Erben ist er nicht gebunden.

b) Inbesitznahme des Nachlasses

Der Testamentsvollstrecker hat, soweit sein Aufgabengebiet reicht, den Nachlass des Erblassers in Besitz zu nehmen und ordnungsgemäß zu verwalten (§§ 2205, 2216 Abs. 1 BGB). Es findet also kein unmittelbarer Besitzübergang auf den Testamentsvollstrecker statt. Notfalls muss er Klage auf Besitzübertragung erheben.

c) Abwicklungsvollstreckung

Beim Wirkungskreis des Testamentsvollstreckers ist grds. zwischen der Abwicklungsvollstreckung und der Dauervollstreckung zu unterscheiden. Bei der Abwicklungsvollstreckung ist es Aufgabe des Testamentsvollstreckers, die → *Auseinandersetzung* unter mehreren → *Miterben* zu bewirken und → *Vermächtnisse* und → *Auflagen* zu erfüllen. Bei der Durchführung der Auseinandersetzung hat der Testamentsvollstrecker zunächst die Schulden zu bezahlen und → *Teilungsanordnungen* des Erblassers zu berücksichtigen.

Formulierungsbeispiel:

„Aufgabe des Testamentsvollstreckers ist es, die Vermächtnisse zu erfüllen und die Auseinandersetzung des Nachlasses unter den Erben zu bewirken."

d) Verwaltung des Nachlasses

Um seine Aufgabe durchführen zu können, hat der Testamentsvollstrecker den Nachlass zu verwalten. Dabei muss er nach den Grundsätzen einer ordnungsmäßigen Verwaltung handeln. Anordnungen, die der Erblasser für die Verwaltung getroffen hat, sind zu befolgen, können jedoch in besonderen Fällen außer Kraft gesetzt werden (§ 2216 BGB). Der Testamentsvollstrecker ist berechtigt, über die Nachlassgegenstände zu verfügen. Unentgeltliche Verfügungen sind ihm nicht gestattet, soweit sie nicht einer sittlichen Pflicht oder einer auf den Anstand zu nehmenden Rücksicht entsprechen (§ 2205 BGB). Zur Verwaltung gehört auch die Berichtigung von → *Nachlassverbindlichkeiten* und die Zahlung von Steuern.

e) Dauervollstreckung

Wenn der Testamentsvollstrecker die ihm obliegenden Aufgaben erledigt, insbesondere die Anordnungen des Erblassers ausgeführt hat, endet in der Regel sein Amt. Der Erblasser kann aber auch eine langjährige Dauervollstreckung anordnen, bei der der Testamentsvollstrecker den Nachlass für den angeordneten Zeitraum zu verwalten und/oder nach Ablauf die Auseinandersetzung unter den Erben zu bewirken hat. In solchen Fällen endet die Testamentsvollstreckung in der Regel, wenn seit dem Erbfall **30 Jahre** verstrichen sind. Diese Frist kann sich jedoch verkürzen oder verlängern, wenn der Erblasser angeordnet hat, dass die Verwaltung bis zum Tod des Erben oder des Testamentsvollstreckers oder bis zum Eintritt eines anderen Ereignisses in der Person des einen oder des anderen fortdauern soll (§ 2210 BGB). Hat ein pflichtteilsberechtigter Abkömmling den späteren Erwerb seines → *Pflichtteils* durch Verschwendung oder Überschuldung erheblich gefährdet, so kann der Erblasser aus guter Absicht im Interesse des Abkömmlings die Verwaltung des Pflichtteils für die Lebenszeit des Abkömmlings einem Testamentsvollstrecker übertragen, wobei dann der Abkömmling Anspruch auf den jährlichen Reinertrag hat (§ 2338 Abs. 1 S. 2 BGB, → *Pflichtteilsbeschränkung in guter Absicht*).

Formulierungsbeispiel:

> „Der Testamentsvollstrecker hat das Recht und die Pflicht, den Nachlass zu verwalten und über ihn zu verfügen. Er hat die Auseinandersetzung meines Nachlasses nach billigem Ermessen vorzunehmen, aber erst nach dem Zeitpunkt, in dem mein jüngstes Kind sein 25. Lebensjahr vollendet hat, soweit nicht wichtige Gründe entgegenstehen. In letzterem Fall verlängert sich die Testamentsvollstreckung um zehn Jahre."

f) Beschränkte Vollstreckung

Die Testamentsvollstreckung kann auch beschränkt sein auf einzelne Nachlassgegenstände, z. B. → *Grundstücke* oder auch einzelne → *Erbteile*, z. B. nur für minderjährige Kinder. Der Erblasser ist auch befugt zu Weisungen, bestimmte Verfügungen über Nachlassgegenstände, z. B. über Grundbesitz, nicht vorzunehmen oder nur mit Zustimmung der Erben. Bei Anordnung von → *Vor- und Nacherbschaft* kann der Erblasser einen Testamentsvollstrecker nur zu dem Zweck ernennen, dass er während der Vorerbschaft bis zum Eintritt der Nacherbschaft die Rechte des Nacherben ausübt (§ 2222 BGB).

Formulierungsbeispiele:

> „Aufgabe des Testamentsvollstreckers ist es, die Vermächtnisse zu erfüllen und die Auseinandersetzung des Nachlasses unter den Erben zu bewirken."

> „Der Testamentsvollstrecker soll nur die Aufgabe haben, mein landwirtschaftliches Anwesen bis zur Auseinandersetzung unter den Erben oder bis zur Übergabe an einen der Erben zu verwalten."

> „Der Testamentsvollstrecker hat nur die Aufgabe, die meinem Sohn Ludwig auferlegten Vermächtnisse und Auflagen zu erfüllen.

g) Eingehung von Verbindlichkeiten

Der Erblasser kann auch anordnen, dass der Testamentsvollstrecker das Recht hat, unbeschränkt neue Verbindlichkeiten für den → *Nachlass* einzugehen, soweit es zu seiner ordnungsgemäßen Verwaltung, insbesondere Erhaltung und Sicherung erforderlich ist (§ 2207 BGB). In dem Rahmen, in dem er über Nachlassgegenstände verfügen kann, ist der Testamentsvollstrecker auch berechtigt, für den Nachlass Verpflichtungen hierzu einzugehen. Bestimmt der Erblasser, dass dem Testamentsvollstrecker alle Rechte zustehen sollen, die ihm nach dem Gesetz eingeräumt werden können, so ist er insbesondere in der Eingehung von Verbindlichkeiten frei. Schenkungsversprechen darf er jedoch auch dann nur abgeben, wenn sie einer sittlichen Pflicht oder einer auf den Anstand zu nehmenden Rücksicht entsprechen (§ 2207 BGB).

Formulierungsbeispiel:

> „Der Testamentsvollstrecker ist in der Eingehung von Verbindlichkeiten für den Nachlass nicht beschränkt. Er ist von allen Verpflichtungen befreit, soweit dies gesetzlich zulässig ist."

3. Rechtsstellung gegenüber den Erben

a) Allgemeines

Aufgrund seiner selbstständigen Stellung verwaltet der Testamentsvollstrecker den Nachlass unabhängig von den Erben und schließt diese weitgehend aus. Wie der Erbe nicht über die dieser Verwaltung unterliegenden Nachlassgegenstände verfügen kann, so können auch Gläubiger des Erben, die nicht zu den → *Nachlassgläubigern* gehören, sich nicht daran halten (§ 2214 BGB). Befugnisse, die an die Erbenstellung als solche gebunden sind, wie etwa die → *Annahme* oder → *Ausschlagung der Erbschaft* oder die Verfügung über den → *Erbteil*, stehen dagegen nicht dem Testamentsvollstrecker, sondern allein dem Erben zu.

b) Verwaltung

Die Verwaltung des Nachlasses – als Recht und Pflicht – obliegt dem Testamentsvollstrecker in der Regel nicht als Selbstzweck, sondern nur solange, als sie zur Durchführung der letztwilligen Verfügung oder zur → *Auseinandersetzung* unter den Beteiligten notwendig ist. Der Erblasser kann den Testamentsvollstrecker von der Pflicht zur **ordnungsmäßigen Verwaltung** des seiner Testamentsvollstreckung unterliegenden Nachlasses nicht befreien (§ 2220 BGB). Der Grundsatz der ordnungsgemäßen Verwaltung verpflichtet den Testamentsvollstrecker zu Gewissenhaftigkeit und Sorgfalt.

c) Verfügungsrecht

Das Verwaltungsrecht des Testamentsvollstreckers enthält das alleinige Verfügungsrecht über den → *Nachlass* bzw. die seiner Verwaltung unterliegenden Nachlassgegenstände unmittelbar für und gegen die betroffenen → *Erben* (§ 2205 BGB). Der Testamentsvollstrecker hat also insoweit z. B. ausschließlich das Recht der Veräußerung und Belastung von Nachlassgegenständen jeder Art, der Zahlung, Abtretung und Annahme von Forderungen und Grundschulden. Zu unentgeltlichen Verfügungen über den seiner Verwaltung unterliegenden Nachlass ist er nur berechtigt, soweit sie einer sittlichen Pflicht oder einer auf den Anstand zu nehmenden Rücksicht entsprechen (§ 2205 S. 3 BGB); von dieser Beschränkung kann der Erblasser den Testamentsvollstrecker nicht befreien (§§ 2207 S. 2, 2220 BGB).

Aufgrund der Beschränkung durch den Testamentsvollstrecker kann der Erbe nicht wirksam über der Testamentsvollstreckung unterliegende Nachlassgegenstände verfügen. Er kann zwar wirksam schuldrechtliche Verträge für solche Gegenstände abschließen, sie aber nicht erfüllen und haftet dann mit seinem Privatvermögen. Verfügt der Erbe trotzdem, so kommt es auf die **Gutgläubigkeit** des

Erwerbers an: Wusste der Erwerber nicht, dass der Gegenstand zum Nachlass gehört oder Testamentsvollstreckung besteht, erwirbt er Eigentum daran; dies gilt dann nicht, wenn im → *Erbschein* die Testamentsvollstreckung erwähnt ist, da sich der Dritte den Erbschein zeigen lassen muss. Wird der Übergang des Eigentums an einem zum Nachlass gehörenden Grundstück auf den Erben im → *Grundbuch* eingetragen, so hat das Grundbuchamt die Ernennung des Testamentsvollstreckers von Amtswegen mit einzutragen, es sei denn, dass das Grundstück der Verwaltung des Testamentsvollstreckers nicht unterliegt (§ 52 GBO).

d) Pflichten des Testamentsvollstreckers

Mit den weitgehenden Rechten des Testamentsvollstreckers korrespondieren zwangsläufig Pflichten gegenüber den Erben. Der Testamentsvollstrecker ist insbesondere verpflichtet, unverzüglich nach der Annahme seines Amtes dem Erben ein Verzeichnis der Nachlassgegenstände, die seiner Verwaltung unterliegen, und der → *Nachlassverbindlichkeiten*, die ihm bekannt sind, mitzuteilen (§ 2215 BGB, → *Inventarerrichtung*). Er ist zur **ordnungsgemäßen Verwaltung** des Nachlasses (§ 2216 BGB), zur Überlassung bestimmter Nachlassgegenstände (§ 2217 BGB), sowie zur Auskunft, u. U. Benachrichtigung und Anhörung und Rechnungslegung verpflichtet (§§ 2218, 666 BGB). Auf die Verwaltung des Nachlasses durch den Testamentsvollstrecker und überhaupt auf seine Amtsführung haben die Erben eine gewisse Einwirkungsmöglichkeit dadurch, dass sie jederzeit Antrag auf Entlassung des Testamentsvollstreckers stellen können, wenn ein wichtiger Grund vorliegt (§ 2227 BGB).

Für Handlungen des Testamentsvollstreckers haften die Erben, da dieser den → *Nachlass* verpflichtet. Verletzt der Testamentsvollstrecker aber die ihm obliegenden Verpflichtungen, so ist er, wenn ihm ein Verschulden zur Last fällt, für den daraus entstehenden Schaden den Erben und, soweit ein → *Vermächtnis* zu vollziehen ist, auch dem Vermächtnisnehmer verantwortlich. Mehrere Testamentsvollstrecker, denen ein Verschulden zur Last fällt, haften als Gesamtschuldner, wenn sie das Amt gemeinsam führen und jeder den Schaden mitverschuldet hat (§ 2219 BGB).

Anderen Nachlassgläubigern, z. B. Pflichtteilsberechtigten, Auflage-begünstigten haftet der Testamentsvollstrecker nur bei unerlaubter Handlung, ebenso dritten Personen gegenüber (§ 823 BGB). Für Verschulden des Testamentsvollstreckers bei der Erfüllung von Verbindlichkeiten für den Nachlass haften die Erben, vorbehaltlich einer beschränkten Erbenhaftung (→ *Haftung der Erben*), wie für eigenes Verschulden.

e) Herausgabe von Gegenständen

Nachlassgegenstände, die der Testamentsvollstrecker zur Erfüllung seiner Obliegenheiten offenbar nicht benötigt, hat er den Erben auf Verlangen zur freien Verfügung zu überlassen. Sein Recht zur Verwaltung der Gegenstände erlischt mit ihrer Überlassung. Er muss ferner auch solche Gegenstände herausgeben, die zur Berichtigung von → *Nachlassverbindlichkeiten*, insbesondere auch von → *Vermächtnissen* und → *Auflagen* benötigt werden, wenn die Vermächtnisse und Auflagen noch nicht fällig sind und der Erbe für die Berichtigung der Verbindlichkeit oder für die Vollziehung des Vermächtnisses und der Auflage Sicherheit leistet (§ 2217 BGB).

f) Insichgeschäfte

Geschäfte mit sich selbst (§ 181 BGB) können dem Testamentsvollstrecker durch den Erblasser entweder ausdrücklich oder stillschweigend gestattet sein. Hierin liegt ein besonderer Vertrauensbeweis, mit dem der Erblasser die Erwartung zum Ausdruck bringt, der Testamentsvollstrecker werde seine Pflicht zur ordnungsgemäßen Verwaltung des Nachlasses über seine persönlichen Belange zu stellen wissen. Solche Insichgeschäfte kommen z. B. in Frage, wenn der Testamentsvollstrecker gleichzeitig → *Miterbe* oder sonst letztwillig bedacht ist; hier ist die Annahme gerechtfertigt, dass der Erblasser ihm trotz eines Interessenwiderstreits die Vornahme von Rechtsgeschäften mit sich gestattet hat. Er kann dann die → *Auseinandersetzung* betreiben oder ein ihm selbst zugewendetes Vermächtnis erfüllen.

Formulierungsbeispiel:

> „Der Testamentsvollstrecker ist von allen Beschränkungen befreit, soweit das gesetzlich zulässig ist, insbesondere auch von den Beschränkungen des § 181 BGB."

g) Handelsgeschäft

Probleme ergeben sich bei der Testamentsvollstreckung, wenn zum Nachlass ein → *Einzelhandelsgeschäft* oder eine → *Gesellschaftsbeteiligung* gehören. Der Grund liegt darin, dass hier grds. das Prinzip der unbeschränkten → *Haftung* herrscht, während der Testamentsvollstrecker immer nur den → *Nachlass,* nicht aber darüber hinaus die Erben – als Unternehmensträger – persönlich verpflichten kann. Der Testamentsvollstrecker kann ein Handelsgeschäft daher nach außen im eigenen Namen, im Innenverhältnis aber als **Treuhänder** der Erben fortführen. Er kann es aber auch im Namen des Erben weiter betreiben, wenn der Erbe ihm – sei es freiwillig oder aufgrund einer letztwilligen Anordnung des Erblassers – die entsprechende → *Vollmacht* erteilt. Falls sich aus dem letzten Willen nichts anderes ergibt, kann der Testamentsvollstrecker das Geschäft auch veräußern, verpachten oder stilllegen.

Bei der **Personengesellschaft,** wie OHG und KG, handelt es sich um eine persönlichkeitsbezogene Arbeits- und Haftungsgemeinschaft; die Gesellschafterbeziehungen sind daher höchstpersönlich und verhindern die Wahrnehmung durch dritte Personen. Es ist daher unbestrittene Voraussetzung, dass entweder im Gesellschaftsvertrag die Zulässigkeit der Testamentsvollstreckung vorgesehen ist oder dass alle Gesellschafter der Testamentsvollstreckung zustimmen. Ist dies nicht der Fall, so scheidet eine Testamentsvollstreckung an Gesellschaftsanteilen aus. Aber auch wenn aus diesem Grund die Testamentsvollstreckung zulässig ist, besteht aufgrund des Prinzips der **unbeschränkten persönlichen Haftung** im Gesellschaftsrecht nur die Möglichkeit, dass der Testamentsvollstrecker als **treuhänderischer** Gesellschafter oder als **Erben-Bevollmächtigter** die Gesellschaftsrechte und -pflichten wahrnimmt. Lediglich beim **Kommanditisten** ist aufgrund der nur beschränkten Kommanditistenhaftung eine echte Testamentsvollstreckung möglich. Unabhängig hiervon verhindert die Zuordnung des ererbten Gesellschaftsanteils zum → *Nachlass*, dass der Gesellschafter-Erbe ohne Zustimmung des Testamentsvollstreckers über den ererbten Gesellschaftsanteil verfügen kann und dass seine Eigengläubiger in den Anteil und die daraus erwachsenden Vermögensrechte vollstrecken können (§ 2214 BGB).

Ist der Erblasser an einer **Kapitalgesellschaft** beteiligt, wie GmbH oder AG, so nimmt der Testamentsvollstrecker die Rechte des Erben an ihr kraft eigenen Rechts wahr. Es gelten die allgemeinen Regeln mit gewissen Einschränkungen, auf die hier nicht einzugehen ist.

4. Stellung im Rechtsverkehr

a) Testamentsvollstreckerzeugnis

Zum Zweck seiner Legitimation erhält der Testamentsvollstrecker auf Antrag vom → *Nachlassgericht* ein Zeugnis über seine Ernennung, das sog. Testamentsvollstreckerzeugnis (§ 2368 BGB). Darin werden Erblasser und Testamentsvollstrecker namentlich angegeben. Auf Grund dieses Zeugnisses wird vermutet, dass dem darin genannten Testamentsvollstrecker die Testamentsvollstreckung über den → *Nachlass* des in ihm genannten Erblassers rechtsgültig zusteht und dass er nicht durch andere als die im Zeugnis angegebenen Anordnungen beschränkt ist (§ 2365 BGB). Ist der Testamentsvollstrecker in der Verwaltung des Nachlasses beschränkt oder hat der Erblasser angeordnet, dass der Testamentsvollstrecker in der Eingehung von Verbindlichkeiten für den Nachlass nicht beschränkt sein soll, so ist dies in dem Zeugnis nach § 2368 BGB anzugeben (§ 354 Abs. 2 FamFG). Die Vermutung erstreckt sich aber nicht darauf, dass die Verfügung des Testamentsvollstreckers sich wirklich auf einen Nachlassgegenstand bezieht, und nicht darauf, dass das Amt des Testamentsvollstreckers fortbesteht. In diesen Grenzen genießt das Testamentsvollstreckerzeugnis **öffentlichen Glauben.** Das heißt, zugunsten desjenigen, der von dem im Zeugnis als Testamentsvollstrecker Bezeichneten durch Rechtsgeschäft einen Erbschaftsgegenstand erwirbt, gilt der Inhalt des Zeugnisses als richtig, es sei denn, dass er die Unrichtigkeit kennt (§§ 2368, 2366 BGB). Mit der Beendigung des Amtes als Testamentsvollstrecker wird das Zeugnis kraftlos; Vermutung und öffentlicher Glaube werden damit gegenstandslos.

b) Erbschein

Die Ernennung eines Testamentsvollstreckers ist in einem → *Erbschein*, der den Erben erteilt wird, anzugeben, damit Dritten die Verfügungsbeschränkung der Erben bekannt wird (§ 352 b Abs. 2 FamFG). Fehlt die Angabe, kann der Testamentsvollstrecker von dem Besitzer des insoweit unrichtigen Erbscheins verlangen, dass er diesen an das → *Nachlassgericht* herausgibt (§§ 2362 Abs. 1, 2363 BGB).

c) Prozessführung

Der Testamentsvollstrecker ist zur Führung von Prozessen **für** den → *Nachlass* legitimiert, soweit das den Gegenstand des Prozesses bildende Recht seiner Verwaltung unterliegt (§ 2212 BGB); im Übrigen ist der Erbe legitimiert. Der Testamentsvollstrecker ist im Zivilprozess **Partei kraft Amtes:** Er klagt „als Testamentsvollstrecker" im Interesse und für Rechnung des Nachlasses. Das Urteil wirkt dann für und gegen den Erben (§ 327 Abs. 1 ZPO).

Ansprüche, die sich **gegen** den → *Nachlass* richten, können dagegen sowohl gegen den Erben – jedoch erst nach → *Annahme der Erbschaft* – als auch gegen den Testamentsvollstrecker – nach dem Beginn seines Amtes – gerichtlich geltend gemacht werden. Soweit dem Testamentsvollstrecker nicht die Nachlassverwaltung zusteht, kann die Klage nur gegen den Erben erhoben werden (§ 2213 Abs. 1 S. 2 BGB). Ein → *Nachlassgläubiger*, der seinen Anspruch gegen den Erben geltend macht, kann auch den Testamentsvollstrecker wegen Duldung der Zwangsvollstreckung in die seiner Verwaltung unterliegenden Gegenstände verklagen (§ 2213 BGB). Ein gegen den Testamentsvollstrecker als Verwalter des Nachlasses ergangenes Urteil wirkt auch für und gegen den Erben (§ 327 Abs. 2 ZPO). Werden → *Pflichtteilsansprüche* gegen den Nachlass geltend gemacht, so ist stets nur der Erbe passiv legitimiert (§ 2213 Abs. 1 S. 3 BGB), auch wenn dem Testamentsvollstrecker die Verwaltung des ganzen Nachlasses zusteht.

d) Zwangsvollstreckung

Zur Zwangsvollstreckung in die der Testamentsvollstreckung unterliegenden Nachlassgegenstände ist ein gegen den Testamentsvollstrecker ergangenes Urteil erforderlich, aber auch ausreichend. Ein Urteil gegen die Erben allein wirkt nicht gegen den Testamentsvollstrecker; neben dem Urteil gegen die Erben auf Leistung ist stets auch ein Urteil gegen den Testamentsvollstrecker auf Duldung der Zwangsvollstreckung nötig. Zur Zwangsvollstreckung wegen eines → *Pflichtteilsanspruchs* bedarf es in jedem Fall eines Urteils gegen den Erben und gegen den verwaltenden Testamentsvollstrecker (§ 748 ZPO).

e) Haftung

Während der Testamentsvollstrecker den Erben und ggf. Vermächtnisnehmern gegenüber verpflichtet ist, die ihm obliegenden Aufgaben und Verrichtungen sorgfältig und gewissenhaft auszuführen, haftet er anderen → *Nachlassgläubigern*, z. B. → *Pflichtteilsberechtigten* und → *Auflagebegünstigten* sowie dritten Personen nur bei unerlaubter Handlung (§ 823 BGB). Für Verschulden des Testamentsvollstreckers bei der Erfüllung von Verbindlichkeiten für den Nachlass haften die Erben, vorbehaltlich etwa beschränkter Erbenhaftung, wie für eigenes Verschulden.

5. Verhältnis zum Nachlassgericht

Der Testamentsvollstrecker unterliegt nicht einer allgemeinen Aufsicht des → *Nachlassgerichts*; dieses hat aber bei der Testamentsvollstreckung in bestimmten Fällen mitzuwirken, und zwar nicht nur bei Beginn und Beendigung des Amtes.

a) Testamentsvollstreckerzeugnis

Zum Zweck seiner Legitimation hat das Nachlassgericht dem Testamentsvollstrecker auf Antrag ein Zeugnis über seine Ernennung zu erteilen (Testamentsvollstreckerzeugnis), das den Erblasser, den Zeitpunkt seines Todes, den Testamentsvollstrecker mit Namen, Beruf und Wohnort angeben muss (§ 2368 BGB). Ist der Testamentsvollstrecker in der Verwaltung des Nachlasses beschränkt oder hat der Erblasser angeordnet, dass er in der Eingehung von Verbindlichkeiten für den Nachlass nicht beschränkt sein soll, so ist auch dies im Zeugnis anzugeben; dies gilt auch von jeder anderen von der gesetzlichen Regelung abweichenden Anordnung des Erblassers (§ 354 Abs. 2 FamFG). Zum Zweck der Zwangsvollstreckung gegen den Nachlass kann auch ein → *Nachlassgläubiger* die Erteilung eines Testamentsvollstreckerzeugnisses beantragen (§§ 792, 896 ZPO).

Formulierungsbeispiel:

„Testamentsvollstrecker des am … in München verstorbenen Otto Albrecht, Kaufmann in München, ist
Herr Martin Klug, Rechtsanwalt in München.
Er ist in der Eingehung von Verbindlichkeiten für den Nachlass nicht beschränkt."

b) Außerkraftsetzung letztwilliger Anordnungen

Auf Antrag des Testamentsvollstreckers oder eines anderen Beteiligten kann das → *Nachlassgericht* Anordnungen des Erblassers außer Kraft setzen, die dieser durch letztwillige Verfügung für die Verwaltung des → *Nachlasses* getroffen hat. Voraussetzung dafür ist, dass die Befolgung der Anordnung, zu der der Testamentsvollstrecker sonst verpflichtet wäre, den Nachlass erheblich gefährden würde. Das Gericht soll vor der Entscheidung, soweit tunlich, die Beteiligten hören (§ 2216 BGB).

c) Entscheidung über Meinungsverschiedenheiten

Führen mehrere Testamentsvollstrecker das Amt gemeinschaftlich, so entscheidet bei einer Meinungsverschiedenheit das → *Nachlassgericht* (§ 2224 BGB). Es kann sich dabei einer der vorgetragenen Meinungen anschließen oder sie alle missbilligen, es ist aber nicht befugt, selbst eine Entscheidung zu treffen. Streitigkeiten über die → *Auslegung* der letztwilligen Verfügungen oder gesetzlicher Vorschriften sind im Prozessweg vor dem ordentlichen Gericht auszutragen.

d) Akteneinsicht

Das Nachlassgericht hat jedem, der ein rechtliches Interesse glaubhaft macht, Einsicht in die Erklärungen zu gestatten, die ihm gegenüber in Bezug auf die Ernennung eines Testamentsvollstreckers, über die Annahme oder Ablehnung des Amtes oder über seine Kündigung abgegeben worden sind (§ 2228 BGB).

6. Vergütung

Der Testamentsvollstrecker kann für die Führung seines Amtes eine **angemessene** Vergütung verlangen, sofern nicht der Erblasser etwas anderes bestimmt (§ 2221 BGB). Hat der Erblasser die Gewährung einer Vergütung ausgeschlossen, so muss der Testamentsvollstrecker sein Amt unentgeltlich führen, sofern er es annimmt.

Formulierungsbeispiele:

„Als Vergütung erhält der Testamentsvollstrecker neben dem Ersatz seiner Auslagen einen Betrag in Höhe von 3 % des Nachlasses (ohne Abzug der Schulden)."
„Als Vergütung erhält der Testamentsvollstrecker neben dem Ersatz seiner Auslagen jährlich einen Betrag in Höhe von 10 % der Nettoeinkünfte des Nachlasses."
„Als Vergütung erhält der Testamentsvollstrecker einschließlich seiner Auslagen einen einmaligen Betrag in Höhe von 5000 Euro."

a) Höhe der Vergütung

Trifft der Erblasser keine Regelung, so gilt lediglich der Grundsatz, dass sie angemessen sein muss; die Höhe ist weder gesetzlich noch behördlich festgelegt. Zu unterscheiden ist zwischen der **Konstituierungsgebühr,** die die Ermittlung und Inbesitznahme des Nachlasses vergütet, und ggf. bei einer längeren Verwaltung die **Verwaltungsgebühr.** Für die Konstituierungsgebühr wurden allgemeine Richtsätze entwickelt, die bei einer normalen Testamentsvollstreckung anzuwenden sind. Danach beträgt die Vergütung bei einer Aktivmasse des verwalteten Vermögens von

Vermögen	Vergütung
5.000 Euro	ca. 400 Euro,
10.000 Euro	ca. 800 Euro,
50.000 Euro	ca. 3.000 Euro,
100.000 Euro	ca. 4.700 Euro,
500.000 Euro	ca. 19.000 Euro,
1.000.000 Euro	ca. 28.000 Euro,
darüber hinaus	zusätzlich 1 %.

Diese Richtlinien können jedoch nur allgemeine Ansatzpunkte sein, von denen im Einzelfall nach oben oder unten abgewichen werden muss. Maßgeblich sind insbesondere der dem Testamentsvollstrecker im Rahmen der letztwilligen Anordnungen obliegende Aufgabenkreis, der Umfang seiner Verantwortung, die von ihm geleistete Arbeit, die Schwierigkeit der gelösten Aufgabe, die Dauer der Abwicklung oder Verwaltung, die Verwertung besonderer Kenntnisse und Erfahrungen etc.

b) Verwaltungsgebühr

Folgt der Konstituierung des Nachlasses eine längere Verwaltungstätigkeit, z. B. bei einer **Dauervollstreckung** oder bei Weiterführung eines **Geschäftsbetriebs** oder verursacht die Verwaltung eine besonders umfangreiche und zeitraubende Tätigkeit, so kann neben der Konstituierungsgebühr eine weitere Vergütung in Frage kommen. Welche Vergütung hier als angemessen anzusehen ist, hängt von den gesamten Umständen des Erbfalles ab, insbesondere davon, welche Aufgaben der Testamentsvollstrecker im Rahmen des ihm obliegenden Pflichtenkreises auszuführen hat. Meist wird in solchen Fällen eine laufende, nach dem Jahresbetrag der Einkünfte zu berechnende und in periodischen Zeitabschnitten (jährlich) zu zahlende Vergütung von 2 bis 4 % oder eine solche etwa in Höhe von $1/3$ bis $1/2$ % des Nachlassbruttowertes im Jahr in Betracht kommen.

c) Mehrere Testamentsvollstrecker

Sind mehrere Testamentsvollstrecker ernannt, so hängt die Höhe der Vergütung von der Tätigkeit jedes **einzelnen** nach Umfang, Dauer und Verantwortung ab. Wird dabei ein Regelsatz zugrunde gelegt, so kann eine Teilung oder Kürzung des Betrags in Betracht kommen; in jedem Fall muss die Vergütung angemessen sein.

d) Geltendmachung

Die Vergütung des Testamentsvollstreckers wird regelmäßig zum **Schluss** seiner Verwaltung in einer Summe fällig (§§ 614, 628 BGB). Bei länger dauernder Verwaltung, insbesondere bei Dauervollstreckung, kann sie während des Laufs der Verwaltung in Teilbeträgen, z. B. jährlich, etwa in Verbindung mit einer jährlichen Rechnungslegung, entrichtet werden. Der Testamentsvollstrecker kann seine Vergütung **selbst** dem von ihm verwalteten Nachlass **entnehmen,** allerdings auf die Gefahr hin, dass ihre Angemessenheit von den Erben bestritten wird. Nur unter besonderen Umständen darf der Testamentsvollstrecker Nachlassgegenstände veräußern, um auf diese Weise Barmittel zur Befriedigung seines Vergütungsanspruchs zu beschaffen. Im **Streitfall** ist nicht das → *Nachlassgericht,* sondern das **Prozessgericht** zur Entscheidung über die Höhe der Vergütung zuständig. Gegenüber dem Anspruch des Erben auf Herausgabe des Nachlasses hat der Testamentsvollstrecker ein **Zurückbehaltungsrecht** wegen seiner Vergütung (§ 273 BGB). Fehlerhafte Entscheidungen, die der Testamentsvollstrecker aufgrund irriger Beurteilung der Sach- oder Rechtslage trifft, nehmen ihm nicht den Anspruch auf Vergütung, machen ihn aber u. U. schadensersatzpflichtig. Nur bei sehr schweren Verstößen gegen seine Amtspflicht kann der Anspruch des Testamentsvollstreckers auf Vergütung verwirkt sein.

e) Berufliche Dienstleistungen

Die berufliche Eigenschaft des Testamentsvollstreckers ist für die Bemessung der Testamentsvollstrecker-Vergütung ohne Bedeutung. Auch ein Rechtsanwalt, Steuerberater, Notar oder ein sonstiger Angehöriger eines rechts-, steuer- oder wirtschaftsberatenden Berufes kann die ihm als Testamentsvollstrecker zustehende angemessene Vergütung nicht nach der Gebührenordnung berechnen, nach der er das Honorar für seine beruflichen Dienste berechnet. Etwas anderes ist es jedoch, wenn der Testamentsvollstrecker für die Verwaltung des Nachlasses seine besonderen beruflichen Dienste leistet; dann hat der Testamentsvollstrecker, wenn kein gegenteiliger Wille des Erblassers erkennbar ist, etwa durch Festsetzung einer besonders hohen Vergütung, neben dem Anspruch auf angemessene Vergütung auch Anspruch auf Honorierung seiner berufsmäßigen, regelmäßig nur gegen Entgelt zu leistenden Dienste, z. B. als Rechtsanwalt, Wirtschafts-, Steuerberater, Baumeister, Buchprüfer, Gutsverwalter, Handwerker etc. Hat der Testamentsvollstrecker etwa als Anwalt selbst einen Rechtsstreit vor dem Prozessgericht geführt, so kann er wie ein bevollmächtigter Rechtsanwalt Gebühren nach dem Rechtsanwaltsvergütungsgesetz beanspruchen.

▶ Testierfähigkeit

Eine → *Verfügung von Todes wegen* kann grds. jeder errichten, der geschäftsfähig ist. Die Geschäftsfähigkeit eines Erblassers mit → *ausländischer Staatsangehörigkeit* beurteilt sich nach seinem Heimatrecht (Art 7 Abs. 1 EGBGB). Die Verfügung kann nur höchstpersönlich vom Erblasser selbst abgefasst werden, Vertretung ist unzulässig.

1. Minderjährige

Ein Minderjähriger kann ein → *Testament* erst errichten, wenn er das 16. Lebensjahr vollendet hat (§ 2229 Abs. 1 BGB). Anders als nach den allgemeinen Regeln benötigt er zur Errichtung eines Testaments weder die Zustimmung des gesetzlichen Vertreters noch die des Familiengerichts (§ 2229 Abs. 2 BGB). Da er aufgrund seiner Jugend der Beratung bedarf, kann er ein Testament nicht privatschriftlich, sondern nur vor einem → *Notar* durch Erklärung gegenüber dem Notar oder durch Übergabe einer offenen Schrift errichten (§§ 2233 Abs. 1, 2247 Abs. 4 BGB). Dies gilt auch für das → *Bürgermeistertestament* (§ 2249 Abs. 1 BGB). Zum Abschluss eines → *Erbvertrags* muss der Erblasser jedoch unbeschränkt geschäftsfähig sein (§ 2275 Abs. 1 BGB). Schließen jedoch Ehegatten und Verlobte einen Erbvertrag ab, so genügt beschränkte Geschäftsfähigkeit; erforderlich ist dann aber die Zustimmung des gesetzlichen Vertreters und, falls dieser Vormund ist, auch die Genehmigung des Familiengerichts (§ 2275 Abs. 2, 3 BGB).

2. Testierunfähigkeit

Wer wegen krankhafter Störung der Geistestätigkeit, wegen Geistesschwäche oder wegen Bewusstseinsstörung nicht in der Lage ist, die Bedeutung einer von ihm abgegebenen Willenserklärung einzusehen und nach dieser Einsicht zu handeln, ist testierunfähig (§ 2229 Abs. 4 BGB). Wird die Verfügung von Todes wegen aber in so genannten lichten Augenblicken (lucida intervalla) errichtet, ist sie jedoch wirksam; der Geist oder das Bewusstsein des Erblassers muss gerade bei der Errichtung der Verfügung ungestört sein. Schwierig ist in solchen Fällen allerdings der Nachweis, dass zum Zeitpunkt der Errichtung des Testaments der Erblasser im Vollbesitz seiner geistigen Kräfte war. Hier empfiehlt sich die Ausstellung eines entsprechenden ärztlichen Attestes. Die Bestellung eines → *Betreuers* berührt die Testierfähigkeit nicht, hier gelten die gleichen Voraussetzungen.

▶ **Testierfreiheit**

Die Testierfreiheit gibt dem Erblasser grds. das Recht, ohne Grund in beliebiger Weise von der → *gesetzlichen Erbfolge* abzuweichen. Hierzu gibt es jedoch verschiedene Einschränkungen.

1. Pflichtteilsrecht

Der Erblasser kann auch seine nächsten Angehörigen ausschließen. Diese werden jedoch durch das → *Pflichtteilsrecht* (§§ 2303 ff. BGB) geschützt; das Gesetz geht davon aus, dass der Erblasser seine nächsten Blutsverwandten nicht völlig übergehen darf. Es schafft damit einen Ausgleich zwischen den Prinzipien der gesetzlichen Erbfolge der → *Verwandten* und der privatautonomen Testierfähigkeit. Nur in Ausnahmefällen kann der Erblasser einen → *Pflichtteilsentzug* oder eine → *Pflichtteilsbeschränkung* aussprechen. Durch den Pflichtteil ist den nächsten Verwandten ein schuldrechtlicher Zahlungsanspruch regelmäßig in Höhe der Hälfte des gesetzlichen → *Erbteils* gewährt.

2. Gesetzliche Verbote

Was der Erblasser nicht durch Rechtsgeschäft unter Lebenden erreichen kann, weil es gegen ein gesetzliches Verbot verstößt, kann er auch nicht durch eine Verfügung von Todes wegen umgehen. Die Testierfreiheit umfasst auch nicht die Befugnis, letztwillig zu wählen, nach welcher Rechtsordnung sich die Erbfolge und erbrechtlichen Ansprüche richten sollen; der Erblasser kann also nicht anordnen, dass er etwa nach angloamerikanischem Recht beerbt werden soll.

3. Sittenwidrigkeit der Verfügung von Todes wegen

Nach § 138 Abs. 1 BGB ist ein Rechtsgeschäft nichtig, das gegen die guten Sitten verstößt. Dies gilt auch für die Verfügung von Todes wegen. Eine Verfügung verstößt aber nicht schon deswegen gegen die guten Sitten, weil der Erblasser seine nächsten Angehörigen enterbt hat; diese sind durch das → *Pflichtteilsrecht* in bestimmtem

Rahmen geschützt. Ist die Verfügung jedoch nach ihrem Inhalt, Zweck, Ausmaß und Beweggrund sittenwidrig, so ist sie unwirksam. Nichtig ist etwa die Bedingung, das Religionsbekenntnis zu wechseln oder eine bestimmte Person zu heiraten oder nicht zu heiraten. Nichtig kann auch das so genannte → Geliebten-Testament sein.

4. Rechtsgeschäftliche Beschränkungen der Testierfreiheit

Ein Vertrag, durch den sich jemand verpflichtet, eine Verfügung von Todes wegen zu errichten oder nicht zu errichten, aufzuheben oder nicht aufzuheben, ist nichtig (§ 2302 BGB). Auch eine Vertragsstrafe zur Sicherung einer solchen unwirksamen Verpflichtung wäre unwirksam (§ 344 BGB).

5. Bestimmung durch andere Personen (§ 2065 BGB)

Der Erblasser kann eine letztwillige Verfügung auch nicht in der Weise treffen, dass ein anderer zu bestimmen hat, ob sie gelten oder nicht gelten soll. Ebenso wenig kann er die Bestimmung der Person, die eine Zuwendung erhalten soll oder die Bestimmung des Gegenstands der Zuwendung einem anderen überlassen (§ 2065 BGB). Der Erblasser kann daher nicht etwa seinem Ehegatten überlassen, darüber zu entscheiden, welche von mehreren Verfügungen gelten soll, um auch einer Veränderung der Verhältnisse nach seinem Tod gerecht zu werden. Auch die Ernennung eines → Nacherben oder → Ersatzerben kann der Erblasser nicht einem anderen, insbesondere dem Erben überlassen.

Ausnahmen hiervon bestehen in bestimmten Fällen: So kann es der Erblasser einem Erben oder dem → Testamentsvollstrecker oder dritten Personen überlassen, nach vom Erblasser bestimmten Grundsätzen aus einem vom Erblasser bestimmten Personenkreis den geeignetsten auszuwählen, etwa zur Fortführung seiner Firma, wenn bei Errichtung des Testaments bzw. beim Tod des Erblassers seine Söhne noch minderjährig sind. Auch das Gesetz sieht solche Ausnahme vor: So kann der Erblasser nach § 2153 BGB mehrere mit einem → Vermächtnis in der Weise bedenken, dass der Beschwerte oder ein Dritter bestimmen kann, was jeder von dem vermachten Gegenstand erhalten soll. Der Erblasser kann ein Vermächtnis auch in der Art anordnen, dass der Bedachte von mehreren Gegenständen nur den einen oder den anderen erhalten soll, und zu diesem Zweck die Wahl einem Dritten übertragen (§ 2154 BGB, Wahlvermächtnis). Bei der Anordnung einer → *Auflage* kann der Erblasser die Bestimmung der Personen, an die die Leistung erfolgen soll, dem Beschwerten oder einem Dritten überlassen (§ 2193 BGB).

Auch die → *Teilungsanordnung* kann der Erblasser so treffen, dass die → *Auseinandersetzung* nach dem billigen Ermessen eines Dritten erfolgen soll (§ 2048 BGB). Auch die Bestimmung der Person des → *Testamentsvollstreckers* kann der Erblasser einem Dritten überlassen (§ 2198 BGB).

▶ Totenfürsorge

Hierzu gehören Bestimmungen über die → *Bestattung*, Grabanlage, → *Grabpflege* etc. Dieses Recht folgt nicht dem Erbrecht, sondern gründet sich gewohnheitsrechtlich auf familienrechtliche Beziehungen. Hat der Verstorbene zu Lebzeiten keinen Willen in Bezug auf seine Totenfürsorge geäußert, so steht dieses Recht seinen nächsten Angehörigen zu. Bei Verheirateten ist dies in der Regel der überlebende Ehegatte, bei Lebenspartnern der überlebende Lebenspartner; dieser kann im Konfliktfall andere Angehörige oder Erben von Grabgestaltung und Grabpflege ausschließen. Wünscht dies der Verstorbene nicht, sollte er daher in einer schriftlichen Erklärung seinen Willen niederlegen; sie unterliegt nicht den Formvorschriften der → *Testamentserrichtung*, sondern ist privatschriftlich gültig; ratsam ist unter Umständen Beglaubigung der Unterschrift durch den → *Notar*. Solche Bestimmungen sollten auch deshalb nicht im Testament enthalten sein, weil das Testament regelmäßig zu einem Zeitpunkt eröffnet wird, zu dem die Bestattung längst erfolgt ist.

U

▶ Überbeschwerung des Nachlasses

Grundsätzlich ist der Erbe bei Überschuldung des Nachlasses lediglich wegen → *Vermächtnissen* und → *Auflagen* nicht verpflichtet, Antrag auf Eröffnung des → *Insolvenzverfahrens* zu stellen; jedoch hat er auch dann die Möglichkeit, sich auf die → *Dürftigkeit* des Nachlasses (§ 1990 BGB) zu berufen, soweit die Überschuldung des Nachlasses auf Vermächtnissen und Auflagen beruht (§ 1992 BGB). Soweit der Nachlass zur Befriedigung von → *Nachlassverbindlichkeiten* nicht ausreicht, haftet der Erbe nicht und kann er den Nachlass zum Zweck der Befriedigung der Ansprüche der Vermächtnisnehmer und Auflagengläubiger im Weg der Zwangsvollstreckung herausgeben. Will der Erbe sich die Erbschaft erhalten, das Insolvenzverfahren vermeiden, gleichzeitig aber mit seinem Privatvermögen nicht haften, so beruft er sich auf die Dürftigkeit des Nachlasses und kann die Herausgabe der noch vorhandenen Nachlassgegenstände durch Zahlung des Wertes abwenden (§ 1992 S. 2 BGB).

▶ Übergabe einer Schrift

→ *Notarielles Testament (§§ 2231 ff. BGB)*

▶ Überschuldung des Erben

Nicht selten möchte ein Erblasser verhindern, dass sein Nachlass lediglich den Gläubigern eines in wirtschaftliche Not geratenen bzw.

überschuldeten Kindes zufällt. Hier ist die → *Pflichtteilsbeschränkung in guter Absicht* gem. § 2338 BGB zweckmäßig. Der Erblasser kann das → *Pflichtteilsrecht* des Abkömmlings durch die Anordnung beschränken, dass nach dem Tod des Abkömmlings dessen gesetzliche Erben das ihm Hinterlassene oder den ihm gebührenden Pflichtteil als → *Nacherben* oder als Nachvermächtnisnehmer nach dem Verhältnis ihrer gesetzlichen Erbteile erhalten sollen. Der Erblasser kann auch für die Lebenszeit des Abkömmlings die Verwaltung einem → *Testamentsvollstrecker* übertragen; der Abkömmling hat in einem solchen Fall Anspruch auf den jährlichen Reinertrag. Der Pflichtteilsanspruch selbst ist nur pfändbar, wenn er durch Vertrag anerkannt oder rechtshängig ist (§ 852 Abs. 1 ZPO).

Der Erblasser kann den überschuldeten Abkömmling aber auch zum Erben einsetzen und → *Vor- und Nacherbschaft* anordnen: Nach § 2115 BGB ist die Zwangsvollstreckung in einen Erbschaftsgegenstand, der der Nacherbfolge unterliegt, im Fall des Eintritts der Nacherbfolge insoweit unwirksam, als sie das Recht des Nacherben vereiteln oder beeinträchtigen würde; sie ist also immerhin zulässig. Deshalb ist zusätzlich die Anordnung der → *Testamentsvollstreckung* neben der Anordnung von → *Vor- und Nacherbfolge* erforderlich, um den Zugriff der Gläubiger des Erben nach § 2214 BGB überhaupt auszuschließen. Der Erblasser kann seinem Abkömmling dadurch Einfluss auf die Verwaltung des Nachlasses geben, dass er ihn zum Mittestamentsvollstrecker ernennt. Empfehlenswert ist es, zu den Aufgaben des Testamentsvollstreckers auch die Wahrnehmung der Rechte der → *Nacherben* zu bestimmen.

Der Erblasser kann sein Ziel auch dadurch erreichen, dass er sofort seine Enkelkinder zu Erben einsetzt und dem Abkömmling durch → *Vermächtnis* Vermögensgegenstände zuwendet, die entweder nicht pfändbar sind, wie etwa ein Wohnungsrecht, dessen Ausübung Dritten nicht überlassen werden kann (vgl. §§ 1092, 1093 BGB) oder deren Pfändung kaum befürchtet werden muss, wie z. B. Einräumung eines Nießbrauchs an den Einrichtungs- und Hausratsgegenständen. Der Erblasser kann den Abkömmling zum → *Testamentsvollstrecker* oder Mit-Testamentsvollstrecker einsetzen.

► **Überschuldung des Nachlasses**

→ *Nachlassinsolvenzverfahren*, → *Nachlassverwaltung*

► **Uneheliches Kind**

→ *Nichteheliches Kind.* Der Begriff „unehelich" wurde vom Nichtehelichengesetz mit Wirkung vom 1.7.1970 durch das Wort „nichtehelich" ersetzt.

► **Unterhaltspflichten des Erblassers**

1. Dreißigster (§ 1969 BGB)

Der Erbe ist verpflichtet, Familienangehörigen des Erblassers, die zurzeit des Todes des Erblassers zu dessen Hausstand gehört und von ihm Unterhalt bezogen haben, in den ersten 30 Tagen nach dem Eintritt des Erbfalls in demselben Umfang Unterhalt zu gewähren und die Benützung der Wohnung und der Haushaltsgegenstände zu gestatten, wie der Erblasser es getan hat (§ 1969 BGB, → *Dreißigster*).

2. Werdende Mutter

Ist zurzeit des Erbfalls die Geburt eines Erben zu erwarten, so kann die Mutter, wenn sie außerstande ist, sich selbst zu unterhalten, bis zur Entbindung angemessenen Unterhalt aus dem → *Nachlass* verlangen oder aus dem → *Erbteil* des Kindes, wenn noch andere Personen als Erben berufen sind (§ 1963 BGB). Die Mutter braucht nicht Witwe des Erblassers zu sein. Es ist gleichgültig, ob das Kind ehelich oder → *nichtehelich* ist, wenn es nur → *gesetzlicher Erbe* oder eingesetzter Erbe ist. Erhält die Mutter Unterhalt aufgrund des → *Dreißigsten* (§ 1969 BGB), so steht ihr dieser Anspruch nicht zu.

Ist der Kindesvater vor der Geburt des Kindes gestorben, so haben nach § 1615 n BGB seine Erben für den Unterhalt der Mutter für die Dauer von sechs Wochen vor und acht Wochen nach der Geburt des Kindes sowie für die Kosten aufzukommen, die infolge der Schwangerschaft oder der Entbindung entstehen (§ 1615 l BGB), ferner für die Beerdigungskosten der Mutter, wenn diese infolge der Schwangerschaft oder der Entbindung stirbt und die Bezahlung nicht von den Erben der Mutter zu erlangen ist (§ 1615 m BGB).

3. Verwandte

→ *Verwandte* in gerader Linie sind gem. §§ 1601 ff. BGB verpflichtet, einander Unterhalt zu gewähren. Diese Unterhaltsansprüche erlöschen grds. mit dem Tod des Verpflichteten; ausgenommen sind solche Ansprüche, die auf Erfüllung oder Schadensersatz wegen Nichterfüllung für die Vergangenheit oder auf solche im Voraus zu bewirkende Leistungen gerichtet sind, die zurzeit des Todes des Erblassers fällig sind (§ 1615 BGB).

4. Geschiedener Ehegatte

Der Unterhaltsanspruch des geschiedenen Ehegatten (→ *Scheidung*) bemisst sich nach den §§ 1569 ff. BGB. Mit seinem Tod geht die Unterhaltspflicht des Erblassers gegenüber seinem geschiedenen Ehegatten auf die Erben als → *Nachlassverbindlichkeit* über. Dabei sind zwei Einschränkungen zu beachten: Einerseits entfällt die Einschränkung, dass der Verpflichtete den Unterhalt nur insoweit leisten muss, als er ohne Gefährdung des eigenen angemessenen Unterhalts dazu imstande ist (§ 1581 BGB), andererseits haftet der Erbe nicht über einen Betrag hinaus, der dem Pflichtteil entspricht, welcher dem Berechtigten zustünde, wenn die Ehe nicht geschieden worden wäre (§ 1586 b Abs. 1 S. 3 BGB); eine Erhöhung des → *Pflichtteils* nach § 1371 Abs. 1 oder § 1934 Abs. 4 BGB bleibt gem. § 1586 b Abs. 2 BGB außer Betracht. Bei einem → *Pflichtteilsverzicht* unter → *Ehegatten* sollte daher klargestellt werden, ob sich dieser auch auf die Ansprüche nach § 1586 b BGB erstrecken soll oder nicht.

5. Lebenspartner nach Aufhebung der Lebenspartnerschaft

Kann ein Lebenspartner nach der Aufhebung der Lebenspartnerschaft nicht selbst für seinen Unterhalt sorgen, kann er gem. § 16 LPartG vom anderen Lebenspartner den nach den Lebensverhältnissen während der Lebenspartnerschaft angemessenen Unterhalt verlangen, soweit und solange von ihm eine Erwerbstätigkeit, insbesondere wegen seines Alters oder wegen Krankheit oder anderer Gebrechen, nicht erwartet werden kann. Mit seinem Tod geht die Unterhaltspflicht des Erblassers gegenüber seinem früheren Lebenspartner auf die Erben als → *Nachlassverbindlichkeit* über. Dabei sind zwei Einschränkungen zu beachten: Einerseits entfällt die Einschränkung, dass der Verpflichtete den Unterhalt nur insoweit leisten muss, als er ohne Gefährdung des eigenen angemessenen Unterhalts dazu imstande ist (§ 1581 BGB), andererseits haftet der Erbe nicht über einen Betrag hinaus, der dem Pflichtteil entspricht, welcher dem Berechtigten zustünde, wenn die Lebenspartnerschaft nicht aufgehoben worden wäre (§ 1586 b Abs. 1 S. 3 BGB). Gemäß § 16 Satz 2 LPartG gelten die allgemeinen Regeln der §§ 1570 bis 1586 b und 1609 BGB; insbesondere ist die bisherige eigenständige Regelung des § 16 Abs. 2 LPartG beseitigt, die einen Nachrang des Unterhaltsanspruchs des Lebenspartners vorsah.

▶ **Unzulänglichkeitseinrede**

Ist der → *Nachlass* nicht nur dürftig, sondern auch überschuldet, so kann der → *Erbe* neben der Haftungsbeschränkung auf den Nachlass auch die volle Befriedigung der Nachlassgläubiger aus dem Nachlass verweigern, insbesondere der → *Pflichtteils -,* → *Vermächtnis -* und → *Auflageberechtigten* (§ 1991 Abs. 4 BGB). Erst recht steht dem Erben die Unzulänglichkeitseinrede zu, wenn im Zeitpunkt des Erbfalls kein Nachlassvermögen vorhanden ist. Der Erbe ist verpflichtet, dem Gläubiger den Nachlass zur Befriedigung durch Zwangsvollstreckung herauszugeben, damit festgestellt werden kann, ob er unzulänglich ist.

▶ **Urheberrecht**

Das Urheberrecht ist gemäß § 28 Abs. 1 UrhG als Stammrecht vererblich, sodass die §§ 1922 ff. BGB anwendbar sind. Wegen seines starken persönlichkeitsrechtlichen Gehalts ist das Urheberrecht nach § 29 Abs. 1 UrhG nicht übertragbar, es sei denn, es wird in Erfüllung einer → *Verfügung von Todes wegen* oder an → *Miterben* im Wege der → *Erbauseinandersetzung* übertragen. § 28 UrhG regelt die Zulässigkeit der Anordnung von → *Testamentsvollstreckung*. Dies gilt richtigerweise für das gesamte Urheberrecht, also insbesondere auch über die urheberpersönlichkeitsrechtlichen Befugnisse (z. B. Veröffentlichung eines Werks, § 12 UrhG); so sieht es auch der Gesetzgeber, der in der Testamentsvollstreckung die Möglichkeit sieht, die Ausübung des Urheberrechts einer „besser geeigneten Persönlichkeit anzuvertrauen". Gemäß § 28 Abs. 2 UrhG ist die Anwendung des § 2210 BGB ausgeschlossen, um die nach dieser Vorschrift eintretende 30-jährige Befristung zu vermeiden. Eine Dauer-Testamentsvollstreckung über das Urheberrecht kann daher unabhängig von Ereignissen in der Person von Testamentsvollstrecker oder Rechtsnachfolger (§ 2210 S. 2 BGB) über die gesamte Schutzdauer des Urheberrechts (§§ 64 ff. UrhG) verfügt werden – das sind in der Regel **70 Jahre** nach dem Tod des Urheber. In solchen Fällen sind die Benennung von Ersatzvollstreckern (§ 2197 Abs. 2 BGB), Ermächtigung zur Nachfolgerernennung (§ 2198 Abs. 2 BGB) bzw. Benennungsersuchen gegenüber dem Nachlassgericht (§ 2200 Abs. 1 BGB) notwendig.

V

► **Vater**

Vater eines Kindes ist nach § 1592 BGB der Mann,

- der zum Zeitpunkt der Geburt mit der → *Mutter* des Kindes verheiratet ist,

- der die Vaterschaft anerkannt hat (→ *Anerkennung*) oder

- dessen Vaterschaft nach § 1600 d BGB gerichtlich festgestellt ist (→ *Vaterschaftsfeststellung*).

► **Vaterschaftsanerkenntnis**

→ *Anerkennung*

► **Vaterschaftsfeststellung**

Die Vaterschaftsfeststellung durch Urteil ist neben der → *Anerkennung* die Möglichkeit, die Abstammung zwischen Vater und Kind zu klären (§ 1600 d BGB). Ist die Vaterschaft nicht anerkannt, so ist sie auf Klage des Kindes oder des Mannes durch das Gericht festzustellen, das den Mann zu ermitteln hat, der das Kind gezeugt hat. Es wird vermutet, dass das Kind von dem Mann gezeugt ist, der der Mutter in der Empfängniszeit (§ 1600 d Abs. 3 BGB) beigewohnt hat (§ 1600 d Abs. 2 BGB). Die Beiwohnung muss also bewiesen werden. Der Beweis der Vaterschaft ist aber auch durch Abstammungsgutachten möglich. Die Vermutung gilt nicht, wenn nach Würdigung aller Umstände schwerwiegende Zweifel an der Vaterschaft verbleiben (§ 1600 d Abs. 2 S. 2 BGB).

▶ Verfügung von Todes wegen

Verfügung von Todes wegen ist der vom Gesetz verwendete Oberbegriff für die dem Erblasser eingeräumten zwei Formen, in denen er die Weitergabe seines Vermögens nach seinem Tod gestalten kann, nämlich → *Testament* (oder → *letztwillige Verfügung*, § 1937 BGB) und → *Erbvertrag* (§ 1941 BGB). Verfügung hat im Erbrecht nicht die Bedeutung der Verfügung über einen Gegenstand oder eines dinglichen Rechtsgeschäfts (vgl. § 185 BGB) im Gegensatz zum schuldrechtlichen Kausalgeschäft, sondern ist im Sinn von Anordnung gemeint und kann etwa die Gesamtheit aller für den Todesfall getroffenen Anordnungen oder auch nur einzelne von ihnen bezeichnen.

▶ Vergleich

→ *Nachlassvergleich*

▶ Verjährung

Die Verjährung ist ein Leistungsverweigerungsrecht, das der Schuldner nach einer bestimmten Zeit dem Gläubiger entgegensetzen kann. Die Verjährung führt nicht zum Erlöschen des Anspruchs, so dass eine Leistung nach der Verjährung mit Rechtsgrund erfolgt (§ 214 BGB). Die Verjährungsfristen waren grds. verschieden geregelt. Die regelmäßige Verjährungsfrist beträgt drei Jahre (§ 195 BGB). In 30 Jahren verjährten dagegen gem. dem durch die Pflichtteilsreform vom 2.7.2009 mit Wirkung zum 31.12.2009 aufgehobenen § 197 Abs. 1 Nr. 2 BGB z. B. familien- und erbrechtliche Ansprüche, soweit nichts anderes bestimmt war, etwa der → *Erbschaftsanspruch* der Erben gegen den Erbschaftsbesitzer. Mit der Aufhebung des § 197 Abs. 1 Nr. 2 BGB durch die Reform des Pflichtteilsrechts entfällt für alle ab dem 1.1.2010 eintretenden Erbfälle die 30-jährige Sonderverjährung für erbrechtliche Ansprüche. Auch für erbrechtliche Ansprüche gilt die Regelverjährung gem. §§ 195, 199 BGB. Für erbrechtliche Ansprüche, deren Geltendmachung eine Kenntnis voraussetzt, die möglicherweise erst in großem zeitlichen Abstand zum Erbfall erlangt wird, besteht eine neue absolute Verjährungshöchstfrist von 30 Jahren von der Entstehung des Anspruchs an (§ 199 Abs. 3 a BGB). Lediglich für den → *Erbschaftsanspruch* (§ 2018 BGB), den Anspruch des → *Nacherben* gegen den → *Vorerben* auf Herausgabe der Erbschaft (§ 2130 BGB) und den Anspruch des wirklichen Erben auf Herausgabe eines unrichtigen → *Erbscheins* (§ 2362 BGB) gilt gem. § 197 Abs. 1 Nr. 1 BGB eine Sonderverjährung von 30 Jahren. In drei Jahren verjähren gem. § 195 BGB z. B. der → *Pflichtteilsanspruch* (§ 2303 BGB), somit auch der → *Pflichtteilsergänzungsanspruch* (§ 2325 BGB), ebenso der Bereicherungsanspruch des beeinträchtigten Erben bei → *böswilligen Schenkungen* (§ 2287 BGB). Ist ein Anspruch rechtskräftig festgestellt, so verjährt er in 30 Jahren (§ 197 Abs. 1 Nr. 3 BGB).

Die Verjährung beginnt regelmäßig mit dem Schluss des Jahres, in dem der Anspruch entstanden ist und der Gläubiger von den den Anspruch begründenden Umständen und der Person des Schuldners Kenntnis erlangt oder ohne grobe Fahrlässigkeit erlangen müsste (§ 199 Abs. 1 BGB). Die Verjährung beginnt erneut, wenn der Verpflichtete dem Gläubiger gegenüber den Anspruch durch Abschlagszahlung, Zinszahlung, Sicherheitsleistung oder in anderer Weise anerkennt (§ 212 Abs. 1 Nr. 1 BGB). Sie wird gehemmt u. a. durch gerichtliche Geltendmachung des Anspruchs (§ 204 Abs. 1 Nr. 1 BGB). Mündliche oder schriftliche Geltendmachung unterbricht die Verjährung nicht.

Nicht zu verwechseln hiermit sind Ausschlussfristen, wie etwa die 6-Wochen – bzw. 6-Monate-Frist bei der → *Ausschlagung* (§ 1944 BGB); hierbei handelt es sich nicht um einen Anspruch, sondern um ein Gestaltungsrecht; wird diese Frist versäumt, so erlischt das Recht. Weitere Fristen sieht das Erbrecht etwa beider → *Dreimonatseinrede* (§ 2014 BGB) oder den Einreden des → *Aufgebotsverfahrens* (§ 2015 BGB, Einjahresfrist) oder der Verschweigungseinrede (§ 1974 Abs. 1 BGB, 5-Jahresfrist) vor.

▶ **Verlöbnis**

Als Verlöbnis bezeichnet das BGB das im Sprachgebrauch „Verlobung" genannte Versprechen eines Mannes und einer Frau, miteinander die Ehe eingehen zu wollen (§§ 1297 ff. BGB) oder zweier gleichgeschlechtlicher Personen, miteinander eine eingetragene Lebenspartnerschaft zu begründen (§ 1 Abs. 3 LPartG). Das Versprechen bedarf keiner besonderen Form, um wirksam zu sein. Ein → *eheähnliches Verhältnis*, das auf Dauer angelegt ist, bei dem aber eine Heirat oder Lebenspartnerschaft gerade nicht beabsichtigt oder auch nicht möglich ist, begründet kein Verlöbnis und hat auch nicht dessen Rechtsfolgen. Tritt ein Verlobter vom Verlöbnis zurück, so hat er dem anderen Verlobten und dessen Eltern den Schaden zu ersetzen, der daraus entstanden ist, dass sie in Erwartung der Ehe bzw. Lebenspartnerschaft Aufwendungen gemacht haben oder Verbindlichkeiten eingegangen sind; die Ersatzpflicht tritt nur insoweit ein, als die Aufwendungen den Umständen nach angemessen waren, und entfällt, wenn ein wichtiger Grund für den Rücktritt vorliegt (§ 1298 BGB). Jeder Verlobte kann vom anderen die Herausgabe der Geschenke nach den Vorschriften über die Herausgabe einer ungerechtfertigten Bereicherung fordern, wenn die Eheschließung oder Lebenspartnerschaft unterbleibt. Eine → *letztwillige Verfügung*, durch die der Erblasser seinen mit ihm verlobten Partner bedacht hat, ist unwirksam, wenn das Verlöbnis vor dem Tod des Erblasser aufgelöst worden ist (§ 2077 Abs. 2 BGB), wenn nicht anzunehmen ist, dass der Erblasser sie auch für einen solchen Fall getroffen haben würde (§ 2077 Abs. 3 BGB).

▶ **Vermächtnis**

Ein Vermächtnis ist die Zuwendung von einzelnen Vermögensgegenständen, die keine Erbeinsetzung darstellt.

1. Begriff

Mit Hilfe des Vermächtnisses kann der Erblasser durch → *Verfügung von Todes wegen* einem anderen einen Vermögensvorteil zuwenden, ohne ihn als → *Erben* einzusetzen (§ 1939 BGB). Das Vermächtnis begründet für den Bedachten das Recht, von dem Beschwerten die

Leistung des vermachten Gegenstandes zu fordern (§ 2174 BGB). Von der Erbeinsetzung unterscheidet sich das Vermächtnis daher vor allem dadurch, dass nur ein oder mehrere einzelne Gegenstände zugewendet werden, und es sich nicht um Gesamtnachfolge handelt; der Vermächtnisnehmer erwirbt nicht unmittelbar den vermachten Gegenstand, wird also nicht etwa mit dem Tod des Erblassers automatisch Eigentümer, sondern bekommt nur einen schuldrechtlichen Anspruch auf Leistung dieses Gegenstandes gegen den → *Nachlass*. Der Vermächtnisgegenstand muss also nach den allgemeinen Regeln übertragen werden; ein vermachtes → *Grundstück* muss etwa nach §§ 873, 925 BGB aufgelassen und im Grundbuch auf den Vermächtnisnehmer umgeschrieben werden, eine vermachte Forderung muss nach § 398 BGB abgetreten werden. Nach § 1967 Abs. 2 BGB gehören auch die Verbindlichkeiten aus Vermächtnissen zu den → *Nachlassverbindlichkeiten*.

2. Vermächtnisgegenstand

a) Vermögensvorteil

Das Vermächtnis ist gem. § 1939 BGB ein „Vermögensvorteil", den der Erblasser durch Testament einem anderen zuwendet, ohne ihn als Erben einzusetzen. Es handelt sich also um eine Begünstigung des Vermögens des Bedachten im weitesten Sinn. Darunter fallen nicht nur die Verschaffung des Eigentums oder des Besitzes oder die Aufhebung eines Rechts, das den Vermächtnisnehmer belastet, sondern auch die Verschaffung von Ansprüchen jeder Art, Gebrauchsgewährung einer Sache, wie → *Nießbrauch*, Möglichkeit eine Sache zu erwerben etc. Bedeutet die Verfügung keinen Vermögensvorteil für den Begünstigten, so handelt es sich nicht um ein Vermächtnis, sondern unter Umständen um eine → *Auflage* oder → *Testamentsvollstreckung*.

Ein Vermächtnis, das auf eine zurzeit des → *Erbfalls* unmögliche Leistung gerichtet ist oder gegen ein zu dieser Zeit bestehendes gesetzliches Verbot verstößt, ist unwirksam (§ 2171 BGB).

Entscheidend ist der Zeitpunkt des Erbfalls, nicht der Zeitpunkt der Errichtung der → *Verfügung von Todes wegen*. Wird die Leistung nach dem Erbfall ohne Verschulden des Beschwerten unmöglich, so ist er von seiner Leistungspflicht frei (§ 275 BGB); bei Verschulden hat er dem Vermächtnisnehmer den entstehenden Schaden zu ersetzen (§ 280 BGB).

b) Vermächtnisarten

Am häufigsten sind Vermächtnisse, die auf einen bestimmten Geldbetrag oder Gegenstand gerichtet sind. Bei **Geldvermächtnissen** ist häufig ein Zusatz empfehlenswert, wonach die Geldbeträge entspr. zu kürzen sind, wenn das gesamte Barvermögen im Zeitpunkt des Erbfalls geringer als zurzeit der Abfassung des Testaments ist. Geldvermächtnisse können wertgesichert werden, indem der Erblasser zusätzlich zum bestimmten Geldbetrag die Summe vermacht, die der Geldentwertung entspricht. Bei → *Grundstücken* ist zu klären, ob der Vermächtnisnehmer die eingetragenen Belastungen zu übernehmen hat oder nicht (§§ 2165 ff. BGB). Ferner sollte erwähnt werden, wer die Kosten der Erfüllung des Vermächtnisses trägt, also insbesondere Notar- und Gerichtskosten.

Der Erblasser kann die Bestimmung des Gegenstandes der Zuwendung nicht einem anderen überlassen, sondern muss sie in seiner Verfügung von Todes wegen regeln (§ 2065 Abs. 2 BGB, → *Testierfreiheit*). Er kann ein Vermächtnis aber auch so anordnen, dass der Bedachte von mehreren Gegenständen nur den einen oder den anderen erhalten soll; in diesem Ausnahmefall kann der Erblasser die **Wahl** einem Dritten übertragen, die dann durch Erklärung gegenüber dem Beschwerten erfolgt (Wahlvermächtnis, § 2154 BGB).

Formulierungsbeispiele:

„Meinen Erben beschwere ich mit folgenden Vermächtnissen:
a) Meine Schwester … erhält einen Geldbetrag in Höhe von 5000 Euro,
b) mein Bruder … erhält nach seiner Wahl meine goldene Taschenuhr oder meinen Brillantring,
c) meine Lebensgefährtin erhält mein Ferienhaus… Sie hat die auf dem Grundstück lastende Grundschuld und das ihr zugrunde liegende Darlehen, so wie es bei meinem Ableben valutiert ist, zu übernehmen. Alle Kosten und Steuern im Zusammenhang mit der Übertragung gehen zulasten des Erben.
d) Meiner Haushälterin vermache ich den lebenslänglichen unentgeltlichen Nießbrauch an meiner Eigentumswohnung in München, Ludwigstr. 5. Die Nießbraucherin ist berechtigt, alle Nutzungen aus der Eigentumswohnung zu ziehen und

verpflichtet, die auf dem Wohnungseigentum ruhenden privaten und öffentlichen Lasten zu tragen. Abweichend von der gesetzlichen Regelung obliegen der Nießbraucherin auch die außerordentlichen Lasten sowie die außergewöhnlichen Ausbesserungen und Erneuerungen. Im Übrigen gelten für das Nießbrauchsrecht die gesetzlichen Bestimmungen. Der Nießbrauch ist im Grundbuch auf Kosten des Erben dinglich abzusichern. Die Erbschaftsteuer für dieses Vermächtnis geht zulasten der Nießbraucherin.

Sollte einer der zu a, b oder d Bedachten vor mir versterben, so entfällt das jeweilige Vermächtnis. Als Ersatzvermächtnisnehmer für meine Lebensgefährtin bestimme ich deren Sohn Wolfgang.

Die Vermächtnisse sind unverzüglich nach meinem Tod von meinem Erben zu erfüllen."

Grundsätzlich ist das Vermächtnis eines bestimmten Gegenstandes unwirksam, wenn der Gegenstand zurzeit des Erbfalles nicht zur Erbschaft gehört; etwas anderes gilt, wenn der Gegenstand dem Bedachten auch für den Fall zugewendet sein soll, dass er nicht zur Erbschaft gehört (§ 2169 Abs. 1 BGB). In diesem Fall hat der Beschwerte dem Bedachten den Gegenstand zu verschaffen (**Verschaffungsvermächtnis, § 2170 BGB**). Dazu ist es unter Umständen erforderlich, dass der Beschwerte die fremde Sache vom Eigentümer kaufen und dafür sorgen muss, dass dieser das Eigentum unmittelbar auf den Vermächtnisnehmer überträgt oder auf den Beschwerten selbst, der es dann seinerseits auf den Vermächtnisnehmer zu übertragen hat. Ist der Beschwerte zur Beschaffung außerstande, so hat er den Wert zu bezahlen. Ist die Verschaffung nur mit unverhältnismäßigen Aufwendungen möglich, so kann sich der Beschwerte durch Bezahlung des Wertes befreien (§ 2170 Abs. 2 BGB). Der vermachte Gegenstand ist grds. frei von Rechten zu verschaffen, die Dritte gegen den Vermächtnisnehmer geltend machen können (§ 2182 BGB).

3. Der Beschwerte

Mit einem Vermächtnis kann der → *Erbe* oder ein Vermächtnisnehmer beschwert werden. Soweit nicht der Erblasser etwas anderes bestimmt hat, ist der Erbe beschwert (§ 2147 BGB). Es ist dabei unerheblich, ob der Erbe → *gesetzlicher Erbe oder gewillkürter Erbe* ist oder ob er → *Alleinerbe* oder → *Miterbe* oder nur → *Ersatzerbe*, ob er

→ *Vorerbe* oder → *Nacherbe* ist. Auch vertragsmäßig bindend oder durch wechselbezügliche Verfügung in einem → *gemeinschaftlichen Testament* eingesetzte Erben können mit einem Vermächtnis beschwert werden; bei nachträglicher Anordnung eines Vermächtnisses ist allerdings zu prüfen, ob der Erblasser den Erben noch einseitig beschweren kann.

Auch ein Vermächtnisnehmer kann seinerseits durch ein Untervermächtnis beschwert werden. Andere Personen können dagegen nicht beschwert werden, insbesondere nicht der durch eine → *Auflage* Begünstigte. Auch der Empfänger einer bereits vollzogenen → *Schenkung* von Todes wegen (§ 2301 BGB) kann nicht mit einem Vermächtnis beschwert werden. Streitig ist, ob auch der mit einem Vermächtnis beschwert werden kann, der aus einem Vertrag zugunsten Dritter, z. B. einer → *Lebensversicherung*, das Recht auf die versprochene Leistung mit dem Tod des Versprechensempfängers erwirbt (§ 331 BGB), wenn dem Versprechensempfänger das Recht vorbehalten ist, die Person des Begünstigten einseitig zu ändern (§ 332 BGB) (bejahend Schlüter, Erbrecht, § 43 II 1 c; verneinend Palandt/Weidlich, § 2147 BGB Anm. 4).

Sind mehrere Erben mit demselben Vermächtnis beschwert, so sind sie Gesamtschuldner des Vermächtnisnehmers (§§ 2058, 1967 Abs. 2 BGB), mehrere beschwerte Vermächtnisnehmer dagegen nur dann, wenn die Leistung des Untervermächtnisses unteilbar ist (§ 431 BGB); andernfalls schulden sie das Untervermächtnis geteilt nach dem Wertverhältnis ihrer Vermächtnisse. Im Innenverhältnis sind die mehreren Erben nach dem Verhältnis ihrer Erbteile, die mehreren Vermächtnisnehmer nach dem Verhältnis des Wertes ihrer Vermächtnisse ausgleichspflichtig (§§ 2148, 426 BGB).

Formulierungsbeispiele:

1. Meiner Haushälterin vermache ich auf ihre Lebenszeit eine monatliche Rente von 500 Euro. Die Rente ist zu zahlen erstmals am 1. des auf meinen Tod folgenden Monats. Mit diesem Vermächtnis beschwere ich allein meinen Sohn Karl.
2. Meinem Freund Max vermache ich meine gesamte Uhrensammlung. Meine goldene Rolex-Uhr erhält als Untervermächtnis sein Sohn Rudolf, sobald er sein Abitur bestanden hat.

Die Forderung des Vermächtnisnehmers steht im → *Nachlassinsolvenzverfahren* im Rang hinter den übrigen Forderungen der Insolvenzgläubiger (§ 39 InsO), auch hinter dem → *Pflichtteilsanspruch* (§ 327 Abs. 1 Nr. 2 InsO). Sie steht auch hinter den ausgeschlossenen und säumigen Gläubigern, die ihre Forderungen geltend gemacht haben (§ 1973 Abs. 1 S. 2 BGB).

Im Übrigen gehört die Vermächtnisforderung zu den → *Nachlassverbindlichkeiten* und unterliegt deren Regeln. Hat der Erbe also das Recht zur Haftungsbeschränkung weder allgemein noch gegenüber einem bestimmten Vermächtnisnehmer verloren und ist der Nachlass überschuldet, so kann der Erbe seine **Haftung** auf den Nachlass durch die Einrede der beschränkten Erbenhaftung beschränken (§ 1992 BGB).

Haftet der Erbe dagegen unbeschränkbar, so muss er Vermächtnisse auch aus seinem Eigenvermögen decken.

4. Der Vermächtnisnehmer

a) Person

Vermächtnisnehmer kann jede rechtsfähige, also nicht nur eine natürliche, sondern auch eine juristische Person sein. Anders als der → *Erbe* (§ 1923 Abs. 2 BGB) muss der Vermächtnisnehmer beim → *Erbfall* nicht einmal erzeugt, auch seiner Person nach nicht bestimmt sein; dem Nichterzeugten fällt das Vermächtnis mit seiner Geburt an (§ 2178 BGB), wenn sie in den zeitlichen Grenzen der §§ 2162, 2163 BGB (grds. dreißigjährige Frist) erfolgt (§ 2179 BGB). Der Vermächtnisnehmer muss den Erbfall jedoch erleben, sonst wird das Vermächtnis mit seinem Tod unwirksam (§ 2160 BGB). Der Erblasser kann die Bestimmung der Person, die eine Zuwendung erhalten soll, nicht einem anderen überlassen (§ 2065 Abs. 2 BGB).

Für → *Annahme* und → *Ausschlagung* des Vermächtnisses gelten die allgemeinen Regeln. Die Annahme sowie die Ausschlagung des Vermächtnisses erfolgen durch Erklärung gegenüber dem Beschwerten. Die Erklärung kann erst nach dem Eintritt des Erbfalls abgegeben werden; sie ist unwirksam, wenn sie unter einer Bedingung oder einer Zeitbestimmung abgegeben wird. Der Vermächtnisnehmer

kann das Vermächtnis nicht mehr ausschlagen, wenn er es angenommen hat (§ 2180 BGB). Eine Anfechtungsfrist gibt es nicht.

b) Sonderfälle

Für den Fall, dass der zunächst Bedachte das Vermächtnis nicht annimmt, kann der Erblasser den Gegenstand des Vermächtnisses einem anderen zuwenden (§ 2190 BGB). Dieser Fall ist entspr. wie die
→ *Ersatzerbfolge* ausgestaltet.

Formulierungsbeispiel:

„Sollte einer der zu a) oder b) Bedachten vor mir versterben oder das Vermächtnis nicht annehmen, bestimme ich als Ersatzvermächtnisnehmer jeweils deren
Abkömmling nach unter sich gleichen Anteilen."

Der Erblasser kann ein Vermächtnis auch einem Erben oder Miterben zuwenden; es handelt sich dann um das so genannte → *Voraus-*
vermächtnis, das als Vermächtnis auch insoweit gilt, als der Erbe
selbst beschwert ist (§ 2150 BGB).

Formulierungsbeispiel:

„Meinem Sohn Karl vermache ich im Voraus, also zusätzlich zu seinem Erbteil,
meine Briefmarkensammlung."

Der Erblasser kann den vermachten Gegenstand von einem nach
dem Anfall des Vermächtnisses eintretenden bestimmten Zeitpunkt
oder Ereignis an einem Dritten zuwenden; es handelt sich dann um
ein sogenanntes → *Nachvermächtnis*.

5. Anfall des Vermächtnisses

Die Forderung des Vermächtnisnehmers kommt in der Regel mit
dem → *Erbfall* zur Entstehung (§ 2176 BGB). Auf die → *Annahme*
der Erbschaft kommt es nicht an, da ein Vermächtnis auch dann
wirksam bleibt, wenn der Beschwerte nicht Erbe wird (§ 2161
BGB). Ist das Vermächtnis unter einer aufschiebenden Bedingung
oder unter einem Anfangstermin angeordnet und treten Bedingung
oder Termin erst nach dem Erbfall ein, so erfolgt der Anfall des Vermächtnisses mit dem Eintritt der Bedingung oder des Termins
(§ 2177 BGB).

Wenn der Erblasser nichts anderes bestimmt hat, ist das Vermächtnis sofort fällig (§ 271 BGB). Ist die Zeit der Erfüllung des Vermächtnisses dem freien Belieben des Beschwerten überlassen, so wird die Leistung im Zweifel mit dem Tod des Beschwerten fällig (§ 2181 BGB).

Formulierungsbeispiel:

> „Die Vermächtnisse sind unverzüglich nach meinem Tod von meinem Erben zu erfüllen."

▶ Vermögensstand

→ *Ausgleichsgemeinschaft der Lebenspartner,* → *Lebenspartnerschaftsvertrag,* → *Vermögenstrennung*

▶ Vermögenstrennung

Lebenspartner, die **ab 1.1.2005** eine eingetragene Lebenspartnerschaft begründeten, können anstelle des gesetzlichen Güterstandes der Zugewinngemeinschaft durch → *Lebenspartnerschaftsvertrag* etwas anderes vereinbaren, insbesondere den Güterstand der Gütertrennung. Für bis zum 31.12.2004 abgeschlossene Lebenspartnerschaften konnte jeder Lebenspartner bis zum 31.12.2005 dem Amtsgericht gegenüber erklären, dass für die Lebenspartnerschaft Gütertrennung gelten solle (→ *Lebenspartnerschaftsvertrag,* → *Lebenspartner-Erbrecht*); die Erklärung muss notariell beurkundet werden. Haben die Lebenspartner die Erklärung nicht gemeinsam abgegeben, so hat das Amtsgericht sie dem anderen Lebenspartner bekannt zu machen (§ 21 Abs. 2 LPartG).

Wollten die Lebenspartner einer **vor dem 1.1.2005** abgeschlossenen Lebenspartnerschaft den damals geltenden Vermögensgegenstand der → *Ausgleichsgemeinschaft* nicht, so mussten sie in einem → *Lebenspartnerschaftsvertrag* eine andere Regelung treffen; dem in der Ehe geltenden Güterstand der Gütertrennung entsprach damals die Vermögenstrennung.

Vermögenstrennung bestand in einer → *Lebenspartnerschaft,* wenn sie ausdrücklich in einem → *Lebenspartnerschaftsvertrag* (§ 7 LPartG) vereinbart wurde oder die Vereinbarung über die → *Ausgleichsgemeinschaft* oder der Lebenspartnerschaftsvertrag unwirksam war (§ 6 Abs. 3 LPartG a. F.). Sie entsprach weitgehend dem Güterstand der → *Gütertrennung* zwischen Ehegatten, ohne jedoch deren Quotenregelung des § 1931 Abs. 4 BGB bei Vorhandensein mehrerer Kinder des Erblassers zu übernehmen. Vielmehr verblieb es – anders als bei der → *Ausgleichsgemeinschaft* – bei der Regelung des § 10 Abs. 1 LPartG. Wegen der Einzelheiten der erbrechtlichen Folgen der Vermögenstrennung → *Lebenspartner-Erbrecht.*

▶ Verschweigungseinrede

Auch ohne Durchführung eines → *Aufgebotsverfahrens* kann der Erbe einen Nachlassgläubiger wie einen im Aufgebotsverfahren ausgeschlossenen Gläubiger behandeln, wenn er seine Forderung später als fünf Jahre nach dem Erbfall gegenüber dem Erben geltend macht (§ 1974 Abs. 1 BGB). Der Erbe kann den Nachlassgläubiger dann auf den Nachlassrest verweisen. Dies gilt nur dann nicht, wenn die Forderung dem Erben vor Ablauf der fünf Jahre bekannt geworden oder im Aufgebotsverfahren angemeldet worden ist.

▶ Verwahrung der Verfügung von Todes wegen

1. Notarielles Testament

Der → *Notar* soll die Niederschrift über die Errichtung des Testaments in einem Umschlag mit seinem Prägesiegel verschließen und veranlassen, dass das Testament unverzüglich in die besondere amtliche Verwahrung beim Amtsgericht gebracht wird (§ 34 Abs. 1 BeurkG) (→ *Notarielles Testament*).

2. Erbvertrag

Auch beim Abschluss eines → *Erbvertrags* soll der Notar veranlassen, dass die Urkunde unverzüglich in die besondere amtliche Verwahrung gebracht wird, sofern nicht die Vertragsschließenden die besondere amtliche Verwahrung ausschließen; im Zweifel ist ein solcher Ausschluss anzunehmen, wenn der Erbvertrag mit einem anderen Vertrag, etwa einem → *Ehevertrag*, in derselben Urkunde verbunden wird (§ 34 Abs. 2 BeurkG).

3. Eigenhändiges Testament

Ein privatschriftliches Testament ist auf Verlangen des Erblassers in die besondere amtliche Verwahrung zu nehmen (§ 2248 BGB) (→ *Eigenhändiges Testament*).

4. Zuständigkeit

Sachlich zuständig sind die Amtsgerichte (§ 342a Abs. 1 Nr. 1 FamFG), in Baden-Württemberg die Notariate. Örtlich zuständig ist das Amtsgericht am Ort der Testamentserrichtung (§ 344 Abs. 1 S. 1 Nr. 1 FamFG). Beim eigenhändigen Testament ist jedes Amtsgericht zuständig. Der Erblasser kann jederzeit die Verwahrung bei einem anderen Amtsgericht verlangen (§ 344 Abs. 1 S. 2 FamFG). Dem Erblasser soll über das in Verwahrung genommene Testament ein Hinterlegungsschein erteilt werden (§ 346 Abs. 3 FamFG).

5. Benachrichtigung anderer Stellen

Zur Mitteilungspflicht der Notare an das seit dem 1.1.2012 bei der Bundesnotarkammer in Berlin eingerichtete zentrale → *Testamentsregister* s. dort. Das Testamentsregister erfasst nicht privat verwahrte → *eigenhändige Testamente*.

Der Standesbeamte des Sterbeorts benachrichtigt ferner das zuständige Finanzamt (§ 34 Abs. 2 Nr. 1 ErbStG) durch Übersendung monatlicher Totenlisten, damit dieses die Erbschaftsteuer festsetzt.

▶ Verwaltung des Kindesvermögens

Das Vermögen eines Kindes wird bis zu seiner Volljährigkeit (18 Jahre) von seinen Eltern oder einem Vormund verwaltet. Die Vermögenssorge erstreckt sich gem. § 1638 BGB nicht auf das Vermögen, das das Kind von Todes wegen erwirbt oder das ihm unter Lebenden unentgeltlich zugewendet wird, wenn der Erblasser durch → *letztwillige Verfügung*, der Zuwendende bei der Zuwendung bestimmt hat, dass die Eltern das Vermögen nicht verwalten sollen. Will der Erblasser das Vermögen, das er einem minderjährigen Erben zuwendet, von der Verwaltungs- und Dispositionsbefugnis der Eltern oder des Vormunds ausnehmen, muss er dies daher in seiner letztwilligen Verfügung zum Ausdruck bringen. Bis zur Volljährigkeit des Erben bestellt in diesem Fall das Familiengericht einen Pfleger (§ 1909 Abs. 1 S. 2, § 1917 BGB). Der Erblasser kann auch bestimmen, dass nur ein Elternteil das Vermögen nicht verwalten soll; in diesem Fall verwaltet es der andere Elternteil (§ 1638 Abs. 3 BGB). Der Erblasser kann auch sonstige Anordnungen über die Vermögensverwaltung treffen. Die Befolgung der Anordnungen überwacht das Familiengericht (vgl. § 1803 BGB).

Möchte der Erblasser die Verwaltung des Nachlasses durch eine Vertrauensperson über den Zeitpunkt der Volljährigkeit hinaus fortgesetzt sehen, so muss er → *Testamentsvollstreckung* anordnen oder bestimmen, dass aufschiebend bedingt mit dem Eintritt der Volljährigkeit für einen gewissen Zeitraum eine Verwaltungsvollstreckung beginnt. Die Aufsicht des Familiengerichts über den Pfleger ist strenger als die Aufsicht des → *Nachlassgerichts* über den Testamentsvollstrecker. Je nachdem, welche Dauer der Verwaltung und welche Aufsicht hierüber dem Erblasser angemessen erscheint, kann er sich für die eine oder andere Gestaltung entscheiden.

▶ **Verwandte**

Verwandt sind nach § 1589 BGB Personen, wenn eine von der anderen abstammt (Verwandtschaft in gerader Linie) oder wenn beide von derselben dritten Person abstammen (Verwandtschaft in der Seitenlinie). Der Grad der Verwandtschaft bestimmt sich nach der Zahl der sie vermittelnden Geburten. In gerader Linie verwandt sind Kinder mit ihren Eltern und Großeltern, in der Seitenlinie verwandt sind Geschwister, Onkel und Neffe, Vetter und Cousine. Eltern und Kinder sind im 1. Grad in gerader Linie verwandt, Großeltern und Enkel im 2. Grad in gerader Linie. Geschwister sind im 2. Grad in der Seitenlinie verwandt, Onkel und Neffen im 3. Grad in der Seitenlinie. Ein Kind, dessen Eltern nicht verheiratet sind, ist seit Reform des Nichtehelichenrechts sowohl mit seiner Mutter und deren Familie als auch mit seinem Vater und dessen Verwandten verwandt. Ein Verwandtschaftsverhältnis wird auch durch eine → *Annahme als Kind* begründet, wenn das Adoptivkind minderjährig ist; bei Annahme eines Volljährigen entsteht nur ein Verwandtschaftsverhältnis zum Annehmenden selbst; das Verhältnis zu den bisherigen (leiblichen) Verwandten des Angenommenen bleibt bestehen. Nicht zu den Verwandten zählt der Ehegatte.

Verwandte in gerader Linie sind verpflichtet, einander → *Unterhalt* zu gewähren (§ 1601 BGB). Im Erbrecht bestimmt § 2067 BGB: Hat der Erblasser seine Verwandten oder seine nächsten Verwandten ohne nähere Bestimmung bedacht, so sind im Zweifel die Verwandten, die zurzeit des Erbfalls seine gesetzlichen Erben sein würden, als nach dem Verhältnis ihrer gesetzlichen Erbteile bedacht anzusehen. Da der Ehegatte mit dem Erblasser nicht verwandt ist, fällt er nicht hierunter. Häufig spricht aber die → *Auslegung* dafür, dass auch der Ehegatte in diesen Verwandtenbegriff einbezogen wird.

▶ Verwirkungsklauseln

Verfügt der Erblasser, dass der Bedachte eine Zuwendung nicht erhalten oder sie wieder verlieren soll, wenn er seinen letzten Willen angreift, so setzt der Erblasser den Bedachten unter der auflösenden → *Bedingung* ein, dass dieser das Testament angreift und sich seinem letzten Willen widersetzt. Es ist eine Frage der → *Auslegung*, ob schon ein Angriff außerhalb eines gerichtlichen Verfahrens ausreicht oder ob eine Klage erforderlich ist, um die Sanktion auszulösen. Unterschiedlich wird man auch den Grund des Angriffs beurteilen müssen: Bei der Geltendmachung der Nichtigkeit wegen Formmangels oder wegen fehlender Geschäftsfähigkeit des Erblassers ist dies zu bejahen; zweifelhaft wird es sein, wenn der Bedachte die → *Verfügung* anficht oder über die → *Auslegung* streitet, weil damit unter Umständen gerade der wahre Erblasserwille verwirklicht werden soll. Eine Verwirkung scheidet dann aus, wenn über den Bestand des Nachlasses oder die Echtheit der Verfügung gestritten wird. Eine weitere Auslegungsfrage ist es, ob der Erblasser den angreifenden Erben allein oder seinen ganzen Stamm treffen will.

Zu Klauseln, die bestimmen, dass bei gegenseitiger Einsetzung von Ehegatten die Geltendmachung des → *Pflichtteils* eines Kindes beim Tod des Erstversterbenden zur Folge hat, dass es auch beim Tod des Letztversterbenden nur den Pflichtteil erhält, siehe → *Pflichtteilsklausel*.

▶ **Vollerbe**

Vollerbe ist der unbeschränkte Erbe, der weder durch → *Vermächtnisse,* → *Auflagen,* → *Testamentsvollstreckung* noch sonstwie eingeschränkt ist.

▶ **Vollmacht**

Die Vollmacht über den Tod hinaus ist eine Vollmacht, die über den
Tod des → *Erblassers* hinaus wirksam ist. Es ist zweckmäßig in der
Vollmacht ausdrücklich zu bestimmen, ob sie über den Tod hinaus
gelten soll, da es sonst darauf ankommt, ob der mit der Vollmacht
verbundene Auftrag über den Tod hinauswirkt. Der Erblasser kann
eine Vollmacht auch nur für den Fall seines Todes erteilen, was in
vielen Fällen zu empfehlen ist. Die Vollmacht des Erblassers über
den Tod hinaus soll gewöhnlich dazu dienen, dem Bevollmächtigten, der auch der Erbe sein kann, gleich nach dem Erbfall die Möglichkeit zu geben, über Nachlassgegenstände, insbesondere über
Bankkonten zu verfügen, da die Beschaffung eines → *Erbscheins* oft
zeitraubend ist. Ein über den Tod des Erblassers hinaus Bevollmächtigter bedarf außerdem zur Wirksamkeit von Rechtsgeschäften für
minderjährige Erben, die sonst nur mit Zustimmung des Familiengerichts vorgenommen werden dürfen, wie z. B. Verfügung über
Grundstücke, dieser Genehmigung nicht.

Die Erben wie auch ein → *Testamentsvollstrecker* können die Vollmacht unter denselben Voraussetzungen wie der Erblasser widerrufen, da das Widerrufsrecht Teil der Erbschaft ist und auf die Erben
übergeht. Widerruft nur **ein** Erbe, erlischt sie nur mit Wirkung für
ihn. Um den Widerruf zu verhindern, muss der Erblasser die Vollmacht als unwiderrufliche gestalten, was jedoch in vielen Fällen sittenwidrig sein wird, da sie die Bewegungsfreiheit der Erben so ein-
schränkt, dass dies einer Knebelung gleichkommen kann. Der Erblasser kann eine Erbeinsetzung auch an die Bedingung knüpfen,
dass die Vollmacht nicht widerrufen wird.

Berechtigt eine Vollmacht den Bevollmächtigten auch, nach dem
Ableben des Erblassers Verfügungen über seinen Nachlass zu treffen, so bedeutet dies noch nicht, dass der Begünstigte den Vermö-

gensvorteil auch behalten darf. Hierzu ist ein wirksamer Rechtsgrund erforderlich, auch wenn der Bevollmächtigte berechtigt ist, Verfügungen zu seinen eigenen Gunsten zu treffen. Die Vollmachterteilung mit der Befugnis, zu eigenen Gunsten zu verfügen, kann aber unter Umständen darauf hindeuten, dass sie das Angebot auf Abschluss eines Schenkungsvertrages enthält. Das Angebot wird dann durch die Verfügung des Bevollmächtigten angenommen. Zugleich wird das Schenkungsversprechen vollzogen und damit der Mangel der notariellen Form geheilt (§ 518 Abs. 2 BGB).

Besonders wichtig ist, dass der Erblasser schon zu Lebzeiten mit Wirkung für den Todesfall Vollmachten über **Bankkonten** bzw. **Depots** erteilt. Siehe hierzu auch die Ausführungen zum Stichwort → *Bankkonto*.

Formulierungsbeispiele:

– Vollmacht für den Todesfall:

„Der Bevollmächtigte ist berechtigt, nach meinem der Bank durch Vorlegung einer amtlichen Sterbeurkunde nachgewiesenen Tod über meine dann bei der Bank vorhandenen Kontoguthaben und/oder Depots zu verfügen. Diese Vollmacht gilt auch für Unterkonten und/oder Unterdepots, soweit ich nicht der Bank für Konten und/oder Depots oder einzelne von ihnen schriftlich andere Weisungen erteile. Sie berechtigt auch zur Schließung der Konten und/oder Depots. Diese Vollmacht kann von mir oder meinen Erben durch schriftliche Erklärung an die Bank widerrufen werden. Der Widerruf eines von mehreren Erben bringt die Vollmacht nur für den Widerrufenden zum Erlöschen. Die Bank kann verlangen, dass der Widerrufende sich als Erbe ausweist. Die Vollmacht behält auch für den Fall Geltung, dass das Konto und/oder Depot zu einer anderen Niederlassung der Bank verlegt wird."

– Bankvollmacht:

„Der Bevollmächtigte ist berechtigt, in meinem Namen alle Handlungen im Geschäftsverkehr mit der Bank vorzunehmen, insbesondere über meine jeweiligen Guthaben und Depots uneingeschränkt – auch zu eigenen Gunsten oder zugunsten Dritter – zu verfügen. Dementsprechend darf der Bevollmächtigte der Bank Weisungen und Aufträge jeder Art – vor allem zum An- und Verkauf von Wertpapieren und sonstigen börsemäßigen Geschäften – erteilen und Kontoauszüge, Depotaufstellungen, Abrechnungen und sonstige Schriftstücke für mich entgegennehmen, prüfen und anerkennen. Die Vollmacht soll auch für meine sämtlichen gegenwärtigen und künftig etwa eröffneten Unterkonten und Unter-

> depots Geltung haben, soweit der Bank nicht für diese Konten und Depots oder einzelne von ihnen eine andere schriftliche Weisung von mir zugeht. Diese Vollmacht gilt bis auf schriftlichen Widerruf. Sie behält auch für den Fall Geltung, dass das Konto und/oder Depot zu einer anderen Niederlassung der Bank verlegt wird. Die Vollmacht erlischt nicht mit meinem Tod, sie bleibt vielmehr für meine Erben in Kraft. Der Widerruf eines von mehreren Erben bringt die Vollmacht nur für den Widerrufenden zum Erlöschen. Die Bank kann verlangen, dass der Widerrufende sich als Erbe ausweist."

▶ **Voraus**

Der verwitwete Ehegatte, der nicht aufgrund einer → *Verfügung von Todes wegen*, sondern kraft Gesetzes Erbe wird (§ 1932 BGB), sowie der → *Lebenspartner* (§ 10 Abs. 1 S. 2 LPartG) erhält vorweg aus der Erbmasse den so genannten Voraus, das sind die zum ehelichen Haushalt gehörenden Gegenstände, soweit sie nicht Zubehör eines Grundstücks sind, und die Hochzeitsgeschenke. Der Ehegatte oder Lebenspartner muss gesetzlicher Erbe sein, also nicht durch letztwillige Verfügung oder aus sonstigen Gründen (§§ 1933, 1944, 2339, 2346 BGB) von der gesetzlichen Erbfolge ausgeschlossen sein. Dieser Voraus gebührt dem überlebenden Ehegatten nur, wenn er neben Eltern, Geschwistern (Verwandten der 2. Ordnung) oder Großeltern des Erblassers → *gesetzlicher Erbe* wird; ist der überlebende Ehegatte oder Lebenspartner neben Kindern des Erblassers (Verwandten der 1. Ordnung) gesetzlicher Erbe, erhält er diese Gegenstände nur, soweit er sie zur Führung eines angemessenen Haushalts benötigt. Haushaltsgegenstände sind Sachen und Rechte, die dem Erblasser gehört und dem gemeinsamen Haushalt gedient haben, wie z. B. Möbel, Teppiche, Geschirr, Haushaltsgeräte, Bücher, Schallplatten, wohl auch der von der Familie benützte Pkw. Keine Haushaltsgegenstände sind dagegen die dem persönlichen Gebrauch des Erblassers dienenden Kleider, Schmuck etc. oder die zur Berufsausübung bestimmten Gegenstände; ferner nicht Sachen, die Zubehör von → *Grundstücken* sind (§§ 97, 98 BGB).

Das Recht auf den Voraus ist ausgeschlossen, wenn zurzeit des Todes des Erblassers die Voraussetzungen für die → *Scheidung* der Ehe gegeben waren und der Erblasser die Scheidung beantragt oder ihr zugestimmt hatte. Das Gleiche gilt, wenn der Erblasser auf Aufhebung der Ehe zu klagen berechtigt war und die Klage erhoben hatte (§ 1933 BGB).

► Vorausvermächtnis

1. Begriff

Das Vorausvermächtnis ist ein → *Vermächtnis*, das nicht einem Dritten, sondern einem → *Erben* oder → *Miterben* zugewandt ist. Es gilt als Vermächtnis auch insoweit, als der Erbe selbst beschwert ist (§ 2150 BGB). Der bedachte Erbe erhält dadurch eine Doppelstellung: soweit er selbst durch das Vorausvermächtnis beschwert ist, erhält er alle Rechte des Erben; soweit er als Vermächtnisnehmer eine günstigere Stellung hat, erhält er auch diese. Beides ist unabhängig voneinander: der Bedachte kann das Vermächtnis ausschlagen und die Erbschaft annehmen und umgekehrt. Ist einem → *Vorerben* gleichzeitig ein Vorausvermächtnis zugewendet, so erstreckt sich hierauf das Recht des → *Nacherben* nicht (§ 2110 Abs. 2 BGB).

Formulierungsbeispiel:

> „Ohne Anrechnung auf ihre Erbteile vermache ich meinem Sohn Wolfgang meine Briefmarkensammlung und meiner Tochter Doris meinen Schmuck."

2. Abgrenzung zur Teilungsanordnung

Das einem Miterben zugewandte Vorausvermächtnis kann oft nur schwer von einer → *Teilungsanordnung* abgegrenzt werden.

■ Eine Teilungsanordnung liegt vor, wenn sich der Miterbe den Erbschaftsgegenstand, den ihm der Erblasser durch Verfügung von Todes wegen zugewiesen hat, voll auf seinen Miterbenanteil anrechnen lassen muss, er also insgesamt nicht mehr und nicht weniger als seinen → *Erbteil* erhalten soll.

■ Ein Vorausvermächtnis ist gegeben, wenn der Wert des zugewandten Gegenstands bei der Verteilung des übrigen Nachlasses nicht berücksichtigt, sondern der Nachlass so geteilt werden soll, als ob der Gegenstand einem Dritten zugewiesen worden ist.

Unterschiede in den Rechtsfolgen zeigen sich vor allem darin, dass nur ein Vorausvermächtnis, nicht aber eine → *Teilungsanordnung* in einem → *gemeinschaftlichen Testament* oder → *Erbvertrag* mit bindender Wirkung angeordnet werden kann. Ein Vorausvermächtnis kann → *ausgeschlagen* werden, der durch Teilungsanordnung zugedachte Gegenstand nicht. Beim Vorausvermächtnis kann der Begünstigte auch bereits vor der → *Auseinandersetzung* die Übertragung des Nachlassgegenstandes von den Miterben auf sich verlangen.

▶ **Vorerbe**

Vorerbe ist der bis zu einem bestimmten Zeitpunkt eingesetzte und in seiner Verfügungsbefugnis mit Rücksicht auf den → *Nacherben* beschränkte Erbe. Der Erblasser kann einen Erben in der Weise einsetzen, dass dieser erst Erbe wird, nachdem zunächst ein anderer Erbe geworden ist (§ 2100 BGB). Der endgültige Erbe ist der → *Nacherbe*, der zunächst eingesetzte der Vorerbe. Falls der Vorerbe vor dem Erblasser stirbt, tritt der Nacherbe im Zweifel an seine Stelle als → *Ersatzerbe* (§ 2102 BGB).

Mit der Anordnung der → *Vor- und Nacherbschaft* will der Erblasser einerseits dem Vorerben die Erbenstellung, andererseits dem Nacherben beim Nacherbfall die gleichen Rechte am Nachlass sichern. Die Rechte des Vorerben müssen daher naturgemäß eingeschränkt sein, wobei der Erblasser den Vorerben weitgehend von Verfügungsbeschränkungen freistellen kann („befreite Vorerbschaft", s. u. 2.), so dass der Nacherbe nur das erhält, was von der Erbschaft übrig bleibt. Im Erbschein, der einem Vorerben erteilt wird, ist anzugeben, dass eine Nacherbfolge angeordnet ist, unter welchen Voraussetzungen sie eintritt und wer der Nacherbe ist. Hat der Erblasser den Nacherben auf dasjenige eingesetzt, was von der Erbschaft bei dem Eintritt der Nacherbfolge übrig sein wird, oder hat er bestimmt, dass der Vorerbe zur freien Verfügung über die Erbschaft berechtigt sein soll, so ist auch dies anzugeben (§ 352 b FamFG).

1. Rechtsstellung des nicht befreiten Vorerben
a) Verfügungsbefugnis

Da der Vorerbe Eigentümer aller Erbschaftsgegenstände und Gläubiger aller Erbschaftsrechte ist, kann er über sie verfügen (§ 2112 BGB). Damit dem Nacherben aber der Wert und auch die Substanz des → *Nachlasses* erhalten bleibt, ist der Vorerbe in seiner Verfügungsmacht beschränkt. Verfügungen des Vorerben über ein zur Erbschaft gehörendes → *Grundstück* oder Recht an einem Grundstück sind im Fall des Eintritts der Nacherbfolge insoweit unwirksam, als sie das Recht des Nacherben vereiteln oder beeinträchtigen würden. Das Gleiche gilt für unentgeltliche Verfügungen, sofern es sich nicht um Schenkungen handelt, durch die einer sittlichen Pflicht oder einer auf den Anstand zu nehmenden Rücksicht entsprochen wird.

Solche Verfügungen sind zunächst jedem gegenüber wirksam. Mit dem Nacherbfall tritt aber insoweit eine Unwirksamkeit ein, als die Verfügung das Nacherbenrecht vereiteln oder beinträchtigen würde (§ 2113 Abs. 1 BGB). Da die Verfügung nicht nichtig ist, sondern nur insoweit unwirksam, als sie das Nacherbenrecht vereiteln oder beeinträchtigen würde, kann ihr der Nacherbe zustimmen. Ein Dritter wird sich daher vernünftigerweise mit einem Vorerben nur einlassen, wenn dieser gleichzeitig die Zustimmung des Nacherben beibringt. Ist die Verfügung zur ordnungsmäßigen Verwaltung erforderlich, so ist der Nacherbe zur Einwilligung verpflichtet (§ 2120 BGB).

Der Zustimmung des Nacherben bedarf es nicht, wenn ein → *Testamentsvollstrecker* zugleich für den Vor- wie den Nacherben eingesetzt ist.

Sofern der Erwerber eines Nachlassgegenstandes gutgläubig ist, erwirbt er endgültig Eigentum. Gutgläubig ist er aber nur, wenn der Nacherbe weder im → *Erbschein* noch im Grundbuch eingetragen ist. Der gute Glaube muss sich darauf beziehen, dass der betreffende Gegenstand nicht zum Nachlass oder nicht zu einer der Nacherbfolge unterliegenden Erbschaft gehört.

b) Verpflichtungsbefugnis

Verpflichtungsgeschäfte kann der Vorerbe unbeschränkt abschließen, sowie er damit die Haftung seines Eigenvermögens begründet. Auch zur ordnungsmäßigen Verwaltung des Nachlasses kann er Verpflichtungen eingehen, die auch für den Nacherben → *Nachlassverbindlichkeiten* darstellen.

c) Nutzungen aus der Erbschaft

Die Nutzungen der Erbschaft stehen dem Vorerben bis zum Eintritt des Nacherbfalls zu, soweit sie im Einklang mit einer ordnungsmäßigen Wirtschaft stehen; darüber hinausgehende Nutzungen hat der Vorerbe zu erstatten (§ 2133 BGB). Er muss die gewöhnlichen Erhaltungskosten tragen (§ 2124 BGB). Erbschaftsgegenstände darf der Vorerbe, der nicht befreit ist, nicht für eigene Zwecke verbrauchen; andernfalls ist er beim Nacherbfall dem Nacherben zum Wertersatz oder bei Verschulden (§ 2131 BGB) zum Schadensersatz verpflichtet (§ 2134 BGB).

2. Rechtsstellung des befreiten Vorerben

Der Erblasser kann den Vorerben von bestimmten Beschränkungen und Verpflichtungen befreien (§ 2136 BGB). Dies ist insbesondere anzunehmen, wenn der Erblasser den Nacherben auf dasjenige eingesetzt hat, was von der Erbschaft beim Eintritt der Nacherbfolge übrig ist, oder wenn er bestimmt hat, dass der Vorerbe zur freien Verfügung über die Erbschaft berechtigt sein soll (§ 2137 BGB). Die Befreiung kann sich insbesondere auf folgende Verfügungen beziehen: Der Vorerbe kann für berechtigt erklärt werden, über → *Grundstücke* und Rechte an Grundstücken frei zu verfügen; Inhaberpapiere nicht zu hinterlegen, sondern selbst verwahren zu dürfen, Bargeld nicht mündelsicher, sondern nach eigenem Ermessen anlegen zu können, weder einen Wirtschaftsplan erstellen noch Auskunft über die Erbschaft erteilen noch Sicherheit leisten zu müssen, übermäßig gezogene Nutzungen nicht zurückgeben zu müssen. Aber auch der befreite Vorerbe muss bestimmte Mindestpflichten einhalten; er muss etwa die gewöhnlichen Erhaltungskosten bezahlen und kann nicht unentgeltlich über Erbschaftsgegenstände verfügen, soweit er nicht Anstands- oder sittliche Pflichten des Nachlasses erfüllt (§§ 2136, 2113 Abs. 2 BGB); eine gegenteilige Bestimmung des Erblassers ist unwirksam.

Das Recht des Nacherben erstreckt sich ferner nicht auf ein dem Vorerben zugewendetes → *Vorausvermächtnis* (§ 2110 Abs. 2 BGB). Ein zugunsten des alleinigen Vorerben angeordnetes Vorausvermächtnis scheidet – ohne dass es einer dinglichen Übertragung bedarf – bereits mit dem → *Erbfall* aus der Vorerbmasse aus. Der alleinige Vorerbe erwirbt den ihm durch Vorausvermächtnis zugewandten Gegenstand ohne weiteres mit dem Vorerbfall (BGHZ 32, 60). Im → *Erbschein* ist anzugeben, dass sich das Nacherbrecht nicht auf den vermachten Gegenstand bezieht.

3. Pflichten des Vorerben

Der Vorerbe ist zur ordnungsgemäßen Verwaltung des → *Nachlasses* nicht nur berechtigt, sondern auch verpflichtet und haftet dem → *Nacherben* für eine sachgemäße Verwaltung. Er hat dem Nacherben gegenüber nur für die Sorgfalt einzustehen, die er in eigenen Angelegenheiten anzuwenden pflegt (§ 2131 BGB); für Vorsatz und grobe Fahrlässigkeit hat er aber in jedem Fall einzustehen (§ 277 BGB).

Wertpapiere und Bargeld unterliegen besonderen Verwaltungsvorschriften. So hat der Vorerbe auf Verlangen des Nacherben Inhaberpapiere, z. B. Wechsel, Schecks oder Schuldverschreibungen auf den Inhaber, bei der Hinterlegungsstelle des Amtsgerichts mit der Bestimmung zu hinterlegen, dass sie nur mit Zustimmung des Nacherben herausgegeben werden (§ 2116 BGB). Geld, das nach den Regeln einer ordnungsmäßigen Wirtschaft dauernd anzulegen ist, darf der Vorerbe nur nach den für die Anlegung von Mündelgeld geltenden Vorschriften anlegen (§ 2119 BGB). Mündelsicher sind Anlagen in festverzinslichen Werten, in Staats- und Bundesanleihen oder in Pfandbriefen, die von öffentlich-rechtlichen Instituten ausgegeben werden.

Den Vorerben treffen ferner bestimmte Auskunftspflichten. Der Nacherbe ist berechtigt, von ihm Auskunft über den Bestand der Erbschaft zu verlangen, wenn Grund zur Annahme besteht, dass der Vorerbe durch seine Verwaltung die Rechte des Nacherben erheblich verletzt (§ 2127 BGB). Der Vorerbe hat dem Nacherben auf Verlangen ein Verzeichnis der zur Erbschaft gehörenden Gegenstände anzufertigen oder durch einen → Notar aufnehmen zu lassen (§ 2121 BGB). Gehören ein Wald oder eine auf Gewinnung von Bodenbestandteilen gerichtete Anlage zur Erbschaft, so kann der Nacherbe die Aufstellung eines Wirtschaftsplans verlangen (§ 2123 BGB). Mit Ausnahme der Verpflichtung zur Erstellung eines → Inventars der Erbschaftsgegenstände (§ 2121 BGB) kann der Erblasser den Vorerben von diesen Vorschriften befreien.

Wird durch das Verhalten des Vorerben oder durch seine ungünstige Vermögenslage die Besorgnis einer erheblichen Verletzung der Rechte des Nacherben begründet, so kann der Nacherbe Sicherheitsleistung verlangen. In diesem Fall kann äußerstenfalls vom Vollstreckungsgericht ein Zwangsverwalter eingesetzt werden, so dass der Vorerbe seine Verwaltungs- und Verfügungsbefugnis hinsichtlich des Nachlasses verliert (§ 2128 BGB).

4. Haftung des Vorerben

a) Vor Eintritt des Nacherbfalls

In diesem Fall haftet der Vorerbe den Nachlassgläubigern nach den allgemeinen Regeln so, wie wenn keine Nacherbfolge angeordnet wäre. Verfügungen eines Eigengläubigers im Weg der Zwangsvollstreckung sind bis zum Nacherbfall wirksam; da aber noch nicht feststeht, ob der Nacherbfall eintritt oder ob der Nachlass endgültig dem Vorerben verbleibt, hat sich die Vollstreckung auf die Sicherung, etwa durch Pfändung oder durch Eintragung einer Sicherungshypothek zu beschränken. Die Verwertung, also die Veräußerung oder Überweisung der beschlagnahmten Erbschaftgegenstände ist dagegen unzulässig.

Für Nachlassgläubiger gilt Folgendes: Mit dem Eintritt des Erbfalls bestehen beim Vorerben zwei Vermögensmassen, nämlich sein Privatvermögen und der Nachlass. Betrachtet er beide Vermögen als Einheit, so haftet er für → Nachlassverbindlichkeiten auch mit seinem Privatvermögen, wenn das Nachlassvermögen erschöpft ist. Hält er aber die Trennung von Privat- und Nachlassvermögen aufrecht und beschränkt er seine Haftung für Nachlassverbindlichkeiten auf den Nachlass, so haftet er nach Verbrauch des Nachlasses nicht mit seinem Eigenvermögen.

b) Nach Eintritt des Nacherbfalls

Hier sind Verfügungen eines Eigengläubigers im Weg der Zwangsvollstreckung auch bei befreiter Vorerbschaft insoweit unwirksam, als sie das Recht des Nacherben vereiteln oder beeinträchtigen (§§ 2115, 2136 BGB). Der Vorerbe ist nach dem Eintritt des Nacherbfalls verpflichtet, dem Nacherben die Erbschaft in dem Zustand herauszugeben, der sich bei einer bis zur Herausgabe fortgesetzten ordnungsgemäßen Verwaltung ergibt. Der Vorerbe hat auf Verlangen Rechenschaft abzulegen. Der Anspruch verjährt in 30 Jahren (§ 197 Abs. 1 Nr. 1 BGB).

Den Nachlassgläubigern gegenüber wird der Vorerbe grds. von jeder Haftung für → *Nachlassverbindlichkeiten* frei und kann von ihnen nicht mehr in Anspruch genommen werden. Der Vorerbe haftet aber für Nachlassverbindlichkeiten noch insoweit, als der Nacherbe nicht haftet, etwa weil er zahlungsunfähig ist oder seinerseits die Haftung auf den Nachlass beschränkt (§ 2145 BGB). Hat der Vorerbe seine Haftung auf den Nachlass beschränkt, so kann er die Erfüllung von Nachlassverbindlichkeiten verweigern, wenn die Nachlassmasse erschöpft ist. Nutzungen und Früchte, die ihm aus der Erbschaft gebühren, muss er aber für Nachlassschulden verwenden.

▶ Vormund

Wer außerstande ist, für seine persönlichen Angelegenheiten oder für sein Vermögen selbst zu sorgen, bekommt zur Wahrnehmung dieser Angelegenheiten einen Vormund. Das gilt für Minderjährige, die nicht der elterlichen Sorge unterstehen, z. B. weil beide Eltern gestorben sind oder ihnen das Sorgerecht entzogen worden ist oder weil eine nichteheliche Mutter selbst noch minderjährig ist. Der Vormund wird vom Familiengericht ausgewählt und bestellt. Für Volljährige hat das Familiengericht auf Antrag des Betroffenen oder von Amts wegen einen → *Betreuer* zu bestellen, wenn dieser aufgrund einer psychischen Krankheit oder einer körperlichen, geistigen oder seelischen Behinderung seine Angelegenheiten ganz oder teilweise nicht zu besorgen vermag (§ 1896 Abs. 1 S. 1 BGB n. F.).

§ 1777 Abs. 1, 2 BGB gestattet den Eltern bzw. dem sorgeberechtigten Elternteil, durch → *letztwillige Verfügung* einen Vormund zu benennen. Auch die Ausschließung bestimmter Personen vom Amt des Vormunds ist möglich (§ 1782 BGB), ebenso Anordnungen für die Führung der Vormundschaft durch mehrere Vormünder (§ 1797 Abs. 3 BGB). Der Vormund kann durch den Benennenden von bestimmten Verpflichtungen befreit werden (§ 1856 BGB).

Formulierungsbeispiel:

„Sollte bei meinem Tod meine Tochter Dorothea minderjährig sein, so benenne ich als Vormund die Schwester meiner verstorbenen Frau, nämlich Frau …, ersatzweise deren Ehemann …, derzeit wohnhaft …."

Der Erblasser kann für die Personensorge und die Vermögenssorge unterschiedliche Personen benennen, indem er neben der Benennung des Vormunds → *Testamentsvollstreckung* anordnet.

▶ Vorsorgeregister

Alle → *Vorsorgevollmachten* können zentral in einem bundesweiten Register erfasst werden, das gem. § 78 a BNotO von der Bundesnotarkammer in Berlin geführt wird. In dieses Register dürfen Angaben über Vollmachtgeber, Bevollmächtigte, die Vollmacht und deren Inhalt aufgenommen werden. Es gibt schnell und effektiv Auskunft, wer der Betreuer eines Patienten ist oder ob eine gerichtlich angeordnete Betreuung dank Vorsorgevollmacht entbehrlich ist. Dem Betreuungsgericht wird auf Ersuchen Auskunft aus dem Register erteilt. Die Auskunft kann im Wege der Datenfernübertragung erteilt werden. Dabei sind nach § 78 a Abs. 2 BNotO dem jeweiligen Stand der Technik entsprechende Maßnahmen zur Sicherstellung von Datenschutz und Datensicherheit zu treffen, die insbesondere die Vertraulichkeit, Unversehrtheit und Zurechenbarkeit der Daten gewährleisten; im Falle der Nutzung allgemein zugänglicher Netze sind dem jeweiligen Stand der Technik entsprechende Verschlüsselungsverfahren anzuwenden.

Dies ist etwa aktuell bei einem Unfall, einer schweren Krankheit oder im Alter, wenn keine selbstständigen Entscheidungen mehr möglich sind. Das Betreuungsgericht muss im Ernstfall schnell von einer existierenden Vollmacht erfahren. Diese Funktion übernimmt das zentrale Vorsorgeregister. Bei der Einleitung von Betreuungsverfahren – sei es für Unfallopfer, kranke oder alte Menschen – kann somit zentral abgefragt werden, ob es einen Betreuer des Patienten und Anweisungen für die medizinische Behandlung gibt oder ob ein Betreuungsverfahren dank einer Vorsorgevollmacht überflüssig ist.

▶ Vorsorgevollmacht

Ein gerichtlicher Betreuer ist nach dem Willen des Gesetzgebers dann nicht erforderlich, wenn und soweit ein Bevollmächtigter die Angelegenheiten regeln kann (§ 1896 BGB). Die vor diesem Hintergrund erteilte Vollmacht wird deswegen auch als Betreuungs- oder Vorsorgevollmacht bezeichnet. Durch sie kann der Erblasser eine Person seines Vertrauens mit diesen Aufgaben betrauen; wenn sie inhaltlich die Fälle des § 1896 BGB erfasst, ist dann die Aufstellung eines Betreuers durch das Betreuungsgericht weitgehend überflüssig.

Eine Vorsorgevollmacht ist nicht nur bei einem Unfall oder einer schweren Krankheit sinnvoll. Wer sich z. B. aufgrund seines Alters nicht mehr um seine finanziellen und persönlichen Angelegenheiten kümmern kann, muss nach dem Gesetz befürchten, dass das Gericht für ihn einen Betreuer bestellt. Mit der Vorsorgevollmacht wird das vermieden. Der Vollmachtgeber hat dadurch auch den Vorteil, eine Vertrauensperson seiner Wahl bestimmen zu können oder auch zum Ausdruck zu bringen, wer ausgeschlossen werden soll. Es ist ratsam, rechtzeitig abzuklären, ob der Bevollmächtigte im Ernstfall auch bereit ist, diese verantwortungsvollen Aufgaben zu übernehmen.

Den Umfang der Vollmacht kann der Vollmachtgeber, d. h. derjenige, der durch die Vollmacht eine Betreuung vermeiden möchte, frei bestimmen. Es empfiehlt sich in der Regel eine umfassende Bevollmächtigung, damit die bevollmächtigte Person auch alle denkbaren

Angelegenheiten erledigen kann. Typischerweise wird deswegen die Befugnis gegeben, in allen vermögensrechtlichen und persönlichen Angelegenheiten tätig zu werden: z. B. einerseits über Vermögensgegenstände, z. B. Grundstücke und Bankkonten zu verfügen, Verbindlichkeiten einzugehen oder gegenüber Gerichten, Behörden und sonstigen öffentlichen Stellen zu handeln, und andererseits Erklärungen in Gesundheitsangelegenheiten (z. B. die Einwilligung in Operationen) abzugeben, Entscheidungen über freiheitsentziehende Maßnahmen (z. B. Anbringen von Bettgittern oder Gurten) zu treffen oder den Aufenthalt einschließlich einer Unterbringung im Pflegeheim zu bestimmen; freiheitsentziehende Maßnahmen bedürfen nach der Rechtsprechung des BGH zum Schutz des Patienten grundsätzlich der Zustimmung bzw. Kontrolle des Gerichts. Zu diesem Zweck sollte der Bevollmächtigte das Recht erhalten, Krankenunterlagen einzusehen sowie alle Informationen durch die behandelnden Ärzte einzuholen.

Bei einer notariellen Vorsorgevollmacht können sich Dritte darauf verlassen, dass der Vollmachtgeber genau wusste, was er unterschreibt, da der Notar ihn ausführlich über die Bedeutung der Vollmacht informiert. Darüber hinaus kann kein Zweifel aufkommen, ob die Unterschrift wirklich echt ist, denn dies hat der Notar überprüft. Die Erklärung vor dem Notar bringt also für alle Rechtssicherheit. Beurkundet der Notar eine Vorsorgevollmacht, so soll er nach § 20 a BeurkG auf die Möglichkeit der Registrierung bei dem zentralen → *Vorsorgeregister* hinweisen. Dadurch soll gewährleistet werden, dass möglichst viele Vollmachten registriert werden.

Wer ein Schriftstück besitzt, in dem jemand für den Fall seiner Betreuung Vorschläge zur Auswahl des Betreuers oder Wünsche zur Wahrnehmung der Betreuung geäußert hat, hat es nach § 1901 c BGB unverzüglich an das Betreuungsgericht abzuliefern, nachdem er von der Einleitung eines Verfahrens über die Bestellung eines Betreuers Kenntnis erlangt hat. Ebenso hat der Besitzer das Betreuungsgericht über Schriftstücke, in denen der Betroffene eine andere Person mit der Wahrnehmung seiner Angelegenheiten bevollmächtigt hat, zu unterrichten. Das Betreuungsgericht kann die Vorlage einer Abschrift verlangen. Die Ablieferungspflicht soll dem Betroffenen die Sicherheit geben, dass das Betreuungsgericht rechtzeitig von seinen Wünschen Kenntnis erlangt. Umgekehrt soll aber auch vermieden werden, dass der Bevollmächtigte das Original der Vollmacht beim Gericht abliefern muss und er sich im Rechtsverkehr nicht mehr legitimieren kann. Bei notariell beurkundeten Vollmachten stünde eine solche Pflicht sogar im Widerspruch zum Grundsatz des § 45 Beurkundungsgesetz, dass Originalurkunden beim Notar verbleiben müssen.

▶ **Vor- und Nacherbschaft**

1. Grundlagen

Der Erblasser kann einen Erben in der Weise einsetzen, dass dieser erst Erbe wird, nachdem zunächst ein anderer Erbe geworden ist (§ 2100 BGB). Das Institut der Vor- und Nacherbschaft gibt dem Erblasser die Möglichkeit, sein Vermögen durch → *Verfügung von Todes wegen* zunächst einem → *Vorerben* zuzuwenden, gleichzeitig aber zu bestimmen, dass es nach einer bestimmten Zeit oder mit einem bestimmten Ereignis (z. B. → *Wiederverheiratung* oder Tod des Vorerben) auf eine andere Person übergeht. Denkbar ist auch die Anordnung einer „doppelten Nacherbfolge" in der Weise, dass der erste Nacherbe wiederum nur Vorerbe eines nach ihm eingesetzten Nacherben ist.

Vor- und Nacherbe sind beide Gesamtnachfolger des **Erblassers;** der → *Nacherbe* beerbt nicht den Vorerben, sondern den → *Erblasser* unmittelbar. Das → *Erbschaftsteuerrecht* sieht allerdings den Nacherben als Erben des Vorerben an, mit der regelmäßig ungünstigen Folge, dass der Nachlass grds. zweimal zu versteuern ist (§ 6 ErbStG). Auf Antrag ist jedoch der Versteuerung das Verhältnis des Nacherben zum Erblasser zugrunde zu legen (§ 6 Abs. 2 S. 2 ErbStG).

Der → *Vorerbe* darf den Nachlass zwar auf eigene Rechnung nutzen, muss die Substanz aber für den → *Nacherben* erhalten. Deshalb ist er auch nur mit Zustimmung des Nacherben zu Verfügungen über Nachlassgegenstände befugt. Zur wirksamen Beaufsichtigung des Vorerben kann der Erblasser einen → *Testamentsvollstrecker* für den Nacherben ernennen (§ 2222 BGB); der Nacherbenvollstrecker hat während der Vorerbschaft die Rechte und Pflichten des Nacherben wahrzunehmen. Der Erblasser kann den Vorerben durch ausdrückliche Anordnung von bestimmten Verfügungsbeschränkungen freistellen („befreite Vorerbschaft"), so dass der Nacherbe nur erhält, was von der Erbschaft übrigbleibt.

Bei der Anordnung von Vor- und Nacherbschaft ist grds. zur Zurückhaltung zu raten. Der Erblasser sollte sich überlegen, ob die Verfügungsbeschränkungen, denen der nicht befreite Vorerbe, häufig der Ehegatte des Erblassers, unterliegt, in ihren Konsequenzen wirklich gewollt sind. Aus Erfahrung kann gesagt werden, dass durch kein erbrechtliches Institut in der Praxis so viel Zwistigkeiten, Ärger und wirtschaftliche Unvernunft entstehen, wie durch die Anordnung von Vor- und Nacherbschaft. Es sei nur erinnert, dass der Vorerbe ohne Zustimmung der Nacherben nicht in der Lage ist, etwa das zu große und zu teuer gewordene Einfamilienhaus zu verkaufen oder zu belasten. Bei Befreiung des Ehegatten-Vorerben von den gesetzlichen Beschränkungen und Verpflichtungen und damit Nacherbeinsetzung der Kinder auf den Überrest ist die Einsetzung der Kinder als → *Schlusserben* durch → *Erbvertrag* oder → *gemeinschaftliches Testament* vorzuziehen.

Die Anordnung von Vor- und Nacherbschaft kann richtig oder zumindest sinnvoll in folgenden besonders gelagerten Erbfällen sein:

a) Verkürzung des Pflichtteilsanspruchs

Es sind Personen vorhanden, denen ein → *Pflichtteilsanspruch* zusteht. Haben etwa Ehegatten zwei gemeinschaftliche Kinder und der Ehemann ein nichteheliches Kind, zu dem er keine Kontakte mehr hat, so ist es sinnvoll, dass die Ehefrau ihren Ehemann zum Vorerben einsetzt und die gemeinsamen Kinder zu Nacherben. Beim Ableben des Ehemannes scheidet dann der Nachlass der Ehefrau bei der Berechnung der Pflichtteilsansprüche des nichtehelichen Kindes aus.

Haben Ehegatten keine gemeinsamen Kinder, jedoch aus erster Ehe jeweils ein Kind, so ist folgende Gestaltung anzuraten: Der zuerst versterbende Ehegatte setzt den überlebenden Ehegatten zum Vorerben und sein eigenes Kind zum Nacherben ein, der überlebende Ehegatte sein Kind zu seinem Alleinerben.

b) „Missratene" Kinder

Will der Erblasser seinen nach seiner Ansicht missratenen Kinder seinen Nachlass nicht überlassen, wohl aber seinen Enkeln, so kann er seine Kinder zu nicht befreiten Vorerben und die Enkel zu → *Nacherben* einsetzen. Ihm kommt dabei zugute, dass als Nacherben auch Personen eingesetzt werden können, die zurzeit des Erbfalls noch nicht erzeugt sind (§ 2101 BGB).

c) Scheidung der Eltern

Sind Ehegatten geschieden, so wollen sie zwar ihre Kinder zu Erben einsetzen, aber gleichzeitig verhindern, dass bei deren Tod ohne Abkömmlinge der → *geschiedene Ehegatte* Erbe wird. Hat etwa eine vermögende Frau aus der geschiedenen Ehe einen Sohn, so würde dieser, zum unbeschränkten Erben eingesetzt und nach dem Erbfall unverheiratet, kinderlos und ohne Testament verstorben, vom geschiedenen Ehemann allein beerbt werden. Hiergegen hilft die Anordnung einer Vor- und Nacherbschaft.

Formulierungsbeispiel:

> „Ich setze hiermit meinen Sohn zu meinem alleinigen Erben ein. Er soll jedoch nur Vorerbe und als solcher von allen gesetzlichen Beschränkungen und Verpflichtungen befreit sein, soweit dies gesetzlich zulässig ist. Das Nacherbenrecht ist nicht vererblich. Zum Nacherben berufe ich meine Geschwister, ersatzweise deren Abkömmlinge nach den Regeln über die gesetzliche Erbfolge.
>
> Die Anordnung der Nacherbfolge für meinen Sohn ist auflösend bedingt in der Weise, dass sie erlischt und der Vorerbe Vollerbe wird, sobald er Abkömmlinge hat. Sie entfällt auch, sobald er ein Testament errichtet hat."

Anmerkung: Hier besteht aber u. U. das Pflichtteilsrecht des leiblichen Vaters.

d) Überschuldung

Ist der Vorerbe überschuldet, so ist ebenfalls an die Anordnung einer Vor- und Nacherbschaft zu denken, da Eigengläubiger des → *Vorerben* dann nicht in den → *Nachlass* vollstrecken können, soweit dies das Recht des → *Nacherben* vereiteln oder beeinträchtigen würde (§ 2115 BGB). Zum Schutz des Nacherben ist auch an die Anordnung einer → *Testamentsvollstreckung* zu denken (vgl. § 2214 BGB).

2. Die Anordnung der Vor- und Nacherbschaft

Während der Nacherbe stets durch eine → *Verfügung von Todes wegen* eingesetzt werden muss, kann der Vorerbe → *gesetzlicher Erbe* oder gewillkürter Erbe sein. Hat der Erblasser lediglich angeordnet, dass der Erbe nur bis zu einem bestimmten Zeitpunkt oder Ereignis Erbe sein soll, ohne den Nacherben zu benennen, so gelten seine → *gesetzlichen Erben* als Nacherben (§ 2104 BGB). Hat der Erblasser angeordnet, dass der Erbe mit dem Eintritt eines bestimmten Zeitpunktes oder Ereignisses die Erbschaft einem andern herausgeben soll, so ist anzunehmen, dass der andere als Nacherbe eingesetzt ist (§ 2103 BGB).

Es ist oft zweifelhaft, ob der Erblasser eine Nacherbschaft angeordnet hat. Der letzte Wille des Erblassers ist dann durch → *Auslegung* seiner Verfügung zu ermitteln. Schwierig kann besonders die Abgrenzung zwischen Vorerbschaft und Nießbrauchsvermächtnis sein, weil der → *Vorerbe* aufgrund seiner Beschränkungen durch den → *Nacherben* wirtschaftlich dem Nießbraucher nahe steht. So ist der Vorerbe zwar Träger aller Rechte, kann aber über sie nicht unentgeltlich verfügen und den Bestand des Nachlasses nicht für seine persönlichen Bedürfnisse angreifen. Entscheidend ist, ob der Bedachte nach dem Willen des Erblassers eigenverantwortlicher Herr des Nachlasses werden soll, wenn auch mit gewissen Einschränkungen, oder ob ihm keine Verwaltungs- und Verfügungsbefugnis zugewandt ist, sondern lediglich die Nutzung.

Schwierigkeiten können sich auch dann ergeben, wenn sich Ehegatten oder Lebenspartner in einem → *gemeinschaftlichen Testament* gegenseitig bedenken und gleichzeitig bestimmen, dass der Nachlass des Überlebenden an Dritte, meist die gemeinsamen Kinder, fallen soll (sog. Berliner Testament → *Gemeinschaftliches Testament*); hier kann zweifelhaft sein, ob der überlebende Ehegatte → *Vollerbe* oder nur → *Vorerbe* ist.

3. Zeitliche Grenzen der Nacherbschaft

Der Erblasser kann durch die Bestimmung eines → *Nacherben* den Übergang seines Vermögens nicht auf **unbestimmte** Zeit hinausschieben. Die Einsetzung eines Nacherben wird mit dem Ablauf von

30 Jahren nach dem → *Erbfall* unwirksam, wenn nicht vorher der Nacherbfall eingetreten ist (§ 2109 BGB). Diese Frist gilt nicht, wenn die Nacherbfolge für den Fall angeordnet wird, dass in der Person des → *Vorerben* oder des Nacherben ein bestimmtes Ereignis eintritt, und derjenige, in dessen Person das Ereignis eintreten soll, zurzeit des Erbfalls lebt. Hier ist etwa daran zu denken, dass die Nacherbfolge für den Fall angeordnet wird, dass der Vorerbe stirbt, sich wieder verheiratet (→ *Wiederverheiratungsklausel,* → *Gemeinschaftliches Testament*) oder ein bestimmtes Alter (z. B. Pensionierung) oder der Nacherbe ein bestimmtes Berufsziel erreicht. Dadurch kann sich die Frist wesentlich verlängern.

► Vorweggenommene Erbfolge

Als vorweggenommene Erbfolge wird die Übertragung von Vermögensgegenständen bezeichnet, die der → *Erblasser* noch zu seinen Lebzeiten auf seine → *Erben* vornimmt. Sie empfiehlt sich aus verschiedenen Gründen. Einmal ist es zweckmäßig, wenn der Erblasser ganz oder teilweise schon zu seinen Lebzeiten Vermögensgegenstände, etwa Teile seines Betriebs, auf seine Erben, meistens Abkömmlinge, überträgt, um sich selbst zu entlasten, und den Erben bei der Übernahme und Verwaltung mit Rat und Tat zur Seite steht, insbesondere ihnen das Hineinwachsen in einen Betrieb erleichtern kann. Zum anderen werden Streitigkeiten unter den Erben vermieden, die erfahrensgemäß häufig bei der → *Auseinandersetzung* entstehen, was bei einer Übertragung zu Lebzeiten kaum möglich ist, da der Erblasser über sein Vermögen frei verfügen kann. Ein weiterer Gesichtspunkt ist die → *Erbschaftsteuer,* weil die Freibeträge, die vor allem Ehegatten, Kindern und Enkelkindern zustehen, alle zehn Jahre neu zu laufen beginnen, so dass sie sich verdoppeln und verdreifachen können, wenn der Erblasser rechtzeitig beginnt, sich von seinem Vermögen zu trennen.

Jedoch sollten bei jeder Schenkung die Interessen des schenkenden Erblassers im Vordergrund stehen. Vorrangige Überlegung vor der Übertragung eines Vermögensgegenstandes auf die Kinder sollte für die Eltern stets sein, ob sie sich ganz sicher sind, dass sie diesen Gegenstand nicht mehr selbst benötigen, ob also ein Rückübertragungsanspruch vereinbart werden soll. Die Eltern sollten auch vor der Schenkung überlegen, ob sie sicher sind, dass sie die Schenkung niemals „bereuen" werden, weil sie etwa durch den Beschenkten enttäuscht werden und den Vermögensgegenstand später lieber einer anderen Person, die sie etwa im Krankheitsfall pflegt, zuwenden würden. Vorrangig müssen auch die Gegenleistungen bedacht werden, die sich die Schenker zu ihrer Sicherung und zur Deckung ihrer Lebensbedürfnisse ausbedingen. Entschieden werden muss auch, ob der Beschenkte Abfindungen an dritte Personen, meist seine Geschwister zu leisten hat. Es sollte auch überlegt werden, ob die Eltern den Beschenkten einem Verfügungsverbot unterwerfen wollen; so kann bestimmt werden, dass der Beschenkte etwa zu Lebzeiten der Eltern den geschenkten Gegenstand nicht ohne deren Zustimmung veräußern oder belasten darf und dass er ihn bei einem Verstoß unter Umständen wieder zurückübertragen muss. Eine solche Rückübertragungsverpflichtung kann auch für den Fall vereinbart werden, dass der Beschenkte ohne Hinterlassung von Abkömmlingen verstirbt. Im Übertragungsvertrag sollte auch eine Regelung darüber getroffen werden, wieweit der Empfänger die Zuwendung zur → *Ausgleichung* oder → *Anrechnung* zu bringen hat, ob er ganz oder teilweise auf seinen → *Pflichtteil* verzichtet. Hand in Hand sollte damit möglichst eine Regelung mit den nicht bedachten Pflichtteilsberechtigten gehen, da diesen ein → *Pflichtteilsergänzungsanspruch* zusteht, den sie ggf. beim Ableben des Erblassers gegenüber dem Bedachten geltend machen können.

▶ Vorzeitiger Erbausgleich des nichtehelichen Kindes

Ein → *nichteheliches Kind*, das das 21., aber noch nicht das 27. Lebensjahr vollendet hat, war nach dem Nichtehelichengesetz 1970 berechtigt, von seinem Vater einen vorzeitigen Erbausgleich in Geld zu verlangen (§ 1934 d BGB). Die Sonderregelung wurde durch das **Erbrechtsgleichstellungsgesetz** vom 16.12.1997 (BGBl. I 1997, S. 2968) gestrichen mit Inkrafttreten des Gesetzes am 1.4.1998. Sie war nur noch für die Fälle anwendbar, in denen vor dem 1.4.1998 eine wirksame Vereinbarung über den Erbausgleich getroffen oder der Erbausgleich durch rechtskräftiges Urteil zuerkannt wurde. Wegen der Einzelheiten wird auf die 6. Aufl. verwiesen.

Ist über den Erbausgleich eine wirksame Vereinbarung geschlossen oder ist er durch rechtskräftiges Urteil zuerkannt, so entfallen alle gesetzlichen Erbberechtigungen bzw. → *Pflichtteilsrechte* zwischen dem Vater und seinen Verwandten bzw. dem Kind und seinen Abkömmlingen beim Tod des Vaters, beim Tod väterlicher Verwandter, beim Tod des Kindes sowie beim Tod von Abkömmlingen des Kindes (§ 1934 e BGB a. F.).

Unabhängig von diesen Bestimmungen konnte nach den allgemeinen Regeln ein → *Erbverzicht* oder ein → *Pflichtteilsverzicht* vereinbart werden. Die Unterschiede zum vorzeitigen Erbausgleich waren vor allem, dass

- auf vorzeitigen Erbausgleich ein Rechtsanspruch bestand,

- der vorzeitige Erbausgleich Geltendmachung des Anspruchs zwischen 21. und 27. Lebensjahr voraussetzte,

- der vorzeitige Erbausgleich nach oben (Großeltern) und unten (Enkel) (§ 1934 e BGB), der gegenseitige Erbverzicht nur nach unten (§ 2349 BGB) wirkt.

W

▶ Wahl des anzuwendenden Erbrechts

Vgl. dazu die Stichworte → *Auslandsbezug des Erblassers*, → *Auslandsimmobilie*, → *Europäische Erbrechtsverordnung*.

▶ Widerruf letztwilliger Verfügungen

Der Erblasser kann ein → *Testament* sowie einzelne in seinem Testament enthaltene Verfügungen jederzeit frei widerrufen (§ 2253 BGB). Einen Grund hierfür braucht er nicht anzugeben. Der Widerruf erfolgt durch Errichtung eines neuen Testaments, durch Änderung oder Aufhebung des früheren Testaments, wobei es gleichgültig ist, ob es sich um ein → *eigenhändiges Testament* oder ein → *notarielles Testament* handelt. Das notarielle Testament wird auch durch → *Rücknahme aus der amtlichen Verwahrung* widerrufen.

Der Widerruf kann ebenso wie die Errichtung nur persönlich erfolgen (§ 2064 BGB). Ferner ist erforderlich, dass der Erblasser testierfähig ist.

1. Widerruf durch neues Testament

Widerruft der Erblasser durch Errichtung eines neuen Testaments (§ 2254 BGB), so kann dies entweder dadurch geschehen, dass er das alte Testament ausdrücklich aufhebt (Widerrufstestament); bestimmt er nichts Neues, so tritt damit die gesetzliche Erbfolge ein. Eine Ausnahme gilt nur dann, wenn das Widerrufstestament sich seinerseits auf ein anderes früheres Widerrufstestament bezieht; hier ist im Zweifel die zunächst widerrufene Verfügung wieder wirksam, wie wenn sie nicht widerrufen worden wäre (§ 2257 BGB). Ein Widerruf ist aber auch in der Weise möglich, dass der Erblasser ein neues wirksames Testament errichtet, das mit dem früheren inhaltlich in Widerspruch steht (§ 2258 BGB). Hier handelt es sich um einen schlüssigen Widerruf. Es bedarf dabei unter Umständen der → *Auslegung*, ob der Erblasser mit seinem späteren Testament das frühere vollinhaltlich aufheben oder nur ergänzen wollte (§ 2084 BGB), etwa wenn er lediglich Vermächtnisse anordnet. Es empfiehlt sich daher, in einem späteren Testament zunächst ausdrücklich das frühere zu widerrufen und anschließend die neuen Verfügungen zu treffen.

Gleichgültig ist, in welcher Form das Widerrufstestament errichtet wird; ein → *notarielles Testament* kann durch ein → *eigenhändiges Testament* widerrufen werden und umgekehrt; der Widerrufende braucht nicht dieselbe Testamentsform zu wählen, in der er das widerrufene Testament errichtet hat.

2. Vernichtung der Testamentsurkunde

Ein Testament kann auch dadurch widerrufen werden, dass der Erblasser in der Absicht, es aufzuheben, die Testamentsurkunde vernichtet. Es wird dann vermutet, dass er die Aufhebung des Testaments beabsichtigt hat (§ 2255 BGB). Vernichtet der Erblasser das Testament versehentlich oder vernichtet eine andere Person ohne Willen des Erblassers das Testament, so ist das Testament nicht widerrufen. So lange der Erblasser noch lebt, kann auch ein Dritter in seinem Auftrag die Urkunde zerstören mit der Wirkung des Widerrufs des Testaments. Eine Vermutung, dass ein nicht mehr auffindbares Testament, das in Kopie vorliegt, vom Erblasser in Widerrufsabsicht vernichtet worden ist, gibt es nicht.

3. Änderung des Testaments

Verfügungen können auch dadurch widerrufen werden, dass der Erblasser in der Absicht, sie aufzuheben, an der Testamentsurkunde Veränderungen vornimmt, durch die der Wille, eine schriftliche Willenserklärung aufzuheben, zum Ausdruck kommt. Hat der Erblasser die Testamentsurkunde in dieser Weise verändert, so wird vermutet, dass er die Aufhebung des Testaments beabsichtigt hat (§ 2255 BGB). Gleichgültig ist dabei, ob es sich um eine Abänderung, einen Vermerk, eine Streichung, Radierung oder einen Zusatz handelt; auch ein Herausschneiden von Bestimmungen ist möglich. Auch ein Vermerk auf dem Testamentsumschlag genügt, wenn er mit dem Testament eine einheitliche Urkunde bildet. Eine gesonderte Unterschrift unter diese Änderungen ist nicht erforderlich. Solange der Erblasser noch lebt, kann er solche mechanischen Änderungen auch durch einen Dritten vornehmen lassen, dem aber über den Umfang der Änderung kein Entscheidungsspielraum zustehen darf. Von einem solchen Verfahren ist aus Gründen der Klarheit aber dringend abzuraten.

4. Rücknahme aus der amtlichen Verwahrung

Der Erblasser kann die Rückgabe eines in amtliche → *Verwahrung* genommenen Testaments jederzeit verlangen. Die Rückgabe darf nur an den Erblasser persönlich erfolgen (§ 2256 Abs. 2 BGB). Hinsichtlich der Wirkung der → *Rücknahme* ist zu unterscheiden, ob es sich um ein → *notarielles Testament* oder ein → *eigenhändiges Testament* handelt. Ein notarielles Testament gilt als widerrufen, wenn die in amtliche Verwahrung genommene Urkunde dem Erblasser zurückgegeben wird. Die zurückgebende Stelle soll den Erblasser über diese Folge der Rückgabe belehren, dies auf der Urkunde vermerken und aktenkundig machen, dass beides geschehen ist (§ 2256 Abs. 1 BGB). Die Rückgabe gilt unwiderleglich als Widerruf, selbst wenn der Erblasser sein Testament gar nicht widerrufen, sondern nur seinen Inhalt in Ruhe zu Hause überprüfen wollte. Auch eine Rückgabe in die amtliche Verwahrung stellt die Verfügung nicht wieder her.

Anders ist es dagegen bei einem → *eigenhändigen Testament* : Die Rückgabe des Testaments aus der amtlichen Verwahrung ist auf die Wirksamkeit ohne Einfluss (§ 2256 Abs. 3 BGB).

5. Ehegattentestament, Lebenspartner-Testament, Erbvertrag

Hinsichtlich des Widerrufs eines → *gemeinschaftlichen Testaments* von Ehegatten oder Lebenspartnern oder eines → *Erbvertrags* wird auf die dort gemachten Ausführungen verwiesen. Widersprechen sich einseitiges → *Testament* und → *Erbvertrag* bzw. gemeinschaftliches Testament hinsichtlich Erbeinsetzung, → *Vermächtnissen*, → *Auflage* oder → *Wahl des anzuwendenden Erbrechts*, so gilt nur der Erbvertrag bzw. das gemeinschaftliche Testament.

▶ **Wiederverheiratungsklausel**

→ *Gemeinschaftliches Testament*

▶ **Wohnung**

→ *Mietverhältnis*

Z

▶ Zentrales Testamentsregister

→ *Testamentsregister*

▶ Zentrales Vorsorgeregister

→ *Vorsorgeregister*

▶ Zugewinngemeinschaft

→ *Ehegatten-Erbrecht,* → *Ehevertrag,* → *Lebenspartner-Erbrecht,*
→ *Lebenspartnerschaftsvertrag*

Fundierter Rechtsrat zum Ehevertrag

Klein
Eheverträge
Sicherheit für die Zukunft.

5. Aufl. 2015. 260 S.
€ 15,90. dtv 50793
Auch als ebook erhältlich.
Neu im September 2015

Eheverträge regeln die wirtschaftlichen
Folgen einer Ehe. Wann aber ist ein Ehever-
trag überhaupt sinnvoll? Gibt es Vor- und
Nachteile? Welche Gestaltungsmöglichkeiten
gibt es, um die Rechtsbeziehungen zwischen
Eheleuten vertraglich zu regeln?

Dieser Rechtsberater gibt Ihnen wertvolle
Tipps anhand von vielen Beispielsfällen und
Mustern für die Regelungen in Ihrem Ehevertrag – vor Schließung der Ehe, während
der Ehe und im Fall von Trennung und Scheidung. Die anschauliche und verständliche
Darstellung des Themas schafft schnell und
sicher Klarheit.

Der Rechtsberater berücksichtigt die aktuelle
höchstrichterliche Rechtsprechung und die
wichtigsten Änderungen bei Unterhalt, Zugewinn und Versorgungsausgleich sowie die
neueste Düsseldorfer Tabelle, die Grundlage
für die Festsetzung des Unterhalts ist.

Ihre Vorteile:
- Anschauliche und verständliche Darstellung
  des Themas
- Mit vielen Beispielsfällen, Musterformulie-
  rungen und wertvollen Praxistipps
- Berücksichtigung der aktuellen höchstrich-
  terlichen Rechtsprechung und wichtiger
  neuer gesetzlicher Regelungen

Der Autor Michael W. **Klein** ist Rechtsanwalt und Fachanwalt für Familienrecht in
Mönchengladbach. Er ist spezialisiert auf
Ehescheidungen sowie Unterhalts- und Ver-
mögensregelungen. Schwerpunkt seiner an-
waltlichen Tätigkeit sind dabei vor allem auch
die Beratung und Vorbereitung von Ehever-
trägen und Ehescheidungsfolgeverträgen.

Erben und Vererben

ErbR · Erbrecht

Bürgerliches Gesetzbuch, Europäische ErbrechtsVO, Zivilprozessordnung, Familienverfahrensgesetz, Beurkundungsgesetz, Höfeordnung, Erbschaftsteuer- und Schenkungsteuergesetz, Einkommensteuergesetz, Bewertungsgesetz, Sozialrecht und aktuelle Sterbetafeln.
Textausgabe
3. Aufl. 2014. 642 S.
€ 21,90. dtv 5779

Ubert
Guter Rat zu Testament und Erbfall

Was Erblasser und Erben wissen und beachten sollten.
Rechtsberater   Toptitel
6. Aufl. 2015. 423 S.
€ 16,90. dtv 50752
Auch als ebook erhältlich.

Ratgeber zu allen Rechtsfragen rund um Testament und Erbfall. Eine umfassende und allgemein verständliche Darstellung des Erbrechts und der steuerrechtlichen Fragen. Mit vielen Beispielen, Tipps und Mustern.

Lenßen
Ihr Recht: Testament und Erbschaft

Beck im dtv
1. Aufl. 2009. 110 S.
€ 6,90. dtv 50452

Der einfache Einstieg in das Erbrecht, damit Sie wissen, worauf es ankommt.

Klinger
Erbrecht in Frage und Antwort

Vorsorge zu Lebzeiten, Erbfall, Testament, Erbvertrag, Vollmachten, Steuern, Kosten.
Rechtsberater   Toptitel
5. Aufl. 2015. 380 S.
€ 16,90. dtv 50761
Auch als ebook erhältlich.

Der Ratgeber erklärt leicht verständlich alle Fragen zu Testament, Erbvertrag, Widerruf und Anfechtung letztwilliger Verfügungen. Das neue Erbschaftsteuerrecht wird überall berücksichtigt. Zahlreiche Tipps zur Formulierung machen die Umsetzung einfach.

Winkler
Erbrecht von A–Z

Über 240 Stichwörter zum aktuellen Recht.
Rechtsberater   Toptitel Neu
14. Aufl. 2015. 379 S.
€ 19,90. dtv 50783
Neu im Oktober 2015
Auch als ebook erhältlich.

Übersichtlich, klar und verständlich erfahren Sie alles zu Testament und Erbvertrag, Erbfolge und Pflichtteilsrecht, Erbenhaftung, Erbengemeinschaft, Erbschein und Erbschaftsteuer. Mit zahlreichen Formulierungsbeispielen.

Ritter
Ratgeber Erbrecht
Erben und vererben.
Rechtsberater `Toptitel`
2. Aufl. 2014. 205 S.
€ 14,90. dtv 50726
Auch als ebook erhältlich.
Ein umfassender Überblick über
das deutsche Erbrecht. Von der
richtigen Vorsorge zu Lebzeiten
(wie z.B. Testament, Erbvertrag,
Schenkung) bis hin zu den
Besonderheiten bei Ehepaaren
(mit oder ohne Kinder), Allein-
stehenden, Lebensgemein-
schaften oder Geschiedenen.

Horn
Ratgeber für Erben
Recht bekommen bei der
Abwicklung des Erbes, in der
Erbengemeinschaft und beim
Pflichtteil.
Rechtsberater
2. Aufl. 2013. 271 S.
€ 14,90. dtv 50699
Rechte und Pflichten des
Erben: Sicherung des Nach-
lasses, Haftungsvermeidung,
Erbengemeinschaft, Aus-
einandersetzung u.v.m.

Zimmermann
**Rechtsfragen
bei einem Todesfall**
Erbrecht · Testament · Steuern ·
Versorgung · Bestattung.
Rechtsberater `Toptitel`
7. Aufl. 2015. 278 S.
€ 15,90. dtv 50779
Auch als ebook erhältlich.
Klärt eine Fülle von Rechts-
fragen umfassend und praxis-
bezogen.

Klinger/Schulte
**Immobilien schenken und
vererben**
Ein Ratgeber für Eigentümer und
ihre Erben.
Rechtsberater
3. Aufl. 2014. 145 S.
€ 13,90. dtv 50732
Auch als ebook erhältlich.
Mit praxiserprobten Muster-
formulierungen für Übergabe-
verträge und Testamente.

Klinger/Roth
Testamentsvollstreckung
Richtig anordnen, durchführen
und kontrollieren.
Rechtsberater
2. Aufl. 2014. 207 S.
€ 13,90. dtv 50754
Auch als ebook erhältlich.